Anton Emanuel Schönbach

Mitteilungen aus altdeutschen Handschriften

Erstes Stück: Über Andreas Kurzmann

Anton Emanuel Schönbach

Mitteilungen aus altdeutschen Handschriften
Erstes Stück: Über Andreas Kurzmann

ISBN/EAN: 9783743492820

Hergestellt in Europa, USA, Kanada, Australien, Japan

Cover: Foto ©Thomas Meinert / pixelio.de

Weitere Bücher finden Sie auf **www.hansebooks.com**

MITTHEILUNGEN

AUS

ALTDEUTSCHEN HANDSCHRIFTEN.

VON

ANTON SCHÖNBACH.

———

ERSTES STÜCK:

UEBER ANDREAS KURZMANN.

——————— ——

WIEN, 1878.

IN COMMISSION BEI KARL GEROLD'S SOHN

BUCHHÄNDLER DER KAIS. AKADEMIE DER WISSENSCHAFTEN.

Aus dem Decemberhefte des Jahrganges 1877 der Sitzungsberichte der phil.-hist. Classe der kais. Akademie der Wissenschaften (LXXXVIII. Bd., S. 807) besonders abgedruckt.

Druck von Adolf Holzhausen in Wien
k. k. Universitäts-Buchdruckerei.

Einem wüstliegenden Ackerfelde möchte man die deutsche Litteratur in Oesterreich während des 15. Jahrhunderts vergleichen, kahl und öde, nur dass in einzelnen feuchten Furchen Büschel Unkrauts dicksaftig sich zusammendrängen. Findet man nun hie und da einen spät aufgeschossenen fruchtbaren Halm, so lohnt es, ihn auszuheben, ist auch die Aehre kümmerlich und das Korn übel gerathen.

In meiner Schrift ‚Ueber die Marienklagen‘, Graz 1874, brachte ich im Anhang III ein nach lateinischer Quelle gearbeitetes deutsches Gedicht, ein ‚*Soliloquium Marie cum Jesu*‘ (Grazer Hds. Nr. 856), als dessen Verfasser am Schlusse Andreas Kurzmann sich nannte. Wie aus einer Notiz des Schreibers hervorgeht, war Andreas Mönch im steirischen Cistercienserkloster Neuberg und 1428 bereits gestorben. Ich konnte dort auch schon ein zweites Gedicht desselben Autors anführen, in einer Salzburger Handschrift erhalten, die Legende von Amicus und Amelius behandelnd. Seither ist mir ein drittes zugänglich geworden in der Vorauer Handschrift Nr. 227, [1] eine gereimte Bearbeitung des ‚*Speculum humanae salvationis*‘. Der Codex, Folio, Papier, 15. Jahrhundert, enthält 250 Blätter. Anfangs fehlen ein Paar und damit der erste Theil des Index zu dem ‚*puchel genant dy himelströss von dem glawben und von*

---

[1] M. Pangerl, Die Handschriftensammlung des Chorherrenstiftes Vorau. Separatabdruck aus dem 4. Jahrgange der ‚Beiträge zur Kunde steiermärkischer Geschichtsquellen‘, Graz 1867, S. 36.

der hoffnung' das bis 159ª reicht und mit den Worten schliesst:
„*Das* ¹ *got der almechtig verleich allen den die das pūchl abschreibñ
oder lesen und ir leben darnach schickñ und auch die es den
andern leichñ̄ zu lesen oder zu abschreibñ und die fur pruder
Steffans seel hail, der die materi des pūchleins aus vil pūcherñ
zusammen gepracht hat, sprechñ ain pater noster oder ain Ave
Maria oder nur: requiescat in pace Amen*'. Es folgt 160ª—183ᵇ
ein Tractat „*Vonn ettleichen dingenn die alain die geistlichñ
perūrñ*'. Darauf 184ª—191ª „*Epistola fratris Bonaventure de
balneo regio*'. Und 191ª—193ª „*ettleiche nucze ding für die an-
fechtung*'. Nun fehlen mindestens sechs Blätter, von denen
gewiss das letzte den Anfang des Prologs zum Speculum ent-
hielt, das 194ª—247ᵇ einnimmt. 248ªᵇ stehen Verse, typische
Vergleichungen von Ereignissen aus dem Leben Christi mit
solchen des alten Bundes enthaltend, ohne Beziehung auf das
Speculum. 248ᵇ—250ᵇ: „*Formula domini Petri abbatis Aule
regie composita in edificacionem fratris et monachi devoti*'. Zu-
letzt: „*Iste liber est monasterii beate Marie virginis sanctique
Thome apostoli canonicorum regularium ordinis sancti Augustini
in Voraw*'. Ich verdanke die Möglichkeit, diese Handschrift
durch lange Zeit bequem benutzen zu können, der bewährten
zuvorkommenden Güte des Herrn Bibliothekars P. Otakar
Kernstock in Vorau. Das Soliloquium umfasst 427, Amicus-
Amelius 1165, das Speculum ungefähr 8000 Verse.

Ueber die Quelle des Amicus-Amelius werde ich in einem
besonderen Absatze handeln. Von dem Soliloquium glaubte
ich früher, Kurzmann habe selbst die verarbeiteten Stellen aus
den Werken Gregors des Grossen gesammelt. Steinmeyer hat
mich aber (in der Jenaer Literaturzeitung 1875, Artikel 120)
belehrt, dass der Verfasser ein fertiges Stück nur übertragen
habe, welches einen Theil der Vita Mariae metrica bildet und
von mir (Zeitschrift für deutsches Alterthum 17, 524 ff.) publiciert
worden ist. Diess hat sich durch einen Umstand weiter bestätigt:
der genannte Abschnitt der Vita Mariae metrica kommt auch
für sich in Handschriften vor, eine Grazer Nr. 633 (alt $\frac{36}{36}$ Fol.)
enthält ihn und sonst weiss ich wenigstens noch eine Münchner
(cgm. 777 Blatt 167—171).

---

¹ Nämlich: das ewige Leben.

Ueber das lateinische Speculum humanae salvationis, eines der beliebtesten Bücher des 15. Jahrhunderts besteht eine umfangreiche Literatur.[1] Es ist in den Handschriften mit Bildern geziert, gehört zu den ältesten Drucken und seine frühe Ausstattung mit Holzschnitten macht es besonders merkwürdig. Ursprünglich, im 14. Jahrhundert, in Reimen abgefasst, hat diese, mit der Aufzählung von Antitypen des alten Testamentes oder der alten Profanhistorie verbundene Erlösungsgeschichte eine prosaische Bearbeitung erfahren. Von diesen beiden Fassungen existieren unzählige Handschriften. Zwei befinden sich auf der Grazer Universitätsbibliothek. Die eine, Nr. 1223 (alt $\frac{34}{40}$ 4^0) Papier, Ende des 14. Jahrhunderts enthält nach einem prosaischen Prooemium die Fassung in Versen. Sie ist vollständig. Die zweite Nr. 337 (alt $\frac{36}{60}$ 2^0), Papier, aus dem 15. Jahrhundert, bringt die prosaische Fassung, welche nur eine wenig verkürzte Umschreibung der Verse enthält. Das Prooemium fehlt. Es ist kaum zu entscheiden, welche der beiden Fassungen von Andreas Kurzmann benutzt worden ist. Jedenfalls hat er sich, wie eine eingehende Vergleichung mir zeigte, genau an den Inhalt der Quelle geschlossen und nichts sachliches, nur moralische Excurse hie und da eingefügt.

Seine deutsche Bearbeitung ist lange nicht die einzige. Auf der Münchner königlichen Bibliothek befinden sich sieben Uebersetzungen in deutsche Prosa, eine in deutsche Verse. Die Wiener kaiserliche Hofbibliothek besitzt eine prosaische und eine versificierte Bearbeitung. Die Vadianische Bibliothek in St. Gallen eine Prosa (Serapeum 1865 S. 11). Bekannt ist die gereimte Bearbeitung, welche von Heinrich von Laufenberg stammt und 1437 in 15.000 Versen vollendet wurde. (Vgl. Engelhardt, Der Ritter von Stauffenberg S. 16 ff., Massmann im Anzeiger für Kunde des deutschen Mittelalters 1832 S. 42 f. und 214). In einer Jenaer Handschrift findet sich gleichfalls eine gereimte Bearbeitung, von der Wiedeburg in seiner Schrift:

---

[1] Ich nenne nur zur Orientierung: Grässe, Allgemeine Litterärgeschichte II, 2. S. 272 f. Guichard, Notice sur le Speculum h. s. Paris 1840. Umbreit im Serapeum 1841 S. 128 ff., und insbesondere Hesse im Serapeum 1855 S. 192 ff., 206 ff., 225 ff., 241 ff., 257 ff.

‚Ausführliche Nachricht von einigen alten teutschen poetischen Manuscripten, Jena 1754', S. 119—138, erzählte und Proben gab. Vgl. auch Hesse a. a. O. S. 262 ff. Hesse theilt S. 266 f. das erste Capitel der im Zainer'schen Druck veröffentlichten deutschen Prosa mit. Es gibt auch zwei niederdeutsche gereimte Bearbeitungen, vgl. Oesterley, Niederdeutsche Dichtung (bei Gödeke's Deutscher Dichtung) S. 49—52. Alle diese Uebersetzungen und Bearbeitungen stammen aus dem 15. Jahrhundert. So weit ich sehen kann, ist von der versificierten keine mit der des Andreas Kurzmann identisch. [1]

Die Vorauer Handschrift enthält nicht das Original von Kurzmann's Arbeit. Das geht aus Folgendem hervor: die Handschrift hat viele Fehler in einzelnen Worten; oftmals wurden Silben und Worte eingeschaltet, oftmals sind sie ausgefallen; Reime fehlen: 200^b 216^b 219^b 227^a 239^b 244^b 246^a; Verse fehlen: 199^b 201^b 210^a 213^a 214^a. Verse werden wiederholt: 212^a 231^a 245^a.

Was die Sprache Kurzmann's anlangt, so habe ich ‚Ueber die Marienklagen' S. 72 für das Soliloquium die wichtigsten Punkte des Lautstandes besprochen. Sie wichen, trotzdem das Stück in Steiermark geschrieben ist, von den gewöhnlichen Kennzeichen des groben bairisch-österreichischen Dialektes nicht ab. Eben so wenig ist das der Fall in Bezug auf Amicus-Amelius. Anders steht es aber mit dem Speculum. Hier bietet einmal der grössere Umfang reichlicheres Material, dann stammt sichtlich der Schreiber auch aus der Steiermark. Es finden sich die unzweifelhaften charakteristischen Merkmale des inner-österreichischen Dialektes. Wenn davon verhältnissmässig wenig in die Reime übergegangen ist, so darf daraus nicht mit voller Strenge geschlossen werden, dass die Sprache des Verfassers von der des Schreibers sich erheblich unterschieden habe. Denn im Allgemeinen steht die Reimkunst auch bei

---

[1] Ob die Biblia abbreviata des Conrad von Helmsdorf, wie man vermuthet hat, ein Speculum sei, weiss ich nicht, halte es aber für unwahrscheinlich. Vgl. Lassberg's Liedersaal II. p. XXVII f. Uebrigens v. d. Hagen's Grundriss S. 455. — Eine Bearbeitung in Versen habe ich auf der Leipziger Universitätsbibliothek gesehen. Eine andere ist wahrscheinlich in der Handschrift enthalten, welche Zacher's Zs. f. d. Ph. 9, 108 erwähnt wird.

den in ganz grober Sprache abgefassten Gedichten Baiern-
Oesterreichs vom 13. bis 15. Jahrhundert auf hochdeutscher
Basis, da sie an hochdeutschen Dichtungen gelernt und geübt
wurde. Manche Lautübergänge, z. B. die im Anlaut statt-
findenden, können im Reime gar nicht vorkommen; von manchen
ist es durch die schwankende Schreibung zweifelhaft, ob sie
im Reime geltend gemacht wurden; einige endlich, an und für
sich nicht häufig, wagte man nicht reimend zu verwenden.

Kurz lassen sich die Eigenthümlichkeiten des Lautstandes
im Speculum so zusammenfassen:

Vocale: immer *ei* für *î*, *ai* für *ei*, *aw* für *û* und *ou*, *ue*
für *uo*, *eu* für *iu*, aber auch *ei* für *iu*. Etwa zur Hälfte der
Fälle wird *ă* : *ŏ*, *ŏ* : *ă*; schon weniger häufig *â* : *ô*, *ô* : *â*. Die
Uebergänge von *a* und *o* finden vorzugsweise statt in stark-
betonten Stammsilben und wieder insbesondere in einsilbigen
mit der Hebung bedachten Wörtern. Gar nicht kommt solcher
Lautwechsel vor in Silben, die in der Senkung stehen oder in
den meistgebrauchten Wörtchen. Also nie *on dor wos* u. s. w.
Dagegen sind *dô* und *dâ* vollkommen vermengt. *y* steht oft
für *i*, *ö* für *ŏ*, beide ohne Bedeutung. *î ü ü* werden vor *r* zu
ie ue üe, d. h. zu Längen,[1] *î* auch immer vor *ch (cht)*. *ei* und
eu stehen für *ie:* 1. in einzelnen schweren Worten, z. B. fast
immer *leuf* für *lief;* 2. immer *seu, sei* für *sie, weu* für *wie*, oft
deu für *die*. *ai* aus *age* ist sehr häufig. Merkwürdig scheint,
dass mit ein paar Ausnahmen immer *weingk* = *wenigk* gebraucht
und als einsilbig gezählt wird. Dazu gehört auch das seltenere
maingk für *manigk*. *i* ist in den Endungen (bis auf *zwelif*)
stets *e* geworden.

Im Consonantismus ist zunächst der Wechsel zwischen *w*
und *b* überaus häufig, wenn auch nicht durchstehend. *Baal*
wird regelmässig zu *Well*. Im Anlaut steht oftmals *p* für *b*,
sehr oft *f* für *b* im Inlaut, immer *afer*. — *ch* stets für *k*, oft
kch geschrieben, ohne dass dabei eine andere Regel als die
Bevorzugung des Auslautes gälte. Auch für *h* im Inlaut mei-
stens *ch*, wie zahlreiche Reime *(leichen : reichen)* beweisen.
Immer *ch* für *h* vor *t*. Ein paar Mal sogar *ch* für das sonst

---

[1] Dagegen vierzehn stumpfe Reime zwischen *ue* aus *uo* und *ue* aus *ü* vor
r, meist *fuer : spuer*.

conservierte *g*, also *chram* = *gram* 207ᵇ. Für *chs* oftmal *x*. —
Der Stand der Dentalen entspricht im Allgemeinen dem Mittel-
hochdeutschen. *th* oftmals für *t* im Anlaut, regelmässig in *thaw*
von 201ᵇ ab. *t* erscheint oft überschüssig: an Infinitive an-
gehängt, *verhengent* 199ᵇ und etwa 30 Mal; *Josepht* 199ᵃ; immer
schintpain, *chindpain*, *chintpach*, *dreistik* = *drîzec*. *s* und *z* sind
vermengt, aber so, dass *s* ganz die Oberhand gewonnen hat. —
Ein gewisser Trieb zur Assimilation ist vorhanden: aus *mn*
wird immer *mm*, *hawpp* für *houbet*, *ff* für *pf (zz* für *tz)*, *ss* für
st, *enphessent* 199ᵃ u. ö. Dagegen wird die Verbindung *mt*
immer zu *mbt* oder *mpt*. — *r* fällt häufig aus: stets *schaff* =
scharf, *fuder* = *vürder* u. s. w. — Vergleicht man mit dem
hier angeführten die von mir Zs. f. d. A. 20, 187 f. beige-
brachten Kennzeichen des innerösterreichischen Dialektes, so
ist die Uebereinstimmung unschwer zu erkennen.

Weniges ist in der Formenlehre zu erwähnen. Die Regel
vom Gebrauche der schwachen und starken Form der Adjectiva
wird häufig durchbrochen, mehr zu Gunsten der schwachen
als der starken. *nichtew* regelmässig als instrumental gebrauchter
Dativ. — *u* im Participium Praesentis ist häufig. Die 1. und
3. Person sing. des Conj. pract. schwacher Verba wird oft mit
der später im Dialekt ganz durchgedrungenen Endung -*at* ge-
bildet, z. B. *dienat* 7 Mal. (Diess geht auch auf den Indicativ
praet. über: *ich tottat* Amicus-Amelius 1029). Die Endung -*ent*
für die 3. Person plur. praes. ist bei Verbis, deren Stamm mit
n auslautet, oft zu blossem *t* reduciert. Also fast regelmässig
dient = *dienent*, *lont* = *lonent*.[1] Im Verse zählten diese Formen
einsilbig. Immer *let* für *leit*. *tan* für *getân* 4 Mal. — *der*- für
er- bei activen Zeitwörtern regelmässig, bei neutralen selten.

Die Reime der Dichtungen Kurzmann's können erst er-
örtert werden, wenn der Versbau geprüft ist. Ich habe ‚Ueber die
Marienklagen‘ S. 72 f. die Verse des Soliloquiums und des Amicus-
Amelius besprochen. Die Silben werden in beiden Gedichten ge-
zählt. Aber im Soliloquium haben alle Verse vier Hebungen mit
Auftakt und stumpfem Reim, also acht Silben. Wo tonlose *e*
in den Reimworten vorzukommen hätten, sind sie abgehackt;
und da diess Verfahren bei Infinitiven wegen der Consonanten-

---

[1] Analog der durchstehende Gebrauch von *niemt* und *niem* für *niemant*.

häufung Schwierigkeiten macht, ist ausser *sein gen* und *sten*
überhaupt kein Infinitiv in den Reim gebracht worden. Im
Amicus-Amelius ist das anders. Auch dort stets Auftact und vier
Hebungen, aber doch noch klingende Reime, also acht- oder
neunsilbige Verse. Ich schloss aus diesem Verhältniss, dass das
Soliloquium später verfasst sei als der Amicus-Amelius, das
glaube ich auch jetzt noch.

Im Speculum gelten ähnliche Grundsätze. Die Silben
werden gezählt. Alle Verse haben Auftakt. [1] Weder dürfen
Senkungen fehlen,[2] noch zweisilbige Senkungen vorkommen.[3]
Versetzte Betonungen sind desshalb häufig: z. B. *diemuetig*.
Noch sind klingende Reime neben stumpfen vorhanden, allein
sie sind sehr in der Minderzahl und auf dem Wege stumpf
zu werden.

Im Amicus-Amelius: Stumpf reimen *ă : ā* vor *t* 15, vor
ch 12, vor *n* 8, vor *st* 1 Mal; *ĕ : ē* vor *t* 11, vor *r* 7 Mal;
ĭ : ī vor *n* 1 Mal; *ī* auf *ie* vor *r* 2 Mal sehe ich nicht als
ungenauen Reim an. *wêr* (= *wœr*) : *mêr* v. 29. *ā : ō* 4 Mal.
au aus *û* reimt auf *au* aus *ou* 1 Mal.

Um zu bestimmen, wie es mit den klingenden Reimen
steht, sind die auf *e* (*a*) + *r* zu prüfen. − ⌣ : − ⌣ aber als
stumpfer Reim geschrieben nur ein Mal: *verchêrt : gemêrt* 255. —
Alfern : gern 243. — Stummes *e* geht verloren: *gern* (libenter) :
gewern 467. *wern : lern* (= *lerne*) 201. — ⌣ ⌣ : ⌣ ⌣ *enparn* :
underfarn 565, *geparn : ervaren* 585. — − ⌣ : ⌣ ⌣ *warn* (erant) :
varen 973. 989. 1101. *gern* (libenter) : *chêren* 271. 521 : *êren*
423. 1097. *Alfern : êren* 71. 101. *verchêrt : gewert* 225. *verbern* :
herren 97. *zorn : ôrn* 577. (*wardn : Hildegarn* = *Hildegarden*
641.) Darnach kann es, zieht man die Verschiedenheiten der
Schreibung in Betracht, zweifelhaft sein, ob hier ⌣ ⌣ : − ⌣ ge-
längt worden (beziehungsweise bei *gern, Alfern, zorn* Svarabhakti
zwischen *r* und *n* anzunehmen) ist, oder ob beide Classen auf
− reduciert wurden. Aber es kommen noch folgende Reime

---

[1] Unter ungefähr achttausend Versen etwa zwanzig Ausnahmen, bei denen
nicht schon durch den Inhalt eine Aenderung geboten wäre.

[2] Wo diess geschieht, ist ein Fehler anzunehmen und es bietet sich immer
durch den Zusammenhang des Satzes das ausgefallene Wort.

[3] Dieselben rühren stets vom Schreiber her und sind meistens durch das
von ihm bevorzugte *ge-* veranlasst.

zu erwägen: *chamer* : *jámer* 845. 1011. *châmen* : *samen* 1109. *gesprächen* : *swachen* 595. *lâgen* : *sagen* 961: *erslagen* 1145. *frâgen* : *gesagen* 207. *begraben* : *begáben* 113. *ráten* : *staten* 187. 491. Diese machen es mir wahrscheinlich, dass vor *r* die kurzen Vocale gedehnt wurden und die stumpfen Reime dort dem Schreiber anzurechnen sind. Zu sicheren Resultaten, wie sie Johannes Schmidt in seiner trefflichen Untersuchung der Reime Suchenwirts (Zur Geschichte des indogermanischen Vocalismus II, 381 ff.) gewann, ist es hier unmöglich zu gelangen, da der Unterschied zwischen vierhebigen Versen mit stumpfem Reim und dreihebigen mit klingendem aufgegeben worden ist.

Schlimmer steht es um die Reime des Speculum. Stumpf sind: *ă* : *â* vor *t* 93 Mal, vor *n* 29, *r* 28, *ch (cht)* 15, *z* 1 Mal. *ĕ* : *ê* vor *r* 67, vor *t* 41,[1] vor *e* 4 Mal. *ŏ* : *ô* vor *l* 3 Mal. *ă* : *ŏ* vor *r* 5, vor *n* 1 Mal; *á* : *o* vor *t* 15 Mal *(hât : got)* vor *f (hof : schâf)* 4 Mal. *â* : *ô* 2 Mal. *ie* : *i* vor *r* 20 Mal. *au* aus *û* auf *au* aus *ou* oftmals. *hât* : *verstêt* 246ᵇ ist für einen ungenauen Reim zu halten, da nicht emendiert werden darf und beide Formen nur mit diesen Vocalen vorkommen.

—◡ : —◡ Stammsilbe *e* + *r*, mit oder ohne das folgende tonlose *e* geschrieben (z. B. *êr[e]n* : *verchêr[e]n*) 41 Mal.[2] Die übrigen Fälle ordne ich und gebe von den Gruppen die Form an. *stern* : *gern* (libenter) 2 Mal. *cystern* : *geweren* 4 Mal. *beger[e]n* : *chêr[e]n* 26 Mal. *ster[e]n* : *lêr[e]n* 17 Mal. *werden* verkürzt sich im Reim zu *wern*, 1 Mal auf *enperen*, 6 Mal auf —◡. — *spacieren* : *dieren* 2 Mal, *hofieren* : *dieren* 1 Mal. *schrieren* : *hieren* 2, *vieren* : *hieren* 1 Mal. — *verloren* : *zoren* 7 Mal, *zoren* : *doren* (spinis) 1, *zoren* : *tôren* (stultis) 1 Mal. — *a* vor *r* —◡ : ◡◡ 23 Mal, *a* —◡ : ◡◡ vor andern Consonanten *(m, t, ch, g)* 20 Mal. — *welt* (mundus) : *gesellet* 218ᵃ 221ᵃ.

Aus diesen Fällen lässt sich nur Schwanken erkennen. Es kommt aber hinzu: 1. Stumme *e* werden im Verse nur sehr selten als Silben gezählt, im Reim fallen sie aus oder ab. 2. Folgt auf *ă* (= *ŏ*) oder *ĕ* der Stammsilbe *r* + cons., so

---

[1] Dass *ă* : *â* vor *t* die Fälle mit Liquiden überwiegen, dass *ĕ* : *ê* vor *t* sehr zahlreich sind, liegt an den Reimen mit *hât*, *het*.

[2] ◡◡ : ◡◡ kommt bei *e* + *r* gar nicht vor, bei *a* + *r* 17 Mal. *geparn* (natus) : *varen* ebenfalls 17 Mal.

entsteht ein irrationaler Vocal nach *r*; dieser Vocal heisst
immer *i*, wenn der auf *r* folgende Consonant eine gutturalis
ist, er heisst *e* (mit nur ein paar Ausnahmen vor *b*) wenn ein
anderer Consonant folgt. Also *sarigen, marigen, arich*, aber
stereben, tueren (turris) u. s. w.[1] Diese irrationalen Vocale
werden im Verse niemals gezählt, sie gelten auch im Reime
nichts. Berücksichtigt man diese Umstände, so ergibt die Be-
trachtung der angeführten Reime ein Uebergewicht der Zahlen
nach der Richtung der stumpfen Reime, das heisst: die klin-
genden Reime sind im Begriff stumpf zu werden, haben aber
dieses Ziel noch nicht erreicht. Da nun im Amicus-Amelius
die klingenden Reime erst angegriffen werden, im Soliloquium
schon vollständig verschwunden sind, so nehme ich an, dass
das Speculum nach dem Amicus-Amelius und vor dem Soli-
loquium verfasst worden ist.

Im Amicus-Amelius finden sich keine consonantisch unge-
nauen Reime (wenn man von *s* : *z* absieht), im Speculum nur einige
wenige. Folgende sind alle: *cham : man* 245ᵃ (*man : preitigan*
199ᵇ), *zilernen : ril* *eren* 203ᵃ 219ᵃ 235ᵃ. Das ist aber eigentlich
gar nicht ein ungenauer Reim, weil *zileren* gesprochen worden
ist. *augen : gelauben* 240ᵇ, *sweben* (= *swebel* und dieser Ueber-
gang auch im Verse öfters) : *regen* 234ᵃ. *stucklen : zucken* 243ᵃ.
hât : sag 225ᵇ. Einige andere ungenaue Reime sind aus Fehlern
des Schreibers entstanden und müssen emendiert werden. —
Während im Amicus-Amelius nur ein rührender Reim 1019 vor-
handen ist, noch dazu an einer Stelle, die Besserung verlangt,
kommen im Speculum mehrere vor, allerdings leichte, fast
nur auf Bildungssilben also: -*cheit : cheit*, -*leich* : -*leich*, -*leichen* :
-*leichen*. Sonst nur: *dar : dar* 243ᵇ und *hin : hin* 236ᵇ.

Die dichterische Begabung Andreas Kurzmann's ist gering.
Im Amicus-Amelius hat er sich ziemlich genau, im Soliloquium
ganz streng an die Quelle gehalten und thatsächlich nur in
Reimen übersetzt. Ich kann aus diesen beiden Gedichten auch
nicht Eine Stelle anziehen, in welcher der Verfasser mit oder
ohne besondere Angabe das Wort führt. Im Speculum ist es
damit besser. Freilich beim grösseren Theile des Werkes, welcher

---

[1] Sonst entsteht irrationaler Vocal nur vor *l* in *gelider*. Dieses *e* wird
4 Mal gezählt und 4 Mal nicht gezählt.

die heiligen Personen des Evangeliums betrifft, hindert ihn die
ehrfürchtige Scheu, Selbstgedachtes vorzubringen; allein wo
von den verglichenen Ereignissen der alten jüdischen oder Pro-
fangeschichte die Rede ist, schaltet er eigene Bemerkungen ein
und lässt in Beurtheilung wie in Schilderung den Sohn des
15. Jahrhunderts nicht verkennen.[1]

Das Dichten ist ihm schwer gefallen. Es ist eine wirk-
liche Arbeit für ihn. Lange Stellen hindurch spinnen sich die
Verse nur an den Reimen fort. Uebergross ist die Anzahl
bedeutungsloser Flickverse;[2] und auch, wo in einen Theil eines
Verses schon dem Autor der Gedanke ausgegangen ist, flickt
er nicht faul eine Phrase an, oft gehaltlos, mitunter ganz wider-
sinnig.[3]

Andreas Kurzmann hat wohl selbst keine grosse Meinung
von seinem Talent. Er betrachtet die Bearbeitung des Spe-
culums als ein gottgefälliges Werk, wie es zu seinem Stande
passt, und wodurch er sich auch um seine Mitmenschen ver-
dient macht. Diess erhellt aus dem Reste des Einganges:

> *... recht also wer das puech an siecht*
> *der get in einem neuen liecht*

---

[1] Auch in der Rohheit. So wird Abimelechs Ende 240[b] folgendermassen
erzählt:

> *Nu do er get nach seinem sin*
> *und wolt das feur auch legen in,* (Theben)
> *do warf ein weib von oben her*
> *recht einen stain, als ich hie ler,*
> *und traf den richter an das hieren,*
> *das er dort lag auf allen vieren.*
> *des schampt er sich von ganzem herzen,*
> *wenn zwar es was im aus dem scherzen.*

[2] Nur einige Beispiele: *ein anders ich nu sagen mues 196[b] deu red schol
haben nu ein zil und ich hin fur pas treten wil 197[a] nu schult ir horen was
wir schreiben 197[a]. als ich es in der warhait schreib 197[b]. und darnach
schult ir wissen das 198[a] was ich nu sag, das merket eben 198[a] als wir
singen und auch lesn 199[a]* (singen und lesen, singen und sagen kommen
sehr oft vor, aber ganz bedeutungslos), *das ich hernach nu schreiben wil
mit churzen worten nicht mit vil 200[a] hernach ein ander urchund schreiben
und auch damit die weil vertreibn 201[b] man pant in vest an ainen paum,
es ist ja war und nicht ain traum 220[b].*

[3] z. B. *also ist auch, wie man heut sait, deu welt in aller geitichait so teuf
und teuf pei jar und tag, das sei halt niem derfüllen mag 229[b].*

und auch sein leben chan geprauchen,
das er an nichteu chan gestrauchen
noch vallen in deu missetat
so er den spiegel vor sich hat.
do mit ich main ain rechteu ler
der man schol nach gen immer mer,
wan si ain laitung chan gegeben
dort auf hin in das ewig lebn.
deu vorsprach hab also ain zil.
nu schreib ich was got geben wil
und heb auch hie ze sagn nu an
ich prueder Andre Churzer man.

Fast rührend ist die demüthige Selbsterkenntniss in den Schlussversen:

Ich danch dir lieber Jesu Christ,
wenn du ain rechter helfer pist:
du hast das puech mit mir volpracht
des ich ze tichten het gedacht.
ich sag auch deiner mueter danch
mit grossem lob und mit gesanch,
wenn si mir ser geholfen hat
genedichleich an aller stat,
daz ich daz puech volendet hab
als vil mir ir genad in gab.
nu pitt ich treuleich jeden man
der daz puech hie wirt sehen an,
ob er leicht vindet ichtes icht
daz in do zimen mag enwicht,
der schol deu nachred lazzen hin,
wenn ich zwar nicht ain maister pin.
ich hab ain slechtes dinch geschriben
und auch domit deu weil vertribn,
das chrump daz hab ich lazzen varn.
Got schol uns leib und sel bewarn
und geb uns auch den ewig lon
dort in dem himelischen tron,
das wir in loben ewigleich
in seinem auserwelden reich

und sehn in dan mit augen an.
also sprach Andre Churzer man.

Ich bringe nun eine kleine Anzahl von Stellen bei, die
theils die Gesinnung des Dichters beleuchten, theils für seine
Fähigkeit zu schildern, auch für seine kleine satirische Ader
bescheidenes Zeugniss geben. Es sind ihrer nicht mehr, weil
die Durchmusterung des Wortschatzes noch Gelegenheit gibt,
Einiges kennen zu lernen.

Oefters polemisiert Kurzmann gegen die Frauen:

ja, wo ist nu ain weiser man,
der sech gar fleissikleichen an,
das er auch nicht gestochen wert
mit ainem zwispitzigen swert:
das ist ain ungetreues weib,
die oft verderebet sel und leib
dem der ir wol gefallen wil
mit seinem süessen saitenspil. 194.*

Dagegen ist er mild gegen die Schwangeren und bekennt
sich damit zu der volksthümlichen Anschauung, welche auch
in den Weisthümern Ausdruck findet:

noch mues ich zwar ain anders sagn:
es schol ain man stet ubertragn
und gerleich in der swangern zeit;
so wenn ir angst und not an leit
und si sich nicht berüeren chan,
so schol ir dienen schon der man
und raichen wes si dürftig ist. 199.*

Ja er hat sogar Mitleid mit einer verstossenen Concubine:

als jezund nu gewöndleich ist,
das oft ain man zu aller frist
sein slafweib wierft in ainen grabn,
als er nu wil ain andreu habn. 221.*

Er wünscht die Frauen züchtig und sagt von Maria:

darzue ir leben ist gar rain,
wenn si was aller zeit allain.
si ist nicht in den tanz gegangen
und hat sich nient nicht uberfangen

> *mit trinchen und mit uberessen*
> *und auch an nichteu nicht vergessen. 201ᵃ.*

Er vergleicht die Keuschheit mit der wohlthuenden grünen Farbe:

> *deu cheuschait mag sich wol geleichen*
> *zu ainer grüen gar sauberleichen.*
> *warumb? deu grüen siecht man gar gern,*
> *wenn das gesicht mag sich wol mern*
> *und auch deu augen wider pringen.*

Die nachlässigen Geistlichen kann er nicht leiden:

> *deu red get wol deu pharrer an*
> *und auch deu leut in meinem wan*
> *deu ander sel besarigen scholn* [1]
> *und auch darzue sich selber püessen*
> *und andern viel guet ler in giessen.*
> *nu sprich ich wol in rechter fueg:*
> *die phaffen jezund sind so chlueg,*
> *nur weu sie gelt gewinnen welln*
> *und sich domit gar erleich stelln.*
> *der chinder achtent si gar chlain*
> *deu si do machen scholten rain*
> *mit schaffer und mit gueter ler. 213ᵃ.*

Und gleich darauf:

> *der weissag uns bedeutet wol*
> *deu phaffhait, als ich sagen schol,*
> *deu do ir chinder schullen leren*
> *und gueteu dink stet an in meren*
> *mit gueter ler und rechtn sitn*
> *mit straffen und darzue mit pitn.*
> *man schol seu weisen zue dem pesten*
> *und nicht allain sich selber mesten*
> *mit gueter speis und guetem tranch. 213ᵃ.*

Er tadelt den Wucher:

> *Das vor der weissag hat gesprochen*
> *und wiert auch laider oft zeprochen*

---

[1] Hier ist ein Vers ausgefallen.

von posen christen vil und vil.
deu habent neue püntel funden
und phlegent der zu allen stunden,
si sprechent, es sei nicht gesuech,
noch si verdienen chainen fluech,
ob man in schull ain erung pringen
und auch ain miet von chlainen dingen.
den selben sag ich daz hin wider:
si slahent sich gar grösleich nider,
wenn wer des selben nimpt ze vil,
er treibet zwar ain wuecherspil
und ist den juden gar geleich
und wiert verdammet ewigleich. 215ª.

Gegen die Juden folgt 217ª eine lange Rede.

219ª führt er einen Vergleich zwischen Jesus und einem Kinde hübsch durch:

er was gedultig als ain chind
dem noch deu jar nicht chomen sind,
das es dem slag well widersprechen,
wenn es sich chan an niem gerechen.
also was Christus unser hail
recht als ain chind ân alles mail,
das nichtes wider reden chan
und lachet jeden menschen an.

Ein Sprichwort flicht er ein:

Und wer der ler nicht nach wil gen
der schol das sicherleich versten
daz er ist als ein wilder per
von dem ich gar ain weingk nu ler:
er horet geren ain saitenspil
und doch darnach nicht tanzen wil.
also ist auch vil manig man ... 227ª.

Marias Schmerz schildert er:

wie grozz ir smerzen sei gewesen
daz mag halt niemant nicht vol lesen;
wenn in dem mer sind trophen vil
und in den lüften vederspil,

> *auch pei dem wasser leit vil sant,*
> *als wie uns daz ist wol bechant,*
> *noch merer was Marie chlag.* 227ᵇ.

Wenn er die Sprachverwirrung beim Thurmbau zu Babel
drastisch illustriert:

> *so wenn er vordert einen stain,*
> *so pracht er im den eisenzain;*
> *und wenn er wolt ain hachn haben,*
> *so pracht er im ain swarzen rabn —*
> *secht, also ward das pau geligen.* 237ᵃ.

so fand er das wenigstens nicht in den mir bekannten Hand-
schriften des lateinischen Speculums.

Ob folgende Verse:

> *und darnach sach der chünek mer*
> *als wie ain stain scholt vallen her,*
> *den niemant nicht het abgesniten,*
> *ab ainem perk nach unsern siten.* 208ᵇ.

auf die Heimat deuten, oder die letzten Worte bloss zur
Reimfüllung angefügt sind?

Auf persönliche Erlebnisse scheint der besondere Eifer
gegen die Lügen zurückzuführen:

> *Der selbig lauf ist noch gemain*
> *und er doch warleich ist unrain.*
> *Wenn wer deu warhait reden wil*
> *der mues der hasser haben vil,*
> *deu im do sleichent hinden nach*
> *und ist in aus der massen gach,*
> *als wie si mochten in begrapeln*
> *mit iren vil spitzigen gapeln,*
> *das ist mit falschait und mit lügen,*
> *und auch den gueten man umbzügen,*
> *auch prachten in von seiner er.*
> *hort noch wil ich euch sagen mer:*
> *Wer nu mit lügen chumpt hin füer*
> *dem tuet man auf gar snell deu tüer:*
> *,ge her, ge her, sag an, sag an,*
> *wenn du pist zwar ein frumer man.*

2*

ich wil dir zwar gelauben wol
und füer dich sten als wie ich schol.'
Secht, also pringt er in dar zue,
das er mues liegen spat und frue.
deu warhait deu get hinden nach. 220ᵇ.

Noch bestimmter aber:

Wenn got ist nimmer also wild
als jezund menik menschenpild,
der nimmer mer vergessen chan
als im hat iemant leid getan.
er mag in halt nicht an gesehn
noch gueter red von im gejehn;
er sleicht auf in pei zeit und weil,
das er mues wandern hundert meil
und ziehen hin von seinem haus
von dem er wiert vertrieben aus.
und hat er dann hin wider muet,
das wiert im warleich nicht gar guet:
man hezt im auf deu alten tat,
deu er von erst begangen hat
und neit im herter mer dann vor. 212ᵇ.

Dieselbe Gedankenreihe wiederholt sich 215ᵇ.

— · ·· ——

Das folgende Wörterverzeichniss ist mit Rücksicht auf
Lexer's mittelhochdeutsches Handwörterbuch [1] angelegt. Worte,
die darin (für den noch ausständigen Theil musste das mittel-
hochdeutsche Wörterbuch von Benecke-Müller-Zarncke aus-
helfen) nicht sich finden, sind mit einem Sternchen bezeichnet.
Ich habe ausserdem solche Wörter aufgenommen, die entweder
äusserst selten sind, oder bis jetzt mangelhaft erklärt wurden,
oder bei Kurzmann in eigenthümlicher Bedeutung auftreten.
Zur Rechtfertigung meines Verfahrens habe ich anzuführen,

---

[1] Das reichlich mit bisher unbekannten Worten ausgestattete Hoch- und
niederdeutsche Wörterbuch von L. Diefenbach und E. Wülcker habe ich
nicht angezogen, weil es mir nur von A—E zugänglich war und einem
gar zu engen Quellenkreise seinen Hauptvorrath entnimmt.

dass meiner Auffassung nach Kurzmann's Wortschatz noch
auf mittelhochdeutschem Standpunkt steht und nur stellenweise
hübsche Bedeutungsübergänge zum Neuhochdeutschen aufweist.
Ferner halte ich Kurzmann für unfähig Wörter zu erfinden,
die dann für den Sprachschatz wohl wenig Werth hätten.

Ausgezogen sind Amicus-Amelius (A.) und das Speculum
(ohne besonderes Zeichen). Das Soliloquium habe ich unbe-
rücksichtigt gelassen, weil es, an und für sich geringen Um-
fanges, schon gedruckt ist und nichts Merkwürdiges bietet.

In den Citaten sind die gröbsten Consonantenhäufungen
vereinfacht, y zu i, w zu u umgeschrieben und die Häkchen
über den Vocalen fortgelassen worden. Der Raumersparniss
halber wurden die Verse nicht abgesetzt.

Ich glaube damit zugleich erschöpfend bekannt zu machen,
was die Arbeiten Andreas Kurzmann's Interessantes für die
Forschung gewähren.

* abe biegen	*stv.* nach dem lies er ain tauben fliegen; die selbig ward ain zwei abpiegen von ainem olpaum, als ich sag. 195^b.
abe brechen	daz er ain scharfeu lanzen nam, domit er wolt den David stechen und im sein leben gar abprechen. 218^a.
abholt	der ritter was gar ser geslagen und hiez dem chünik also sagn, ob er icht iemant abholt wär, den scholt er senden mit gefer auf in deu stat Jerusalem 214^b. *Heliodor.*
als wie	= *dass;* — zu ainem perk da such er un als wie ain pusch gar haiter pran 201^a. Wir haben des gar wol gelesn als wie ain richter scholt genesen 201^b; 202^b *und vielmals.* = *wodurch, damit:* und grossen falschait an sich nam, als wie er wolt mit seinen wizzen den menschen habn und auch besizzen 194^a *und oft.* = *quum:* als wie er ward daz weib do nennen, her Adam ward sei snell derchennen 194^a 200^a *und oft.*
ane bitten	secht, do cham er *(Salomon)* so gar von witzen, das er im lies die gotter snitzen und wart

diselben ser an pitten oft nach den haidenischen
sitn. 194ᵇ. in den hoff chom ain grosses her
der haiden paides fraun und man und paten
auch di sunn da an, wenn in deu selbig was
ir got 198ᵃ. 203ᵇ. 204ᵃ. 207ᵃ. 208ᵃ. 211ᵇ *und oft.*

ane gienen   er sprach zu in: daz ist der man an dem ich
chain schuld finden kan da mit er hab den tod
verdienet, als ir in neidikleich angienet. 222ᵃ.

ane grinen   der selbig zwar nicht wirt versliket von dem
vil unsäligen veint der uns bei tag und nacht an-
greint, wie er uns mocht in sich verslinden. 197ᵃ

ane hetzen   *(Longobardi)* den pabst si wurden vil anhetzen
und auch dem stuel sich widersetzen. A. 1091.

ane kêren   auch wil ichs wol heimleich ancheren das si
beleib pei iren eren. 201ᵃ.

ane rüeren   des si deu andacht möcht zefüeren und leicht
mit ariger red anrüeren. 200ᵇ. wan ander juden
wurden züernen und in mit snoder red an-
rüeren. 203ᵃ.

ane weigen   dar an uns hat ain pild gegeben, daz wir stät
schullen widerstreben dem posen gaist mit
ganzer acht der uns anweiget tag und nacht. 232ᵃ.

* ane weigunge *stf.* deu anweigung ist gar gelegn deu do der
teufel zu uns het. 240ᵇ.

ane zemen   sein liebes weib die ward im gram und tet
das sei nicht wol anzam. A. 675.

assech   der gottes weissag sprach zu ir: *(Wittwe von
Sarepta)* ‚gar gueten rat den gib ich dir. ge,
haiz dir leichen esseich vil und tue was ich
dir sagen wil: du scholt in alleu asseich giessen
und la dich des halt nicht verdriessen. so wenn
deu asseich werdent vol, daz öll scholtu ver-
kaufen wol. 237ᵇ. si pat umb asseich gar
genueg, *ebenda.* deu asseich wurden alles vol,
ebenda.

bal   und wenn daz schaf nu funden wurd, daz trueg
er hin recht als ain purd auf seiner achsel in
daz haus und wurd mit freuden senden aus
nach seinen freunten uber al und wurden laufen

nach dem pal und frolich mit ainander sein und trinchen met und gueten wein. 236ᵃ. *Wohl nur des Reimes wegen.*

becke ain schones pekch er mit im nam. A. 877. da mit er do ain pekch ward fuln. A. 897.

begâben Amicus hies in schon begraben und ward die armen leut begaben. A. 113.

* begeizet? *ausgestattet?* ein anders ich nu sagen schol: als wie deu marter Jesus Christ vor aller zeit bedeutet ist und auch begaiczet mit figuren an gar vil hubschen creaturen. 224ᵇ. begatet? begostet? bezoiget?

* begrapeln *swv.* als wie si mochten in begrapeln mit iren vil spitzigen gapeln, daz ist mit falschait und mit lügen 220ᵇ..

behitzen *siehe unter* schünden.

behûsunge do Christus in Egyptum cham und in dem land behausung nam. 207ᵇ.

* bekutzen? *swv.* so wenn deu assoich werdent vol, daz öll scholtu verkaufn wol und scholtu von dem iemant gelten das gilt und gib ân alles schelten; das ander öll scholtu wechutzen und ez mit deinen chindern nutzen. 237ᵇ. *Handelt von der Wittwe von Sarepta. Bedeutung? vgl. Schmeller* I² 1317 f.

belangen *ohne Genetiv oder abhängigen Satz:* man schol auch trösten den gefangen, daz in icht müg so ser belangen. 206ᵇ.

beleit Maria, du vil liechter stern, der sünder schol dich sehn gar gern, wenn zwar du pist im ein beleit hin in dio ewig säligkait 197 . conductrix.

benetzen deu gert ist, mein ich, unser frau, deu von dem himelischen thau schon ist benetzet und begossen. 197ᵃ.

* berœten *swv.* in dem er sich wolt lazen tötn und auch mit seinem pluet berötn. 288ᵃ. und hais in seine chinder toten und dich mit ierem plut peroten. A. 857. *Ein Beispiel noch unter* kitzelin.

berüeren · · · · · · · · · *siehe oben S. 818.*

* **beschœnigen** · · · *swv.* doch mainstu es noch undervarn, ob du mich heut beschonign wild vor manigm frumen menschenpild. A. 566.

* **beschützen** · · · *swv.* auch wolt uns ewigleich beschutzen mit seinem leichnam den wir nutzen in einem prot pei jar und tag. 215ᵃ.

bilde · · · · · · · wenn si zwar nie beslaffen wart von mannes pild ze aller vart 206ᵃ. so wenn di juden chinder hieten deu do zu mannes pild gerieten. 207ᵃ.

bildunge · · · · *nur in der Bedeutung* exemplum: wie schon si vor bezaiget ist mit pildung in der alten frist. 196ᵃ. deu pildung leg wir also aus und sprechen das das tempelhaus Mariam uns bedeutet wol 197ᵇ. ein andreu pildung ich nu schreib. 198ᵃ. 198ᵇ. 200ᵃ. 203ᵇ. 204ᵇ. 206ᵇ. 208ᵇ. 211ᵃ. 214ᵃ *und vielmals.*

bizze · · · · · · · der zue sein leichnam uberal von grossen slegen ward zerissen, daz nindert ward ain ganzer pissen. 220ᵃ.

blâsen · · · · · · deu liebleich mit den leuten chosent und hinden nach den selben plasent, als wie si mochten seu gestechen und ieren gueten leunt zeprechen. 218ᵃ.

bölzel · · · · · · nu wil ich daz also besliessen und schier ain anders pölzel schiessen 226ᵃ.

brechen · · · · · und bei der nacht das selb geschach als nu deu mettenzeit her prach. 233ᵇ.

breit · · · · · · · er leuf an in mit praiten armen, wenn im sein sun ward ser erparmen 212ᵇ. er viel umb in mit praiten armen und ward sich uber in erparmen. A. 821.

brouchen · · · · er sprach zu im: ,deu gib ich dir, ob du dich prauchen wild vor mir und mich an pitten an der stat'. 211ᵃ. *Vgl. noch unter* **unlieplichen.**

brüederlin · · · deu selben chinder, als wir lesen, zwei prueaderlein nicht sein gewesen. A. 23.

* bündel   *stn. Abmachung, Einrichtung. Die Stelle siehe oben S. 820.*

burt   das unser frau enphessent wurd nach der gewanhait aller purd und nach des alten Moysi ler. 199ᵃ.

dol   *stm.* so wenn si nider chomen wil, das si ain chind gewinnen schol, so wirt si tragen grazzen dol 194ᵇ. wir habn ja vor vernomen wol als wie der mensch ân allen dol gewesen ist an grossen ern; ja laider das wart sich verchern 195ᵃ. so mag deu frau wol werden frei, stet ir der man denn erleich pei und lät sei chomen nicht in dol. 199ᵃ. 239ᵇ. 244ᵃ.

* drittist   *Superlativbildung*: also gie Christus aus dem grab (recht als ich vor geschriben hab) und auch sein leben an sich nam, do nu der drittist tag her cham. 235ᵃ.

drůch   *stm.* — und stach den chünik in den pauch, daz nach dem swert gie hin der drauch, ich main domit des swertes chilz daz ward sich bergen in dem milz. 231ᵇ. *Vgl. Seifried Helbling I 175*: er ist sô schentlich gestalt oben sam neyger drauch, wâ im rücke unde bůch in der cheuerpeunt sî, des sinnes bin ich leider frî.

* dürrunge   *stf.* deu gerten waren trucken gar. secht, nu geschach daz uber nacht, das ainen schoneu läuber pracht und auch die süessen mandelchern; si lag in grosser dürrung da. 213ᵃ.

einber   dar zue schult ir auch wissen das als wie ain guldin emmer was in gottes arich pei tag und nach und himelprot stet in im lag. der emmer uns bedeutet wol — 206ᵇ. ein emmer vol mit pluet do was, in den ward seu daz haupp hin tragn. 233ᵃ.

einigunge   secht, also wuex deu christenhait in ainer vesten ainichait und ward auch vest an dem gelauben, des sei halt niemant mag berauben. deu selb ainigung ist geschehn — 237ᵃ.

êlicheit	daz sechst gepot wil niemant leren und nicht der mensch sich selber eren, so wenn er pricht sein eleichait, das im daz pot hat undersait. 206ª.
endunge	do pei ist uns ain ler gegeben daz unser leib und raines leben mit nichteu nicht schol nemen ab unzt daz das leben endung hab 227ª. und wenn sein pein ain endung nam, so fuer er zu dem Abraham 230ª. der red wil ich ain endung geben und schier ain anders dink anheben. 235ᵇ. 239ª. 243ᵇ. 246ªᵇ. A. 313.
enthalten	wie lang wil du dich auf enthalten? 202ᵇ.
entsetzen	und macht du dich der red entsetzen, des wil ich dich zwar wol ergetzen. A. 453. *lossagen, die Anschuldigung für unwahr erklären.*
entwachen	und wie der chünik ward entwachen, er ward gedenchen nach den sachen 196ᵇ. als nu her. Josepht ward entwachen, zu seiner praut ward er sich machen 201ª. deu chinder wurden do entwachen und ieren vatter schon anlachen. A. 883.
entwern	*mit dem Dativ der Person und dem Accusativ der Sache:* der vater mag im nicht entwern und im gar miltikleichen geit waz er nur wil zu aller zeit. 241ª.
* erbôsen	*stv.* wenn zwar der teufel in sei kom und ir das leben gar abnam, er ward sei an ain want erstassen und auch die sel auz ir erpassen. A. 1065.
ergân	wenn si *(Maria)* pei den ergangen tagen schon in den tempel ist getragen — 198ª.
erheben	wenn als das öll stet oben swebet also hat sich allain derhebet die gottes parmung, als ich meld, her uber deu vil chranchen weld 195ᵇ.
erklieben	*activ.* daz ward daz schol dem sunder lieben und im sein hertez herz derchlieben. 226ᵇ.
erkrachen	den *(Salomonis Tempel)* er mit fleis het schon gemacht, das nie ain slag in im erchracht. 197ᵇ.

ernesen	ach wie gar lang pistu gewesn, des todes sein wir chaum dernesen. 233ᵇ.
erstœren	das sei (die ,koneschaft') halt niemt gar chan erstören. 199ᵇ.
êrung	das er (Bileam) scholt seinen feinten fluechen, des wolt er im ain erung suechen 196ᵇ. der namb sich umb deu juden an und wurd mit im ain erung tragen dem selben chünik als wir sagen 231ᵇ. nu do' er zu dem chünik cham, den selben er besunder nam und ward im auch ain erung raichen. 231ᵇ. 239ᵇ. 241ᵇ.
ervellen	als wie er wolt sein veint derfellen deu sich im wolten widerstellen 216ᵇ. wie er (Teufel) uns mocht im zue gesellen und uns an leib und seel derfellen. 233ᵇ.
essenzît	als nu die essenzeit her cham, der graf Amicum zu im nam. A. 985.
gân	ei wie ist daz nu zue gegangen das deu Maria hat emphangn und grossleich get zu ainem chind? 201ᵃ.
gebellen	siehe unter verswellen.
geber	si danchten vor dem Jesu Christ der gueter ding ain geber ist. A. 991.
gebrennen	siehe unter schündec.
* gedornech	stn. secht, do dasselbig nu geschach, her Abraham dort hangen sach in dem gedornech ainen widr, den nam er pald und slueg den nidr. 222ᵇ.
geerbe	Singular. — auch wurden ganz und gar verdereben des herren sun und auch den gereben 223ᵃ. der seine chinder muest verderbn und hett er doch nicht ander gerben. A. 891.
gegeben	wan si ain laitung chan gegeben dort auf hin in das ewig leben 194ᵃ. secht, wie deu welt gegeben mag den menschen in deu ewig chlag 195ᵃ. Schon in Wernher's Maria. A. 2428.
geile	stf. do si (Maria) gewesen ist ân mail und auch dar zue ân alle gail 200ᵃ. und auch wie Christus, unser hail, geparn ist gar ân alle gail 203ᵃ. sein (Samsons) veint di wurden

  . froleich sein und hiessen bringen speis und wein, si lebten gar in grazzer gail. 219ᵇ.

* geilunge   *stf.* do mit ich mag daz wol geleren das unser herr recht ganz und gar ân alle gailung was furbar. 203ᵇ.

* gekallen   *swv.* der selbig hund mag nicht gechallen und auch deu feind wol angefallen. 213ᵇ.

gelehter   der vater chlegleich sprach zu in: ‚ich zwar nicht mer eur vater pin, wan ich euch mues und totten wil und eur gelechter hat ain zil'. A. 885.

gelt   deu heten ieren sun *(Tobias)* gesant nach chlainem gelt in verreu lant. 238ᵃ.

gelüben   deu welt ist alles jamers vol, als laider wir enphinden wol, wenn si gelübt vil gueter ding, doch wigt den menschen also ring, das si in det vil oft verdereben 195ᵃ. secht, do gelübt er *(Jephta)* got und sprach. 198ᵇ.

gerehten   secht, dar nach ward er sich gerechten und mit den veinten zierleich vechten. 198ᵇ. und sich mit seinem volch gerechtn 201ᵇ. si hiez ir schon ain reuschen flechten und sei mit leim gar wol gerechtn. 207ᵃ.

geschibet   = schibeleht, *rund.* der tron *(Salomonis)* was gras und auch gescheibet 205ᵃ. daz auch der thron gescheibet was. 205ᵇ.

geschrecken   den plassen sol man auch bedekchen, daz in nicht müg der vrost geschrekchen. 206ᵇ.

geschrift   = *Schrift, Bibel; ist, wie die Verse lehren, in denen ge- immer in zweisilbiger Senkung steht, Eigenthum des Schreibers.*

gesin   *stm.* sein frucht *(Baum des Nabuchodonosor)* deu scholt man werfen hin, das niemant hiet zu ir gesin; deu läuber scholt man lassen reisen und pinden auch den paum mit eisen. 225ᵃ.

gespisen   der do sein taglon treit her aus, da mit er sich gespeisen mag. 212ᵃ.

getriben   *siehe unter* **hûs.**

gevinden und ist im aus der massen gach, ob er leicht
iemand möcht gevinden und den in seinen
hals verslinden. 211ᵇ.

gewahen sein frucht deu ward man gar versmahen,
wenn niemant wart der ding gewahen, deu
Christus Jesus het getan. 225ᵃ.

gewehen sein *(Jobs)* freunt deu wurden in versmehen
und auch gar poser red gewehen. 195ᵇ.

gewischen den *(rothen Streifen)* chund in niemt gewischen
ab, unz daz si komen in ir grab. A. 1047.

gewizzen und ich zwar nicht gewissen chan wer aus in
baiden sei mein man. A. 945.

gezürnen dein ritterschaft soltu volfüern, das got an dich
nicht mug gezüern. A. 99.

gickel *stm.* gar churztleich hab ich vor geschriben
wie man den gickel hat getriben aus dem vil
lieben Jesu Christ. 227ᵇ.

glockespise das gold und silber ward zerribn und eisen,
glokchspeis gar vertribn. 208ᵇ.

glockespisin ier *(Nabuchodonosors Säule)* brust di cham von
silber dar und glokchspeisein was ier der
pauch. 208ᵃ.

goumen wir sehen laider noch vil wol das manik mensch
ist neides vol und wie er mug den andern
schamen, des wirt er fleissichleichen gamen;
er get im nach unzt auf sein er pei tag und
nacht und immer mer. 218ᵇ.

guz wenn gottes leichnam ist so vein, das er wil
warleich nimmer sein wo uncheuschait hat ieren
guzz, wenn zwar es ist ain snoder fluzz. 216ᵃ.

hagen do ward man im ain chron her tragen deu
was gemachet von der hagen. man ward
seu im so ser aufseczzen — 221ᵃ. und darnach
wie er ward geslagn und auch gechronet mit
den hagon. 232ᵃ. *Da hagen sonst nur als stm.
gebräuchlich ist, so hat man sich vielleicht das
der 221ᵃ für den verschrieben zu denken.*

hant den *(Holofernes)* het der chünik ausgesant in
alleu lant mit gruzzer hant, daz er — 232ᵃ.

Zur Erklärung dient die gleich darauf folgende Stelle: und Holofernes was sein nam, der gar mit grassem her aus cham. 232ª.

helselin   deu helsel ward er in absneiden. A. 893.

* hemischeit   *stf.* der falschait tregt an seinem herzen und wil doch mit dem andern scherzen in hämischait und auch mit listen, der selbig ist ain falscher christen. 217ᵇ.

herter   her David der ain herter waz, als ich auch vor ain weingk gelas, bedeutet uns den Jesum Christ, der zwar ain gueter herter ist 211ᵇ. und ob leicht aines wurd verloren, dem herter dem wär laid und zoren 236ª. nu ward der herter nach im gen. 236ª.

* herzenschœn   *adj.* in seinem land geparen sind zwei herzensschone degenchind. A. 9.

hin hinder   nu do der selbig *(Job)* cham hin hinder, auch wart beraubet seiner chinder, sein aigens weib die tet im chram, mit schaffer red si an in cham. 195ᵇ.

hofieren   doch wer das lamp nu essen wil der schol der cheuschait haben vil und auch umbgüerten wol sein nieren, das er nicht schol den fraun hofieren 216ª. *(David)* und muest vor im *(Saul)* gar schon psallirn, dar zue dem chünik oft hofiern. 218ª. her David der ward got hofieren und vor demselben schon psalliren 226ª. si nam mit ir ain alten dieren und ward mit ganzem fleis hofieren dem Holoferni der dort sas. 232ᵇ.

hovereht   *(Amicus)* der tet sich seines ambtes ab und auch dem hofrecht urlaub gab. A. 603 = *gieng vom Hofe.*

hûfen   also hat Christus nicht bedacht, des mich wol zimpt in meiner acht, wie man mit im ist umbgegangen, wenn in deu lieb het gar umbfangen deu er mit haufen zu uns het 219ᵇ. wenn er für deu hat schon gepetn deu wider in mit haufen tetn 224ª. daz wainen und daz

	pitter chlagen das unser frau an ir da trueg, wenn sei deu not mit haufen slueg. 227ᵇ.
hülle	ain plases swert lag zwischen in, das tet der man nur auf den sin das in deu frau nicht scholt anrüern und auch mit im die hul zufüern. A. 525.
hûs	got geb uns dort das ewig haus aus dem uns niemt getreiben chan. A. 1162.
îsenzein	so wenn er vordert ainen stain, so pracht er im den eisenzain. 237ᵃ. *Siehe oben S. 821.*
kamermeister	Amicus kamermaister was. A. 321. *thesaurarius.*
kellermeister	und want man des es wer der grof der do solt chellermaister sein und tragen auf den tisch den wein. A. 534.
kemerlîn	ir *(Marias)* chamerl stet verslossen was. 214ᵃ.
* **kinderbrôt**	*stn. siehe unter* vuder.
kitzelîn	si wurden auch ain chitzel töten und in dem pluet den rokch beröten. 228ᵃ.
* **kleidern**	*swv.* get, pringt mir her deu ersten stol, mein chind ich do mit chleidern schol, und pringt mir auch ein vingerl her, do mit ich auch mein chind schon er. 212ᵇ. *Weiter siehe unter* stôle.
* **kleiderwât**	*stf.* so wenn wir dekchen deu gelider des armen menschens der nicht hat zu seinem leib deu chlaiderwat. 214ᵃ.
koneliute	noch aines ist dar an ze merkchn das wol deu chanleut mag gesterkchn. 199ᵇ.
koneschaft.	— von ainer magt her chomen wolt, deu ainen man vor haben scholt, der doch belib ain rainer degen und sich nicht scholte zu ir legn, nur das di chanschaft wurd genant und doch di cheuschait nicht entrant 199ᵇ. das got von himel also wold deu hailig chanschaft damit leren 199ᵇ. secht, wie gar wert di chanschaft ist von der man singet und auch list. 199ᵇ *und oftmals.*
* **krâmenîe**	*stf.* deu juden wolten des nicht achten und auch des tempels zier betrachten, si sluegen

auf ir chramenei und dem gesuech si stuenden pei. 214ᵇ.

* krâmstat *stf.* das gottes haus schult ier nicht swachen noch nicht ain chramstat aus im machen. 214ᵇ.

krenkliche siech, wie gar chrankleich wir nu alten! erzaig dein parmung, lieber herre, und auch dein hail mach uns nicht verre! 202ᵇ.

kretzen *stm. Aussatz:* er ward in mit dem pluet benetzen, secht, do verswant im aller chretzen. A. 927.

legen er *(Manasses)* ward gar grasser sunden phlegen und sich do mit gar ser hin legen. 211ᵇ.

* leitunge *stf.* wan si *(Maria)* ain laitung chan gegeben dort auf hin in das ewig leben 194ª. deu selbig gothait, als ich sag, ain laitung uns gegeben mag dort auf hin in das ewig haus 198ª. wie si *(Maria)* uns wil ain laitung geben dort auf hin in das ewig leben. 241ª.

* lên *adj. weich:* ‚ich wil zu meinem vater gen, ob ich in müg gemachen len; ich wil im meinen presten sagen und auch mein schuld vor im bechlagen‘, *spricht der verlorene Sohn.* 212ª. *Vgl. Schmeller* Iˢ 1478.

lenken gar guetleich ward er sich bedenkchn und sich her zu dem menschen lenkchn recht als ajn arzt zu ainom chrankn 196ª = 202ᵇ. nu die materi schol wir lenchen und sei zu der Maria wenchen. 201ᵇ.

lernunge — und uns damit ain lernung gab, das man scholt ganz und gar abziechen di totleich tat und alzeit fliechen 201ᵇ. o du vil lieber Jesu Christ, wie wundernsnell deu lernung ist, deu du der hailig gaist wil geben. 237ª.

* letter *stn.* er *(Sathanas)* ward in *(Jesum)* auf das letter sezzen und auch mit falscher red an hezzen 210ᵇ. *Nochmals unter* **ruomheit**. *Ursprünglich ‚lectorium, Emporkirche‘ (vgl. Schmeller* Iˢ 1533), *hier ‚Zinne‘.*

zwen leben stuenden auch da pei und chlaiuen
lebel vier stund drei. 205ᵃ.

*adv. in der Bedeutung ,etwa, wohl' oftmals; be-
sonders aber in der gekürzten Form* leich, *z. B.*
und alleu poshait werfen hin deu wir leich
vor enpfangen habn. 212ᵇ.

er *(Moses)* ward auch lispen, als ich sag, deu
weil er lebet alle tag, als noch deu juden
lispen geren und wellent Moysen do mit eren.
208ᵃ.

siehe unter blâsen, *dann:* und si bei ierem
leunt pelaib. A. 831. nu mach gesunt heut
meinen freunt zu dem ich trag gar grasen
leunt. A. 919.

die sassen dort nach gottes willen und wurden
mit ainander spillen, als wie do ist der chinder
sit, und lokchten sich gar schan dar mit.
A. 1018.

o got, nu tue dein himel auf und siech an
unsern chranchen lauf 202ᵇ. derselbig lauf ist
noch gemain 220ᵇ. der selbig lauf *(in der
Hülle)*, als ich euch sag, der ist noch heut pei
jar und tag. 230ᵃ.

ain engel cham von himel dar und lescht das
feuer ganz und gar, auch ward den ofen luftig
machen. 230ᵇ. *von den drei Jünglingen.*

und gar niemt nicht im mocht geschaden was
halt nur chlain ist umb ain maden. 200ᵃ.

verschieden: deu choph deu heten ain gestalt
und nichtes nicht warn manigvalt, recht ainer
als der ander was in aller weis, so man in
mas. A. 55.

wie er daz chreuz getragen hat dort auf hin
an deu marterstat 222ᵃ = 232ᵃ. als wie man
sein gespottet hat au seiner pittern marter-
stat 226ᵃ. wie chlegleich du gegangen pist zu
deiner pittern marterstat. 245ᵇ.

ain chünik saz in haidenland und Cyrus was der
selb genant, dem was so we nach menschen-

pluet, das er gedacht in seinem muet, wie er deu welt wolt alleu matten und sich mit ierem pluet dersatten. 233ᵃ.

meinunge secht, wie gar schon deu meinung ist, deu unser hailant Jesus Christ mit seinem mund hat hie gelert, als wie der sünder wurd bechert 212ᵇ.

* meisterspil Herodes ward dich *(Jesum)* fragen vil von deiner chunst und meisterspil. 245ᵃ.

mensch *neutr. allgemein gefasst:* als oft ain mensch daz wanchel ist und gar unstet zu aller vrist. 205ᵇ.

menscheit nu ward er *(Holofernes)* an deu fraun *(Judith)* des mueten mit süessen warten und mit gueten, das si sich scholt zu im hin legen und auch mit im der menschait phlegen. 232ᵇ.

menschenbilde *siehe unter* beschœnigen.

merklich und dar umb sprach ain merkleich wart her Salamon ze ainer fart. 194ᵇ.

mitelidunge dein mitleidung ist graz gewesen, als ich wil des ain urchund lesen 213ᵇ. wan mitleidung ist also guet, daz si chan machen ringen muet 213ᵇ. kain mitleidung an in nicht was. 219ᵇ. deu Christi wappen het getragen mit mitleidung in ierem herzen. 232ᵃ.

miteteilen den si hat ir genad mitteilet. 204ᵇ.

muoshûs er ward sein junger weisen hin dort in ein mueshaus auf den sin, das er in geben wolt ain essen 215ᵃ. in ainem mueshaus si do sassen und Christi Jesu nie vergassen. 236ᵇ.

nônzit und ier gepet si prach nicht ab unzt daz deu nonzeit chomen was in der si gar ain wenigk az 238ᵃ. als nu deu nonzeit her zue cham, ain pitter end dein marter nam. 245ᵇ.

notelin man gab in ausderwelten wein und hies seu halt gar froleich sein, si wurden tanzen und auch springen und auch gar süesseu notel singen. 244ᵃ.

nur als pald daselbig nur geschach, gesund und frisch ward er dar nach 209ᵃ *knapp, soeben.*

pace   als wie der Judas hat getan: der gab das petz mit seinem mund und was doch hämisch als ain hund, der ainen mit der zungen lekchet und urbering in ser derschrekchet, auch mag in peissen an der stat, das er sich lang ze salben hat. 217[b].

* palmenzwi   *stm.* sie namen auch die palmenzwei und stuenden Christo treuleich pei. 213[b].

prangen   und do er chom zu seinem haus, sein tachter prangen ward heraus 198[b]. ei wie ist daz nu zuegegangen, daz ich zwen herren sicch her prangen. A. 943.

quel   *stm. Qual:* es was ain man, hies Raguel, der selbig saz in grassem quel. warumb? sein tachter was gegeben vor sieben mannen umb ier leben 199[b]. ein junchfrau wiert ân allen quel geperen den Emanuel 201[a]. do muest er leiden grassen quel, wenn nichtes heten si ze essen 215[b]. auch müessen leiden grassen quel auf erd und auch in ener weld 236[b]. daz unser frau mit leib und sel ze himel fuer ân allen quel. 239[a].

râchunge   deu hin zu gottes leichnam gent und doch in grasser veintschaft stent, auch tragent rachung weil und zeit. 215[b].

rehtverteclîche   si zugen mit dem kunig hin rechtvertichleich nur auf den sin, das si dem stuel des helfen wolten des si von recht und pillcich scholten. A. 1103.

reschliche   als wie deu juden muesten praten ain osterlamp nach ieren staten, das muesten si gar reschleich essen. 216[a].

riechen   her Noe hiez der selbig man, ain trunchenhait deu cham in an und er enslief in seinem haus, daz im der wein scholt riechen aus. 219[a].

risen   *von Gedeons Vliess:* und auch chain thau dar auf nicht reisen. 201[b]. *Siehe auch unter* gesin.

* ruomheit   *stf.* er wolt sein ruemheit *(Prahlerei)* nicht erzaigen noch sich her von dem letter naigen. 210[b].

* salterlin   *stn.* (*Maria*) und las in ierem salterlein, auch lies das ander alsamt sein. 201[b].

sâme   Pilatus, der unsälig sam, do er der juden red vernam 222[a]. daz ain von ainem graven cham, daz ander was ains ritters sam. A. 25.

schamen   *siehe unter* **goumen.**

* schelkin   *adj.* mit schalchein und mit posen siten. 204[a].

schellec   deu juden do hin wider schrieren, wenn in gar schellig was das hieren. 220[a].

* scherfunge   *stf.* und dar umb das das (*die Beschneidung*) wurd vertriben und alleu scherfung scholt verfaren, ward Christus uns zu trost geparen. 208[b].

scherzen   *Da Moses als Knabe bei Pharao lebt:* nu nam das chind deu chran do her und warf sei nider also ser, das si recht von dem selben val gar muest ze presten uber al und Haymo (*Ammon*) der auf im do was, der wurd hin scherzen als ain glas. 207[b].

* schibec   *adj. rund:* wenn alles das da scheibig ist das hat nicht winchel mit dem mist, *d. h. ganz und gar nicht.* 205[b].

schiere   *adv. Superlativ:* doch cham ich schierigst so ich mag. A. 355.

schinec   het gar ain zartes chind pei ir; dasselb auf ierer schas do sas und aus der massen scheinig was. 203[b].

* schündec   *adj.* zwar niemant dann der Sathanas der schündig ist ân underlas, wie er mit seinen valschen witzen uns möcht geprennen und behitzen, das wirt dort chömen in das feuer in dem er prinnet vert als heuer. 240[b].

schûr   wie güetig du gewesen pist, das du mit ainem linden ward gefellet hast zu ainer fart deu juden daz si vor dir lagen recht als seu hiet ain schaur derslagen. 217[a].

schuz   ir (*der Langobarden*) fuerst der hiez Siderius; dem ward auch gar ain grasser schuz: her Karalus der ward in vachen und aus hin in das ellent slachen. A. 1113.

sege	zwen vischer mit ain ander giengen, ier seg si in das wasser hiengen do mit si visch her ziechen wolten 198ᵃ. ier seg ward in gar wundernswer. 198ᵃ.
senfte	mit senften warten und mit süessen. 202ᵃ.
sextzit	do nu deu sextzeit cham her zue, dein leichnam nindert het ain rue. 245ᵃ.
slâfwip	(*Darius*) der selbig, als geschriben stet, ain schönez slafweip an im het. 221ᵃ *und oben* S. 818.
slôzstein	der selbig stain, her Jesus Christ, zu ainem slossstain worden ist. 235ᵇ.
spange	(*Manasses*) der selbig chunik ward gefangen und auch gesazt in swäreu spangen; er muest in ainem charcher lign. 212ᵃ.
specierie	es cham auch an dem selben tag her Nichodemus, als ich sag, der Christi jünger was gewesen, als wir ez in Johanne lesen, und spezerei vil mit im trueg, wol hundert phund und gar genueg. 228ᵇ.
spen	*Brust*: do Moyses von der spen nu cham, des fuersten tachter in do nam — 207ᵇ.
spil	si (*die Welt*) geit im guet und eren vil und lat in haben gueteu spil 195ᵃ. wenn hat der mensch des guetes viel, so mag wol sein gar guet sein spil 195ᵇ. deu red nu haben schol ain zil und tret wir an ain anders spil. 199ᵃ, 202ᵃ *und öfters.*
spisunge	deu speisung doch nicht anders ist wenn nur der anplikch Jesu Christ 230ᵇ. (*Nabal*) nu sant der David zu im her, daz er im scholt ain speisung senden 239ᵇ. si gab im speisung gar genueg. 239ᵇ.
* spotrede	*stf.* der pilgereim der sprach hin wider: ,dein spotred soltu legen nider A. 245.
stam	*Stück, Abschnitt*: nu pin ich chomen an den stam, wie gottes gaist von himel cham 236ᵇ. nu pin ich chomen an den stam, als wie si (*Maria*) in den himel cham. 238ᵇ.

stil   so wil ich an ain anders gen das uns her Lucas schreiben wil mit ainem gar vil süessen stil. 212[a].

stôle   *siehe unter* kleidern. *Ferner*: auch wil uns miltigleich begaben und chlaidern mit der ersten stol 212[b]. so wenn deu sel von uns hin var und von dem leichnam schaiden schol, daz er uns geb deu ewig stol. 227[a].

strîmel   den selben chindern, als wir lesen, ain roter .streimel ist gewesen umb ieren hals recht an der stat an der man seu gesniten hat. A. 1043.

* stummec   *adj.* und wurden auch gleich dem hunt der stummig ist in seinem munt. 213[b].

sünden   der sun zu seinem vater sprach: ‚ich pin nicht mer dein liebes chind, das ich an mir gar wol enphind. ich hab gesündet ser in dich und in den himel, daz klag ich. 212[b].

sûs   *siehe unter* wendelstein. *Ferner*: zu dem Pilato si do jahen und schrieren halt mit grassem saus: ‚heb auf, heb auf und fuer in aus‘ 222[a]. nu gab her Jonas ainen rat und sprach: ‚der saus chain end nicht hat, wenn ich an dem gar schuldig pin‘ 229[b]. *Derselbe:* ‚auch lat mich in das mer hinaus, so wirt geligen aller saus 229[b]. das glas ward sich entzwai do machen und tailen schon ân alles chrachen und darzue auch ân allen saus 231[a]. deu *(die Juden)* ward her Moyses weisen aus mit ainem gar vil grassem saus 233[b]. der *(David)* trueg mit ainem grassem saus deu gotes arich schon in sein haus 238[b]. do tet Amicus einen saus mit seinem naph den er do het. A. 770.

sweben   = swebel. wenn feur gemischet mit dem sweben daz wart so dikch recht als ain regen. 234. *Im Innern des Verses noch ein paar Mal.*

tempelhûs   *siehe unter* bildunge.

terzezit   nu do deu terzeit cham to her, da pant man dich gar wundernswer 245[a].

tiurunge

do cham ain grasseu teurung her, deu ward in trucken also ser, daz er halt nichts ze essen het 212ª. ein grasse teurung kom darnach, daz allen leuten we geschach. A. 755.

trit

das muest er *(David)* auch gar swerleich püessen mit herten tritn an seinen füessen. 194ᵇ.

* tûbelære

stm. *Taubenhändler:* do gie er *(Jesus)* in das gottes haus und traib untugentleich her aus der flaischhacker ain michels tail, deu schof und rinder heten vail, deu taubler ward er auch verjagen und auch den selben also sagen — 214ᵇ.

twehele

ain dwahel vor dem tempel was, als ich wol hab gelesen daz, do wuoschen sich die priester aus und giengen hin in gottes haus 209ª. = *Waschbecken, lavatorium.* deu dwahel was also geschikt, das man sich schon in ier derplikt 209ª. deu dwahel het auch under ier gar schöne oxen drei stund vier — deu dwahel uns bedeutet wol. 209ᵇ.

überdon

dar zue ist vil oft manig man der nicht hat ainen überdan an seinem end, wie wol er hat gelebet hie noch seiner stat. 195ª.

* überbreit, * überlang *adjj.* das selbig chindel Jesus Christ ain grasser fuerst ie was und ist, zwar uberlankch und uberprait, als wie uns hat deu schrift gesait 207ª. *adv.:* nicht uberlang geschach do das. A. 429 nicht uberlang, secht, do geschach das ich nu schreiben wil hernach. A. 843.

* überleichen

swv. *betriegen:* und ward im auch ain erung raichen do mit er in wolt uberlaichen, wenn do der chünik auf wart sten und wolt hin zu dem richter gen, da nam der richter pald sein swert — 231ᵇ. *Vgl. Judic. 3, 17 ff.*

überriche

und sprach, si wüerden got geleich, dar zue der chünst gar uberreich 194ª. er was des amtes uberreich 195ª. der thron was schön

und uberreich 205ᵃ. als wie Amicus chomen
was zu ainem uberreichen man. A. 176.

* überscharf   *adj.* und dier doin herz so gar derstechen
recht als ain uberscharfes swert. 246ᵃ.

überwinden   und si *(Maria)* mit taiding uberwinden, umb
das si scholt ain hausfrau werden. 201ᵇ.

* ûfgerehten   *swv.*: secht, darnach ward sich aufgerechten
Amicus gar mit starchen chnechten. A. 193.

ûfsetzen   daz muest si *(Maria)* in den tempel tragen
schon zue den aufgesazten tagen. 205ᵇ.

ûfvarttag   und das geschach, als ich euch sag, an dem
gelobten auffertag 233ᵇ. da Christus an dem
auffertag ze himel fuer, als ich euch sag. 236ᵃᵇ.

* umbehouwen   — *** umbezûnen** *swv.* es ist ain gueter man
gewesen, als wir ez in Matheo lesen, der het
der weinstöck vil gepauet und auch deuselben
schon umbhauet; auch ward deuselben schon
bewarn, das nicmant macht dar in gefarn,
wenn er seu wol umbzaunet het. 223ᵃ.

umbeziehen   so werden unser pant zebrochen und auch der
feint gar ser gestochen, das er halt mues von
uns hin fliechen und tor uns auch nicht mer
umbziechen. 203ᵃ.

underlegen   Appollo zu dem chünigk *(Kodrus)* sprach, do
er in so betrüebten sach: ‚des lebens muestu
dich verwegen und dich den veinten under-
legen. nicht anders chan ich dir gesagen: ob
du nicht wierst ze tod derslagen, so chan dein
volkch nicht freiung haben‘. 225ᵇ.

underschidunge   wer afer lär dort chumpt hinfüer der mues
peleiben vor der tüer. man wird in auch hin
dan verjagen, das er mues ewikleichen chlagen.
chain underscheidung ist dar an, es sei halt
gar ain edelman, trait er nicht guecteu ding do
hin, man lat in warleich nicht hin in. 242ᵇ.

undürftic   nu sprich ich doch in warhait das das unser
frau undürftig was der rainigung an sel und
leib 206ᵃ. wenn er der tauf undürftig was.
209ᵃ.

uneben	deu wittib ward ier not fürgeben und sprach: ‚es get mir gar uneben —‘. 237ᵇ.
ungeschuohet	Franciscus was der ain genant, den unge-schuechten wol bechant, Dominicus der ander hiez. 239ᵇ.
unklein	her Jesus Christus im derschain und trueg ain chreuz das was unchlain. 244ᵇ.
unlieplichen	so er nu prauchet seineu gelider den fremden gottern fruc und spat und seinen got unliepleich hat — 206ᵃ.
unliumunt	dein freund Amicus ist entrunen, der grassen unleunt hat gewunen: er hat verstolen grasses guet, das er da het in seiner huet. A. 395. Ameli, du salt nicht verzagen, den unleunt salt du von dir jagen, und macht du dich der red entsetzen, des wil ich dich zwar wol er-getzen. A. 451.
unmeilic	das er auf erd besniten wurd nach seiner um-mailiger purd. 208ᵇ.
untôtlicheit	daz ist nu die untotlichait von der uns hat die schrift gesait. A. 1133.
unwislich	und dar umb scholtu nicht versaumen, daz dir echt werd unweisleich traumen als wie du wellest lang hie leben und deiner wollust ur-sach geben. 216ᵇ.
urbarigen	*adv. plötzlich:* recht ubering da cham ain saus her von dem himel in das haus. 236ᵇ. nu do der chünik also sas mit seinem volkch und froleich was, do sach er urbering ain hant, deu wart dort schreiben an der want 242ᵇ. er cham von seinem chünigreich gar ubering und jemerleich. 243ᵃ. *Vgl. auch unter* pace.
üzlegunge	secht, also ist der rat geschechn, deu aus-legung schull wir nu sechn. 202ᵃ.
* üzriden	*stv. auswinden:* das vel das ward des thaues vol, man hiet es ausgeriten wol. 201ᵇ.
vart	*sehr häufig verwendet und im allgemeinsten Sinne,* z. B.: und deu *(Michol)* geviel dem David wol, er het sei lieb ze aller vart. 240ᵇ.

vegen *zusammenkehren:* das er *(Daniel)* nam aschen gar genueg und hies gar schon denselben fän, auch vor dem tempel umb hin sän. 210ª.

veicheit Amicus do er des enphand das im sein weib wolt tuen den schant und er ir grasse vaighait sach — A. 683.

verbern deu armen leut soltu pedenchen und dich mit nichte von in wenchen, mit niemt nicht soltu dich verbern und treuleich dienen deinem herrn — A. 95.

verhandeln *schlecht behandeln:* si *(Hildegarde)* tet das auch in guetem wan, das nicht ir tachter ward verhandelt und smechleich vor dem volk gewandelt. A. 474.

verhien er trat in den verheiten schalch und sties ain swert in seinen palch. A. 605. da stet das weib vil lange zeit, wann si was pos und gar verheit. A. 681.

verrâten der Christum in den tod verriet. 195ª.

verscheiden ich main deu füersten nuer allein deu mit den christen sind gemain; wenn von dem chreuz sind gar verschaiden deu juden und deu posen haiden. 222ᵇ.

verspehen her David der wolt in verspehen und auch derfaren seineu lant 221ᵇ. nu wolt der Moyses e verspehen und auch des landes frucht ansehen 223ᵇ. get hin, ir schult das lant verspehen 223ᵇ. des get ain teufel zu im hin, der do leicht wolt verspehen in. 231ᵇ.

verspirzen darzue deu juden wurden züeren und in *(Hur)* verspirzen also gar, das er halt ward gar ungefar. also ist auch fur war geschechn, als wie ich vordes hab verjechn, dem lieben herren Jesu Christ, der also gar verspirzet ist, das sein gestalt was also schiech. 219ª.

verstendicheit der hailig gaist mit seiner gab, deu ich nu hie geschriben hab, deu weishait und verstentichait — 197ª.

dar zue möcht in der hals verswellen, das si
nicht mochten wol gepellen. 213ᵇ.

und wär si dann allain gegangen *(Maria nach
Aegypten)*, man hiet ir es nicht wol verfangen,
und darzue wart ir auch berait her Josepht,
als ich hab gesait. 199ᵃ.

der juden schul verwag er *(Jesus)* sich. 247ᵇ.
Marie was ir vassel vol 203ᵃ. und in dem
Thron ain vassel was auf dem der chünik
selber saz. 205ᵃ.

er gab ir auch des si in pat, gar reicheu
chlainat vil und vil. 205ᵃ. *Siehe unter* Für-
legunge.

deu willichleichen wellent leiden deu armuet
und das guet vermeiden, das in der weld hie
mag gesein, das ist in snöd und nimmer vein.
211ᵃ.

ich wil ein weil hin dan spaziern und auch
mein hausfraun visitiern. A. 353.

deu press *(Gleichniss vom Weinberg)* bedeutet
auch deu alter von dem wir lesen in dem
salter, dar auf das opfer ist getragen und auch
vil oft ain rind geslagen, das do deu priester
wurden essen und auch deu flekch ze haufen
pressen, ain flaischaker der waiz es wol. 223ᵃ.

stf. zwo flug het auch das selbig weib *(Apoka-
lypse)* 238ᵇ. zwo flug an ir gewesen sind. 239ᵃ.

stm.? er gab umb nichteu nicht den flucht und
gie zu in mit schöner zucht 216ᵃ. *oder nur
Schreibfehler?*

er sprach: ‚nempt hin, das ist mein pluet, das
wird hin waschen allen fluet der sünden und
der missetat. 215ᵃ.

warumb? ir *(der Waffen Christi)* ist so vil ge-
wesn, das seu zwar niemant chan vollesn 232ᵃ.

o lieber got, wer chan vollesen, wie swer dem
graven ist gewesen. A. 889.

zwar wunderleich ist mir geschechen: wenn
stuend der choph nu nicht vor mein, den ich

dem siechen trueg mit wein, ich sprech, in
hiet der siech verstoln. A. 792.

vriliche von dem dein herz ain trost enphie und frei-
leich zu der marter gie 244ᵇ. wir sullen frei-
leich mit in vechten und uns auch vorder seu
gerechten. A. 289.

vrist wie schon si *(Maria)* vor bezaiget ist mit
pildung in der alten vrist 196ᵃ. *,Im alten
Bunde', in dieser Bedeutung oftmals.*

vriunge das er halt guetleich sach herab und aller
menschait freiung gab 203ᵃ. si *(Esther)* pat auch
umb der juden leben und daz man in scholt
freiung geben 241ᵇ. *Siehe auch unter* under-
legen.

* vröudenwip *stn.* er zach do hin in frömdeu lant, daz guet
vertet er als zehant mit uncheusch und mit
freudenweiben. 212ᵃ.

vrüetic her chünik David sich des freut umb daz er
hiet so früetig leut. 204ᵇ.

vruhtbærec si zugen wider hin gar snel zu ierem volckh
gein Israhel und sagten den gar gueteu mär
wie fruchtperig das lant do wär. 223ᵇ.

vuder = *vurder, vorder:* er chan in müeleich fuder
treiben 210ᵇ. das man in toten vuder trueg
211ᵃ. wenn chinderprot ist gar versait den
hunden deu man fuder treibet 215ᵇ. daz er
von im muest vuder weichen 218ᵇ. und alles
tier das im was nahen das scholt sich allez
fuder ziehen. 225ᵃ. *u. s. w.*

* vurdervarn *stv.* Amicus fragt in ân gever ob im icht
vurderfaren wer des graven sun von der
Alfern. A. 241. *Sehe ich als zusammengesetztes
Zeitwort an.*

vürlegunge darzue hat er gesprochen das daz got sein
vater sei allain und mit der gothait hab ge-
main, er sei von himel her gefarn und auch
ain chünik hachgeborn. der füerlegung was
vil und vil. 220ᵃ. *Anklagen.*

walteo   ain chind das wurd so mechtig werden und
auch so waltig auf der erden, das niemant
sich mach im geleichen. 196^b.

wandeln *und* **verwandeln** *mit Accusativ der Person: tadeln,*
schmähen, schlecht behandeln, vielmals, z. B. sein
diener ward man ubel handeln und gar mit
scharfen slegen wandeln. A. 717. *vergl. unter*
verhandeln.

weg   ' her Daniel pracht es ze wegen. 210^b.

wegen   den red will ich nu anders wegen und unser
fraun ain er anlegen 201^a. deu sach ist lieb-
leich auszelegen und auch gar suessichleich ze
wegen. 202^b.

wendelstein   dar zue schult ir auch wissen das, das in im
(Tempel Salomons) was ain wendelstain der
allen leuten was gemain, die haimleich wolten
und ân saus gen auf hin in das ober haus. 197^b.

wêwen?   er ward do wayen und auch chlagen das es
halt niemt chan gar gesagen. A. 879.

wide   *stm.* do trueg der sun allain den wit auf seinem
hals uns an deu stat do Abraham den got
anpat, der hie und dort gewaltig ist. 222^b.

widerbieten   derselbig *(Seba)* widerpoten het dem David,
als geschriben stet. 240^a.

widerspräche   lat uns in tötten und begraben, so mug wir
wol und leicht behaben sein creb ân alleu
widersprach. 223^a.

* **widerstellen**   *swv. siehe unter* **ervellen.**

* **widerstelleo**   *adj.* wenn Longobardi, als wir lesen, gar wider-
stellig sind gewesen. A. 1089.

winber   das hat geweret also lang unzt das das weinper
ganz her drang schon aus der unzebrochen
orde 202^b. das weinper ser gepresset ist an
einem chranz, als man do list. 203^a.

* **winkelstat**   *stf.* also was auch chain winchelstat an unser
fraun mit missetat. 205^b.

winpresse   ain turen do in dem garten was und auch ain
weinpress, als ich las. 223^a.

winschenke   der weinschenk ward sich ser vergesn und auch nicht rechter ding vermesn. A. 375. der weinschenk ward da vor im sten, dem kunig ward er dienen eben. A. 432. der weinschenk gar vil hart erkam. A. 445.

winwahs   nu lies der man den garten hin den andern leuten auf den sin, das si im järleich scholten geben deu weinwachs von den selben reben. 223[a].

winzic   das winzig öll das si do het. 237[b].

wissære   und was in aus der massen gach nach irem weiser, als man list. 233[b].

* wizunge   *stf.* deu selbig weizung, als man list, fur war noch unzeprochen ist 230[a]. der muez dort in deu weizung hin. 230[a].

wüestunge   do gieng er hin recht auf der fart dort in ain wüestung, als man sait 209[b]. her Moyses hat geschriben daz, do er in ainer wüestung saz mit allem volk von Israhel 215[b]. her Moyses, als wir lesen daz, mit grassem volk hin chomen was hin in ain wüestung, als ich sag, und nahent pei dem Jordan lag. 223[b].

wundorn-   *zur Verstärkung von Substantiven, Adjectiven, Adverbien überaus häufig gebraucht. z. B.* wunderngram 220[a]. 221[a]. wundernser 221[b]. wunderngern 224[a] *und vielmals.*

* wuntic   *adj.* nu gie zu im ain gueter man und der was ain Samaritan, dem gie der wuntig mensch zu herzen und ward bechlagen seinen smerzen. 196[a].

* wuocherspil   *stn.* wan der desselben nimpt ze vil, er treibet zwar ain wuecherspil. 215[a].

zermüllen   daz er (*Christus*) die goter hat zestoret, als ir es churzleich habt gehoret, er hat seu ganz und gar zemüllet, und alleu welt hat er derfüllet mit seiner grassen ubermacht. 208[b].

zerrütten   nu gab im (*Samson*) got sein kraft hin wider, das er daz haus ward werfen nider und auch der feint derslueg gar vil und in zeruttet gar ir spil. 219[b].

zerslizen	der umbehank ward auch zerissen in gotes tempel und zeslissen. 228ᵃ.
zersnîden	wenn allen creatur dercham, do er sein pitters end do nam, den stain den wurden sich zersneiden und auch mit iren schepher leiden. 228ᵃ.
zertlîche	er sach drei weinreb schön und grüen auf einem weinstok zertleich plüen. 202ᵇ.
zervellen	auch wolt den tempel gar zefellen und in drei tagen wider stellen. 225ᵃ.
ziugnûsse	*stf.* so wenn ain mensch zebrochen hat ain valscheu zeugnuss mit der zungen 206ᵃ. si wurden vast auf in do klagen und valscheu zeugnuss fur her tragen. 220ᵃ.
* zotten	*mov. wackelnd gehen:* do wurden sein den juden spotten und hin und her wor im do zotten 226ᵃ.
zuht	do ward er senden all ze hant, secht, ander diener nach der frucht, den widerfuer den selbig zucht *(d. h. sie wurden ebenfalls erschlagen)* 223ᵃ.
* zuokerhuot	*stm.* daz sibent wort was schön und guet und süezzer wenn ain zukerhuet. 247ᵃ.
zuohûln	er ward die chinder schon zuehuln recht als si baide solten slaffen. A. 898.
zuotragære	er ist ain valscher zuetrager, das ich auf in halt wol pewer. A. 459.
zuotütlæro	nu giengen etleich mit gever den man da haisset zuetütler; si wurden do dem chaiser sagen und auf den selben ritter chlagen. 241ᵃ.
* zwispitzic	*adj.* — mit ainem zwispitzigen swert. 194ᵇ. *Vergl. oben S. 818.*

Unlängst hat Eugen Kölbing den Zusammenhang einer Anzahl von Fassungen der Amicus-Ameliussage untersucht (Zur Ueberlieferung der Sage von Amicus und Amelius, Paul-Braune's Beiträge zur Geschichte der deutschen Sprache und Litteratur IV. 271—314). An diese dankenswerthe Arbeit knüpfe ich an, indem ich Nachricht von dem Verhältniss des Gedichtes

Kurzmann's zu den bekannten Fassungen gebe und zugleich Einiges über zwei andere ungedruckte Stücke beibringe.

In der Grazer Handschrift 873 (alt $\frac{36}{16}$ 4⁰) 15. Jahrhundert Papier, 4⁰, geistliche Miscellaneen enthaltend, befindet sich 199ᵇ —202ᵃ eine lateinische Prosaerzählung von Amicus und Amelius welche im wesentlichen identisch ist mit der des Vincentius Bellovacensis im Speculum historiale, liber XXIII, cap. 162—166 und 169. Dieses Stück bestätigt somit die Annahme Kölbing's S. 273, dass Vincentius nicht selbst die Fassung der Vita Amici et Amelii M (= Mone, Anzeiger 1836, S. 145 ff.) verkürzend bearbeitet hat.

Die Münchner Handschrift cgm. 523, 15. Jahrh., Papier, 8⁰, zweispaltig beschrieben, enthält 96ᵃ—100ᵇ eine deutsche aus Schwaben stammende Prosa. Auch sie steht in engen Beziehungen zu der von Vincentius aufgenommenen Fassung.[1] Ich verdanke eine sorgfältige Abschrift der Güte meines Freundes Steinmeyer.

Durch folgendes Verfahren glaube ich, das irgend Interessante der neuen Stücke in knappster Form vorzubringen. Ich drucke den Text der Grazer lateinischen Prosa (G.) ab, notiere in den Anmerkungen die Varianten der Fassung des Vincentius (V.) und führe die Stellen des Kurzmannschen Gedichtes (K.) und der Münchner Prosa (Cgm.) an, welche entweder an und für sich wichtig sind, oder wesentliche Differenzen von der lateinischen Quelle anzeigen. Zusammenhang und Unterscheidendes, wird, wie ich denke, damit übersichtlich vor Augen gestellt.

(199ᵇ.) De sanctis Amico et Amelio.[2]

Temporibus Pippini regis Francorum orti sunt duo pueri, miro modo sibi consimiles, unus ex comite Alvernensi, alius

---

[1] Die lateinische Prosa, welche nach der Angabe Konrad Hofmann's (Amis et Amiles p. V) auf der Münchner königlichen Bibliothek sich befindet, hat trotz mehrfacher Bemühungen, auch des genannten Gelehrten selbst, bisher nicht wieder aufgefunden werden können.

[2] De duobus pueris consimilibus natis, Amico et Amelio, ex gentis eorum. V. Hie hebt sich an die hystori von den czwain kinden die ein ander so gleich sahen. der ain hieß Amelius und der annder hieß Amicus. (roth) Cgm.

ex milite quodam Bericano. qui [1] in civitate quadam nomine
Luka invicem se invenerunt et societate inter se firmata Romam
ingressi sunt. eratque inter .parvulos istos [2] tanta societas et
voluntatis [3] idemptitas, ut unus sine alio nollet cibum sumere
nec in altero cubiculo requiescere. oblati sunt autem domino
pape Deusdedit nomine, qui eosdem pueros baptizavit [4] filioque [5]
comitis imposuit nomen Amelius et filio militis Amicus. multi-
que Romanorum militum eos cum gaudio de sancto fonte [6]
susceperunt. post hoc ipse dominus papa duos cyphos ligneos [7]
pari amplitudine compositos, auro et gemmis pretiosis ornatos,
eis tradidit [8] dicens: ‚accipite (200ᵃ) hoc donum, quod vobis
in eternum sit in testimonium, quia ego· vos in basilica sancti
salvatoris baptizavi'.[9] quibus gratuito acceptis ad propria sunt
reversi. adultum vero Bericanum puerum,[10] scilicet Amicum
militem,[11] quasi alterum Salomonem Deus magna sapientia
decoravit. qui cum esset annorum triginta, pater ejus, senex
languore correptus, vir nobilis et sanctus, premonuit eum,
Christi militiam exercere, fidem dominis servare, sociis et

---

[1] cum a parentibus baptizmi causa Romam deferrentur — V. Darnach hat
Cgm.: vnd da ir veter die kind wollten tauffen und wärend auff dem
weg gen Rom, da geschachs. — Dagegen fehlt diese Stelle in K., wo es
30 ff. heisst: hort, noch wil ich euch sagen mer. den chinder chamen in
ain stat, Lucana si den namen hat, si wurden sich da schon verainen
und lieblich an einander mainen.

[2] i. fehlt V. [3] s. voluntas i. G.

[4] Oblati igitur sancto pape Deusdedit alias Deodato ab eodem sunt bapti-
zati — V. Darnach Cgm.: und komend da mit einander gen Rom zů dem
babst, der hieß Deodato. derselb baubst der tuufft die kind und gab
in namen.

[5] qui filio V. [6] de fonte sacro V.

[7] Dass die Becher von Holz waren, verschweigt K. und sagt nur: die waren
schan mit gold peslagn. Cgm. hat: ainen hülzin kopf. [8] dedit V.

[9] K. 59 ff.: der pabst ward in die choph da gebn und sprach zu in: ‚nu
merket ebn, den gab ain wares urkund geit, das ir von mir getaufet seit
daz Ram, in der vil werden stat, die aller welt zu pieteu hat'. Cgm.:
vnd sprach zů den kynden, das sy das sölten nemen zů ainer gedächtnüß
und zů ainer zeűgknüß daz sy der baubst getaufft hett. Hier erst kommt
in Cgm., was früher fortgelassen war: vnd doch die weil die kind bey
ainander waren, do lebten sy gar schon mit einander, vnd was ains
wolt, dasselb wolt öch daz ander; wan ainß wolt essen, so wolt daz
ander auch essen.

[10] p. factum sc. V. [11] militem fehlt V.

4

amicis auxilium ferre, misericordie opera diligere [1] et prae
aliis plus [2] societatem filii comitis Alvernensis, Amelii, amici-
tiam oblivioni nullatenus tradere. finitisque verbis migravit ad
dominum. [3] cujus filius honorem sepulture decenter exhibuit.
mox autem maligni homines juveni ceperunt invidere eique
dolos et insidias latenter parare. [4] at ille omnes amabat et
illatas injurias pacienter tolerabat. adeo tamen contra eum
iniquitas impiorum excrevit, [5] quod cum de paterne hereditatis
castro cum tota ejus familia expulit. qui assumptis X servis suis [6]
ait: ,festinemus ad curiam comitis Amelii, mihi societate et
amicicia juncti, forsitan nos bonis suis ditabit. si non autem ibimus
ad Hyldegardem Karoli regis [7] uxorem, que consulere semper
ejectis consuevit'. [8] euntes igitur [9] ad curiam comitis ibidem [10]
pervenerunt, sed ipsum minime repererunt; [11] perrexerat enim
Bericum ad socium suum visitare ipsum, [12] cujus patrem audi-
verat fuisse defunctum. quem non inveniens tristis abscessit [13]
seque non rediturum ad patriam nisi prius eum inveniret pro-
posuit. sed [14] ipse Amicus socium suum comitem cum servis
querere non cessavit. cum vero idem Amicus [15] aput quemdam

---

[1] exercere V.

[2] et praeter hoc societatem V. K. 101 ff.: des graven sun von der Alfern,
den soltu haben stet mit ereu, du solt im alle treu ernaigen und dich
halt genzleich zu im naigen, wenn er sich hat zu dir geselt, das mir
von herzen wol gevelt. Cgm.: und vor allen dingen enphalch er im, das
er die fruntschaft des graven sun Alvernensis nit solt vergessen.

[3] deum V.

[4] Cgm.: vnd nach seins vaters tod da verstiesseud in seins vaters fründe
von allem seinem güt vnd dasselbig laßd er alles sament gedultigklichen.

[5] crevit V.   [6] ejus G.   [7] K. r. Francorum u. V.

[8] K. erwähnt Hildegard nicht, Cgm. fehlt die ganze Rede. Dagegen liest K.
133 ff.: Amicus der vil salig man, do der nu fliechen muest hin dan,
den choph er hinder im nicht lies den im der pabst vor geben hies, er
het in schan in seiner phlicht und sein vergas mit nichte nicht.

[9] ergo V.   [10] ibidem fehlt V.

[11] i. non invenerunt V. Darnach schaltet Cgm. ganz falsch und wohl in Folge
eines Missverständnisses ein: zehand hüb er sich auff und kam zü Hylde-
gardem, die waz Karoli, des künigs von Franckreich, haußfraw. und dieselb
fraw waz gar ain weyse fraw und gab güten rät allen die in leyden und
in ellend wärent.

[12] B. visitare ipsum amicum suum V.   [13] discessit V.   [14] s. et i. V.

[15] nur: donec aput V.

nobilem hospitatus fuisset audito ejus infortunio,[1] quod sibi[2] acciderat, sponte filiam suam ei in conjugium[3] tradidit.[4]

Post[5] annum autem et dimidium ibi transactum Amicus Parisius[6] festinavit eum servis suis, ut quereret comitem socium suum[7] Amelium. quia[8] ipse Amelius jam per biennium quesierat Amicum socium suum.[9] cum ergo Amelius Parisius[10] apropinquasset, inveniens quemdam peregrinum interrogat eum,[11] si vidisset Amicum militem Bericanum, a patria pulsum.[12] negavit peregrinus[13] se unquam eum vidisse. tunc Amelius[14] comes abstractam tunicam[15] dedit ei rogans, ut oraret pro eo ad dominum, quatenus labori suo quem quasi[16] biennio jam[17] paciebatur finem dominus[18] imponeret. peregrinus autem[19] iter faciens circa vesperam invenit Amicum. cumque requisisset[20] etiam[21] ab eo Amicus,[22] utrum audisset aliquid de Amelio Alvernensis comitis filio, respondit:[23] ,quid peregrinum deludis? nonne tu es Amelius, qui hodie a me quesisti si vidissem Amicum Bericanum et hanc tunicam mihi dedisti? nunc autem nescio cur vestimenta tua, socios[24] et arma mutasti.' cui Amicus ait: ,non sum ego Amelius sed Amicus, qui eum querere non cesso'. cumque et[25] ab eo peregrinus rogatus, ut

---

[1] h. est qui a. i. *V.*   [2] eis *V.*

[3] c. sibi t. *G.*   [4] *K. führt das in zehn Versen aus.*

[5] *Ueberschrift in V.:* Qualiter se invicem querentes invenerunt et ad curiam Karoli convenerunt. *in Cym.:* Wie Amicus und Amelius einander süchten und in dem hoff Karolÿ an einander funden vnd —

[6] Perisius *V. und immer.*   [7] s. s. *fehlt V.*   [8] et i. *V.*   [9] s. s. *fehlt V.*

[10] qui cum Par. a. *V.*   [11] eum *fehlt V.*   [12] expulsum *V.*

[13] qui cum responderet *V. Von dem Pilgrim heisst es bei K.* 206: der het an im ain snode wat.

[14] t. A. *fehlt V.*   [15] den obern rokch *K.*   [16] q. *fehlt V.*   [17] j. *fehlt V.*

[18] d. *fehlt V. Darnach bei K.* 229 ff.: Amelius ward fur sich reiten mit seinem volkch zu ainer leiten, si stuenden ab pei ainem see und sassen nider auf den chlee, si wurden da gar froleich sein mit edler chost und guetem wein. recht an dem selben tag geschach — *es wird das im lateinischen Texte später erzählte hier vorausgenommen.*

[19] ergo *V.*   [20] qui requisivit *V.*   [21] e. *fehlt V.*   [22] A. *fehlt V.*

[23] qui resp. *V.*

[24] s. et equos et a. *V. K.* 253 ff.: nu redstu doch, ich wais nicht wie und pist doch heut gewesen hie. auch dein gewant hastu verchert und deine ros sind wol gemert, darzue, als ich es wol emphind, zwar ander diener pei dir sind. *In Cym. nur:* warumb hastu dich also verkert?

[25] et *fehlt G.*

4*

pro eo oraret,[1] accepisset denarios in elemosinam, dixit ei
peregrinus:[2] ‚festina, miles, Parisius, ibi spero quod[3] invenies
virum[4] quem queris‘. festinans ergo Amicus invenit Amelium
extra Parisius juxta Secanam in prato florido cum militibus[5]
comedentem. qui, cum vidissent Bericanos venientes, cito sur-
rexerunt et arreptis armis obviam occurrerunt.[6] (200ᵇ) Amicus
quoque suorum animos[7] ad pugnam animavit putans illos esse
Parisianos milites,[8] qui eos agaredi vellent. laxatis igitur frenis
utrique concurrerunt,[9] hastas erigunt, enses evaginant, ita, ut
nullum ex his evadere crederes ingruentis periculum mortis.
sed deus, qui cuncta disponit, in fronte[10] utramque partem
insistere[11] fecit. tunc Amicus ait: ‚unde estis, milites fortissimi,
qui Amicum exulem cum sociis suis interficere vultis?‘[12] ad
hanc vocem Amelius pallidus obstupuit[13] et Amicum protinus
recognovit.[11] moxque illis descentibus de equis[15] invicem strin-
guntur in amplexus,[16] osculum[17] sumunt et de tam improvisa
leticia deo gratias agunt,[18] fidem inter se spondent et ad curiam
Karoli regis simul veniunt.[19] factusque est Amicus thesaurarius[20]
regis et Amelius dapifer.[21] erantque[22] juvenes illi moderati,

---

[1] o. et a. *G.*   [2] p. *fehlt V.*   [3] quod *fehlt V.*

[4] v. *fehlt V.*   [5] m. suis c. *V.*   [6] cucurrerunt *V.*

[7] animas *K.* 288 ff.: zu seinen chnechten er do sprach: wir sullen freileich
mit in vechten und uns auch wider seu gerechten. seind si an uns nu
vallen wellent und sich gar veintleich widerstellent.

[8] *Diese Angabe fehlt in K. und Cgm.*   [9] concurrunt *V.*   [10] insontes *G.*

[11] sistere *V.*   [12] sehr *ausführlich K.* 297 ff.

[13] *fehlt in K. Cgm.:* do erschrack er vast.   [14] A. agnovit.

[15] de equis *fehlt V.*   [16] st. amplexibus *V.*   [17] oscula *V.*   [18] reddunt *V.*

[19] venerunt *V.* Karalus *bei K.*

[20] thesaurizarius *G. regelmässig.*

[21] *K.* 321 ff.: Amicus kamermaister was, Amelius schanchte aus dem vas
des gueten weines gar genueg und auf den tisch zu trinchen trueg.
Cgm.: vnd da ward Amicus des künigs hoffmaister und Amelius der ward
truchseß.

[22] *V. anders:* cernens juvenes moderatos, s., pulcherrimos, pares uno vulta
et eodem cultu, ab omnibus dilectos et honoratos. *Der Auffassung von
G. scheint K. zu folgen, wenn er* 327 ff. *sagt:* si waren allem volch genem
und auch an nichte widerzem. *Dagegen weist Cgm., wie immer, auch hier
auf V. als Vorlage:* vnd da man sach daz si einander allz gleich warend,
do hett sÿ yederman schon und erlich.

sapientes, pulcherrimi, pares uno cultu, eodem vultu ac facundia, ab omnibus dilecti et honorati.

Transacto [1] igitur [2] triennio dixit Amicus socio suo [3] Amelio: ‚uxorem meam videre desidero et quam cicius potero redibo. tu vero manens in curia regia [4] cave tibi ab ejus filia, maximeque a nequissimi comitis Arderici fallaci amicicia, rufam barbam habentis'.[5] quo verbis [6] annuente discessit Amicus uxorem suam visitaturus. [7] Amelius vero super regis filiam oculos injecit et eam, quam cicius potuit, oppressit. interea delator Ardericus, qui iniquitate gaudebat, Amelium sic alloquitur: ‚nescis, [8] karissime comes, Amicum regis thesaurarium [9] thesauros [10] furatum esse et [11] fugisse? nunc ergo [12] ini mecum fedus amicicie et fidem meam super reliquias sanctorum [13] accipe'. quo facto

---

[1] *Ueberschrift in V.:* Qualiter Amicus Amelium a crimine liberavit eique filiam regis tradidit. *In Cgm.:* Wie Amicus Amelium erlöset von dem tod vnd in behůb beÿ seinen eren vnd wie er zůbrächt daz im ward des künigs tochter. *Hier schiebt K. ein, nur zum Theil nach der Vorlage:* der kunig, als geschriben stet, ein gar vil schone tachter het deu im allain geparn ward von seiner fraun, hies Hildegart; deu tachter deu was vein und chlar und het auf ir zwir siben jar. secht, an dem hof was auch ain man der aller frumchait was gar ån. or chund wol pruefen alle schand und Ardecius was genant. er was ain graf von seiner art und het auch ainen raten part. sein treu was aus der massen chlain, als noch das sprichwart ist gemain: rufus infidelis non habet partem in celis. in domo rufi nunquam facies tibi pausam. des raten treu ist gar enwicht, er kumbt auch in den himel nicht.

[2] itaque *V.*   [3] s. s. *fehlt V.*   [4] regis *V.*

[5] habenti *G.* rufam b. h. *fehlt V. und Cgm. Der Rath hat in Cgm. folgende Gestalt:* vnd onpfalch im daz er sich solt hütten vor des kunigs dochter, wann der künig hett ain ritter der hieß Aldericus *(so immer)*, der selb slich der tochter vast auff. *Dem entspricht es, wenn später gesagt wird:* vnd da daz *(die Schwängerung der Königstochter)* Aldericus, der ritter, innan ward, do ward er fro, darumb daz er doch ettwas wÿder in hett gen den künig, *und wenn Amelius sein Geheimniss nicht verräth:* ond do Amelius daz *(was Ardericus über Amicus sagt)* hört, do wolt er im sein hers alſ bald nit auff tůn.

[6] v. ejus a. *V.*   [7] Am. u. s. v. *fehlt V.*   [8] nescitis *V.*

[9] thesaurarium *fehlt V.*   [10] thesaurum *V.*   [11] et ideo f. *V.*

[12] e. *fehlt V.*

[13] *Diese Bestimmung fehlt in K. und Cgm. K. hat nur:* nu se main treu an aides statt — *Cgm.:* nu bitt ich dich treulich, das du mir sagst die wärhaÿt, so wil ich fürbaß all trew und fruntschaft zů dir han. *Dagegen*

Amelius secreta sua non timuit fideliter ei pandere.[1] dum
ergo die quadam ante regem staret Amelius, ut ei[2] aquam[3]
preberet ad prandium,[4] ait Ardericus:' ‚noli, rex, aquam reci-
pere[5] de manu scelerati qui magis dignus est morte quam
honore, qui[6] florem virginitatis abstulit filie tue'. ad hoc[7]
Amelius tremens cecidit et stupidus nihil[8] respondit. rex autem
benignus eum levavit et ait: ‚ne timeas, Ameli! surge et ab
hac infamia viriliter te defende'. qui surgens ait: ‚noli, rex
justissime, verbis mendacibus Arderici delatoris credere, sed
spacium consilii mihi concede, ut coram te de hac infamia
duellum cum eo faciam et eum de mendacio astante curia
universa[9] convincam'. quod cum annuisset rex, Amelii causam
Hildegardis regina tuendam suscepit.[10] qui dum consilium
quereret,[11] Amicum socium suum thesaurarium regis[12] ad[13]
curiam redeuntem invenit. cui prostratus ad pedes suos[14] ait:
‚o Amice,[15] salutis mee spes, heu, consilium tuum et[16] fidem
male servavi, quia crimen de filia regis incurri et[17] eam violavi
et coram falso Arderico delatore meo ego ista dixi et duellum

---

fügt K noch hinzu: ‚mein rat der sol dir nicht versmachen, wenn ich dem
kunig pin gar nachen; der selbig einzigleichen tuet wes ich au in peger
und muet'.

[1] *K.* 417 ff.: recht in der treu ward er im sagen als wie er hiet leicht
vor drein tagen des fuersten tachter ser geswachet und mit dem ding
zu ir gemachet das do die unchensch ist genant. Der Ardecius hart das
gern, wenn im was wol mit chlainen ern. doch tet er nindert den ge-
leichen, das der schench von im solt nicht weichen und sich pesargen
umb die tat von der man vor gelesen hat.

[2] ei *fehlt V.*   [3] a. illi manibus *V. K.* 434: zu den henden.

[4] a. p. *fehlt V.*   [5] accipere *V.*

[6] quia *V.*   [7] hec *V.*   [8] non *V.*   [9] universa *fehlt V.*

[10] *Dafür bringt K. das Motiv bei* 471 ff.: die chunigin frau Hildegart gar
fra in ierem herzen ward, si nam sich umb den schenchen au und tet
das auch in guotem wau, das nicht ir tachter ward verhandelt und
smechleich vor dem volk gewandelt.

[11] *In Cym. heisst es:* vnd zehand hůb er sich auf und rait zu Amico und
viel im ze füssen vnd sprach zů im u. s. w.

[12] socium s. th. r. *fehlt V.*   [13] ad regis c. *V.*   [14] suos *fehlt V.*

[15] o unica *V.*   [16] cons. t. et *fehlt V.*

[17] eam violavi — statui *fehlt V., dagegen hat er noch:* ante conspectum
ejus cum falso Aderico d. st. *In Cym. bleibt natürlich hier der Umstand,
dass Amelius dem Ardericus seinen Frevel erzählt hat, unerwähnt.*

statui'. qui cum dure eum increpasset,[1] ait: ‚commutemus vesti-
menta et equos et vade ad domum meam, et ego[2] pro te
duellum cum proditore tuo,[3] deo adjuvante, faciam. sed cave
ne tangas uxorem meam'. cumque flentes discessissent ab in-
vicem[4] abiit Amicus ad curiam regis sub specie Amelii et
Amelius ad (201ᵃ) domum Amici[5] sub specie Amici. at uxor
Amici credens virum suum esse[6] amplexum et osculum ei
prebere voluit. at ille respondit: ‚recede a me, quia instat mihi
tempus flendi et non gaudendi'. in nocte vero cum eundem
intrassent lectum, ensem inter se et ipsam posuit dicens:[7]
‚vide,ᶜ ne appropinquares, quia statim hoc ense morieris'.[9]
sic et[10] reliquas duxerunt noctes, donec redisset[11] Amicus.
interea Amicus indutus socii indumentis[12] ad regem ingrediens
se contra Ardericum pro infamia pugnaturum obtulit.[13] cui rex
ait: ‚noli timere, comes, quia,[14] si victor fueris, eandem filiam
Ulexidem tibi in uxorem[15] tradam'. mane igitur hora prima[16]
Amicus et Ardericus armati exeunt in campum astante rege
et tota Parisiana gente.[17] tunc Amicus consciencie sue timens
Ardericum sic alloquitur:[18] ‚o comes, nimis stultum accepisti
consilium, quod mortem meam tam ardenter appetis et te mortis
periculo tam imprudenter committis. sed si falsum crimen,
quod mihi imponis, velles refellere et duellum exiciale remit-
tere, semper meam amiciciam et servicium posses habere. et

---

[1] *Cgm.:* do straufft er in gar vast und doch sprach er zů im: ‚wir sullen
es got enpfelhen'. vnd do sprach Amicus zů Amelio: ‚wir sullen uns
verkern' *v. s. w.*

[2] ego *fehlt V.* [3] tuo *fehlt V.*

[4] a. i. *fehlt V.* [5] d. socii s. *V.* [6] cr. illum v. e. *V.* [7] d. *fehlt V.*

[8] v. inquit, ne mihi appropinquaveris *V.* appropinques *sollte es heissen.*

[9] *Diese Rede ist bei K. nur indirect angegeben.*

[10] et *fehlt V.* [11] rediit *V.* [12] vestimentis *V.*

[13] *K. schaltet hier ein 541 ff.:* wol an dem sechsten tag darnach, Amicus
zu dem chunig sprach: ‚o edler fuerst, es ist die zeit, das ich sol treten
in den streit mit dem der mich gezigen hat gar uber grasser missetat
der ich doch zwar unschuldig pin, wann si cham nie in meinen sin'.

[14] comes sed non fuit quia — *G.*

[15] Relixendam pro uxore tibi *V. — K. und Cgm. haben den Namen der*
Tochter nicht.

[16] *Cgm.:* ze hand ze mornens zů preÿmezeit. *K. nur:* secht, do der rinch
nu was perait.

[17] *K. und Cgm. erwähnen nur Volk.* [18] *Die ganze Rede fehlt in Cgm.*

dic an ego feci!‘¹ ad hoc ille furibundus respondit, se de
amicicia ejus et servicio non curare, sed ² caput ejus aufferre
velle.³ ‚ita fecisti hoc‘.⁴ et juravit ⁵ eum filiam regis oppressisse.
non ipse ⁶ sed socius suus fecit. propterea pugnavit cum eo.⁷
itaque ⁸ pugnantibus ⁹ illis victus est Ardericus et amputavit
Amicus caput ejus. cui rex unicam filiam suam ab infamia
liberatam in uxorem tradidit et ¹⁰ quamdam juxta morem civi-
tatem eis ad inhabitandam dedit. qua suscepta gaudenter Amicus
ad domum suam, ubi erat Amelius, rediit ¹¹ eique dixit: ‚ecce,
de Ardecio proditore ¹² tuo te vindicavi et filiam regis despon-
savi‘.¹³ quam Amelius ad curiam ¹⁴ reversus accepit et cum ea
in predicta civitate habitavit.

¹⁵ Post ¹⁶ Amicum ¹⁷ cum uxore sua manentem ad tempus ¹⁸
percussit deus omnipotens ¹⁹ morbo lepre ita, ut de lecto surgere

---

¹ et dic an ego feci *fehlt V. Das nächste erzählt K. weitläufig und zum
Theil anders* 577 ff.: den red tet Ardecio zarn, auch ward verschoppen
paide orn. er sprach: ‚dein dienst ist mir enwicht und deiner huld pedarf
ich nicht. ich wil dir wol das haubt abslachen, seit du mir komen pist
so nachen. wenn ich des swer pei meinem aid, das du peslafen hast die
maid deu do dem kunig ist geparn und hab ich das also ervarn: wenn
wie dein ding halt sei geschechen, des hastu selber mir verjechen‘.
Amicus sprach zu im hinwider: ‚du leugst das zwar in deinen gelider.
du hast ain lug auf mich geticht und auch dein er damit vernicht. auch
darumb soltu pilleich sterben und gar mit deiner lug vorderben‘. da si
nu das und mer gesprachen und ainer ward den andern swachen, der
Ardecius ward sich rechen als wie er wolt Amicum hekchen. Amicus
ward zu im hin springen und mit dem Ardecio ringen; er warf den raten
schalch da nider, das er hin viel recht als ain wider den man do slecht
an seinen choph, und ward in nemen bei dem schoph; er trat in den
verheiten schalck und sties ain swert in seinen palch, er slueg im auch
das haubt gar ab. den preis man dem Amico gab.
² s. et c. V. ³ velle *fehlt G.*, vellet *V.* ⁴ *Dieser Satz fehlt V.* ⁵ jurat igitur *V.*
⁶ *In G. folgt* non **fuit** *durchstrichen. V. hat statt dieses Satzes*: et jurat et
Amicus Ardericum mentitum esse.
⁷ *Dieser Satz fehlt V.* ⁸ i. *fehlt V.* ⁹ certantibus *V.*
¹⁰ tradens quamdam *V.* ¹¹ festinavit *V.* ¹² traditore *V.*
¹³ *Die Worte des Amicus gibt K. in vierzehn Versen, ohne etwas sachlich
Neues vorzubringen.*
¹⁴ *Für Am. a. c. hat V.* illc.
¹⁵ *Ueberschrift bei V.:* Qualiter Amicus lepra percussus et abjectus ab
Amelio susceptus est. *In Cgm.:* Wie Amicus aussezig ward und wie in
Amelius schon enpfieng in sein hauß.
¹⁶ post *fehlt V.* ¹⁷ A. vero *V.* ¹⁸ a. t. *fehlt V.* ¹⁹ o. *fehlt V.*

non posset. quem cum uxor ejus Ebyas [1] nomine ita [2] exosum
habuit,[3] ut eum multociens suffocare vellet.[4] vocatis [5] ille duo-
bus servis suis ait: ‚tollite me de manibus uxoris mee et
cyphum meum latenter [6] accipite et ad Bericanum castrum [7]
me portate‘. quod cum fecissent, turba obvia quesivit, quis
esset infirmus, quem illuc deferrent. ‚ipse est‘ inquit ‚dominus
noster [8] Amicus lepra percussus qui ad vos venit rogans, ut
ejus [9] misereamini‘. mox illi impii servos verberaverunt et eum [10]
de curru projecerunt, imminantes [11] eis mortem, si amplius hoc
verbum repeterent. tunc Amicus in fletum prorumpens ait:
‚piissime deus, aut mortem mihi tribue, aut mihi misero auxi-
lium pietatis tue impende‘.[12] post hoc Romam venit,[13] ubi papa
Constantinus ei occurrit cum multis Romanis militibus, qui
eum de fonte baptismi susceperant,[14] et magna humanitatis bene-
ficia [15] sibi suisque sufficientissime [16] prebuerunt. post triennium [17]
vero fames tam gravis orta est in civitate, ut etiam pater
filium a se expelleret.[18] tunc servis suis urgentibus [19] inde
recessit et ad domum comitis socii sui [20] Amelii se portari [21]
fecit. ante cujus curiam cum [22] tabellas more talium infirmorum

---

[1] Obias bei V., in Cgm. hat sie keinen Namen.   [2] sic eum V.
[3] haberet V.
[4] K. 677 f.: mit ainem trank ward si in notn, damit si in wolt gar dertotn.
[5] v. que V.
[6] latenter fehlt V., wird aber auch durch das haymlich in Cgm voraus-
gesetzt.
[7] darnach in G. unterpungiert: socium meum Amelium.
[8] vester V. K. bezeichnet den Amicus nicht als Herrn, sondern liesst 711 f.
die Diener nur sagen: er ist gar freuntlich her gevarn, wann in der
vest ist er geparn.
[9] ei V.   [10] eum et G., et ipsum Amicum V.   [11] minantes V.
[12] misero misericordie subsidium porrige V.
[13] se perduci fecit V.
[14] susceperunt V., in Cgm. wird der Papst nicht genannt und es scheint, als
ob man noch Deusdedit im Amte glauben sollte.
[15] auxilia V.   [16] sufficienter.   [17] K. 752: zwai jar.
[18] K. 757 ff.: darzue der hunger ward so gras, das manig mensch muest
werden plas; er muest auch sein gewant hin geben umb flaisch und
chraut, das er solt leben.
[19] Cgm.: das man Amicum und sein knecht auß Rom trayb.
[20] s. s. fehlt V.   [21] perduci V.
[22] cum fehlt G.

tangeret,[1] comes audiens dixit uni de servis suis:[2] ‚panes et
carnes[3] accipe et cyphum meum[4] Romanum optimo[5] vino
imple et defer illi infirmo‘. (201ᵇ) minister vero[6] jussum inplevit
reversusque[7] ad dominum[8] dixit: ‚per fidem meam, domine
mi, nisi cyphum vestrum[9] in manibus meis tenerem, illum esse
erederem, quem habet infirmus.[10] ambo enim videntur esse
unius aptitudinis, pulchritudinis et quantitatis et magnitudinis‘.[11]
tunc comes infirmum ad se vocavit[12] et interrogavit, unde
esset vel unde[13] illum cyphum acquisisset. qui respondit, se
Bericano castro oriundum fuisse et Rome a papa Deusdedit
nomine[14] cyphum et nomen Amicus cum baptismate suscepisse.[15]
statim ergo comes illum esse socium suum cognovit, qui eum
quondam a morte redemerat[16] et filiam regis uxorem suam sibi
desponsaverat. projecit ergo se[17] super illum ejulans[18] et flens
eumque osculans et amplexans. uxor quoque sua[19] solutis
crinibus sine comite occurrit et multas[20] lacrimas super eum
fudit,[21] memorans, qualiter Ardericum delatorem fortiter ex-
pugnavit et eam ab infamia liberans se periculo mortis expo-
suit.[22] quapropter illum[23] in domum suam[24] introduxerunt et
in loco precioso et honesto[25] eum locaverunt.[26]

---

[1] K. 770 ff.: do tet Amicus ainen saus mit seinem naph den er do het,
als vor den sunder siechen stet. Cgm.: do kleppret er mit seinen tefelin.

[2] cuidam servo suo V.   [3] panem et carnem V.   [4] meum fehlt V.

[5] optimo fehlt V. und desshalb auch Cgm., K. hat 779: den pesten wein
den gens darein.

[6] ut V.   [7] que fehlt V.   [8] a. dom. fehlt V.   [9] tuum V.

[10] K. 795 f.: ich sprech, in hiet der siech verstoln und in in seinem sakch
verholn.

[11] V. hat diesen Satz in der verkürzten Form: quia videntur unins esse
pulchritudinis et magnitudinis.

[12] perduci fecit V., was besser ist. K. sagt von dem Siechen gar thöricht
801: der selb kom nu gar snel fur in.

[13] qualiter V.   [14] D. alias Deodato V.

[15] cyphum et baptismum accepisse V.

[16] retraxerat V.   [17] se fehlt G.

[18] clamans V.   [19] s. currens s. V.   [20] crinibus et multas l. V.

[21] effudit V.

[22] et bis exposuit fehlt V., bei K., wo die ganze Scene sehr gekürzt ist, blieb
doch dieser Satz erhalten.

[23] denique eum V.   [24] suam fehlt V.   [25] et h. fehlt V.

[26] collocaverunt eique bona omnia sua communicaverunt V.

[1]Quadam vero [2] nocte apparuit eidem leproso [3] angelus
domini Raphael [4] vocansque eum nomine suo ait ad eum: ,vade
et dic Amelio comiti socio tuo, ut ob tui amorem duos filios
suos interficiat et te in illorum sanguine abluat et sanitatem
recipies'. quod cum ille cum magno tremore comiti retulisset,
primo quidem comes graviter accepit, post [5] memor [6] benefi-
ciorum ejus, qualiter [7] se pro eo coram rege periculo mortis
obtulerat, arrepto mucrone ad lectum filiorum dormiencium
perrexit et incumbens super eos amarissimo flevit edicens [8]
intra se: ,quis umquam audivit patrem [9] filios suos sponte
interfecisse? heu, filii mei, ammodo non ero vobis pater sed
laniator cruentus'. et stillantibus super eos lacrimis patris excitati
sunt faciemque patris conspicientes ridere ceperunt. quibus
pater [10] etatem trium annorum habentibus [11] cum gemitu magno [12]
dixit: ,karissimi filii mei, [13] risus vester, proh dolor, in luctum
vertetur, [14] quia sanguis vester innocens ab impio patre fun-
detur'. sed post cogitavit: eya, forte voluntas dei est omnipo-
tentis et si vult fieri, fiat voluntas ejus. et hec cogitans recepit
et levavit [15] eos et decollavit eorumque cadavera cum capitibus
in lectulo cooperta, quasi dormirent, reposuit. [16] et sumpto san-
guine in pelvi [17] socium suum cum ipso [18] lavavit [19] dicens:
,domine Jesu Christe, qui fidem hominibus servare precepisti
et leprosum verbo tuo sanasti, hunc socium meum amantissimum

---

[1] *Ueberschrift bei V.:* Qualiter eum Amelius sanguine filiorum suorum
   aspergens sanavit. *In Cgm.:* Wie Amelius Amicum gesunt machet mit
   dem plůt seiner zwayer kinde. *Die Erzählung des folgenden Abschnittes
   ist bei K. und in Cgm. kurz ohne Zusätze abgethan.*

[2] v. *fehlt V.*   [3] *für* a. e. l. *hat V.:* visus est.

[4] *Von hier ab liest V.:* eum vocare eique precipere, ut diceret Amelio
   comiti, quatenus duos filios ejus interficeret ipsumque sanguine illorum
   ablueret et sic sanitatem reciperet.

[5] p. *fehlt V.*   [6] m. autem b. *V.*   [7] quasi *V.*

[8] dicens: ,quis audivit filios patrem sponte i. *V.*

[9] patrem *fehlt G.*   [10] p. *fehlt V.*

[11] *Diese Angabe hatte K. schon zu Beginn des Abschnittes gebracht.*

[12] c. g. m. *fehlt V.*   [13] K. f. m. *fehlt V.*   [14] convertetur *V.*

[15] *Der Satz:* sed *bis* levavit *fehlt V. und es heisst dann:* his dictis eos
   decollavit —. *Auch K. und Cgm. berücksichtigen diesen Satz nicht.*

[16] cooperuit *hat G. fehlerhaft.*   [17] *statt* i. p. *hat V.:* vero quem collegerat.

[18] suum c. i. *fehlt V.*   [19] aspersit *V.*

gracia tua et ipsius dilectione[1] mundare digneris, pro cujus amore sanguinem filiorum meorum non timui fundere'. statim ergo mundatus est et a comite vestimentis optimis[2] indutus est. dum autem ad ecclesiam irent,[3] ut ibidem deo[1] gracias redderent, mox tintinnabula deo volente per se sonare ceperunt.[5] quod ut populus audivit, undique admirando cucurrit. comitisque uxor cum utrosque pariter incedere videret, cepit querere, quis eorum maritus ejus esset. ,indumenta', inquit, ,amborum cognosco, sed quis eorum sit vir meus comes, penitus ignoro'. cui comes ait: ,ego sum, karissima mi uxor,[6] Amelius comes vir tuus.[7] et ille[8] est socius meus Amicus, qui domino volente[9] factus est sanus'.[10] verumtamen comes crebra suspiria trahebat quasi occulto modo[11] et mortem (202ᵃ) filiorum suorum mente retractabat.[12] cumque comitissa juberet afferri pueros, ut congratularentur eis, comes ait: ,karissima mi domna,[13] dimitte eos placido sompno quiescere adhuc modicum'.[14] post hec vero comes solus[15] thalamum intravit, ut super eos fleret, et invenit eos in lectulo pariter[16] ludentes, circa quorum colla cicatrices ad modum fili rubei in testimonium decollationis[17] usque ad mortem apparuerunt.[18] et videns[19] eos comes cum gaudio valde

---

[1] g. t. e. i. d. *fehlt* V.

[2] v. suis o. V. *Durnach hat Cym.:* und tätt im sein bests gewant an, K. *aber* 935 f.: er pracht im her das pest gewant und wart in chlaiden alzehant.

[3] currerent V.   [4] deo *fehlt* V.

[5] *Diesen Umstand führt* K. *erst nach dem Gespräch der beiden Gatten* 975 f. *an:* den glokchen wurden schan erklingen, auch hin und her sich selber swingen.

[6] K. m. u. *fehlt* V.   [7] c. v. t. *fehlt* V.   [8] iste V.   [9] d. v. *fehlt* V.

[10] K. *schiebt ein* 956 ff.: nu geo hin haim, berait das mal. nach unsern freunten soltu senden, das si ir freud mit uns vollenden. *Bei dieser Angabe bleibt* K. *auch später* 965 f.: dio greffin gie hin haim darnach und umb dio chost gar schon auf sach, 987: si wurden mit ainander essen, 993 f.: secht, do man an dem tisch nu sas und jederman mit freuden as — *die Kinder werden zum Tisch gebracht.*

[11] q. o. m. *fehlt* V.   [12] revolvebat V.   [13] k. m. d. *fehlt* V.

[14] a. m. *fehlt* V.   [15] post hoc solus V.

[16] p. *fehlt* V.   [17] f. d. *fehlt* V.

[18] m. eorum a. *Cym.:* vnd rot mäsen als klain alz ain vaden giengend umb ir kellu und dieselben roten mäsen sach man in an, biß daz sy starben.

[19] suscipiens V.

magno deportavit [1] eos ad gremium uxoris suc. et ait: ‚gaude,
uxor mea karissima,[2] quia filii tui [3] vere mortui fuerunt, quia
ego eos propria manu occidi ex jussione angeli domini. ex [4]
eorum [5] sanguine mundatus est et [6] sanatus socius meus karissi-
mus, quem vides'. et tunc ergo comes et comitissa usque ad
exitum vite castitatem servantes [7] dei servicio devotissime [8]
insistebant. uxor [9] vero Amici nomine Ebyas [10] arrepta est a
demone et cadens per precipicium expiravit. Amicus itaque
movit se ad Bericanos, exercitum duxit contra eos obseditque,
donec se victos per omnia reddiderunt.[11] quos ille [12] benigne
suscepit et omnem offensionis culpam ob amorem dei [13] eis
condonavit deoque ulterius in timore serviens pacifice cum eis
habitavit.[14]

Interea [15] vero Karolus rex Francorum rogatu domini pape
adversus Desiderium regem Langobardorum processit, habens
in comitatu suo istos duos predictos nobiles, videlicet Amelium
et Amicum. cumque ex utraque parte populus caderet, isti
quasi pariter uno die pro Christi certamine et fide katholica
interempti sunt. quos enim deus omnipotens, qui unanimi con-
cordia et voluntate ac disposicione in vita [16] conjunxerat, in

---

[1] comes in ulnis suis deportavit V.
[2] *Für u. m. k. hat* V.: conjux.
[3] *Für den Satz von hier ab liest* V.: vivunt, quos occidi angeli jussione.
[4] et V.   [5] e. Amicus s. V.   [6] *Von et bis* vides *fehlt* V.
[7] servando c. et V.   [8] devote V.   [9] conjunx V.
[10] *Statt* n. E. *hat* V.: iniqua. *Auch Cym. fehlt der Name. Bei* K. *heisst es*
  1061: secht, an dem selben tag geschach.
[11] *Der Satz lautet bei* V.: Amicus itaque movit exercitum contra adversarios
  suos qui eum a patria expulerant et tamdiu obsedit eos, donec se victos
  reddiderunt.
[12] ipse V.   [13] o. a. d. *fehlt* V.   [14] *Cym. schliesst hier mit*: Amen.
[15] *Bei Vincentius sind die Stellen über die Passio im 169. Capitel zerstreut,
  zum Theil gemäss der ausführlicheren lateinischen Prosa. Folgende Sätze
  kommen in Betracht*: Karolus cum exercitu persecutus est eos, in quo
  erant comes Amelius et Amicus, qui proprie quidem officia in curia regis
  agebant (im Widerspruch zu den früheren Angaben) et tamen operibus
  Christi quotidie studebant jejunando, orando, elemosinas faciendo. — ibi
  etiam interfectus est gener regis comes Amelius et socius ejus Amicus,
  quos enim deus . . . noluit. — passi sunt autem Christi milites A. et A.
  sub prefato Desiderio IIII idus octobris. — Cym. fehlt die Passio.*
[16] in vita *fehlt* G.

morte separari nolebat. [1] passi sunt autem sub Desiderio rege
Langobardorum quarto idus octobris regnante domino nostro
Jesu Christo, cui est honor et gloria in secula seculorum.
Amen. [2]

---

[1] *K. hat den Namen des Ortes* Mortaria (*V.* Mortalia) *und folgt hier einer
etwas ausführlicheren Quelle als die vorliegende ist.* v. 1143 ff. *lauten:*
man vand seu paid vor ainer stat, Mortaria den nam si hat, vor der si
pei ainander lagen und waren auch ze tad erslagen. ir anplikch schain
recht als ain glas und auch chain mail an in nicht was. man sach chain
pluet aus in her triefen und lagen schon recht als si sliefen.

[2] *Am Rande von* 199[h] *findet sich von einer Hand die Note:* XII kl. octobr.;
von einer zweiten am Fuss des Blattes: anno DCCXL. In Italia apud
Mortariam in regione Langowardorum in exercitu Karoli magni (Filius
Pipini regis Francorum) Amicus et Amelius strenuissimi milites ceciderunt
juxta civitatem Papiam (!) anno domini DCC°XL°.

NACHTRÄGE.

Zu S. 1 ff.

Herr Dr. Richard Maria Werner hat mir freundlichst seine Abschrift zweier mir unbekannten Gedichte des Andreas Kurzmann zum Gebrauche überlassen. Sie befinden sich in derselben Salzburger Handschrift, welche auch Amicus und Amelius enthält. Dr. Werner beschreibt den Codex folgendermassen: ‚283 Blätter, 4ᵘ, Papier, 15. Jahrhundert. Anfangs Bilder. 1ᵇ Christus der dem Teufel obsiegt, 2ᵃ das geöffnete Fegefeuer mit vielen nackten Männern, darunter Adam, Abraham, David, 2ᵇ Moses und Belial, 3ᵃ Salomon, 3ᵇ Engel stossen den Teufel in den Rachen der Hölle. 4ᵃ—205ᵃ eine Uebersetzung des Buches, ‚das petracht ob Jhesus, Marie sun, des recht hab gehabt das er die hell und die teufel hat peraubt und davon sezt ain langs kriegisch recht,‘ geschrieben von Johannes Stainberger. 205ᵇ, 206ᵃ + ᵇ leer. 207ᵃ—225ᵇ Sanct Alban. 226ᵃ—249ᵇ Amicus und Amelius. 250ᵃ—252ᵃ De quodam moriente. 252ᵇ leer. 253ᵃ—260ᵃ ‚hie hebt sich an der streytt so kunig Fridreich von Osterreich und der kunig Ludweig von Payren unter einander tettn, vonn erst als sy baid erwelt wurden von czwitrechtt wegen der kurfursten vnd geschach nach christi geburd M°CCCXVIII jare. — Scriptum 1443 Johannes Staynberger. 260ᵇ Bild eines nackten Mannes mit Bezeichnung der Adern. 261ᵃ—264ᵇ Beschreibung, wann die verschiedenen Adern zu schlagen sind, von einer andern Hand. 265ᵃ—266ᵃ unbeschrieben. 266ᵇ ‚Daz ist der pawm der sippzal oder gradus, den hat *erfunden der kaiser Jusinianus'.* 267ᵃ auch ein Stammbaum, beide wieder von der früheren Hand. 267ᵇ Bild: ,*Mûnnich und Ritter.* 268ᵃ—283ᵃ ,*Vermerkcht wie ain ritter vnd ain munych mit einander habent dispotiert'.* — *Finitur in vigilia ante pentecosten 1443. jare. Johannes Staynberger vonn Sprincznstain.* 283ᵇ leer. — Sanct Alban hat 923 Verse. Ich habe an grammatischen Eigenthümlichkeiten nichts zu erwähnen, was nicht schon unter meinen früheren Aufzählungen (Marienklagen S. 72 und oben S. 811 f.) sich befände. Auch der Reimstand entspricht ungefähr dem im Speculum vorhandenen. 18 stumpfe Reime zwischen *â* und *ǎ*, meist vor Liquiden; 10 zwischen *ê* und *ě*, darunter 6 vor *r*, 4 vor *t*. *ǎ* : *ō* 8 Mal. *wǎs* : *frass (vrôz)* 281. Klingende Reime bei verschiedener Quantität der Pänultima überhaupt 11. *ê + r* : *ě + r* nur 3 Mal, *ê + r* : *ê + r* 3 Mal, *ě + r* : *ě + r* 1 Mal, *â + r* : *ǎ + r* 4 Mal. — Das Material ist zu klein, um bestimmte Schlüsse zu gestatten, doch setze ich den Alban noch vor das Speculum, wo die Anfertigung grosser Versmassen den Autor Rücksichtslosigkeit lehrte. — *ei = î* : *ei = ei* 327, *au = û* : *au = ou* 857. — Sonstige Ungenauigkeiten: *swam* : *ran* 793, *rât* : *vart* 569. *cham* : *schaun* 279, es ist aber an dieser letzten Stelle gewiss zu schreiben: *do er nu cham zu seiner fraun, die ward in oft und vil anschaun.*

Eine lateinische Fassung dieser Legende von Sanct Alban (sehr zu unterscheiden von der kirchlich recipierten des Mainzer Heiligen, des Genossen von Theonest und Ursus, vergl. AASS. 21. Juni, Canisius lect. ant. ed. sec. IV. p. 157 sqq. und Grazer Handschrift 533 aus dem 12. Jahrhundert, und von der Sct. Albani protomartyris Angliae), welche die Blutschande in zwei verschiedenen Formen behandelt, mit Pilatus und Gregorius a Lapide zu éiner Gruppe gehört und sicher erst im 12. Jahrhundert entstanden ist, hat Moriz Haupt in den Monatsberichten der Berliner Akademie 1860, S. 241 ff. veröffentlicht. Vergl. dazu Reinhold Köhler in der Germania 14, 300 ff. Sie zeichnet sich durch ungemeinen Wortschwall und läppische Breite der Reden aus. Zahlreiche wörtliche Uebereinstimmungen zwischen ihr und Kurzmann machen es unzweifelhaft, dass sie mit diesem verwandt ist, doch ist Kurzmann knapper und einzelne Stellen differieren auch wohl. Ich bringe das Nöthige hier vor:

Vita

Kurzmann.

Fuit olim in partibus aquilonis
rex quidam potens ac nobilis ...
Schilderung der Herrlich-
keit des Königs.

1.. *Ain edler man und chaiser*
ist gewesen
von dem ich wunders hab
gelesen,
das ich jetzund sagen wil
zu ainem gar vil churzen
spil.
der selbig kaiser het ain
weib ....

multi eam principes, multi pe-
tiere nobilium, ut contracto foe-
dere copulae maritalis puellae
huius connubio potirentur.

fehlt ganz

invento baiulo adhibitaque nu-
trice, extra imperii limites tra-
ditur deportandus.

fehlt

igitur puer ductus est in Un-
gariam ibique expositus secus
viam et facile a transeuntibus
est repertus.

67. *der pot gie hin als er da*
scholt
und tet recht wie sein frau
da wolt,
er zach hin in der Ungern
land.
und man das chindel pei
im vand,
man trueg es fur den kunig
hin.

— et novo in regio thalamo
puerperio simulato —

Ausführlich die verstellte
Schwangerschaft der Königin.
Der König verbirgt die Klein-
odien des Findlings in einer
Kiste.

suscipitur ab universis in do-
minum, coronatur in regem et
vivente adhuc patre paterni ti-
tuli suscipit dignitatem.

fehlt

5

Der König von Ungarn be-
gehrt die Tochter des Kaisers
für Albanus.

*cumque ille (Albanus) patien-
tiam sponderet et pacem —*

*insignia paupertatis secum por-
tans —*

Vorwürfe Albans, da er
aus dem Schmerze der Mutter
beim Erkennen irrig schliesst,
seine Gattin habe ihn der vor-
nehmen Geburt wegen, nicht
um seiner Vorzüge willen ge-
wählt.

Der Kaiser bietet seine
Tochter dem König für Alba-
nus an.

Albanus muss bei seinem
Leben Schweigen geloben.

277. *sein chlainhait er do mit
ihm trueg.*

fehlt.

Es ist Kurzmann durchaus nicht zuzutrauen, dass er auch
nur kleine sachliche Aenderungen vorgenommen habe. Halte
ich dies zusammen mit der Wahrnehmung, dass Kurzmann
eher geneigt ist, Reden und Schilderungen auszuschmücken
und zu erweitern, als zu verkürzen, so muss ich vermuthen,
dass eine einfache Fassung Kurzmann vorgelegen habe, welche
durch einen phrasenreichen Stilisten in die von Haupt publi-
cierte ist umgearbeitet worden.

Dem von Lachmann veröffentlichten niederrheinischen
Albanusfragmente (jetzt Kleine Schriften S. 523 ff.) fehlen die
Stellen, an denen der lateinische Text und Kurzmann aus-
einander gehen. Es ist somit nicht aufzuklären, ob es sich an
die einfache oder an die complicierte Fassung hielt. —

,De quodam moriente' sind die 111 Verse überschrieben,
welche das dritte Gedicht Kurzmann's in der Salzburger Hand-
schrift ausmachen. (Gedruckt bei Ampferer, Ueber den Mönch
von Salzburg, Programm des Gymnasiums in Salzburg 1864,
S. 31 f.) Ein Sünder stirbt; er hört den Disput zwischen
Engel und Teufel um seine Seele. Angstvoll wendet er sich an
Maria um ihre Fürbitte, diese fleht Jesum an, Jesus stimmt
Gott Vater günstig. Der Sünder ist gerettet. Zwischen den
deutschen Versen stehen noch hie und da die Worte des
lateinischen Textes, welcher von Kurzmann bearbeitet wurde.

Ueber Sprache und Reime dieses Gedichtes habe ich gar
nichts anzumerken. — In den neuaufgefundenen Stücken

zeigt sich Kurzmann als derselbe armselige Verseschmied, der
aus den grösseren Arbeiten bekannt ist. Er nennt sich in den
Schlussworten beider.

Zu S. 16 ff.

Was mir an Wörtern in den beiden Gedichten (Albanus =
Alb.) interessant schien, habe ich hier zusammengestellt. Meist
sind es nur neue Belege zu den im Hauptverzeichniss gesam-
melten, diese sind mit † bezeichnet, * ist neuen Worten vor-
gesetzt. In dem Kreise seines Wortschatzes bewegt sich
Kurzmann wie in einer Tretmühle, Bereicherungen sind aus
den hinzugefundenen Gedichten also kaum zu erwarten.

ane geblicken swv. *do si in wolt von ir hin schicken, das nie-*
mant in mocht angeblicken. Alb. 259 f.

ane legen swv. Plan machen, überlegen. *er ward mit seiner*
frann anlegen, das si des chindes solt schan
phlegen. Alb. 75 f.

ane muoten swv. mit dem Accusativ der Person, Genetiv
der Sache. *der kunik hort die mer vil gern und*
auch den chaiser ward gewern des er an in ge-
muetet het. Alb. 155 ff.

ane üeben swv. in Jemand dringen. *den frau ward sich*
gar ser petrueben und auch den man gar vil an
ueben, das er ir solt die warhait sagen. Alb.
289 ff.

† ane weigon swv. *den frau wolt nu mit nichte sweign, si*
ward in imer mer anweigen. Alb. 327 f. *der*
teufel, der nicht slaffen chan, der ward seu bede
weigen an. 667 f.

† assach stn. siehe unter *kostelin.*

besingen stv. Exequien, Todtenmesse halten. *sein sun*
der hies in schon pesingen und phlegen aller
gueten dingen den seiner sel da frumen solten,
wann er lag jetzund in der molten. Alb.
421 ff.

bettelîn stn. *der jung ward in ain pettel machn und sprach zu in: ,ich wil heint wachn'.* Alb. 655 f.

êkint stn. eheliches Kind. *si hat mich zwar nicht mer verguet, wenn si das hat in irem sin das ich leicht nicht ain eechind pin.* Alb. 350 ff.

† endung stf. *recht do das sibent jar aus kom und alle puess ain endung nam.* Alb. 619 f. *und do das alles endung nam.* 715.

† erklieben stv. activ. *den tochter ward im grosleich liebn und im sein herz so gar derchliebn, das er sich ward zu ir hin legen und auch der uncheusch mit ir phlegen.* Alb. 25 ff.

† geber stm. *das geb der hailant Jesus Christ der gueter ding ain geber ist.* Alb. 901 f.

* geblecken swv. entblösst sein. *er ward sen mit dem laub pedekchen, das in ir . . . . nicht macht geplekchen.* Alb. 685 f. An Stelle der Punkte hat Dr. Werner *oz,* was soll das heissen? *âz?*

† geerbe swm. Singular. *si lobten got mit grassen freuden und nicht ain wenig tarsten geuden umb das das reich ain gerben hiet der im in seinen noten riet.* Alb. 109 ff.

gerinnen stv. *und do der leichnam also swam, recht an ain mülrad er do cham, das er nicht verrer macht gerinnen.* Alb. 793 ff.

gesleht adj. *er tet das pilleich was und recht und alles das da was geslecht.* Alb. 433 f.

kleinôt stets durch *chlainhait* gegeben.

kostelin stn. geringe Speise. *nu do si zu dem wasser cham, ir assech si da volles nam mit dem si wolt ir chostel machen und nutzen auch zu andern sachen.* Alb. 807 ff.

† kretzen stm. *der ward sein tachter do hin setzen, wen sei pegrifen het der chretzen.* Alb. 805 f.

† lên adj. *wer di materi wil versten der mag wol werden sanft und len und auch sein herz darzue*

gewenken und nach den sunden stet gedenken.
Alb. 879 ff.

† **liht**   adv. etwa. *wann wer in macht gerueren an, es wer ain fraunpild oder man, und vordest leicht siech was gewesen, der ward gesunt, als wir hie lesen.* Alb. 859 ff.

lingewant   stn. leinenes Kleid. *si wurden lauterleichen puessen und giengen par an ieren fuessen, ain leingewant si an in truegen und ieren ruck mit gerten sluegn.* Alb. 607 ff.

müezen   swv. zwingen, nöthigen. *damit er sein sund hat gepuest und seinen leib darzue gemuest, das er muest leiden ungemach.* Alb. 895 ff.

prisen   swv. verschönen, verherrlichen. *das er dich neren solt und speisen und deinen leib mit chlaidern preisen.* Alb. 395 f. oder *brisen?* aber die Construction wäre falsch.

† **rehtvertecliche** adv. *der hie sein sund gepuesset hat rechtvertichleich an aller stat.* Alb. 871 f.

schin   stm. Schein, das Erscheinen. *er wolt dich auch gewarfen habn in ainen gar vil tiefen grabn, das du solt da verdarbn sein und nie werst komen an den schein.* Alb. 385 ff.

stich   stm. Fall, Unglück. *deu hochzeit gie also far sich; doch war es zwar ein scharfer stich, wann, als ich sol die warhait lesen, si sind von ainem pluet gewesen.* Alb. 161 ff.

† **urbarigen**   adv. plötzlich. *deu weil er also slaffund was, recht ubering geschach do das das im das mentel viel herab.* Alb. 307 ff.

varn   stv. ausgehen. *do nun das chindel was geparn und von der mueter leib gefarn.* Alb. 31 f. *wenn du pist nicht von mir gefarn noch halt von meiner fraun geparn, du pist auch nicht von meinem pluet.* 243 ff.

vederkil   stm. *deu red in peden wol geviel und namen ainen vederchiel, sein leben si im schreiben an.* Alb. 771 ff.

† **verhandeln** swv. schlecht behandeln. *und auch gedench zu allen stunden das du der treu pist mir gepunden, wenn ich dich lieblich hab gewandelt und auch an nichte nicht verhandelt.* Alb. 199 ff.

versüener stm. reconciliator. *o sunder, du solt das ansechen was got der vater hat gegechen zu seinem sun, dem Jesu Christ, der dir zwar ein versuener ist.* De quodam moriente 99 ff.

vlôder stm. Mühlgerinne. *si wuerfen in in ainen fluder und giengen snell da von im fuder.* Alb. 785 f.

* **funtan — funton?** Findling. *doch niemand west die rechten mer von wan der sun her komen wer, wann er ain rechter funtan was.* Alb. 131 ff. In Hartmann's Gregor 123 ff. liest die Strassburger Handschrift: ,*mir hât mîn amme des verjehen .... daz ich ein funden bin. funden* ohne *ein hat die Wiener (und jetzt auch die Berner) Handschrift, im Text steht mit der Vaticanischen *funtkint*.

† **vurdervarn** stv. *das (chunigreich) scholtu wol und schon pewarn, das dir nicht smech mag vurderfarn.* Alb. 189 f.

† **wandeln** siehe unter *verhandeln*.

† **wêwen?** *sein chlainhait er do mit im trueg und ward im wayen gar genueg.* Alb. 237 f. *vadit ille secum portans suae paupertatis insignia et de cubili regis tristis egressus thalamum introivit uxoris.* Haupt 247, 22 f.

wint stm. *der jung trat in die pues dar nach, er tet im selber wint und wee und puessen ward sich mer dann ee.* Alb. 710 ff.

Zu S. 43 ff.

Die Handschrift der Berliner königlichen Bibliothek Ms. Germ. 4⁰. 261, Papier, 15. Jahrhundert, 263 Blätter, enthält f. 256—263 eine deutsche Fassung von Amicus und Amelius.

Das Stück, welches ich in den letzten Osterferien copiert habe, ist in niederrheinischem Dialekte geschrieben. Ich ordne es in der von Heinzel, Geschichte der niederfränkischen Geschäftssprache, entworfenen Eintheilung der Gruppe IV bei, a. a. O. S. 270 ff, Litteratur S. 286 f. Es schliesst sich genau an Vincentius Bellovacensis, weshalb ich mich damit begnüge, einen Abschnitt als Probe abzudrucken.

(257ᵇ) *We dat sy sych under eyn anderen vunden.*

Do nu II jair umbkomen was, so ylde Amicus myt synen knechten zo Pariss, up dat he allda soichte Amelium. ind Amelius hatte eytzunt Amicum II jair lanck gesoicht ind als Amicus neichede was Paryss, begaynde eme eyn pilgrum ind he vraichde yn off he Amicum den rytter van Brittanien geseyn hette. der pilgrum antworde das he yn ney geseyn en hette. do offtrechde Amelius synen rock ind gaff yn deme pilgrum ind batte yn dat he got vur in bede, dat he syen arbeyt eyn ende sette den he nu II jair lanck geleden hatte. der pilgrum geynch vort ind umb tryt vesperzyt vant he Amicum. ind Amicus fraichde yn off he eyt gehoirt hette van Amelio deme greven van Alberne. der pilgrum anworde ind saicht: ,wat bespottes du mi armen pilgrum, en bistu neyt Amelius der mych hude gefraicht hais off ich geseyn hette Amicum den ritter van Brittanien, ind hais mir desen rock gegeven. nu bistu ever komen ind ich en weyss neit war umb du verwandelt hais dyn cleyder, dyn gesellen, dyn perde ind waepen'. do sprach Amicus: ,ich en byn (258ᵃ) neit Amelius sunder Amicus der in sunder uphoiren soichet'. ind he gaff dem pilgrum etzliche pennynch ind batte yn dat he in de kirch geynch ind got ume in bede. do sprach der pilgrum: ,ganck snellichen zo Pariss ind, als ich hoffen, salstu alle du vynden den du soichs'. van stunt an geynch Amicus gain Paryss ind vant Amelium myt den synen in eynre groynre weyden sytzen ind essen. wilche als sy sagen de van Brittanien, stuntten sy alzo hantz up ind annamen ir waepen ind lieffen in untgain. ever Amicus sterchde de syn zo dem stryde, wenende sy zo syn rytter van Paryss de sy angayn woulden. ind sy yntgain leiffen sych myt yntloisten zoumen, sy oprichten de sper, sy usszogen de swerder also, das ime cheyn meynt zo yntgayn. als in anstaynde was dat perichel des doitz, got der alle dynck wysslichen schict, dede sy up beiden ziden still stayn. do sprach Amicus: ,wanen syt ir, alre starckste ritter, de den ellendigen Amicum myt den synen wilt verslain'. zo deser stymen wart Amelius sych verwunderende ind vortende ind bechante Amicum; ind alzo hantz stegen sy van eren perden ind umb veyngen sych ind kussden sych ind saichten goede ungemessenen danck um yrre vyndunge. ind sy geloffden gelouuen under sych ind quamen samen zo dem hoeve des konyncks Karoli.

MITTHEILUNGEN

AUS

ALTDEUTSCHEN HANDSCHRIFTEN.

VON

ANTON SCHÖNBACH.

————

ZWEITES STÜCK:

PREDIGTEN.

————

WIEN, 1879.

IN COMMISSION BEI KARL GEROLD'S SOHN

BUCHHÄNDLER DER KAIS. AKADEMIE DER WISSENSCHAFTEN.

Aus dem Maihefte des Jahrganges 1879 der Sitzungsberichte der phil.-hist. Classe der kais. Akademie der Wissenschaften (XCIV. Bd., S. 187) besonders abgedruckt.

Druck von Adolf Holzhausen in Wien
k. k. Universitäts-Buchdruckerei.

Codex germanicus Nr. 88 der königlichen Hof- und Staatsbibliothek zu München, Klein-Octav, Pergament, enthält 87 Blätter, am Schluss ein angeheftetes Deckblatt mit neumierten liturgischen Texten des 13. Jahrhunderts. Die Handschrift besteht aus mehreren Partien, welche von verschiedenen Händen zu verschiedenen Zeiten aufgezeichnet sind. Ich zähle sie der Reihe nach auf, so weit ich sie mit Sicherheit zu unterscheiden glaube.

1. f. 1^{a1}—5^{a1}, zweispaltig, in der ersten Hälfte des 13. Jahrhunderts beschrieben (a). Die Spalten sind eingerahmt, die Linien mit Tinte gezogen. Die Schrift ist klein, zierlich und regelmässig, kein Roth ist angewandt. In meinem Text I.

2. 5^{a1}—6^{b2}, noch die Hand a, welche die Glaubenspunkte aufzählt und erörtert, die den Christen vom Häretiker unterscheiden.

3. 6^{b2}—7^{b2}, Fortsetzung des vorigen und zwei lateinische Predigten über *Vox exulta* und *Transite ad me omnes qui concupiscunt* etc. Hand β.

4. 8^{a1}—8^{b2} Beichtvorschriften von Hand a. Darnach ein Defect; wieviel Blätter fehlen, lässt sich nicht bestimmen.

5. 9^{a}—12^{b}, lateinische Predigten, Hand γ. Ohne Spaltentheilung. Darauf ein nicht näher zu begrenzender Defect.

6. 13^{a}—17^{b}, lateinische Predigten von verschiedenen, rasch und mitten im Context wechselnden Händen.

7. 18^{a1}—21^{b2}, Sündenerklärungen, kurze Predigten von β. Zweispaltig.

1*

8. 22^{a1}—25^{a2}, Predigten, Legende Maria Magdalena's, von Hand δ.

9. 25^b—33^b, ohne Spaltentheilung, Miracula S. Jacobi, S. Mariae, Exempla, von Hand γ, bricht ab.

10. 34^a—37^b Sermones, Hand δ.

11. 37^b—47^a Sermones, Hand ε.

12. 47^a—47^b Fortsetzung von 11, Hand β.

13. 48^a eine halbe Seite, Fortsetzung von 12, Hand γ.

14. 48^a—59^a Fortsetzung der Sermones von Hand β.

15. 59^a—70^b, wo es abbricht, Sermones von einem Gemisch der Hände βγδ, die mitunter in ganz kleinen Stücken sich ablösen.

16. 71^a—78^a, deutsche Predigten von Hand ζ. Mein Text II.

17. 78^{ab}, lateinische Predigten von Hand ζ.

18. 79^a—86^b, *Passio sanctorum martyrum Viti, Modesti et Crescentiae*; 87^{ab} ein *Miraculum diu promissum*, beides von Hand η.

Sicher ist von diesen verschiedenen Schriften α die älteste, die Schrift desjenigen, der unter allen Mitarbeitern am frühesten schreiben gelernt hat. Die von mir als II gedruckten Predigten sind später aufgezeichnet. Wie weit die Hände auseinander liegen, besonders α und ζ, kann ich nicht angeben. βγδε sind gleichzeitig, da sie sich kreuzen. η gehört dem 14. Jahrhundert an, alle übrigen setze ich ins 13. Hugo von Sct. Victor wird 26^a erwähnt und 27^a, dass im Jahre 1238 bei Florenz (welche Stadt auch 86^b genannt ist) ein Wunder unter Mitwirkung des heiligen Apostel Jacobus geschehen sei. — Der Sprachcharakter von I und II passt zu den Zeitbestimmungen, welche durch die Beschaffenheit der Schrift nahegelegt werden.

Den Lautstand in I mögen folgende kurze Angaben charakterisieren: *ei* für *î* 7 Mal, dem entsprechend nur ein *ai* für *ei*. *au* für *û* 1 Mal. *eu* für *iu* regelmässig in *leute*, einmal in *teutsch*, ein paarmal die Endung -*eu*. Sonst herrscht viel Unsicherheit in den Bezeichnungen. *e* für *œ* 16 Mal, *œ* für *e* 1 Mal. *i* für *ie* 13 Mal. *u* für *uo* 40 Mal, ein paarmal *ue* für *uo*. *ou* für *û* 3 Mal. *uo* für *u* 1 Mal. *u* für *iu* 4 Mal, *ie* für *iu* einigemale in *tievel*. *o* für *u* 4 Mal in *paternuster*. *a* für *o* 1 Mal: *gat* = *got*. Contraction *ei* aus *age* 3 Mal. Die Länge von *e* wird 2 Mal durch Verdoppelung ausgedrückt. — *ch* für *k* steht durch. 3 Mal *kk*: *gelukke, bukken* [2]. *c* für *z*

besonders vor *e* und *i*. *tz* für *z* nach Liquiden 13 Mal. *s* ein
paarmal falsch für *z*. *sc* einigemale. *p* für *b* im Anlaut 10 Mal.
ph und *pf* wechseln, einmal *pf* falsch für *ph*. *w* für *b*: *awer*,
b für *w*: *geber*. — Auffallend ist die grosse Anzahl starker
Apokopen in Conjugation und Declination. Auch Synkopen
sind sehr häufig, besonders *g-* für *ge*. 32 Inclinationsfälle und
zwar ziemlich harte. *ce* = *ze* wird meistens ans Substantivum
oder Verbum angelehnt. Anderes findet sich in den Anmer-
kungen besprochen.

II zeigt gegen I entschiedene Symptome vorgeschrittener
Entwicklung. Das Auffallendste sind die vielen Vocalcombi-
nationen, welche die Unsicherheit in der begonnenen Diph-
thongierung der Länge ausdrücken. *ei*, *i* für *î* 10 Mal, *ai* für
ei 8 Mal (*antweder*, *anander*), *ăo*, *ă* für *ou* je 1 Mal, *au* für *û*
1 Mal, *ou* für *û* 11 Mal. *eiu*, *ieu*, *iú* für *iu* 42 Mal, nur 4 Mal
eu für *iu*. 2 Mal *iú* für *öu*, *eu*. *a* für *o* 4 Mal, *â* für *ô* 2 Mal,
o für *a* 1 Mal. *e* für *æ* 9 Mal, *æ* für *e* 3 Mal, *œi* für *ei* 2 Mal.
œ für *a* 1 Mal, für *â* 4 Mal. *i* für *e* in *iz* 27 Mal. *i* für *ei* in
hiligen 10 Mal. *ei* für *e* (*weinich*) 1 Mal, Weinhold Bair. Gr.
§. 80. *i* für *ie* 68 Mal. *u* für *uo* 69 Mal, *uo* für *u* und *û*
31 Mal, *û* für *ou* 12 Mal. *ou* für *o* 1 Mal. *ue* für *u*, *uo*, *iu*
in einer grossen Anzahl von Fällen. *e* über dem Vocal be-
zeichnet Umlaut, ist oft falsch gesetzt. *ei* aus *age* 8 Mal. —
l fällt aus 1 Mal *wertlichen*. Bair. Gr. §. 159. *r* fällt aus:
vodern, *voderst*, *mater* [2], im ganzen 4 Mal. *l* verdoppelt 2 Mal:
wille = *wile*. *nn* für *n* 1 Mal. *ch* für *k* steht durch, auch für *h*
und *ck* tritt es etliche Male ein. *ch* ausgefallen *hozeit* 4 Mal.
t für *d* 4 Mal, aber auch 5 Mal *d* für *t* im Auslaut nach Vo-
calen und Liquiden, in *want* wechseln beide. *sc* für *sch* 4 Mal
(5 *ch* für *sch* sind wol Schreibfehler). *s* für *z* 4 Mal, *z* für *s*
9 Mal. *tz* für *z* 2 Mal, 1 Mal *ditzze*. *p* für *b* 10 Mal im An-
laut. *b* für *w* 4 Mal, *w* für *b* 1 Mal. *pf* in der Regel, aber
auch *ph* oft. *aver* 4 Mal. Eine überaus grosse Menge von
starken Apokopen und Synkopen sind wahrzunehmen, 11 starke
Inclinationen. Anderes in den Anmerkungen.

Mit Sicherheit weisen die angeführten Einzelheiten der
Lautgebung darauf hin, dass beide Stücke dem baierischen
Dialecte angehören. Schmeller vermuthet im grossen Cataloge,
dass die Hds. aus Metten stamme. Nach Hund, Metropolis

Salisburgensis II 346 f. ist das, eine Stunde von Deggendorf nordwestlich gelegene Kloster Metten, welches seit 1156 Benedictiner beherbergte, 1236 unter Abt Bernoldus abgebrannt und lag bis 1264 in Ruinen. Abt Albertus (1239—1275) hat es wieder aufgebaut. Woher Schmeller seine Annahme hat, weiss ich nicht, ich kann weder dafür noch dagegen etwas beibringen. Der Sprache nach mögen die Stücke ganz wohl dort zu Hause sein. — Die Hds. hat im 17. Jahrhundert einen Einband aus weissem Schweinsleder bekommen: auf dem vorderen Deckel ist inmitten von Arabesken der Erzengel Michael eingepresst, welcher seinen Stab dem Drachen in den Schlund stösst; auf dem hinteren Deckel ein Klosterwappen, das ich nicht nachzuweisen vermag.

Dem Inhalte nach ist I das wichtigere Stück. Der Verfasser war sehr gewandt, volksthümliche Ausdrücke, Bilder, Beispiele standen ihm zu Gebote. Er scheint in dieser Beziehung ein würdiger Vorläufer, so denke ich, Bertholds von Regensburg.

Die Predigten von II sind bis auf die letzten drei ganz kurz. Interessant sind die Beziehungen zu den bekannten Predigten. Ich bin aber der Untersuchung der ganzen grossen Frage hier aus dem Wege gegangen. Noch immer tauchen neue Reste der Hauptsammlung auf. Nicht blos die 7 Hdss., welche ich Zs. 20, 217 ff. (vgl. Anz. f. d. A. 2, 223) aufgezählt habe, stehen untereinander in Verbindung, die Wiener Hds., welche das Predigtbuch des Bruder Konrad enthält, von dem Johann Schmidt neulich Proben gab, gehört dazu, auch Fragmente, welche v. Muth in der Ambraser Sammlung, Oswald Zingerle in Proveis gefunden hat, die Weingartner Predigten, so weit wir sie aus Mone's, Wackernagel's und Pfeiffer's Veröffentlichungen kennen, schliessen sich an. Manches wird wohl noch zum Vorschein kommen. Ich vermuthe, dass nach der Publication von Konrads Predigten eine Prüfung der grossen Leipziger Hds. Nr. 760 in ihrem zweiten Theile das Räthsel lösen wird; dort sind sichtlich aus verschiedenen Vorlagen verschiedene Bearbeitungen derselben Predigten zusammengetragen. Auch eine Anzahl lateinischer Originale ist dabei mit aufgenommen. —

Will man die Predigten in II als Auszüge von vollständigen
Stücken der Hauptsammlung ansehen, so habe ich mit Rück-
sicht auf die Predigt von Johannes Enthauptung (215, 4) nichts
einzuwenden. Was ich an Quellen für I und II habe nach-
weisen können, ist in den Anmerkungen verzeichnet.

In den Texten ist die Schreibung der Hds. beibehalten,
nur *v* für *u*, *u* für *v*, *ſ* für *s*, *j* für *i* gesetzt. Die Abkürzungen
sind aufgelöst. Gerne hätte ich die Interpunction der Hds. bei-
behalten. Bei I wäre das auch angegangen, bei II aber war es
wegen zu grosser Unregelmässigkeit, Lückenhaftigkeit und der
Fehler, die dem nachlässigen und unaufmerksamen Schreiber
zur Last fallen, nicht möglich. Da ich Gleichmässigkeit
wünschte, habe ich meine Interpunction mit Berücksichtigung
der handschriftlichen eingesetzt. Wo grosse Anfangsbuchstaben
der Hds. in kleine umgewandelt sind, findet sich das unter
dem Texte angegeben.

Ich habe noch die angenehme Pflicht, dem Director der
königl. Hof- und Staatsbibliothek in München, Herrn Carl von
Halm, für die Liberalität, mit welcher er auf längere Zeit hin
mir die Benutzung der Hds. gestattete, meinen herzlichsten
Dank auszusprechen.

I.

(1ᵃ¹) Pater noster. Allez daz gebet unde lob gesanch daz
die heiligen userm herren von himelriche von siner gabe
haben getihtet und gescriben daz ist rein und gůt und enchund
niht bezzer sin. Abr der pater noster der hat dri besunder
ere da mit er besunderlichen gezieret ist. § Diu ein ist diu   5
werdecheit daz er in selbe geleret hat sine junger ǒf einem
berge der heizzet thaber. daz en ist niht ein chleiniu ere. §
Diu ander ere des pater nusters ist daz er uuucherhaft ist.
Wand swie kurtz er si, so ist in im beslozzen allez daz des
uns not und durft ist celibe unt zesele. Wand siben gebet sint   10
bevangen mit den churtzen worten an dem paternuster diu ich
noch her nah sagen wil. § Diu dritte ere des pater nuster ist

---

1 *P* fehlt   8 *Daz*

daz er churtz ist, als ich gesprochen han. Darumbe ist er
churtz daz man in schiere gelernt hab. Darumbe ist er churtz
daz man in dester baz behab in der gehuge. Darumbe ist er
churtz daz man in dest empzechlicher spreche unt daz er ouch
5 unnietsam sie dem der in. sprichet und sprechen sol. Und ouch
darumbe hat in got gechurtzet daz niemen sich entreden und
entsagen sûl noch enmug daz er sin iht gelern mug. Dannoch
hat in got gechurtzet daz er churtzlichen gewern wil swes man
in andehtechlichen bitet mit den churtzen worten des pater
10 nusters. Und óch ist er darumbe churtzlichen von gotes munde
(1ᵃ) gesprochen daz diu andaht lanch si, swi churtz idoch diu
wort sin. § Swenne du sprichest: Pater noster, vater unser, so
solt rehte ahten ob du daz sûlst und geturrest sprechen. Vater
daz ist ein wort der liebe. ist dir got liebe, so sprich: vater.
15 ist er dir danne lieb, so tû sinen willen, wand ein bewerunge
der lieb ist diu erbietunge der werche. Ist er dir niht liep,
daz ist, tûst du siner werche niht, so hast du sin zevater ver-
lõgent. § So *sprichest du*: vater swi vil du wellest, sin chint
wirdest du niemer nun als vil daz er dich geschaffen hat als
20 holtz und stein und ander tôt geschepfet. § So du danne
sprichest: Qui es in celis, Du da bist in den himeln, daz ist
also gesprochen: Du da bist in den himelischen leuten. Von
dem himel haben wir: Doner und blichschoz und tror. als
donret der gût mensch mit der gûten lere und breht mit
25 zeichen; so sich die sunder becherent von siner lere, so gibt
ouch der heilig geist durch sinen willen tow, daz sich die be-
cherten von tag ce tag bezzernt und wahsent an gûten werchen
als diu erdefruht von dem regen oder von dem tou tut. § Nu
hast du unsern herren alrest zû dir geladen und gevordert, nu
30 solt du in ouch biten. Ich han dir vor geseit daz er an dem
paternuster, als churtz er ist, siben gebet in im geslozzen hat.
diu selben siben gebet gehorent óf die siben hóptsunde unt
heilent si (1ᵇᵗ) alsam sibeniu edele pflaster siben starche verch-
wunden tunt. § Di siben houpsunde oder verchwunden der
35 sele daz sint die: Diu erste ist diu hochvart. Swenne dich diu
muwe von diner edel oder von diner chunst oder von andern

---

1 *darumbe*   10 *und*   18 *sprichest du* fehlt   19 in *niemer* steht *m* auf Rasur
24 *doñet den -- mt*   30 *du, d aus t*   32 *siben. siben*   35 am Rande: I — *diu*
dich

gnaden die din lehen von gat sint, so sprich mit gûter andaht:
Sanctificetur nomen tuum, Din name werde gehiliget, sam ob
du sprechest: swaz gnaden und eren an mir si daz ist niht
von miner gærnde sunder, herre vater, ez ist von dir. So hast
du gesprochen: gehiliget werde din nam. § Diu ander verch- 5
wunde der sele ist neit. So dich der neit beste, darumbe,
ob du imen sihst daz baz mach an eren oder an gût oder an
werlt vreuden unt dich din hertze des twingen wil daz du den
darumbe neidest, so chum ze dir selben und betwinch dinen
mût und sprich mit lauterem hertzen: Adveniat regnum tuum, 10
Zu chom uns din riche, Vater. daz ist denne also gesprochen:
Herre, ichn wil niht niwan dich. ist daz danne war, so lest
du den werltlichen nit gar. § Diu dritte houpsunde oder
verchwunde ist der zorn. der ist also geschaffen daz er weder
gotes willen vare noch gûter leut rate. Da von ist geschriben: 15
ira viri justiciam dei non operatur. Jdoch diu erste tôuhte (1ᵇ²)
die der mensch niht geweltigen mac, diu en ist niht houpsunde.
so diu danne vûr wirt, ist dir der zorn danne leit, so ist diu
sunde ringe. hast aber du den zorn stete und sprichest oder
gedenchest dir: Ich han noch rehte getan, ichn wolt sin niht 20
wandel han, so ist der zorn houpthaftig sunde. Da von retet
uns der wissage also: Beatus qui tenebit et allidet parvulos
suos ad petram. Der siniu chleinen chint habet unt slehts an
einen stein, daz si verterbent, der ist selich. Daz ist also ge-
sprochen: Der den zorn, so er junch ist, den im sin galle 25
gebirt, betwinget und enlet in niht groz werden, der ist selich.
Ist *er* aber groz worden und riwet dich daz, so sprich mit
andaht: Fiat voluntas tua sicut in celo et in terra. Vater, din
wille werde ôf der erde, da die leute mit zorn lebent, alsam
darn himel. Daz ist gesprochen: Mach uns irdische leute, die 30
mit zorn bevangen sint, senft gemût alsam die geistlichen leut,
die himelischen leute, derz himlriche alzan ist. senfte und wol
gemût: sich, mit dem pflaster heilest du ôch die wnden. § Diu
vierde sunde ist ein wnde da geistliche leute mit bechummert
sint. Diu heizzet man in latine accidia, teutsche enchan man 35
si niht wol und vollichlichen genennen. (2ᵃ¹) Jdoch heizzet

---

1 *hehen*   5 am Rande: II   8 *des* übergeschrieben   11 *uns* übergeschrieben
11 *dine — das*   13 am Rande: III   15 *varen*   23 *sine chleiniu*   25 *dem
in — betwingen*   27 *er* fehlt   33 am Rande: IIII

man si: Webloede oder urdrúzze gûter dinge. Daz ist: So
der mensch weder pi im selben oder pi der werlt oder pi got
gentzlichen ist, und swenne sin sinne toup sint, daz chumt
von dem hunger der sele. Daz ist: so diu sele niht trostes
5 hat noch von predigen noch von geistlichem gechoese noch
von bruderlicher minne. Daz du danne also. iht verterbest, so
bit unsern herren daz er dich troeste, und sprich: Vater, gib
uns armen weisen uf erdriche unser teglich brot. Ich mein,
vater, dich selben und anders niht. Sprichst du daz mit trïwen,
10 Er ist so sûzze, so rein, so milt, so gût, so gnedich, so barm-
hertze, daz er dir schiere chumt mit sinem troste. von dem
gebresten der geistlichen spise, daz ist, so von predîg, von
gûtem rat, von sûzzem chôse, als ich e gesprochen han, ist vil
leut verzagt unt vertorben. Daz chleit öch der wissage Jeremia:
15 Parvuli ejus petierunt panem et non erat qui frangeret eis. Diu
chint eines igelichen lerers dem diu christenheit enpfolehen
ist, so si niht rehte lere habent von werchen und von worten
oder vletichlichen von eintwederm, so verterben si vil ofte an
der sele. Diu funfte wnden der sele heizzet diu geiticheit, diu
20 ist ein wrtze alles ubels. Radix omnium (2ª²) malorum avaricia.
Wand der gitich mensch den gnuget niht, so er ubrigz hat ern
welle dannoch ander leute entwern ir heb. So dich diu bestelle,
so sprich mit andaht: Dimitte nobis debita nostra sicut et nos
dimittimus debitoribus nostris. Vergib uns unser schulde als wir
25 tun unsern schuldigeren. Sam ob du sprechest: Herre, vater,
vergib mir min sunde und min schulde, wand ich durch din
lieb minen schuldigeren vergeben wil die mir iht hant getan
an lib, an sele, an eren, an gut. § Ist daz danne also in dinem
hertzen, daz du vergeben wild dinen scholern einez und daz
30 ander, so bist du des sicher daz du vremdes gutes iht mutest
mit unreht, So bistu slehtes niht ein gitiger mensch. Diu sehste
verchwunde ist der vraz. Hui, waz da unselden von geschehen
ist! Du vraz, nu so iste ein pon, ein pranper, ein sleh, einen
phifferlinch, ê daz du daz gelökke verberst. Du vih, izzest du
35 ce einem male, so bistu diner vur ein engel; iste du zwir din
notdurfte, so bist ein mensch; izzestu furbaz, so bist du des
tivels geiz oder ein ungenûhtiger boc. Jdoch bist du ein starcher

---

3 *Daz Predigen* 19 am Rande: V 31 am Rande: VI

arbaiter, so solt du wol ezzen nach des landes (2^{b1}) redlicher
gewonheit. Wild du, vraz, diner ungenuhtecheit ab chomen,
so leg ein gewissez phflaster uber din vrazwnden und sprich:
Herre, vater, verleit mich niht in dhein chorunge des tivels.
Daz ist: Herre, vater, gestatte dem tivel niht daz er mich iht 5
verleitte in die bechorunge des vrazes als er tet hie bevor
unsern vater, hern Adam, und unser muter, vern Even, die
sich und uns in den ewigen tôt mit einem bizzen eines obzes
cevellet heten. Waz unselden von vrazze und von swelhen
gescheh in der christenheit daz ahtet selbe. Die vursten sint 10
trunchen vil nach alleweg. daz er ie zů gelobet des enwart
morigen vru nie ein wisch, er hatz fůr einen troum. Diu
sibent sunde ist, mit urloub der vrŏwen, daz hur. Hurer, so
duz ie lenger tribest, so duz ie gerner tůst, dun en wirst sin
nimmer sat, hab dich wider bi der cit. Du bist erstunchen 15
in diner unreincheit als daz swin in dem letten. Computrue-
runt jumenta in sterquilinio suo. Wild du heil werden, so
sprich ce dinem vater von himelrich der ein gwærre minnær
ist der chuschen hertzen: Vater, Jesu Christe, der meide chint,
Lŏse uns von dem ubel. Ja wol, von dem ubel! Omne pecca- 20
tum quodcumque facit homo extra corpus est: qui autem for-
nicatur in corpus (2^{b2}) suum peccat. Alle die sunde die du
begeste die ennechent so sere an dir niht so daz hur. Du bist
gescheiden von der heimliche miner vrŏwen sande Marien und
aller ir gespiln, so duz begest. Du bist entlit von dem libe 25
des himelischen vater, so duz begest. Wand aber gnade ie
bezzer was danne reht, und er unser schepher heizzet, Pater
misericordiarum et deus totius consolationis, Ein vater aller
erbarmunge unt ein got alles trostes, sono sult ir niht verzagen
umbe dhein iwer missetaten, sunder ir schult in siner genaden 30
manen, daz er sich erbarm uber iwer chrancheit. Wand er iuch
niht entwern wil sines erbes, ob irz mit ernstlichen triwen sůchet,
als er selb gesprochen hat: Petite et accipietis.

Arguam te et statuam contra faciem tuam. Disiu wort
sprichet her David, der wissage unt sprichet si von unserm 35

---

1 *redliche* 3 *genoisses* — *Vn* 6 *vrazze* 7 *v'n E* 9 *hetet* 12 am Rande:
VII 22 *himliche* 30 *missetan*

herren hintz dem sunder. die sprechent tutsche also: Ich be-
ginne dich noch dirre tag joch an dem jungstem tage straphen
umbe din sunde unde beginne stellen mine geziuge gegen dir
die des urchunde gebent und geziug sint daz ich dich ver-
5 damnen sol. Arguit autem nos tripliciter deus: Per scripturam,
unde ad Romanos: Quaecunque scripta sunt etc. Per scripturam
quasi (3ᵃˡ) in speculo debemus mundare sordes nostras. Per
creaturam, quia omnis creatura servat ordinem et legem suam
practer hominem, et omnis mundus factus est propter hominem.
10 Unde dicit: servio tibi; ergo si sentis beneficium, redde debi-
tum. Per propriam conscientiam arguit. Hanc habet deus quasi
pro cura, quia semper contradicit homini peccanti. et si omnes
virtutes amittit homo, hac luce non potest privari. Job: Ego
solus effugi, ut nuntiarem tibi. Ez sint driu dinch ouzgenomen-
15 lichen mit den unser herre uns überziget. Daz ein ist diu heilig
schrift. wan allez daz geschriben ist daz ist uns celere und
cebezzerunge geschriben. Also spricht sanctus Paulus: Quae-
cunque scripta sunt ad doctrinam etc. Der ander geziuch ist
diu geschepfte: vihe und allez daz got gescaffen hat. daz be-
20 haltet sin reht und sinen orden an den menschen. Der dritte
geziuch der ist awer gar endehaft. danne enchanst du dich
niender vor verbergen, swa du bist, swar du cherest. ver-
brunnen alle buch, sturben alle prediær, vernemst tu niemer
von got ein wort, gesohst du niemmer dhein creatur diu mit ir
25 ordenlichem rehte unsern herren lobete, diser geziuch begeit
dich niemmer. Wer ist der? Sich, daz ist din gewizzen. diu
selgt dir in dinem herzen, wenne du wider din roht tust. Ego
solus effugi, ut nuntiarem tibi. Also sprach der (3ᵃ²) ein bot
shern Jobs: ,ego solus, ich pin eine danne entrunnen, daz ich
30 dir chundet dinen schaden. Swaz du gesindes hetest daz ist
erslagen, ez gesagt ditz widerspel niemmer, aber ich ein bin
dins schaden bot. din hertzenleit sag ich dir.' Sich, also schol
din gewizzen dir sagn. swenne du missetritest, son enbist dhein
wis so einvaltich dun versteest dich wol, ob du dich schamst
35 wider die leut. Vurhtest du danne die werlt mere danne got,
daz si da mit; sich, wie ez dir erge. Nullum locum sine teste

---

3 *minen* 14 *ouzgenolichen* 15 am Rande: I 18 am Rande: II 20 am
Rande: III 33 *missetrist*, *te* übergeschrieben

putaveris. Spricht ein wiser heiden: Dehein stat ist so ein
noch so heimliche sin enhab etelichen geziuch. Da von spre-
chet ir ein sprichwort: Tu rehte, enruche wer ez sehe. Daz
wir der schrift also gevoligen, und daz wir der creatur diu
uns dinet also öch nach leben, daz wir unsern orden behalten 5
cem minsten als si tût, und daz wir unser gewizzen also huten,
daz si uns vor dem strengen rihter iht bestelle an der stat da
ez allez ende hat, Des helf uns der vater und der sun und
der heilig geist. Amen.

Ad celestis Jerusalem consortium non ascendunt nisi qui 10
toto corde profitentur non proprii operis sed divini muneris
esse quod ascendunt. (3^b1) Ez lebt nieman so rehte in dirre
werlte noh so strenge, daz er cem himelriche iht chom ern
habs di vur, swaz genaden und guter dinge an im ist von
enem oder von disem, daz daz si von gotelicher gabe und 15
von dheinen gernden dheiner guten werche. Also wis gewarnt,
mensch, daz du dich iht ubernemst von diner gûttête, zele si
unserm herren. Iterum Augustinus: Habet etiam in hac vita
requiem anima quae non ab operibus justicie sed iniquitatis
abstinet actione, ut vivens deo et mundo mortua in hilaritatis 20
et mansuetudinis placita tranquillitate requiescat. daz sprichet
tutsch also: Daz himelrich ist eteswenne arbeitsam cegwinnen,
wand der wech und daz pfat enge ist daz dar treit. Jdoch
chumt ez etewenne also daz der mensch des sel an ungelouben
lebt in dirrer werlt und von guten werchen sich niht enthaltet 25
unde butet sich von unrehten werchen und lebt got und ist der
werlde tot, Daz chumt also daz *der* mensch ane grozze quale
sines lebens hintz dem himelriche chumt. ist et sin hertze tu-
gentlich und erberch, so wonet got pi im. Iterum Augustinus:
Dominus nos custodit ab omni malo, non, ut nichil patiamur ad- 30
versi, sed ut ipsis adver (3^b2) sitatibus anima non ledatur.
Cum enim temptatio adest, fit quidam in id, quod nos inpugnat
introitus et cum bono fine id est sine vulnere animo temptatio con-
sumatur. Et sic ad eternam requiem de profundo temporalis

---

1 *so* übergeschrieben 14 *habz* 25 *enthalten*, das letzte *n* ist durch-
strichen und dafür *t* geschrieben 26 *vor?* 27 *der* fehlt 28 *ist er sin*

laboris exitur. Daz sprichet dutsche alsus: Unser herre von
himelrich der ist unser bewerer, er behutet uns vor allem
ubele. Nu sprichstu lihte, einvaltiger mensch, du da not und
arbeit in dirrer werlte leidest: Hete min schepfer min dhein
5 ruchunge und wer ich im lieb, sone bestropft mich des jares
so manich unselde niht. Sich, so redest du ubel. woldest du
zwei himelrich haben? des enmac niht sin. So dich sturm und
leit nach dirrer werlt anget von siehtum, von hertzeleit, so du
danne dines leides nach der werlte so niht eninnest, daz du
10 mit unrehter leide oder mit zorn oder rache die sele niht en-
wndest, sich, daz ist unsers herren hute und sin veterlichiu
triwe. So diu bechorunge dich bestellet, sich, so bist chomen
hintz der tur dines champfes, so solt du dringen. gesigest du
da und denne, so wizze daz unser herre pi dir ist gewesen
15 und hat dich behutet. Der niemer niht gestritet der gesigt öch
niemer. der öch danne an signuft ist der belibet ouch vil leihte
(4^{a1}) ane die chrone die unser herre sinen wolstritenten ritern
gibt. Iterum Augustinus: Christiane perfectionis est pacificum
esse et cum pacis inimicis spe correctionis non consensu ma-
20 lignitatis, ut, si nec exemplum nec cohortacionem dilectionis
sequantur, causas non habeant propter quas nos odisse debeant.
Daz sprichet tutsche also: Swer ein gût mensch ist und der
sines lebens, daz ist christenliches lebens, nach geistlicher
volchoft vurchomen wil sin und werden, der sol tun also unser
25 herre tet und also der wissage von im sprichet: Perfecto odio
oderam illos, und anderswa: Cum hiis qui oderunt pacem eram
pacificus. er sprichet also: Ich hazzet die sunder mit volquomen
hazze. Volquomen haz ist: daz man der sunder untugent und
ir missetat hazze und niht die menschen und daz man vride
30 mit in hab und daz man mit in geselle si, ob sie wellen, daz
ist, ob si guter leute geselleschaft gern öf bezzerunge, niht daz
man in liebechosen helfe von ir bosheit. Daz sol man darumbe
tun als sant Augustinus sprichet: Daz si dehein ursag mûgen
gehabn hinze den guten leuten. Wande vluhe der reht den
35 unrehten, so gewnne er haz hintz im. Da von schol der reht
mensch den unrehten under wilen heime (4^{a2}) lichen, ob er in

6 *Sic*   9 *eninist*   15 *gestriteti*   31 in *geselle* ist *ſ* aus ursprünglichem *h*
gemacht worden   36 *hemelichen*

eteswenne vind in rïwen, daz er im cestaten chom und ouch
daz er sinen haz mit sinem vremiden iht geber. Iterum Augu-
stinus: Potest homo invitus amittere temporalia bona, eterna
vero nunquam nisi volens amittit. Daz wort sagt uns allen
mat vor dem almehtigen rihter. Ez sprichet sand Augustinus 5
also: Daz nieman ist in der werlt so waltec ern mug ane sinen
danch verlisen swaz er von der werlt hat, ez si richtum oder
ander gut. Daz himelrich enmach nieman verliesen nun mit
willen. und daz daz also ware sei daz sprichet sanctus Gre-
gorius in Moralibus: Si ipsa se ad ima appetenda non dejecerit, 10
contra hanc malignorum spirituum perversitas nullatenus con-
valescit, et per eam transire nequeunt quam contra se rigidam
in superna intentione conspiciunt. Ez sprichet also sanctus Gre-
gorius: Ezn si daz diu christen sel sich selben da mit verswache
daz si ir mût, ir sin, ir gedanch nider neige in dirrer werlde 15
sceie, sone hat der tievel dhein gewalt an ir. Der tievel der
spilt mit dem menschen als diu chint an der strazze mit ein-
ander tunt: Einez nimt daz ander bi dem har und bukket ez
nider, so ez daz spil hat (4ᵇ¹) verlorn daz da heizzet: Burch-
hart eselin. Sich, du mensch, also ziuht dir der tïvel daz 20
helmel vor als einer jungen chatzen mit der werlt galster.
Siht er danne daz du gelench bist nah dem goukelspil,
sacehant so hat er mer rehtes an dir danne vor. so du wider
dines engel rât tust, so nimit er din sel vil schentlichen unde
bukket si und ruffet andern tïveln: ‚Sali ultra, Spring uber! 25
er hat verlorn. nu dar! er helt dach. Swer wir in nu mit
zorn, nu mit bœsen geluste, nu mit nide, sûst und so, daz er
iemer mere sich berihten mag.‘ Bistu aber strenge an diner
himelischen andaht und daz du den getrïwen got vor ougen
hast der dir daz selbe geheizzen hat daz er dich in dheiner 30
bechorunge iemer welle verlazzen, ruffestu dem, so wizze daz
daz dir der tïvel schœntlichen entrinnen mûz. So er her gee,
so slah in ouf den chouf mit einem Ave Maria. mit den zwein
worten, chanst du niht mere, gesigst du in allen an. Iterum

---

10 moralib' 17 Als 18 eines 20 zuerst dich, welches durchstrichen und
unterpunctiert ist, dann darüber dir 27 bœsem? 28 vor iemer steht mir
aber durchstrichen 32 ent'nnen 34 vor niht steht dich, durchstrichen
und unterpunctiert.

Augustinus: Hoc affectu et desiderio colendus et amandus est
deus, ut cultus sui ipse sit merces. Nam qui (4^{b2}) deum colit
ideo ut magis aliud quam ipsum promereatur, non deum colit,
sed id quod assequi concupivit. Disiu wort sprichet der sûze
5 lerer, Sanctus Augustinus, und leret uns joch wie wir in lieb
sulen haben. § Warumbe wir in lieb sulen haben des endarf
nieman irre gên, swer rehte betrahten chan und wil waz
genaden er uns hat getan. daz wer celanch, der gnaden
ist cevil. Wie wir in liep sulen haben daz leret sanctus
10 Augustinus und sprichet also: Hoc affectu. Mit so getanem
willen, mit so getaner andaht, mit solher girde sol man
unsern herren minnen: Swer der in minne daz der anders lones
niht enger darumbe daz er unserm herren dienet nun in selben,
unsern schephere. Wande dienest du im umb anders iht danne
15 daz er sich dir ce lone gebe, swaz daz ist, ez si gut, ez si ere,
daz must du dir celone haben und gesihst sinen amplich niemer.
wand er din so starche gert, daz es sin wirtschaft heizzet und
ôch ist, swenne din hertze also gestalt ist daz er pi dir wonen
mach und sol. Delicie mee esse cum filiis hominum. So getaner
20 wirtschefte het er bechort, sanctus Augustinus, do er sprach
(5^{a1}): Quicquid michi dominus meus dare vult auferat a me
praeter se. Quicquid mihi praeter illum est delectatio non est
michi. Omnis copia quae dominus meus non est egestas est
michi. Domine, si vis quod recedam a te, da mihi alium te
25 unde te fugiam ad te, alioquin non recedam a te. Swaz mir
min herre geben wil da er selbe niht under ist daz *ist mir*
undêr. Ist er under der gabe, so ist diu gab elliu gut. Swaz
ich an in han daz ist mir allez ane wunne. Elliu gnuhtsam
diu ot min herre selbe niht ist diu ist mir als ein armut.
30 Herre, wille du daz ich von dir vlihe, so zeig mir einen andern
dich, daz ich dich vlich hintze dir. Meht du des niht getun,
sone chom ouch ich von dir niht. § Seht, dem was ernst, dern
wolde niht ein abtrunne werden als wir armiu, chranchiu leute.

---

7 in *betrahten* ist *h* übergeschrieben   10 *Sprichet*   12 *Swer er in*   17 *daz
ez*   18 *Swenne*   20 *Do*   26 *ist mir* fehlt   28 *alles*

II.

(71ᵃ)　　　　　Dominica II.

Homo quidam fecit cenam magnam. Mine vil lieben, von
den himelischen gnaden und von den ewigen friuden seit uns
der almehtiggot hiut an dem heiligen ewangelio ein pispel, den 5
richen vil sorchsamez und den armen vil trostsamez. Iz was
ein richer man der machet eine grozze wirtschapht und bat
da zu alle sin friunde und alle sin nachwentigen. Do diu wirt-
schaft do bereit wart, do sant er uz sein boten, daz si chômen.
do ne wolt ir deheiner chomen und verseiten sich alle gelich. 10
Einer sprach: er het ein eigen gechûfet, daz mûs er sechen.
Der ander sprach: er heit ohsen gechûft, di schold er bescaôwen.
Der tritte sprach: er hit ein wip heim gesentet, er môht niht
chomen. Also verseiten si sich alle und chomen niht. Exi cito
in plateas etc. Do sant der herre ander boten uz nah blinten 15
und nach chrumpen und nach andern armen liuten und erfullet
sin hous da mit. Waz diu rede bediute daz schult ir hôren.
Der riche man der di wirtschaft da machet daz ist der al-
mehtiggot selbe. der hat uns ein wirtschaft gemachet da ze
himele da deu ewige freude ist di wir her nach mit libe und 20
mit sele besitzen schûllen. Di boten die da uz wûrden gesant
daz sint di lerære di eiu daz gotes wart sagent. want so si
iu sagent von den grozzen helbizzen di iu bereit sint umbe
euwer sunde und iu sagent von den himelischen gnaden di iu
bereit sint, ob ir si verdinet in dirre werlt mit triwen und 25
mit warheit und mit brûderlicher minne, so vernemet *ir* di
botschapht des almehtigen gotes. Di daz eigen und di ohsen
chûften daz sint alle di di sich mint richtum und mint pâwe
und mit wertlichen dingen bechûmmerent, daz si got niht ge-
dinen mûgen noch daz gotes wort nicht gehôren mûgen. Der 30
daz wip da heim leitet daz sin alle di ir gelûst und ir mût
an dise werld so vaste gechert habent, daz *si* nimmer gedenchent,

---

II Die Ueberschriften und Anfangsbuchstaben der lateinischen Texte sind
roth 4 *himelichen* — *ewigen gnaden friuden* 11 *mûs' er* 15 *bliten*
24 *himelichen* 26 *ir* fehlt 28 *daz si alle* 31 *leiten* — *daz si ulla, sint?*
32 *si* fehlt — *gedenchet*

ob si got deheines dinstes schuldich sin und ob si immer
ersterben schüln. Di chrumpen und di blinten di ze der
wirtschaft do chomen daz sint alle di got dwinget in dirre
werlt mint sihtum, mint armut und mint maniger slahte unsenfte
5 unze in die wile daz in disiu werlt beginnet ze niden und
daz gotes riche beginnet liben. So welle wir wænen daz der
almechtiggot der arm dehein ruchunge habe! Ja, er gewis-
lichen, want, swelhen er in dirre werlt refset mit flüst der
liben freuden und des gutes, der hat er ruchunge, ob si iz
10 dultichlichen tragent. want di bringet er alle ze (71ᵇ) wirt-
scheft, ze den ewigen gnaden. Des gewer · iuch de vater
und etc.

Dom. III.

Erant adpropinquantes ad Jesum publicani. Wir lesen
15 hiut an dem hiligen ewangelio daz unser herre suntige liute
zu im lochet und az und tranch mit in. Daz marhten ander
liute die sich rehter dühten daz got dehein gemeinde mit
süntigen liuten het und redten dar zu. Da antwrt in unser
herre vil genadichlichen und sprach: Quis ex vobis homo etc.
20 Swelher under iu zehenzch schaf hat und verliust der ainz,
er leit diu andern sten und geit nah dem einem unz er iz
vindet. Waz er da mit meine daz schült ir vernemen. Der
daz schaf verlorn hat und daz suchet daz ist got selbe. des
schaf si wir und alle sælige liute, wand er uns geschaffen hat.
25 der schaf verlos er einz, do wir verstozzen würden von der
menige der heiligen engel. Daz schaf suchet er do, do er von
himel hern erde chome, daz er uns süntige menschen bechert
von unsern sunden und daz er uns wider erlediget hat van des
tivels gewalt und uns wider braht hat zu den · ewigen gnaden
30 mit siner martyr. Also sucht er uns tægelichen und rüffet uns
nah, daz wir uns becheren von unsern sünden, daz uns der übel
wolf, daz ist der tivel, iht ersliche, der naht und tach dar nach
ringet wi er uns betrigen müge. Dem schült ir tægelichen wider
sten mit heiligem gelüben, mit iwerm gebet, mit almüsen und
35 mit allen guten dingen und schült got des biten daz ir mit

---

5 *di wile siu werlt, wile* durchstrichen   23 *suchet, v* übergeschrieben
26 *suchet, v* übergeschrieben   32 *dar | ringet | nach*

sinen helfen wider chômen mûzzet zu den niûn chôren der
hiligen engel danne ir gevallen sit. des helfe er uns, Qui
vivit. Amen.

Dom. IV.

Estote misericordes sicut et pater etc. Ir schûlt diu gebet 5
des almehtigen gotes merchen, .ob ir daz verdinen welt daz ir
geheizzen werdet diu chint des almehtigen gotes. Er rætet iu
hiut an dem hiligen ewangelio daz ir barmherzich sit, wande
iwer vater barmherzich ist ûber alle sin hantgetat. Diu mazze,
sprichet unser herre, di ir gemezzen in dirre werlt hat, diu wirt 10
iu wider gemezzen, da ir des aller beste bedûrft. Mit der rede
hat er iûch gemeint, daz ir barmherzich sit ûber iwer ermer,
und swa ir deheinen menschen seht in cheiner nôht, daz ir dem
helfet mit dem selben vlizze sam iu selben, ob iuch chein nôt
anginge, want geschriben ist: Beati misericordes quoniam mi- 15
sericordiam consequentur. (72ᵃ) Die sint sæligen, sprach unser ·
herre, die da barmherzich sint, wand ûber di erbarmt sih der
almehtig got. Divitem et pauperem fecit dominus. Der almehtig
got, spricht diu hilige schrift, der were des geweltich daz er
uns alle ebenrich hit gemachet. nu hat er durch daz di richen 20
geschaffen, daz er di richen wil versuchen, ob si sinen willen
tûn wellen. Mine·vil lieben, so tût den armen ze gût allez daz
ir mûget und habet di barmherze vor allen dingen, daz ir da
mit verdinet daz sich got ûber iûch erbarm und iu nah disen
libe geb den ewigen lip. Amen. 25

Dom. V.

Omnes unanimes estote in oratione. Der gut sanctus Petrus
rætet iu hiut daz ir gemeinlichen an iurem gebet sit und daz
ir got bitet daz er geruch iu ze gnaden und aller heiligen
christenheit al nah sinen gnaden und nah iûren notdurften. 30
Compatientes estote. und rætet iu daz ir barmherzich sit:
swaz iûr einem werre, daz iz ouch dem anderm werre und
daz er in da von helfet, swa er mûge. fraternitatis amatores.

---

1 *mûzzent nt* durchstrichen, *t* übergeschrieben 10 *gemenzzen,* das falsche *n*
durchstrichen 13 *menschen,* *s* übergeschrieben 14 *die nôt ob iuch chein*
nôt anginge 21 *er* fehlt 24 *disem?* 30 *s iûren* 32 *iûrm einem*

Und daz ir brûderlich minne habet alle wider einander. Mise-
ricordes. Modesti. Humiles. und retet iu daz ir chûsclichen
an nit lebt und an haz und an alle hohvart und daz ir iûch
dimûtiget mit worten und mit werchen wider alle liûte; swer
5 iuch leidige mit deheinen dingen, daz ir dem lonet mit gûte.
So enphahet ir den waren segen von dem almehtigen got, daz
ist diu himelisch gnade. Zu den gnaden beleite iuch der ware
gotes sûn, der geb iu gut ende. Amen.

Dom. VI.

10   Amen dico vobis, nisi habundaverit justitia vestra plus
quam scribarum et pharisaeorum etc. Unser herre der retet
iu hiût an dem heiligen ewangelio daz ir iuch behûtet vor
unrehtem zorn und vor lanchrech. und mit nide und mit hazze
der wirt gewitzet in ener werld an eines mansleken stat.
15 Wand, als sanctus Johannes chût, swer so mit hazzegem zorn
und mit lanchræche erfunden wirt an sinen letzen ziten der
ist ein mansleke vor dem almehtigen got. Von diu, mine vil
lieben, swaz der immer tût ze gût di wil mit vasten, mit
almûsen, mit opher und mit gebet daz hilft in allez niht, als
20 er selbe chiût, unser herre: Si offers munus tuum ad altare etc.
Swenne so ir iwer opher bringen welt zu dem alter, sprichet
er, so schult ir gedenchen ob ir wider iemen iht getan habt
oder ob iman wider iuch iht getan habe und versûnet iuch
wider inander. so ist got iwer opher genæm und vergibt iu
25 alle iwer sünde und bringet iuch alle zu den (72ᵇ) ewigen
gnaden. Dar muez er iuch bringen durh siner gût willen.

Dom. VII.

Sicut exhibuistis membra vestra servire immundicie etc.
Der gut sanctus Paulus ret iu hiut an dem heiligen ambt: swa
30 ir dem leidigen vinde ze dinst sint worden mit chein dingen,
daz ir iuch daz lat riuwen von herzen und daz ir iuch setzet

---

3 *has*   4 *Sw*ᵗ   7 *himelisch*, *s* übergeschrieben   13 *corn c* durchstrichen
und *z* übergeschrieben   15 *Sw*ᵗ — *chorn*   18 *"ze gût tût"*   21 *ir*, zuerst *e*,
dieses unterpunctirt und *i* übergeschrieben   22 *schult, ch* übergeschrieben
25 *zvden . zv den*

in daz dînste des almehtigen gotes. Wand swer dem leidigen
vient dînt dem wirt mit den ewigen ungnaden gelonet. Swer
aver got vlizlîchen dinet unz an daz ende dem wirt des gelont
mit ewigen gnaden. Dar umbe so bit den almehtigen got daz
ir iûch entzihen müget mit einer helfe von dienst des tivels 5
und daz er iûch ze sinem dinest also gesellen mûze, daz ir
da mit di ewigen gnade verdinet. die geb iu der almehtig
got. Amen.

Dom. VIII.

Adtendite a falsis prophetis etc. Mine vil lieben, iz sint 10
sümlich liût di sih an dem pilde erzeigent sam si gût liûte
sin und ist ir herze idoch untriwen vol und unwarheit. von
den liûten schûlt ir iuch sundern, swa ir muget, und schult
iuch des vlizzen, swa ir gût beget vor den liuten, daz ir daz
mit durnehtigen herzen tût, daz ir von liuten deheines lobes 15
noh deheines lones da von icht mutet. Want unser herre
sprichet: Non omnis qui dicit mihi: ‚domine, domine‘,
intrabit in regnum celorum. Alle di mih an rûffent mit dem
mûnde und sprechent: ‚herre, herre, erbarm dich uber mich‘,
den gib ich mines riches niht. Want daz gib ich niman wan 20
dem einen der mines vaters willen tût. Der tut des hime-
lischen vaters willen dem uf dirre werld nicht so lip ist so
gotes hûlde und der dar nach wirvet mit triwen und mit war-
heit und mit gab und mit almûsen und mit vasten und mit
wachen und mit andern guten werchen, der dar an erfunden 25
wirt an sinem ende. Daz ir mit allen guten werchen nah des
almehtigen gotes hulde werven mûzzet und di ewigen gnade
verdinen, des helfe eu der.

Dom. IX.

Facite vobis amicos de mammone injusto etc. Unser 30
herre, der almehtiggot rætet iû an dem heiligen ewangelio
daz ir *iu* frûnde machet in dirre werld mit dem zergænclichen

---

3 *dinet dē*, *dē* durchstrichen 12 *vol vn warheit* 13 *den* fehlt 15 *durneh-
tigen*, *i* aus *e* 20 *niman wand* 27 *mvzzen — müzzent?* 28 *D h ev d̕*
roth durchstrichen, also hervorgehoben 31 *het̕* 32 *iu* fehlt

gûte daz ir von sinen gnaden habet. Swen so iu dirre lîp
weichet, daz ir nach gote niht geærbeiten muget, daz si iuch
danne zu in lochen in diu ewigen gesæzze. Di friûnd, mine
vil lieben, di ir iu nu machen schůlt in dirre werld mit dem
5 zergenclichem gůte daz sint di arm liûte, den schult ir iuwer
almusen geben durch (73ᵃ) got die weil ir lebt. So ir danne
selbe nah gûte niht gearbæiten můget, daz ist denne so ir
disen lip verwandelt mit dem tode, so lôchent iuch di arm in
di ewigen gezelt. Wand unser herre daz almusen enphæhet
10 daz ir den armen in sinem namen gebt, der lôchet iuch nah
disem libe in di ewigen gnade da nimmer mere dehein un-
genade gegent. Des verlich iu der almehtiggot. Amen.

Dom. X.

Videns dominus civitatem Jerusalem flevit super illam.
15 Wir lesen hiut an dem heiligen ewangelio: do unser herre got
zeimal næhet zeder stat Iierusalem, do begunde er weinen
und sprach also: Quia si cognovisses et tu etc. Owe, sprach
er, und westestu waz dir chůmphtig ist, du weinst mit samt
mir. Want dich besitzent din veint und umbegrabent und
20 zestôrent dich also, daz si ein stein ob dem anderm niht lazzent,
und slahent dir elliu diniû chint. Waz diu rede bezeichen daz
schult ir merchen. Diu stat di unser herre bewaint diu be-
zeichent ein igelich sele diu ir sunde niht beweinen wil. Di
umbeligent ir veinde, wand, so der mensche an dem tode bette
25 liget, so choment di leidigen veinde und besitzent den lichnam
und bringent im ze ougen alle di sunde di er ie beginch und
angestent im di sele mit ir so grûlichen geberden, notent si
von dem libe ze varen. Di stat zestôrent si, so si di sele
hinz helle fůrent. Da lazzent si ein stein uf dem anderm niht,
30 wand dehein sûnde so chleine sint si ne werden der selben sele
in der helle abgebrant. daz verdinet der mensch da mit, so
in der almehtiggot gesleht in dirre werld umbe sine sûnde mit
sihtům und mit armůt und mit andern angesten, daz er sich
denne niht becheret. Dar umbe so bitet hiut den almehtigen

---

15 *her*, *h* durchstrichen vgl. 215, 3　22 *bezeichet*　24 *ir vi veinde*, *vi* durch-
strichen — *d* übergeschrieben　28 *so di sele*　29 *lazzet*　31 *verdine*
mensch

got daz er iuch behûte vor iwerr vinden, daz si iu iwer stat
niht angewinnen mit ir ubeln listen, sunder daz ir also geleben
mûzzet, daz ir der ewigen gnaden wirdich wert. Amen.

Dom. XI.

Descendit hic justificatus in domum suam. Mine vil lieben, 5
unser herre der hat uns geweiset an dem heiligen ewangelio
wi wir beten schúln, so wir zu dem gotes hûse chomen. Er
seit also: Iz giengen zwei mensch in ein gotes hûs und baten
da. Do gieng der ein der sich ein gůt man dûhte hin fûr zu
dem alter und wart sin gebet also: ,Deus, gratias tibi ago. 10
Herre, ich sage dir vil grozze gnade daz ih enbin ein rûber
und ein uberhûrære und ein unrehter mensch (73ᵇ) als der
publicanus. Ich vast zwen tage in der wochen und gib minen
zehten alles des ich han'. publicanus autem a longe stans
percutiebat pectus suum dicens: ,Deus, propicius esto mihi 15
peccatori'. Dar wider so stunt der publicanus der da ein
sûnter was vil verre hin dan und slûch an sin herze und sprach:
,Herre, nu erbarm dih uber mich'. Mit dem phariseo der sich
siner gůtete da rûmet und da mit alle sin arbeit vlos hat uns
der almehtig got gewarnt, ob wir chein gůtete an uns wizzen, 20
daz wir uns des iht rûmen und daz wir im der danchen. swaz
wir aver sunden begen, di schúl wir nimen zeln wan unser
selbes chrancheit. bi dem publicano der sich siner sûnden als
harte erchom, daz er an sinem gebet niht getorst uf sehen hin
ze himel, und da mint erarnt daz im got sin sunde vergab, 25
so schúlt ir gewarnt sin daz ir an iwerm gebet got vil dimutich-
lichen schúlt biten, daz er iu verlihe den antlaz aller iwer sûnden
und iu geb den ewigen lip. Amen.

Dom. XII.

Exiens Jesus de finibus Tyri venit per sidus ad mare 30
Galilee. Wir lesen hiut an dem hiligen ewangelio daz unser
herre zwei zeichen beginch an einem menschen der was ein
tor und ein stumme. dem gab er wider sin gehôrde und sin
sprache. waz der selbe mensche bezeichen daz schúlt ir merchen.

---

1 *vinden*, erstes *n* aus *e*   9 *sich de ein, de* durchstrichen   11 *ihc, e radirt*

Der mensch bezeichent allez manchûnne und sunderlichen ein
igelichen suntære der dem tivel gerner dinet dænne sinem
schephære. Dem git unser herre denne sin gehôrde wider, so
er im den mût git daz er von got gern hôrt sagen. Er git im
5 sin sprache wider, so er got beginnet loben von allen sinen
sinnen und in des innechlichen bitet daz er sich hinz im er-
barme und daz er in bringe zu den ewigen friuden. Also
schult ir in hiût biten, swa ir siniu wart über horet habt, da
ir diu mit den guten werchen niht erfullet habt, und swa ir
10 indert erstummet sit an dem gutem lobe des almehtiggotes,
daz er daz an iu geruch zu wandeln und iu der gnade verlihe
daz ir an gotes lob und an allen guten werchen erfunden wert.

Dom. XIII.

Beati oculi qui vident quae vos videtis. Uns scit unser
15 herre an den hiligen ewangelio wi wir nah den ewigen gnaden
werven schüln. Er saget uns daz ein gut phaffe zu im chome
und vraget in wi er den ewigen lip verdinen môhte. Des
antwrt im unser herre: Diliges dominum deum tuum ex toto
corde tuo. Du scholt dinen herren und dinen schephær von
20 allem dinem herzen (74ᵃ) und mit allen dinen werchen und
scholt dinen eben christen minnen als dich selben. Der
minnet got von allem sinem herzen und von allen sinen chreften
dem in dirre werld vorder lip noch deheiner slaht gût liber
ist denne got selber und der ewige lip. Der minnet sin eben
25 christen als sich selben dem allez daz we tût daz iman wirret
an dem lib und an der sele und an dem gûte und mit worten.
Der selben minne schult ir iuch vlizzen und schult got biten
daz er di in dem iûwrm herzen gerûche ze vesten, daz ir da
mit verdinen mûzzet den ewigen lip. Amen.

30   ### Dom. XIV.

Cum intraret Jesus quoddam castellum etc. Wir lesen
hiut an *dem* heiligen ewangelio daz zu unserm herren X sichen
chomen. di machet er alle gesunt und hiez siu do gen zu ir
ewarten, daz si sih den zeigeten. Di miselsuhtigen di bezeichent

---

8 *swaz* 10 *lobo* 11 *velihen*, n durchstrichen 12 *Vn* 15 *hᵗ — demᵗ*
28 *hᵗze* 32 *dem* fehlt

alle di liût di sich in dirre werld bewellen mit manichvalten
sunden. Want als der miselsuhtige mensch gescheiden wirt in
dirre werld von andern liûten, also wirt diu suntige sele daz
jener werld gescheiden von allen guten selen und von den
himelischen gnaden. Daz unser herre di miselsuhtigen sant, 5
daz si sih zeigten ir ewarten, da mit hat er nu bediûtet, swa
ir bewollen sit mit deheiner slaht sûnden, daz diu oberst misel-
sûht ist, daz ir chomen schûlt zu iuwerm ewarten und daz
ir iuch dem zeiget in iuwer heimelich bihte und nah sinem
rate iwer sunde an wert und gereingt wert von der miselsuht 10
mit warem antlazze daz got selbe ist. des helf.

Dom. XV.

Nemo potest duobus dominis servire. Unser herre, der
almehtiggot, sæit uns hiut an dem heiligen ewangelio daz
niman zwein herren zedanch gedienen mûge, er mûze antwedern 15
übersehen an sinem dienste. Ir muget got niht gedinen und
der werld und dem leidigen veint. Dise rede schult ir merchen.
Mine vil lieben, ir schult got gerner dinen denne dem tivel.
Wand ir zwaier dinest und ir zwaier lon ist ungelich. Des
leidigen viendes dinste ist hur und uberhur, manslaht, untriwe 20
und elliu bosheit. Sin lon ist pech und swebel und fiver und
manich ungenade. Da von scholt ir got biten daz er iuch be-
ware und schult iuch setzen in daz dinest des almehtigen gotes.
Des almehtigen gotes dinst ist triwe und warheit und chûsch
leben und diu cristenlich minne und aller slaht gutet. Sin lon 25
ist diu himelisch gnade und der ewige lip. (74ᵇ) Dar nah
schult ir ze allen ziten werven mit allem vlizze, mit vasten
und mit wachen, mit almûsen und mit gebet. So ir von dirre
werld scheidet, daz ir denne enphahen mûzzet daz lon des
ewigen libes. Amen.   30

Dom. XVI.

Ibat Jesus in civitatem quae vocatur Naym. Wir lesen
hiut an dem heiligen ewangelio daz unser herre chome in ein

---

5 *himelichen* — *Das* 10 *misesuht* 16 *sine* 18 *lieben Ir* 25 *v̄n de div,
de* durchstrichen 26 *himelisch*, *s* übergeschrieben 31 Diese Predigt ist
nicht gezählt worden, wesshalb von hier ab die Sonntagsziffern immer
um eins niedriger sind, als sie sein sollten. Ich habe das Richtige ein-
gesetzt und gebe die Abweichung nicht mehr besonders an.

stat diu hiez Naym. Do volgent im di zwelfpoten nah und
grozze menige ander liûte. Do er næhent zu der stat, do trug
man gegen im auz der stat einen toten jungelinch. Dem volgt
sin mûter nah wæinent. Do tet der der ware trost als er hiut

5 tût allen den di in vor ougen habent: di trôstet er. Also trost
er des jungelinges mûter der da tot was und ginch zu der par
und sprach: Adolescens, tibi dico surge. Jungelich, sprach er,
ich gebiut dir daz du ouf stest. ze hant. bi dem wort stund
der tôte ûf. Also schult ir hiut got biten, als er disen toten

10 erchûchet an dem tode der sele, daz ir besitzen mûzzet di
ewigen gnade. Amen.

Dom. XVII.

Cum intraret Jesus in domum cujusdam principis Phari-
saeorum etc. Wir lesen hiut an dem heiligen ewangelio daz

15 unser herre einen sichen gesunt machet der het di wazzersuht.
Der sichtum ist also getan: so der mensch ie mer trinchet, so
in ie mer dûrstet und so im ie wirs ist. Mit dem sichtum ist
bezeichent diu girscheit an einem islichen dinge der sih der
mensch wenet. wand als der mensch grîse ie mer gewinnet

20 schatzes, so im ie wirs dar nah ist. So der trincher ie mer
trinchet, so er ie gerner trinchet. So der hurlustigære ie mer
gehurt, so er ie mer brinnet. daz ist diu angestlichiu wazzer-
suht da von des sûntigen menschen sele sich zeblæte und ge-
swillet nah disem libe. Da von schult ir got biten daz er iuch

25 beware und iu di girde geb daz ir nach sinen hulden werven
mûget. des helf.

Dom. XVIII.

Magister, quod est mandatum magnum in lege? Daz hei-
lige ewangelium daz wir hiut lesen daz lert uns wi wir nah

30 unsers herren, des almehtigen gotes, hulde werven schûln.
Wir schûln uns ze aller voderst vlizzen der heiligen minnen
hinze got, daz wir den minnen von allem unserm herzen und

---

1 *hiez nn naym, nn* durchstrichen   3 *stat g einen, y* durchstrichen   4 vor
trost s, welches radirt ist   6 *waz*   20 *schatzes, z* übergeschrieben — *daz
nah* 22 *u. suht wazzersuht, suht* durchstrichen   23 *dez — mensch* 25 nach
disē sinen, disē durchstrichen   30 *h'ren 'hulde des almi gotes'*

von allen unsern creften. uns schol niht so lip sin so gotes
hůlde. Wir schůln unsern ebencristen minnen als uns selben.
swaz iman laides werre daz schol uns allen werren und leit
sin sam ob iz uns wůr (75ᵃ) re. Wir schůln unsern ermeren
helfen al nah unsern staten. Wir schuln triwe und warheit 5
haben alle wider an ander. da mint so verdinen wir den ewigen
lip. Amen.

Dom. XIX.

Ascendens Jesus in naviculam. Wir lesen hiut an dem
heiligen ewangelio: do unser herre ze Nazaret chome in di 10
stat, do wart im bracht ein petterise. dem vergab er alle sin
sunde und macht in gesunt an der sele. Den hiez er ůf sten
von dem bette und hiz in hin haim in sin hůs gen. Also schůlt
ir got siner gnaden biten, swa iůwr sele indert sich sie von
suntlichen vergift, daz er iu di gesunt mache und iuch nah 15
disem libe ze dem ewigem heim wesen geleiten můzze. Des helf.

Dom. XX.

Videte quomodo caute ambuletis. Der gut sant Paulus
ræetet uns hiut an den heiligen ambt daz ir iuch des vlizzet
alle di wille und ir nu lebt daz ir got vor ougen habt. want 20
allez ditzze leben daz ist dar zu gesetzet daz wir nah des
almehtigen gotes hulde werven schůln, daz wir nah disem libe
an dem engestlichem tage sicher můzzen gesten. Der engestlich
tach ist, so ein islich mensch ze rede gesten schol an sinen
jungesten ziten und rede můz geben aller der dinge der er 25
gefrůmt hat mit warten und mit werchen und dar nah lon
enphahen můz. Von diu schult ir unsers herren willen tůn,
swa ir můget. Unsers herren wille ist daz ir allez nidet daz
iu schedelich sie zeder sele, daz ist hůr und überhůr, manslaht,
roup und brant etc. Und schult iuch nemlichen behuten vor 30
trunchenhuit, want diu ist über alle dinch schedelich der sele.
Sin wille ist daz ir iuch næhent ze sinen gnaden mit chirch-

---

2 'ebencristen vns'n'   4 ermernen   11 Do wart   15 suntlichem? — nah nah
16 Des Helf   19 dem? — dez   25 'er d' gefrůmt na hat, na durchstrichen
29 schedelich ist sie — nach manslaht leerer Raum für ein Wort

kange, mit gebet, mit almûsen und mit andern guten dingen, da mit ir verdinen schult di himelischen friude. Des.

Dom. XXI.

Induite vos armaturam. Der gut sant Paulus rætet iu
5 hiût daz ir iuch waffent mit dem waffen des almehtigen gotes, daz ir widersten mûget des leidigen viendes listen. Der leidig viend der enhat weder vleisch noch pein an ime. von dan so ne mûget ir iuch sin niht erweren weder mit swerten noh mit schilten. Ir mûzzet iuch sin erwern mit geistlichen waffen.
10 Daz ist der heilige geloube, daz ist triwe und warheit, daz ist (75^b) daz rein almusen, daz ist chûschez leben. da mit schult ir iuch des leidiges tivels erwern und schult da mit ervehten di himelische gnade. des siges gerûch iu got zehelfen durch sin gûte. Amen.

15 ## Dom. XXII.

Simile est regnum celorum homini regi qui posuit rationem cum servis suis. Unser herre gelicht dise werld so si an den jungesten tach *ist* einem chunige der het sin teidinch mit sinen cinsgelten. Dem *wart* bracht einer der scholt im cehen
20 tousent phunt. do er do der niht geleisten mohte, do hiz in der chunich verchoufen mit wibe und mit chinden unz daz im vergolten wûrde. Do viel der geltære dem chunige ze fûzzen und bat in genaden daz er im bit, so gult er im allez sin guot. Do benadet in der chunich und lie im allez sin gût und vergab
25 im alle sin schûlde. Do er do von dem chunige gie, do vand er ein der schold im wan zehenzch pheninge. den habt er zu und vordert sin gelt. Do viel er im ze fûzzen, do er im niht het zegeben, und bat in daz er genædich wære unz er im ver-gûlte. Do er sih do niht erbarmen wolde über sin hûsgenozzen,
30 daz wart sinem herren, dem chunige, geseit. der saut nah im und sprach: ,Dû vil ubeler schalch, warumbe vergebe du niht dinem hûsgenozzen daz clain gelt, seid ich dir vergab daz min grozze gelt. Nu nemet in und dwinget in ûbelichen', sprach

er ze sinen undertanen, ,unz er mir allez min gelt gebe'.
Mine vil lieben, dise rede di redet unser herre mit den zwelf-
poten und hat iuch da mit gewarnet, daz ir allen den vergebet
ir schulde di wider iuch iht tûnt, ob ir weld daz iu got ver-
gebe iuwer schulde und swaz ir getût wider sin hulde, als er 5
selbe sprach an dem hiligen ewangelio: Sic facict vobis etc.
vergebet ir niht von herzen den di iu leid tûnt, so vergibt
ouch iu min himelischer vater dehein sunde niht di ir wider
in tût. von diu, min vil lieben, so vergebt hi in dirre werld
allen den ir schulde di wider iuch iht getunt, daz ouch iu der 10
almehtiggot vergeb swaz ir wider in getût und gibt iu dar zu
di ewigen gnade. Der verlih uns der almehtiggot. Amen.

Dom. XXIII.

De quinque panibus et duobus piscibus saturavit deus
quinque milia hominum. Hiut lese wir an dem hiligen ewan- 15
gelio daz unser herre ze einen ziten fûnf tousent menschen
spiset ane wip und ane chint *von* fûnf proten und von zwein ,
vischen und heten dar an alle genûch und daz über wart von
rênften und von (76ᵃ) sniten, daz man da mit zwelf chôrbe
fûlt. Da mit erzeigt er sinen gôtlichen gewalt und hat ouch 20
iuch da mit gebarnt iuwers heils und iuwer sælden. Daz diu
wip und diu chint in der zal niht waren mit den mannen da
mit ist bezeichent daz niman di himelischen spise und di
ewigen gnade besitzen mach ern habe mænlich gemûte, daz er
manlich widerstet siner menschlicher brôde diu da bedeiutet 25
daz hôwe, in fenum, da diu fiunf tousent manliût ouf enbizzen.
Von diu, mine vil lieben, so widerstet iuwer menschlicher
brôde, daz ir allez daz iht tût da iuch iuwer gelust zu trage,
daz ir in dirre werld mûzzet sin der erbelten liût und der
gûten da ze den ewigen gnaden. Des verlih iu der vater und 30
der sun et sanctus spiritus. Amen.

De decollatione Johannis Baptistae.

Honorificantem me honorificabo. Mine vil lieben, ir schult
wizzen daz wir hiut begen des gûten sant Johannis hozit der

---

2 *Dise — zwelph poten, ph* durchstrichen, *f* übergeschrieben 8 *himelich*
9 *So* 16 *mensch* 17 *von fûnf, von* fehlt 18 *genvnch* 20 *erzeigt, er* über-
geschrieben 25 *hi deiuter*

den almehtigen got touft in dem Jordan und begen hiût daz
er gehoupt ward. Von wi daz erginge daz welle wir iu sagen.
Iz was ein chûnch der hiez Herodes der hete ein pruder der
hiez Philippus, dem nam er sine chonne. dar umbe straft in
5 sant Johannes und sprach, iz wære wider gotes rehte daz er
sines pruders biep hete. Daz was der vrouwen hart leit und
wolt sant Johannem dar umbe erslagen haben, ob si sin stat
môht haben gewûnnen. Eines tages do machet der chunich
ein grozze hozit und wirtschaf allen sinen fürsten und sinen
10 liûten und inder diu do der chunich do az, do chom ein diern,
der frowen tohter di der chunich sinem bruder het genomen,
und spilt und spranch gar wol vor dem chunige und vor dem
gesinde, daz iz dem gesinde allem wol geviel. Nu swûr ir der
chunich swes si in aller der werld gert und mutet daz er ir
15 daz gêbe, und gert si halt holbteil sines chûnchriches. Do
gieng diu dîrn hinz ir muter und nam rat ze ir waz si vordern
môhte. Do sprach ir mûter: nichil aliud petas nisi caput
, Johannis. Du enscholt anders niht vodern, wan Johannis hûp
heiz dir geben. Do hiez der chunich Johannem houpten und
20 bracht man daz houpt für den chunich in einer schûzzel. Do
gab der chunich daz der dirne und diu diern gabz ir muter.
diu nam iz und begrub iz vil wûndertief in einen tûrn und
want er erstûnt, daz er den chunich aver sa straft umb daz
überhûr. Sin junger namen sin heiligen lichnam und bestaten
25 den in Samaria. Dar nach (76ᵇ) do furn dio heiden zu, do si
Samaria di stat zestorten, und gruben sancti Johannis leichnam
ouz und verbranten den. Mine vil lieben, daz geschach niht
als hiût iz geschah umbe ostern daz er gehoupt wart, want
daz wir hiut begen daz sin heiligez houpt hiut funden wart
30 ze dem anderm male. Des ersten offent er sich zwein munichen
wa sin heiligez hûpt wære, di gruben iz uz. den zwein munichen
chom ein man zu ûf dem wege, dem gaben si daz hûpt ze
tragen. Nu chomz also daz di zwen mûniche entsliffen. do fûr
der man zu und truch daz hûpt verstoln hin und pracht iz in
35 ein stat diu hiez Edissa und verbarch iz in sinem hûs, daz
sin nie dehein mensch inne wart und eret iz und anbetet iz

---

1 iordänne, nne durchstrichen 3 *waz* 4 *sinen* 6 *waz* — *wiûwen* 14 *swez*
16 *hiz* 23 *wan erstunt* — *der chvnich* 24 '*lichnam*' *heiſ* 30 *Dez* — *er
iz sich*, er übergeschrieben, iz durchstrichen 34 *prach* 36 *si nie*

mit grozzem vlizze. Nu was der selbe man uz gevaren durch
unglúches willen und môht gutes niht gewinnen. Do er do
sant Johannis hûpt so erberlich handelt, do wort er so rich,
daz dar zu niht gehort. Lange rede welle wir iu churzen. do
er do starp, do lier sinen erben daz hûpt und lert in daz *er* 5
iz erberlichen handelt. do lie er grozlichen abe und wart diu
stat ôde. Da eroffent sant Johannes einem heiligen manne
wo sin hûpt wære und hiez in daz nemen. Do fûr er zu und
sait iz dem bischolfe, der giench dar mit grozzen friûden und
mit grozzer menige phaffen und lain und grub iz uz. und *was* 10
iz des tages als vrisch, sam ob iz des tages ab wære geslagen
und daz blûd trouf von dem hûpt. Do sprach ein phaffe und
zeigt an daz houpt, wi *iz* sancti Johannis hûpt môht sin, des
wær elliu wile daz *er* gehoupt were. Dem erstarret der arm
sazehant, daz er in weder hin noch her mohte geruren und 15
geschach daz durch sinen ungelouben. Do daz diu werld
ersach, do lopt si den almehtigen got und sanctum Johannem.
Do fûr er zu der selbe phaffe dem daz geschchen was und
viel fûr daz heilitum und bat got und den guten sant Johannem
daz er imz vergebe, und sazehant wart er sines armes wider 20
gewoltich. do lopten si got alle di di daz sahen und sant
Johannem. so getaner zeichen geschach vil da dem almehtigen
got ze eren und ze lobe und dem guten sant Johanne. Nu
bitet hiut sanctum Johannem daz er iu helfe, daz wir der
ewigen gnaden wirdich werden. Amen. 25

De omnibus sanctis.

(77ª) Dedisti hereditatem timentibus nomen tuum. Mine
vil lieben, chûnde wir iû hiût von der hohzit die wir begen
wol gesagen, daz *wære* vil pillich. Nu ist si aver so groz,
daz wir nimmer niht so wirdigez von ir gesagen mûgen noch 30
enchunnen, wan si heizzet ein hozit aller heiligen. Daz ist
harte schir gesprochen: aller heiligen hohzit, iz wær aver ir
igeliches wirdicheit hart mûlich ze ahten. Von weu aver diu
heilige christenheit disiu hozit hiut bege daz habt ir liht ofte
wol vernomen. idoch wellen wir iu iz aver sagen, daz irz 35

---

3 *h'b'lich* 5 *sinem?* — *er* fehlt 10 *was iz* fehlt 13 *iz* fehlt 14 *er* fehlt

18 *was* 28 *Chûnde* 29 *wære* fehlt 30 *so 'wirdigez' niht* 33 *igelichelz*

deste baz wizzet. Iz was ein cheiser da ze Rome der hiez
Focas, der het ein hûs daz hiez Pantheon. da waren elliu deu
appegôter inne der di heiden phlegten. Nu ginch sanctus Boni-
facius, der bapst, zeden ziten hinz dem cheiser und gewan
5 daz selbe hûs mit pet ab dem cheiser und reiniget iz von
den aptegôteren und wihet in ere unser frôwen sant Marien
und aller martyrer. Do da nach sanctus Gregorius pabest
wart, do gebot er do daz man diselben hozit aller jar beginge
als hiût in ere aller hiligen di got ie geheiliget. swa sich der
10 mensch durchz jar versûme an andern hohziten, daz er daz
hiute versûne und bûzze. Da von, mine vil lieben, so beget
hiût di hohzit also, daz si ieu des gedanchen mûgen der hohzit
ir hiut beget und daz ouch ir der selben hohzit teilnûmphtich
werdet. Nu schul wir hiut des ersten den almehtigen got eren
15 und loben der alle heiligen gemachet hat und geheiliget. Quia
in ipso et cum ipso sunt omnia. Wand in im und von im
und mit im sint elliu dinch. Er hat si geheiliget der hohzit
wir hiut begen. Nu schult öch ir wizzen daz si di selben
gnade und di selben freude di si hiut da ze himel habent mit
20 grozzer mater und mit grozzer armcheit verdinet habent hie in
dirre werlde. sumelich slûg man, sumelich hûpt man, sumelich
brant man, man villet si, man bestûmelt si aller ir lider. und
so manich grozze mater erliden si, daz wir iûz nimmer vol
sagen môhten. Da wider hat in der almehtiggot di ewigen
25 gnade gegewen und daz ewige erbe da ze himele da si aller
ansprach an angest immer mere sint. Wand swer daz selbe
erbe besitzet der wirt des nimmer mere verstozzen. Da von
sprach der heilige wissag David: Dedisti hereditatem etc.
Herre got, du hast den daz ewige erbe gegeben di dich vorhten.
30 Daz selbe erbe mûz uns vil harte an komen, welle wir dar
komen. Iz ist niht der hohvertigen noch der rôber di di arme
leute ze allen ziten leidigent und trûbent und ir spottent. Ist
daz (77ᵇ) daz si daz gûtlichen lident und dultichlich vertragent
durch got, di besitzent iz ane zwivel. di werdent ouch denne
35 an dem jungesten tage vil frôlichen stent, swenne unser herre
got sprichet: Venite, benedicti patris mei etc. Da wider so
werdent di unsæligen und di unrehten liûte vil æmerlichen

stent, und di sunder beginnent sprechen: Nos insensati etc.
‚Wir unsinnigen und wir tumben wir wanten daz ir leben ein
unsin wære und daz iz nimmer mit eren ende næme. Nu sehet
wi si under diu gotes chint gezalt sint‘. da werdent si ze den
ewigen ungenaden vertailt und di heilige ze den ewigen gnaden. 5
Der gnaden verlih iu der vater und der sun.

De apostolis sermo.

Jam non estis hospites et advene, sed estis cives sancto-
rum et domestici dei. Apostolus ad Ephesios v̄. Sex in hospi-
tibus consideranda sunt. Hospes diversa loca transgreditur, 10
sub custodia et sollicitudine sui et suorum proficiscitur. In
ingressu letanter suscipitur. In egressu stricte secum compu-
tabitur. paucis utitur. cito obliviscitur. Nos qui non habemus
hic manentem civitatem, sed futuram conquerimus, sicut dicit
apostolus ad Coloss. iiii, et quamdiu sumus in hoc mundo 15
peregrinamus a domino. Hospites similitudines predictas in
nobis tenere debemus. Disiu wort, mine vil lieben, dicit apo-
stolus und bediutent sih also. Ir sit alzan niht gesto noch
herchomen liute, sunder ir sit der heiligen nahgebouron und
des almehtigen gotes ingesinde. Sehs dinch sint an den gesten 20
diu elliu an uns sulen sin, wande wir gesto in dirre werlt sin
und di eigens wesens niht habent. Want di wille wir in dirre
werlt sin, so sein wir ellende als di pilgrim. Swen der gast
von sinem hus ouzvert, so hat er sorgen sines libes und sins
gutes und schaffet im selben hûte und phlege swo er mach. 25
De custodia nobis ipsis adhibenda dicit Ecclesiasticus: Omni
custodia serva cor tuum, quia ex ipso vita procedit. Von der
hute di wir haben schulen sprichet Ecclesiasticus: Du solt din
herce haben in starcher hute, wan dins hercen gedanch leiten
dich ze dem ewigen tode oder zem ewigen leben. Dar nah 30
mûz der gast vil stet ervaren und muz vil wirt haben und
muz manigen itwiz horen. De diversitate hospitis dicit Eccle-
siasticus XXVIII: Nequam vita hospitandi de domo ad domum.
et ubi hospitabitur non fiducialiter aget, audiet contumeliam
et amara et non aperiet os suum, pascet et potabit ingratos. 35

---

5 *vngenade* 6 *verlilih* 20 *gos* — 21 an h v̄s, h durchstrichen 22 *eigens lebes
wesens*, *lebes* durchstrichen 24 *huz*, *z* durchstrichen, *s* an die Stelle ge-
setzt — *sol hat* — *sin libes*

Von maniger stat di der gast ervaren mûz und von itwiz den
er hôren mûz dicit Ecclesiasticus: Iz ist ein bosez leben ga-
stunge von einem hus ze dem (78ᵃ) anderm. er getar nimmer
sicher werden ze fremder stat und horet manigen itwiz den
5 er vertragen muz und trenchet und æzet vil manigen der ims
dehein danch saget. Daz tritte ist daz der gast schon enphan-
gen wirt. De beata nostre juventutis susceptione dicitur in
Sapientia v̊. Utamur creatura tamquam in juventute celeriter.
vino bono et ungentis optimis nos repleamus. Non pretereat
10 nos flos temporis. Coronemus nos rosis antequam marcescant.
Nullum pratum sit quod *non* pertranseat luxuria nostra, ubique
relinquamus signa leticie nostre. Von dem vrôlichem antvange
unser jugent sprichet ein buch der sapientia: Wir schulen in
unser jugent niezen daz uns got geschaffen hat ze nützen guten
15 win und letuari. uns sol der blumen zit niht vergan. wir
schulen uns scapel machen von rosen und schulen unser vreude
haben uf den grunen wisen. So der gast urloup nimpt, so
reitet man *die* chost hoh. De arta computatione dicitur in
Ecclesiastici XX.: Datus insipientis non erit tibi utilis. Modi-
20 cum enim dat et multa improperabit. Von der hohen reitunge
sprichet Ecclesiasticus: Des unwisen mans gab ist dir niht
gute. Er geit dir weinich und itwitzet dir vil. Der gast ist
chlainer dinge genuhtich, daz im niht zerinne der zerunge.
Quod paucis utamur dicit Ecclesiasticus XXVIII: Minimum
25 pro magno placeat. Et improperium peregrinationis non audies.
Et Oratius: Serviet eterno qui parvo nesciet uti. Daz wir
chleiner dinge genuhtich sin daz lert uns Ecclesiasticus: Dir
schol chlain dinch niht versmahen, daz man dir dein ellende
iht itwitze. Des gastes wirt schir vergezzen. Daz sprichet
30 Sapientia: Tamquam memoria hospitis unius diei praetereuntis.
Daz bediutet sich alsus: unsers lebens gehugde ist als des gastes
der einen tach ist bi uns gewesen. Modo ad similitudinem
hospitum: diversa loca transeunt. transire debemus de vitiis ad
virtutes, de seculari conversatione ad spiritualem, ut inter cives
35 sanctorum et domesticos dei computari mereamur. Quod ipse.

2 *boses* 5 *vil* übergeschrieben 11 *non* fehlt 14 *ze nivze getvn wirt, t* über-
geschrieben; in *getvn e* und *v* gestrichen, *v* und *e* übergeschrieben; in
wirt r t gestrichen, *n* übergeschrieben 17 *vrlovpt* 18 *die* fehlt 19 *ece.ˈ*
— *nripiēsi* 20 *Uon den* 22 *itwitz* 23 *digne* 28 *dinch dinch vˈsmahen*

Anmerkungen.

S. Z.

191, 1 *lob gesanch*, ich halte mich in Bezug auf die Schreibung zusammengesetzter Worte streng an die Handschrift.

— 3 *haben*, ich habe den Abfall des *t* nicht ergänzt, da er noch mehrmals in I und II sich findet und zwar: 194, 18; 209, 1 vgl. Weinhold, MhdGr. §. 379.

— — *getihtet und gescriben*. Die Sprache in I macht den Eindruck der Fülle und verdankt diess nicht zum geringsten Theile dem häufigen Gebrauche mehrgliederiger Verbindungen von Synonymen. Zwei Glieder werden verknüpft: *not und durft* 191, 10; *ce libe und ze sele* 191, 10; *gnaden und eren* 193, 3 vgl. 200, 15; *senft und wol gemut* 193, 32; *wol und volliclichen* 193, 36; *von werchen und von worten* 194, 17; *von vraze und von swelhen* 195, 9; *ein vater aller erbarmunge und ein got alles trostes* 195, 28; *celere und cebezzerunge* 196, 16; *sin reht und sinen orden* 196, 20; *so reht noh so strenge* 197, 12; *der wech und daz pfat* 197, 23; *tugentlich und erberch* 197, 28; *not und arbeit* 198, 3; *ruchung und lieb* 198, 5; *sturm und leit* 198, 7; *siechtum und hertzeleit* 198, 8; *hute und triwe* 198, 11; *da und denne* 198, 14; *untugent und missetat* 198, 28; *sust und so* 199, 27; *sprichet und sprechen sol* 192, 5; *entreden und entsagen* 192, 6; *sul noch enmug* 192, 7; *sulst und geturrest* 192, 13; *geladen und gevordert* 192, 29; *verzagt und vertorben* 194, 14 (194, 36); *swa du bist, swar du cherest* 196, 22; *sin und werden* 198, 24; *chan und wil* 200, 7; *mach und sol* 200, 19. Drei Glieder: 191, 3; 192, 20, 23, 36; 194, 2, 12; 196, 1 ff.; 198, 10, 28; 199, 15; 200, 10. Vier Glieder: 194, 28, 33; 196, 23. Fünf Glieder: 197, 24. Sechs Glieder: 194, 10. In der Regel sind die der Ordnung nach späteren Ausdrücke kräftiger und bestimmter als die vorangehenden.

— 9 Vgl. in Notkers Katechismus MSD² nr. LXXIX A: *Siben béta churze sint dise: an in uuirt doh funden al daz, des uns turft ist.*

192, 5 *unnietsam*, bisher unbelegt. Was es an dieser Stelle bedeutet, weiss ich nicht. Das einfache *nietsam* wäre vollkommen verständlich. Ich vermuthe, dass *vil nietsam* zu schreiben sei. *unnitsam?* fragt Heinzel.

— 10 Vgl. Benedictinerregel cap. XX: *Et ideo brevis debet esse et pura oratio, nisi forte ex affectu inspirationis divinae gratiae protendatur.*

— 12 ff. Vgl. in Notkers Katechismus a. a. O.: *O homo, skeine an guoten uuerchen daz dû sin sun sist: sô heizest dû in mit rehte fáter* und im Paternosterleich DMS² nr. XLIII die fünfte Strophe: *Nu wir einen vater haben, nu suln wir denchen ane den namen. welle wir haizen siniu chint, wir muozen hileden siniu dinch* u. s. w. Speculum Ecclesiae ed. Kelle S. 185.

— 14 *liebe*, ich habe das *e* stehen lassen, 199, 9; 218, 22 kommt es in *gute* wieder vor. Gr. IV 579 (vgl. noch 193, 11 *dine*).

S. Z.

— 16 *erbietunge*, bei Lexer als ‚Anerbieten‘ aus dem Wiener Copeybuch 1454—1464 und in den Nachträgen Sp. 153, hier ‚Erweisung, Leistung‘.

— 19 *năn = niwan* vgl. 199, 8; 200, 13.

— 20 *er ist ŏch vater aller toter creatur*, Zs. XVIII 72, 17.

— 21 ohne Relativpronomen, vgl. 198, 3.

— 22 *in den himelischen leuten* vgl. 193, 31 ff.

— 28 *erdefruht*, nur einmal als Compositum aus Megenberg belegt; vgl. *von erden fruht Adăm genas* Parz. 464, 12.

— 30 *er*, ich habe absichtlich das interpunctierte Wort in den Text aufgenommen, um das Zusammenfliessen zweier Constructionen hier deutlich erscheinen zu lassen.

— 33 Scherer hat bereits MSD², S. 452 ff. nachgewiesen, dass der Gedanke, die sieben Bitten des Vaterunser als Heilmittel gegen die sieben Hauptsünden zu verwenden, zunächst auf Hugo von Sanct Victor zurückverfolgt werden kann. Im Opusculum de quinque septenis seu septenariis hat Hugo diese beiden Siebenzahlen noch mit denen der Gaben des heiligen Geistes, der Tugenden und der himmlischen Seligkeiten combiniert. Ob dieses Werkchen Quelle für unser Stück war, (f. 26ª der Handschrift wird Hugo als Gewährsmann für die Erzählung eines Wunders citiert) ist mir desshalb zweifelhaft, weil Hugo auch im zweiten Buch der Allegorien zum Evangelium Matthaei zwei Auslegungen des Paternoster bringt, deren zweite (Mainzer Ausgabe von 1617, I 213 ff.) die Ueberschrift trägt: *De septem peccatis mortalibus contra quae valent orationis Dominicae petitiones.* Diese scheint bei der vorliegenden Rede benutzt worden zu sein. Die Sünde als Wunde zu betrachten (Heinzel vergleicht noch: Trost in Verzweiflung und die einleitenden Verse von Hartmanns Gregor), wurde darin durch folgende Stelle der Einleitung nahegelegt: *Haec ergo sunt vitia septem: de quibus universa rationalis animae corruptio manat. Omne enim, quod integritatem corrumpit, vitium est. Sed est alia integritas corporeae naturae, alia naturae incorporeae. — Rursum corporea natura: quaedam statum habet, sensum non habet: quaedam vero sensum habet et statum. In illa ergo, quae sensu caret, corruptio accedens violat unitatem: ad illam autem, quae sensum habet, corruptio ingrediens laedit sanitatem.* Die vierte Sünde heisst in dieser Arbeit Hugos wie in unserm Text: *accidia*, im Opusculum de septem septenis aber: *tristitia.* Weiter scheint die Entlehnung nicht zu gehen, in der Ausführung des Gedankens ist der deutsche Autor wol selbständig. — Eine vierte Auslegung des Vaterunser findet sich in dem Hugo zugeschriebenen Werke: De officiis, ceremoniis et observationibus ecclesiasticis, welches Liebner (Hugo von St. Victor S. 509) für unächt erklärt hat, im 39. Capitel des zweiten Buches, Opp. III 276 f. Zu Scherers Erörterung merke ich an, dass die Combination der Siebenzahlen mit den Erzvätern schon bei Beda III 492 ff. 495. (der Cölner Ausgabe von 1688) sich findet. — Kelles Speculum Ecclesiae hat S. 178 ff. zwei Auslegungen des Vaterunser, welche den Hauptgedanken wol auch von Hugo übernommen

S. Z.

192, 33 haben. Die Namen der Hauptsünden sind dort andere. Man vergleiche:

Speculum 178 ff.	Hugo	cgm. 88.	Pater noster
ubermuot	superbia	hochvart	Sanctificetur n. t.
nît	invidia	neit	Adveniat r. t.
zorn	ira	zorn	Fiat voluntas t.
unrechtiu vröde	tristitia, accidia	wêbloede	Panem n. q. d. n. h.
erge	avaritia	gîticheit	Dimitte n. d. n.
gîrscheit	gula	vrâz	Et ne nos inducas i. t.
huorgelust	luxuria	huor	Sed libera nos a malo.

192, 34 verchwunden schwach flectiert. Die Stelle ist schon bei Schmeller² 1, 752 citiert.

193, 1 vielleicht ist gat nur Schreibfehler, da sonst a für o nicht in I sich findet und gerade in diesem Worte erst sehr spät eintritt.

— 4 gærnde dat. plur. 197, 16; (giarnida) mhd. bisher nicht belegt. Graff hat 1 427 gærnden = meritis aus Diutiska II 280 angezogen. Es steht noch cgm. 91 (Benedictinerregel des 13. Jahrh.) f. 4ᵇ: Darumbe sol von im gelichiu minne, ein zuht allen erboten wern nah ir gearenden womit übersetzt wird folgende Stelle des Cap. II: Ergo aequalis sit ab eo omnibus caritas, una praebeatur in omnibus secundum merita disciplina. f. 32ᵃ durh des lebens gearende übersetzt aus Cap. LXII: pro vitae merito. f. 32ᵇ lebens gearende übersetzt aus Cap. LXIII: vitae meritum. die Sct. Galler Uebersetzung der Regel hat an den beiden letzten Stellen: arnunc.

— 7 aus imen ist das Neutrum entnommen.

— 15 Jacobus 1, 20.

— 16 lôuhte = tâht, bisher nur als stm. u. belegt; hier ist das Femininum durch die folgende Zeile bestätigt. Das Bild vom Feuer, das hier gleich abbricht und aus welchem ins Abstracte zurückgegangen wird, findet sich ähnlich gebraucht Kelle, Spec. Eccl. S. 98: Ir schult wizzin waz viweres daz si daz uns die sele verbrennit. daz ist daz viwer so wir enzundit werdin von zorne, von nide, von hazze u. s. w.

— 22 Psalm 136, 9 geht dort auf filia Babylonis.

— 32 alzan, hier und 217, 18 die Belege vindizieren das Wort vorzüglich dem 11., 12. Jahrhundert.

— 35 Diu, Form des Nominativs, Gebrauch des Accusativs, wie öfters.

— — accidia, vgl. Dante, Inferno, gegen Ende des siebenten Gesanges:

— — tristi fummo
nel aere dolce, che dal sol s'allegra,
portando dentro accidioso fummo.

194, 1 wêblœde unbelegt als trakeit an gotes dienst ist die Sünde bezeichnet bei Wackernagel, Predigten 276, 21. ausführlich handelt Berthold von Regensburg über sie: Pfeiffer S. 102 f. 524 f. und besonders in der Predigt ,von der messe' S. 488 ff. als ,trocheid czu gotis dinste' Wiener Handschr. 13292 f. 51ᵃ.

— 9 f. vgl. 200, 20 ff.

S. Z.

194, 12 f. *predig, rat, chôse* hängen von *gebresten* ab.

— 75 Thren. 4, 4.

— 16 *enpfolehen* vgl. *morigen* 195, 12; *gevoligen* 197, 4; *vremiden* 199, 2.

— 18 *vletichlichen*, diese Form des Adverbiums *(-n)* ist noch unbelegt.

— 20 am nächsten steht 1 Timoth. 6, 10, wo es aber *cupiditas* heisst. Weiter kommt in Betracht Amos 9, 1: *avaritia enim in capite omnium m.*, zu vergleichen noch Jerem. 6, 13; 8, 10.

— 22 *hebe*, nur für das 12. Jahrhundert belegt.

— — *bestellen* hier ,angreifen', wie sonst mhd. *besten* vgl. 198, 12.

— 35 *iste* habe ich ungeändert belassen. Ich erkläre es mir aus einer Metathese wie in 195, 6, 18, 23; 205, 1; 209, 20; 210, 23; 214, 4; unterstützt durch die in Gedanken vorschwebende Form *izzestu*. — *phifferlinch* vgl. Weckherlin ed. Gödeke S. 146:

Der du dich achtest nicht gering,
Mensch, nein ir Menschen all zusammen,
seid ihr wohl mehr dan Pfifferling
und was noch einen (eines?) schlechtern Namen?

— — zu *mâle* muss man wohl ergänzen: *dîn notdurfte*.

— 37 *boc*, die Handschrift lässt es zweifelhaft, ob *boc* oder *bot* zu lesen sei. Ich habe das erste vorgezogen, weil es zu dem coordinierten *geiz* mir besser zu passen schien, obschon ich keinen Beleg für diesen Gebrauch beibringen kann, während bei *bot = bote* ausser den Beispielen Lexers noch zu Gebote stehen: *dar zu ime quam des tûvels bote, ein zouberere, der hiez Symon.* Leipziger Handschrift nr. 760 f. 137ᵇ *du bist des tûvels bote*, ebenda f. 137ᶜᵈ, an letzterer Stelle sogar zweimal. Die Erklärung des Ausdrucks steht 131ᵇ: *wanne hie ist ungenade und jamer und maniger hande leit des libes und der sele. hie ane vihtet uns der tuvel nacht und tach, und du er selbe nicht geschaffen mach noch andere sine genozen, da sendet er andere sine boten zu, bose christnene lûte.*

195, 1 *redlicher = rationabilis*, wie es auch cgm. 91 f. 4ᵃ Cap. II übersetzt.

— 3 *vrâzwunde* unbelegt.

— 7 Ich habe mit der Handschrift hier *vern* geschrieben, da auch sonst mit Sorgfalt in dem Denkmal *herren* vor Eigennamen zu *hern* verkürzt wird.

— 10 Ein höchst merkwürdiger Satz, der für die aussergewöhnliche Kühnheit des Predigers zeugt. Vielleicht hatte sein Kloster durch die gerügte Sünde eben einen Verlust erlitten. Uebrigens greift auch der Prediger in II, 211, 30 ff. die Trunkenheit sehr heftig an.

— 11 *zuo geloben* unbelegt. *ie* und *nie* beziehen sich auf einander: daraus ward nicht auch nur ein Wisch. vgl.: *so die lûte trünken werden, so vergezzin si allis des du si vor è warin bekummert.* Leipziger Hds. 187ᵃ.

— 13 Es sind also Frauen anwesend, somit sind die Predigten wahrscheinlich für ein Laienpublicum bestimmt. Dazu passt, dass eine Sünde (*accidia*) als die *geistlicher* Leute insbesondere bezeichnet wurde.

— 14 doppeltes *ne* noch ein paarmal.

— 16 Joel 1, 17 aber *stercore*.

S.   Z.

195, 20 1 Corinth. 6, 18 aber *fecerit.*

—   23 *ennechent,* die Handschrift hatte ursprünglich *nechechen,* aus dem
zweiten *ch* ist allem Anscheine nach *t* gemacht worden. Zu der
vorliegenden Deutung dieser corrupten Form sah ich mich bestimmt,
da ich des präfigierten *ne,* dem Gebrauche des Autors gemäss, nicht
entbehren zu dürfen glaubte. Das Verbum ist freilich bisher nur im
Mitteldeutschen belegt. Aber es stehen allen anderen Emendations-
versuchen viel bedeutendere Hindernisse entgegen.

—   25 *entliden = dimembrare,* ziemlich selten und dann in concreter Be-
deutung gebraucht.

—   27 *bezzer danne reht,* unter den vielen Beispielen, welche Zingerle,
Germania IX, 403 ff. für die Verbindung von Comparativ und Positiv
aufzählt, findet sich diese Fügung nicht.

—   —   2 Corinth. 1, 3. Es heisst dort *P. omnium m.,* was hier durch einen
Fehler ausgefallen ist, denn es wird im deutschen Text übersetzt.

—   33 Joann. 16, 24.

—   34 Psalm 49, 21.

196, 1 ich habe *die = diu* belassen, weil auch die Verkürzung *di* dafür
vorkommt.

—   5 Die ganze Predigt hiesse am passendsten: Von den drei Zeugen.

—   6 Roman 15, 3. *Quæcunque enim scripta sunt ad nostram doctrinam
scripta sunt.*

—   10 Keine Bibelstelle.

—   13 Job 1, 16, 19.

—   14 *ûzgenomenlich* unbelegt.

—   20 *ân = praeter.*

—   25 *begeit = begît,* er verlässt dich nimmer.

—   27 *selgt,* so habe ich im Text stehen lassen, da die hier besonders
undeutlichen Züge am ehesten sich zu diesen Buchstaben auflösen.
Es ist vom Schreiber nachgebessert worden, der zweite Buchstabe
ist dann ganz genau genommen ein *c* und ich glaube, dass *sagt* hat
daraus werden sollen, das ja hier keines Accusativobjectes bedarf.
vgl. überdiess 196, 33.

—   36 ,mag es so sein, sieh zu, wie's dir ergeht'.

197, 10 Prosper. Aquit. Sent. nr. 31. Die Disposition der Predigt, die haupt-
sächlich auf Augustinus beruht, ist einfach: Jeder kann ins Himmel-
reich kommen. 1. Er muss alles Gute Gott zuschreiben nicht sich.
2. Dem Guten ist es leicht zu gewinnen. 3. Aber es kann auch
schwer sein: irdisches Leid; dafür die Krone. 4. Dazu muss man
thun wie unser Herr that und sprach: Die Sünde hassen, nicht den
Sünder. 5. Das Himmelreich kann man nur mit Willen verlieren.
Der Teufel lockt den Menschen davon fort, um ihn dann zu strafen
und zu höhnen, wie im Kinderspiel. 6. Dagegen erwehrt man sich
nur indem man Gott liebt. Aber wie liebt? 7. Man muss alles ver-
schmähen ausser ihm.

—   12 ff. vgl. Gregor. Moral. 2, 26 und zu der ganzen Stelle Leipziger Hds. 175ᵇ.

S. Z.
197, 18 Prosper nr. 14.
— 24 *an* = *âne.*
— 25 *dirrer* vgl. Weinhold, MhdGr. §. 468. Scherer. ZGSp.[2] 493.
— 29 Prosper nr. 30.
198, 8 *nâch* hier und in der folgenden Zeile mit *leit* verbunden = in der Weise dieser Welt.
— — *anget* = *angêt.*
— 13 Kelle, Spec. Eccl. S. 140: *Vlizzet iuch zechomenne durc das enge turli daz iuch zô dem himelrîche leittet*
— 15 *gestritet,* den Strich, welcher in der Handschrift am *t* noch zu sehen ist, halte ich für ein fehlerhaftes Anhängsel.
— 17 *wolstrîtenden* vgl. *wolloben* Leipziger Hds. 136ᵃ *wolstênden* Zs. XVIII 77, 184 *und wirt mit drein wolmeckenden blumen wol wedeckt* cgm. 4880 f. 287ᵃ vgl. Gr. II² 660 f. und 664 f.
— 18 Prosper nr. 29. Vgl. auch: In Epist. Joh. cap. 2. tract. I (Opp. III. 2, 832 B. Ausgabe der Benedictiner).
— 24 *volchoft* unbelegt = perfectio. *vürchomen,* Part. Prät. mit dem Gen. einmal belegt Iw. 914. *werden* passt dazu nicht und ist, denke ich, so zu erklären, dass beim Weiterschreiben construiert wurde, als ob *volquomen* dagestanden hätte vgl. 192, 30.
— 25 Psalm 138, 22 — *et inimici facti sunt mihi.*
— 26 Psalm 119, 7.
— 28 *volquomen* unflectiert, noch mit einem Reste der Verbalbedeutung. Vgl. Kelle, Spec. Eccl. S. 185: *an den mines trohtines ville volchomen ist.*
— 33 *ursage* = ‚Ankündigung der Feindschaft‘, in Chroniken und Acten des 14., 15. Jahrhundert belegt.
199, 3 Prosper nr. 205. — 10 Hom. in Evangel. lib. 2. nr. 31.
— 16 *sceie* = *schie,* Umzäunung von Pfählen, übersetzt hier *ima.* Nur aus späten Schriften bis jetzt belegt. In Bezug auf das Kinderspiel, dessen hier als ‚Burkhards Eselin‘ erwähnt ist, vermag ich nichts Aufklärendes mitzutheilen, denn der Inhalt ist gar nicht angedeutet, nur die Strafe, welcher der Verlierende verfällt, ist genannt. Und diese Strafe, der Bocksprung ist ein häufiger Schluss verschiedener Spiele. Vgl. Rochholz, Alemannisches Kinderlied und Kinderspiel S. 454 f. Fischart's bekannte Liste von Spielen in der Geschichtsklitterung enthält nichts was hieher bezogen werden dürfte.
— 20 Ich glaube nicht, dass hier das ‚Halmziehen‘ gemeint ist (vgl. Zingerle, Das deutsche Kinderspiel im Mittelalter S. 32 f.) vielmehr: wie eine junge Katze durch das Hälmchen, das man ihr vorhält und das sie zu ergreifen strebt, fortgelockt wird, so der Mensch durch den Zauber der sündigen Welt.
— 26 *er helt dach* nehme ich wörtlich als eine Art technischen Ausdrucks der Kinder.
— 28 *sich berihten,* in dieser Bedeutung ‚sich aufrichten‘ unbelegt.
— 33 *chovf,* die Schreibung ist wohl durch *ovf* beeinflusst. Hartmann v. Glauben 1002: *cof.*

S.   Z.
200,   1   Prosper nr. 20.
—   19   Proverb. 8, 31.
—   21   Confess. XIII, 9.
—   28   *gnuhtsam* = *copia* vgl. *inebriabit nos ab ubertate domus sue. er machit uns trünkin von der genüchsam sines hüses.* Leipziger IIds. 187ᵃ. *unser leben ist etwenne mit gnüchsam. etwenne mit zadel.* cgm. 74 S. 249. Die Predigt ist schwerlich zu Ende. In der Handschrift ist eine halbe Zeile leer und dann beginnt mit grosser Initiale ein anderer Gegenstand.

201,   1   Die Predigten, deren nützliches Verzeichniss Steinmeyer im Anzeiger f. d. A. II 228 ff. zusammengestellt hat, sind in den Sonntagszahlen den unsrigen um eins voraus; das kommt daher, dass dort die Sonntage von Pfingsten, hier (und auch bei Honorius Augustodunensis, in mehreren Missalen etc.) vom Trinitatissonntag ab gerechnet werden. In den Predigten der Fundgruben, der Leipziger IIds. 760, cgm. 74., Wiener Hds. 13292 sind die Zahlen den unsern gleich. Das Kelle'sche Spec. Eccl. hat nur Predigten zum 1. 2. (7). 10. 11. 13. 20. 22. 23. Sonntag nach Pfingsten.
—   —   Luc. 14, 16.
—   12   *heit* conj. prät. alemannisch häufig, aber auch bairisch (in der Voraner Hds.) Weinh., Bair. Gr. 321, 319. *hit* 201, 13 und 203, 20. Bair. Gr. ebenda. *leit* = *læt* 202, 21 Bair. Gr. §. 281. *geit* = *gêt* 202, 21 Bair. Gr. §. 274.
—   17 ff. Die Deutungen hier beruhen wesentlich auf Gregors Homilie In Evang. 36. Aus Gregor haben Beda und Hugo von St. Victor an den betreffenden Stellen ihrer Predigtsammlungen geschöpft. Mit dem Speculum des Honorius S. 1045 ff. (Ausgabe von Migne) stimmen manche Ausdrücke, vgl. auch desselben Autor Gemma animae, lib. IV. S. 705 ff.
—   18   *Homo qui magnam coenam instruens multos vocavit est Deus, qui pro nobis homo factus, qui omnes gentes ad epulas aeterni convivii invitavit.* Greg. a. a. O.
—   24   *himelischen,* ich habe mehrere Male das *ch* der Hds. in diesem Worte zu *sch* geändert, da diese Schreibungen doch in der Minderzahl und stellenweise vom Schreiber selbst gebessert sind.
—   27   *Qui villam emit est is, qui terrenis tantum lucris inservit et ideo a coena Dei recedit.* Greg. a. a. O.
—   28   *mint,* an fünf Stellen dieser Sammlung vorkommend. Vgl. Weinhold, Bair. Gr. §. 168. Al. Gr. §. 201. — *ermernen* 211, 4; *genünch* 213, 18.
—   30   *Qui vero duxit uxorem est is, qui tantum luxuriae studet explere ardorem.* Greg. a. a. O. Auch sonst wird die Stelle von Gregor und Beda auf die *voluptas carnis* bezogen.
202,   2   *Hos itaque elegit quos despicit mundus, quia plerunque ipsa despectio hominem revocat ad semetipsum. Pauperes et debiles et caeci et claudi vocantur, quod veniunt, quia infirmi quique, atque in hoc mundo*

S. Z.

despecti, plerumque tanto celerius vocem Dei audiunt, quanto et in hoc mundo non habent, ubi delectentur. Greg. a. a. O. Beda nimmt diese Stelle wörtlich in seine expositio in Lucae evang. (V, 366 der Cölner Ausgabe von 1688) herüber.

202, 5 *niden* in der Bedeutung ‚gehässig werden' scheint unbelegt.

— 7 *arm* vgl. 206, 8; nach Weinhold, Bair. Gr. §. 347 wird schwerlich *armen* geschrieben werden dürfen.

— — Derselbe Gedanke oben 198, 4 ff. Fundgr. I, 121, 38 heisst es: *So wellen wanen, daz got der armen nehein ruchunge habe. Daz sint die er hat erluteret mit armůt unde mit siehtům, unde hat sie dar zů erwelt, daz sie besitzen daz riche, daz die gewaltigen unde die richen gewidert habent.*

— 14 Luc. 15, 1. — Fundgr. I, 122, 18: *Daz heilige evangelium, daz uns hůte vorgelesen ist, daz saget uns, wie der heilige crist suntige lute zů zim lochet, wier under in was, wie er mit in az, wie er tranch mit in. Do waren aber andre lute da, die sich rehter unde bezzere wizzen wolten, den daz versmahete, daz unser herre dehein gemeinede mit suntæren hete. Do min trehtin verstunt, waz ir gedanch was, do sazt er in ein rede vur: Swer under iu hat, sprah er, zehenzech schaf unde verluset er einiz, er læt diu andre sten unde sůchet daz ein, unze erz vindet. Nu vernemet, min vil lieben, waz er damit mœine. Dœr man der daz schaf verlorn hete unde daz sůchet, daz ist got selbe, der von himel her zen erden chom, daz er uns suntære, die sin schaf sin unde sin hantgetat, ze den sinen gnaden brœhte, want wir die sin, die von der menege der heiligen engele gevallen sin von unsern sunden. — 123, 1: min trehtin sůchet uns tœgelich unde růfet nah uns, daz wir wider cheren zů zim. — 6 Nu uns min trehtin sůche unde uns růfe, nu cheren wir wider zů zim mit warer ruwe, mit rehter bechantnusse unser sunde, unde sin ze allen citen wider den tievel gewarnet, der tach unde naht umbe uns wirfet, wie er uns verlœiten unde betriegen müge. — 19 Nun sin wir alle sundœre, nu machen den gotes engeln ein frœude an uns unde chomen ze gotes hulden, daz wir des wert werden, daz mit uns der cehent chore der engeln ersetzet werde und mit uns diu stat ervullet werde, danne der tievel durch sine hohvart bestozen wart.* — Nahezu wörtlich in der Leipziger Hds. f. 141ᵈ. 144ᵃ; die Stollenfolge 194ᵃ vgl. Zs. 20, 220.

— 25 *verstozzen* von in diesem Sinne ist solten. Aus Lexers Beispielen ist nur éines ähnlich: Caecilia 549. vgl.: *do vorchte er daz er vorstozen solde werden von sime kůnigriche.* Leipziger Hds. 160ᵃ. 162ᵇ, ähnliches: 143ᵈ. 145ᶜ. 151ᶜ.

— 26 Beda V, 369 f.

— 27 Der Tempuswechsel ist nur scheinbar.

— 32 *der uns nach volgt nacht und tag wie er uns irsliche.* Leipziger Hds. 160ᶜ.

203, 1 *helfen*, der Plural nur einmal bisher belegt Fundgr. II, 138, 5.

— 5 Luc. 6, 36 — die Stellenfolge Fundgr. I, 124. Leipziger Hds. 142ᵃ. 194ᵃ.

8. Z.

203, 12 *iuwer ermer*, 211, 4 *unsern ermern*
— 15 Matth. 5, 7.
— 18 1 Reg. 2, 7: *Dominus pauperem facit et ditat, humiliat et sublevat.*
      Vgl. Apoc. 13, 16.
— 27 1 Petr. 3, 8. Fundgr. I, 125 behandeln dasselbe Thema, aber nur
      im Anfang ähnlich.
— 30 der Schreiber dachte zuerst an *einen*.
204, 10 Matth. 5, 20.
— 13 *behütet vor — vor — und mit — mit*. Es ist ein Stück ausgefallen
      etwa: *Swer iedoch erfunden wirt mit —. lancrech* am Ende jedes
      der beiden Sätze befindlich hat den Fehler verursacht.
— 15 dass hier *zorn* zu schreiben ist, sieht man schon aus dem Fehler
      Z. 13. — Die Stelle des Johannes ist 1 Joh. 3, 15: *Qui non diligit,
      manet in morte: omnis qui odit fratrem suum, homicida est. et scitis
      quoniam omnis homicida non habet vitam aeternam in semetipso ma-
      nentem*. — Die Behandlung ganz ähnlich, nur weitläuftiger, mit
      Hervorhebung derselben Bibelstellen Leipziger Hds. 195ᵈ.
— 28 Rom. 6, 19. Das Missale Romanum hat die Lection Rom. 6, 3 zum
      6. Sonntag.
205, 1 *setzet in daz dinste*, vgl. 209, 23. Predigten aus St. Paul 12, 29; 13, 30.
— 10 Matth. 7, 15. Miss. Rom. Dom. VII.
— 11 auch Beda V 21 f. erklärt in seiner Exposition der Stelle die falschen
      Propheten für: *dulcibus sermonibus scandalum inferentes*.
— 13 auch Z. 15 fehlt der Artikel vor *liuten*, aber dort darf er fehlen.
— 18 *alle* vgl. Grimm Kl. Schr. III 323 ff.
— 21 Beda V 22: *Utrumque enim servis Dei necessarium est, ut et opus
      sermone et sermo operibus comprobetur*.
— 23ff. Solche Aufzählung der guten Werke ist ungemein häufig, besonders
      am Schluss von Predigten älterer Zeit. Bei den unsrigen mehrmals
      und vorzugsweise in Kelle's Speculum Eccl. S. 22, 73 u. s. w.
— 30 Luc. 16, 9. Miss. Rom. Dom. VIII und so bei den übrigen.
206, 6ff. Beda V 377: *Si autem hi qui praebent eleemosynam de iniquo mam-
      mone, faciunt sibi amicos, a quibus in aeterna tabernacula recipiantur*.
—   8 *löchent* hier und oben Z. 3 vgl.: *unser herre got der tůt uns als ein
      gut vater sime lieben kinde: etteswenne locket erz, etteswenne slcht erz*.
      Leipziger Hds. 149ᵇ.
— 14 Luc. 19, 41.
— 18 *weinst* = *weintest*.
— 21ff. Die Deutung findet sich in allen wesentlichen Punkten und ausführlich
      bei Gregor 39. Homilie in Evangelia, von da aus bei Beda VII 62,
      bei Hugo von St. Victor III 25. Am nächsten unserer Fassung steht
      Honorius Spec. S. 1049 f.: *Unde legitur hodie quod dominus videns
      civitatem Hierusalem flevit eamque ab hostibus obsidendam, circum-
      fodiendam, cum omnibus filiis suis destruendam, praedixit. Civitas haec,
      super quam Deus flet, est quaelibet anima quae non plangit sua cri-
      mina; quam inimici circumdabunt dum imminente morte catervae dae-*

S. Z.

monum eam vallabunt. In circuitu vallum fodiunt dum transacta mala
ante oculos ejus ducentes eam in foveam desperationis ducunt. Un-
dique coangustabunt dum horribili vultu et gestu eam exire ad poenas
compellunt. Ad terram eam prosternunt dum corpus morte interimunt.
Filios ejus trucidant dum eam ad tartara perducentes pro malis
operibus in supplicio cruciant. Lapidem super lapidem non relinquent,
quia nullam duri cordis cogitationem impunctam dimittent. — Ganz
ähnlich Leipziger Hds. 197ᵇ. Pfeiffer, Uebungsbuch S. 189. Ueber-
haupt sind die Weingartner-Predigten mit den unsern stellenweise
verwandt.

206, 31 *abebrennen* unbelegt. Vgl. *und lert si wie si mit der hitz der riwe*
abbrennen scholten diu unsuubercheit der sünden. cgm. 74 S. 215. *der*
wolf sint zwei gesläht. ein gesläht daz sint alle übel richtár die rawúr
und alsprennár sint. ebenda S. 174.

— — ff. *et hoc totum ideo contingit quia tempus visitationis suac non agnoscit.*
anima visitatur quando cum hominibus a Deo flagellatur; sed ipsa
visitationem non agnoscit quia disciplinam recipere rennuit. Honor. a.a.O.

207, 5 Luc. 18, 14.

— 18 Beda V 392 f. *Qua Pharisaeus iste jactantiae peste laborasse depre-*
henditur, qui idcirco de templo absque justificatione descendit, quia
bonorum operum merita sibi quasi singulariter tribuens, oranti publi-
cano se praetulit. Hugo schreibt Beda aus: Allegoriarum in Lucam
lib. IV. cap. XXVII. (opp. I 241.) — Am nächsten steht wieder
Honorius Spec. S. 1055 f.: *Ideo, dilectissimi, cum ad orationem con-*
venitis non benefacta vestra jactare, nec alios damnare, sed vos ipsos
accusare, alios omnes justos reputare debetis. Animas vestras in con-
spectu Dei humiliate, ipsum ore et corde invocate, et in die tribula-
tionis vos liberabit, et super inimicos vestros exaltabit. — Voluntas
Patris est, ut in nobis peccantibus dimittamus, et rebus nostris opem
indigentibus feramus. — Et quia se per confessionem humiliabat, Deus
illum per veniam exaltabat.

— 30 Marc. 7, 31.

— 34 Beda V 143: *Surdus et mutus est, qui nec aures audiendis Dei verbis,*
nec os aperit perloquendis: quales necesse est, ut hi qui loqui jam et
audire divina eloquia e longo usu didicerunt, domino sanandos offe-
rant etc. und im Homiliarium opp. VII 65: *Surdus ille et mutus,*
quem mirabiliter curatum a Domino modo cum Evangelium legeretur,
audivimus, genus designat humanum, in his qui ab errore diabolicae
deceptionis divina merentur gratia liberari. Obsurduit namque homo
ab audiendo vitae verbo, postquam mortifera serpentis verba contra
Deum tumidus audivit: mutus a laude conditoris effectus est, ex quo
cum seductore colloquium habere praerumpsit. — Daher Hugo in
Allegor. lib. III. cap. V. — Honorius Spec. 1061 B (fälschlich unter
Dominica XIII): *Humani quoque generis formam surdus ille et mutus*
habuit, quem Dominus ut sanaret per fines Decapolis transivit. —
Surdum et mutum ei adducunt cum praedicatores genus humanum ad

S. Z.

fidem convertunt: quod surdum erat, quia mandata Dei audire nolebat; mutum erat, quia a laude Conditoris tacebat. Cui Dominus auditum reddidit dum ei ad intelligendas Scripturas sensum aperuit. Vinculum linguae ei solvit, dum os ejus Dei laude replevit. — Vgl. Roth, Pred. S. 39. Wiener Hds. 13292 f. 48ᵇ.

208, 14 Luc. 10, 23. — Nur variiert in der Predigt zu Dom. XVIII. — Die Deutung nicht bei Honorius. Von derselben Stelle (Luc. 10, 27) geht aus die Wiener Hds. 13292 f. 49ᵇ.

— 20 *werchen,* es soll *chreften* heissen wie der evangelische Text fordert und Z. 22 auch gebracht wird.

— 31 Luc. 17, 12.

— 34 Honorius Spec. 1061 (fälschlich unter Dom. XIII): *Decem viri leprosi erant omnes homines, X praeceptorum transgressione vel X plagarum Aegypti percussione maculosi. Qui a Domino ad sacerdotes destinantur, sed in itinere mundantur, quia dum peccatores delicta sua confiteri ad sacerdotes currunt, protinus veniam de commissis habebunt.* — Vgl. Kelle, Spec. Eccl. S. 73. Leipziger Hds. 198ᵃ. cgm. 74 S. 70.

209, 3 *daz = dâ ze.*

— 11 *antlâz* hier Neutrum.

— 13 Matth. 6, 24.

— 16ff.Beda V 49: *Videlicet diabolum odit, qui Deum diligit. Nullius enim scientia Deum odisse ferre potest et ideo eum qui non timet, contemnit dum ejus mandata non custodit.*

— 32 Luc. 7, 11.

— 33 *e* an der 3. Pers. Sing. Praet. starker Verba und entsprechend Apokope des *e* bei derselben Form schwacher Verba ist bekanntlich bairisch. *(kœme?)*

210, 10 nach *an dem tôde* fehlt wahrscheinlich: *des lîbes daz er iuch erchuche an dem tôde.* — Die Wiederholung derselben drei Worte hat den Ausfall verursacht. — Derselbe Schluss Leipziger Hds. 199ᶜ. cgm. 74 S. 312.

— 13 Luc. 14, 1.

— 16ff.Hugo von St. Victor (der aus Beda V 363 und VII 74 entlehnt, aber unserm Texte näher steht) Allegor. lib. III cap. XVIII opp. I 239: *morbus cum inflatione turgente — et est proprium hydropici ut quanto plus bibit, tanto plus sitiat:* — *Comparatur autem dives avarus et cupidus hydropico: quia sicut hydropicus quanto plus bibit, tanto plus sitit; sic miser avarus et cupidus quanto amplius transitoria accumulat, tanto magis ad ampliora aggreganda per cupiditatem succensus anhelat.* — *Assimilatur etiam quilibet carnis voluptatibus deditus hydropico: quia quanto magis carnalis quisque foedam suavitatem concupiscentiae degustat: tanto magis ea concupiscentia foedari desiderat.* — Aus derselben Quelle schöpfen: Leipziger Hds. 199ᵈ. cgm. 74 S. 316.

— 21 *huorlustigœre* unbelegt.

— 28 Matth. 22, 36.

211, 9 Matth. 9, 1.

S. Z.

211, 18　Ephes. 5, 15. Als Lectio im Missale Rom. Dom. XX. Honorius
　　　　Spec. S. 1063.

— 25　*der er gefrumt hât* vgl. Grimm, Kl. Schr. III, 315 ff.

— 28　*nidet.* Obschon *midet* das geläufigere ist, scheint nicht hinreichender
　　　　Anlass zur Aenderung.

212, 4　Ephes. 6, 11. Im Lectionar des Missale Romanum. Dieselbe Erklärung
　　　　Beda VI 603 ff. in der Exposition zu der Stelle. Vgl. Kelle, Spec.
　　　　Eccl. S. 126 f.

— 16　Matth. 18, 23.

— 19　*cinsgelten,* im mhd. Wtb. *tribularius* aus den Sumerlaten.

— 24　*benâden* von Lexer nur aus Karlmeinet belegt.

— 26　*haben,* diese Construction unbelegt.

213, 2ff. Beda V 56: *Ex quibus videlicet dictis constat, quia si hoc quod in*
　　　　nos delinquitur, non ex corde remittimus: et illud rursum a nobis
　　　　exigitur, quod nobis jam per poenitentiam dimissum fuisse gaudebamus.
　　　　Hugo von St. Victor Allegor. lib. II cap. XXXIV opp. I 225: *Quidam*
　　　　dimittere nolunt omnino: quia et malitiam servant in corde et vindictam,
　　　　dum possunt, exercent in opere. Alii etsi remittunt quantum ad vin-
　　　　dictam reservant tamen conceptum odium quantum ad malitiam. Sed
　　　　quisquis sibi a Domino dimitti desiderat: oportet, ut utroque modo
　　　　fratri remittat: ut nec opere exerceat vindictam, nec corde reservet
　　　　malitiam. Honorius Spec. 1063 f. *Et quid per haec verba significa-*
　　　　verit Dominus concludens innotuit: ‚sic‘ inquens, ‚faciet vobis Pater
　　　　meus coelestis si non remiseritis hominibus ex cordibus vestris‘. Karis-
　　　　simi, ista sunt nimis metuenda ac jugiter in memoria retinenda. —
　　　　Unde coelestis Scolasticus nos docuit ut conditionem cum judice facia-
　　　　mus, ut scilicet nobis debita nostra sic dimitti petamus sicut nos debi-
　　　　toribus nostris relaxamus. — Wackernagel, Pred. S. 68 ganz ähnlich,
　　　　nur ausführlicher.

— 6　Matth. 18, 35.

— 14　Matth. 14, 13. (Luc. 9, 10. Marc. 6, 37. Joan. 6, 9.) Missale? Stein-
　　　　meyers Verzeichniss? Honorius in der Gemma animae cap. XCIV
　　　　gibt unter *Dominica vacat* Matth. 22 an, setzt aber Luc. 9, 10 für
　　　　den 24. Sonntag, dann wäre also hier doch das Schlussevangelium
　　　　der Pfingstsonntage behandelt. cgm. 74 S. 124 ff. hat *in medio Qua-*
　　　　dragesimae ähnliche Behandlung desselben Textes = Honor., Spec.
　　　　S. 895 f.

— 21ff. Hugo von St. Victor, Allegor. in Ev. lib. I cap. VII opp. I 208:
　　　　Mulieres, sexus fragilis, et parvuli, minor videlicet aetas, sunt numero
　　　　indigni. Isti significant infirmos in fide, nondum idoneos pugne.
　　　　Honorius Spec. 895 f. *Quinque milia virorum pascuntur, quia qui*
　　　　fidem sanctae Trinitatis per duo opera karitatis quinque sensibus
　　　　viriliter impleverunt, Christi corpore reficiuntur.

— 25　*bedeiutet,* Roth, Pred. 43, 16. 7. und cgm. 74 S. 129 bestätigen die
　　　　Emendation. Beda V 47: *Discumbere, est flores et voluptates istius*
　　　　seculi et illecrebras, carnis mentis despectu calcare. — Honorius,

S. Z.

Spec. 895: *Super fenum discumbentes saturantur, quia humiles tantum refectione Domini digni judicantur*, also eine andere Auffassung, welche von den St. Pauler Predigten 59, 25 mit Berufung auf Isaias 40, 7 getheilt wird.

213, 33 Am 29. August. Der Text ist aus ganz verschiedenen Bibelstellen zusammengewachsen. Die Erzählung steht nahezu wörtlich bei Honorius Spec. S. 997 ff., auch Gregor hat sie (etwas anders) und seine Version ist in Alcuins Homiliar aufgenommen. Bei Beda VII 180 f. nach Josephus, Antiq. 18 c. 10 und Eusebius, Hist. Eccl. lib. I cap. 13.

214, 17 Marc. 6, 24.

— 23 *want* = *wânte*.

— 27ff. Honorius, Gemma animae lib. III cap. CLXVI S. 689: *Joannes Baptista in Annuntiatione sanctae Marine (25. März) est decollatus, sed hodie caput ejus inventum glorificatur divinitus.* Sacramentarium cap. XLVI. S. 770: *Quando agitur Decollatio sancti Joannis Baptistae, tunc est inventio capitis ejus. Nam circa Pascha, id est in Annuntiatione S. Mariae est decollatus; hic autem recolitur. Ad missam Gloria Patri et Gloria in Excelsis et Alleluia non canitur, more passionis Christi et quia ante Christi resurrectionem contigit.* Spec. S. 998. Auch wenn man die vage Angabe des deutschen Predigers zu einer Datierung benutzen wollte, wäre das nicht möglich, weil der 25. März während des 13. Jahrhunderts allzuoft ‚umb ostern' fällt.

— 33 *für zu*, dieselbe Phrase 215, 8 und 18.

— 35 Das älteste Christusbild fixierte die Legende in Edessa vgl. Anzeiger f. d. A. II 163 ff.

215, 1ff. Honorius: *Qui pridem ob diversa infortunia patrios fines excesserat, sed nunc ob meritum sancti Johannis diviciae ei undique affluebant; qui hoc sentiens, coeleste monile in domo suo celavit, condigno honore cottidie adoravit, moriensque soli successori haereditatis indicavit, qui similiter debitum honorem sancto impendere curavit. Deinde paulatim caput a successoribus neglegitur locusque ab habitatoribus vacuus redditur.*

— 4 *daz dar zu niht gehort*, die Stelle ist, vielleicht durch das Bestreben zu ‚churzen' undeutlich, es könnte ihr aber nur durch grosse Kühnheit geholfen werden. (*daz man dâ von ie niht gehôrt?*) zugehören?

— 14 *des wær elliu wîle*, das wäre eine ganze Weile.

— 16 *werld* sind die Umstehenden. Vgl. Erec. 3803.

— 22 Die Wunder des Hauptes Johannis Baptistae sind überaus zahlreich, noch zahlreicher die von Abbildungen desselben. Auch die Kapelle auf der hohen Salve in Tirol erhebt Anspruch auf ein solches Mirakel spendendes Bild.

— 27 Psalm 60, 6. Auch das Brevarium Romanum führt zu diesem Feste in *tertio nocturno* den 60. Psalm an.

— 35 Vgl.: *wie er (S. Matthäus) sint vechte und wie er durch got würde gemartert daz ist uch dicke gesagt. iedoch so wil ich uch kurzliche ein teil davon sagen, uf daz ir deste vlizlicher sîns helfe und sînz genade suchit.* Leipziger Hds. 189ᵃ.

S. Z.

216, 1ff. Beda im Homiliar VII 151 ff. (darin auch die Stelle 33, 16 ff.) mit
Erwähnung des Phokas, von da in die Alcuin'sche Sammlung II f.
XLVIII^b ff. Honorius, Spec. 1021 hat die Erzählung (schildert auch
die Martern der Heiligen, aber ohne des Phokas zu erwähnen). Die
meisten andern Fassungen nennen den Papst nicht Bonifacius sondern
Gregor. — Vgl. Kelle, Spec. Eccl. S. 157 f. Wackernagel, Pred. S. 60 ff.

—   8 aller jår, Gen. plur. Gr. 4, 891.

—   9ff. Derselbe Gedanke an der genannten Stelle von Kelle's Spec. Eccl.

—   15 Rom. 11, 36.

—   22 Der Gen. bei bestımheln unbelegt.

—   25 då si åne angest aller ansprách immer mêre sint.

217, 1 Sap. 5, 4.

—   8 Ephes. 2, 19. Hier beginnen die grossen lateinischen Stellen, welche
zum vollständigen Verschwinden des Deutschen in dem nächsten
Stücke der Handschrift überführen.

—   15 vielmehr 2 Corinth. 5, 6 — peregrinamur.

—   18 alzan hier = jam.

—   26 Prov. 4, 23.

—   33 Eccli. 29, 31: — aget, nec aperiet os. Hospitabitur et pascet et potabit
ingratos et ad haec amara audiet.

218, 8 Sap. 2, 6: Venite ergo et fruamur bonis quae sunt et utamur — laetitiae:
quoniam haec est pars nostra, et haec est sors.

—   15 der bluomen zit übersetzt flos temporis.

—   17 an urloubet war ursprünglich gedacht. Die besonders grosse Zahl
von Fehlern in diesem Stück ist durch die zunehmende Raschheit
des Schreibers verursacht.

—   19 Eccli. 20, 14 — utilis tibi: oculi enim illius septemplices sunt. Exigua
dabit et multa improperabit.

—   23 genuhtic hier und 27 ‚genügsam', welche Bedeutung unbelegt ist.

—   — zerunge aufwendbares Reisegeld.

—   24 Eccli. 29, 30.

—   26 Epist. I 10, 41 aeternum.

—   30 Sap. 5, 15 Spes impii tamquam.

—   32ff. schliesst ab mit der Wiederholung des Einganges.

Nachträglich hinzugefügt: Zu 195, 10 vgl. die Pseudo-Augustinische Homilie in App.
zum V. Bande der Mauriner Ausgabe S. 491. nr. 294. — Zu 197, 10 ff. Nach langwierigem Suchen
in den Werken Augustins fand sich, dass fünf Citate gar nicht aus diesen stammten, sondern
aus Prosper von Aquitaniens Sentenzensammlung, welche, 390 Nummern umfassend, deren erste
37 Prospers Expositio in Psalmos entnommen sind, im App. zum X. Bande der Mauriner Ausgabe
S. 223 ff. abgedruckt ist. Die Spruchsammlungen erörtert ebenda I, XIII ff. — 197, 10 vgl. De
spiritu et anima. App. zum VI. Bande S. 48 f. — 197, 30 ff. App. zum V. Bande sermo 67, 69,
272. — 198, 18. Enar. in ps. 119 und App. zum V. Bande, 118. Predigt aus Alcuin geschöpft. —
199, 2 Enar. in ps. 55 vgl. De vera religione cap. 48. — 199, 10 ff. Diese vergebens von mir
gesuchte Stelle hat mein verehrter Freund R. P. A. Weiss O. P. nachgewiesen. Es vergleichen
sich ihr aus den Moralien: 8, 7. 16, 18 27, 26. 32, 13. — 200, 1 ff. vgl. De vita Christiana
App. zum VI. Bande S. 187. — Alle Citate in unserer Predigt weisen zahlreiche aber sachlich
bedeutungslose Verschiedenheiten von den recipierten Texten auf. — — 30. Juli 1879.

MITTHEILUNGEN

AUS

ALTDEUTSCHEN HANDSCHRIFTEN.

VON

ANTON SCHÖNBACH.

———

DRITTES STÜCK:

NEUE FRAGMENTE DES GEDICHTES ÜBER DIE ZERSTÖRUNG
VON ACCON.

———

WIEN, 1881.

IN COMMISSION BEI CARL GEROLD'S SOHN
BUCHHÄNDLER DER KAIS. AKADEMIE DER WISSENSCHAFTEN.

Aus dem Jahrgange 1881 der Sitzungsberichte der phil.-hist. Classe der kais. Akademie der Wissenschaften (XCVII. Bd., III. Hft., S. 783) besonders abgedruckt.

Druck von Adolf Holzhausen in Wien,
k. k. Hof- und Universitäts-Buchdrucker.

I.

Codex germanicus Nr. 90 der königlichen Hof- und Staats-
bibliothek in München enthält 44 Blätter Pergament (16 Cm.
hoch, 11 Cm. breit) in 4 Lagen, die beiden ersten zu je 10,
die beiden letzten zu je 12 Blättern. Die beigehefteten Decken
sind bis auf schmale Streifen weggeschnitten. Die Seiten der
1. Lage haben 16, der 2. bis 18, der 3. und 4. bis 21 Zeilen,
welche auf Tintenlinien stehen, die von verticalen eingerahmt
sind. Meistens wird die oberste Linie freigelassen, gelegent-
lich auch unter die unterste noch eine Zeile gesetzt. Die Schrift,
dem XIII. Jahrhundert angehörig, ist wohl im ganzen Codex
dieselbe, nur anfangs gross, dann kleiner, anfangs langsam,
dann rascher und flüchtiger. Die grossen Initialen, sowie die
Capitelüberschriften sind roth und von derselben Hand wie alles
Uebrige. Die Anfangsbuchstaben der Sätze, Majuskel, sind roth
durchzogen. Unter die letzte Zeile der Handschrift hat ein
später Schreiber die Signatur *Y. VIII. 11* gesetzt. Der Einband,
Holzdeckel mit gepresstem Leder überzogen, ist alt; wenn er,
was ich kaum glaube, schon ursprünglich zu der Handschrift
gehörte, so ist er wenigstens nachträglich durch eingeklebtes
Papier neu befestigt worden. Bei dieser Gelegenheit wurden
auch die Blattränder zugestutzt, der Schnitt blau tingiert. Auf
der Innenseite des hinteren Holzdeckels befinden sich die rothen
Buchstaben CLB. [1]

---

[1] (Cave Lector Benevole?)

1*

Die Handschrift enthält eine Interlinearversion der Bene-
dictinerregel. Sie ist zunächst durch ihre Lautbezeichnung
interessant, welche einer genaueren Darstellung nicht unwerth
erscheint.

Vocale: 536 *î* blieben bewahrt, darunter 27 circumflectiert.
Dagegen stehen 425 *ei* für *î*, darunter 116 mit dem Circum-
flex auf dem *i*. Es herrschen nicht gleiche Verhältnisse im
ganzen Denkmal: bis Cap. XLIV incl. finden sich 384 *î* (darunter
21 circumflectiert) gegen 257 *ei* (darunter 93 mit Circumflex):
von da ab 152 *î* (6 mit Circumflex) gegen 168 *ei* (23 *ei*), der
Diphthong entwickelt sich also erst. Andererseits enthält das
ganze Denkmal 606 *ai* für *ei* (darunter 64 *âi*), denen nur 3
alte *ei* gegenüberstehen: hier ist also von Anfang an schon
der neue Diphthong fest. Neben diesen Hauptzügen ist nur
weniges Irreguläre bemerkbar. 10 Mal *i* für *ei*, allein in *hilig*.
Dawider *geirischait* XXXI, wie in der Erinnerung Heinrichs
v. Melk. LXXI steht *i* für *î*, XLIV *é* für *î*, das letztere
sicherlich nur Schreibfehler. XLVII *aintweder*. *a* für *ai* LII,
LXIII, LXXII, ein *ai* aus *eye*.

Die Wahrnehmung, dass *ei* : *ai* früher durchgedrungen und
fest geworden ist als *î* : *ei*, steht keineswegs vereinzelt da und
auf unser Stück beschränkt. Ich citiere auf die St. Lam-
brechter Breviarien, in Bezug auf Lautbezeichnung wichtige
Denkmäler der Uebergangszeit. Dort ist in den bedeutendsten
Nummern, Zs. f. d. A. 20, 137, 144, 145, 157, 159, 173, 184,
dasselbe Verhältniss zu beobachten; nur einmal, und zwar in
einer Partie, welche wegen ihrer Winzigkeit nicht wohl in
Betracht kommen kann, s. 168, ist die Sache umgekehrt.

Nicht anders verhält es sich in der Vorauer Hs. (Diemer
p. IV), in der Grazer Hs. der Litanei, in der berühmten
Wiener Hs., welche unter anderen Heinrich v. Melks Werke
enthält, in den alten Greiff'schen Bruchstücken von Wernhers
Marienliedern. Ich müsste wohl so ziemlich alle bairischen Hss.
von 1150—1250 aufzählen, wollte ich vollständig sein; irre ich
nicht, so haben sie alle *ei* : *ai* dem *î* : *ei* vorausgehen lassen.
Ausserhalb des bairischen Sprachgebietes herrscht in den Hss.
derselbe Gebrauch, wie schon Jakob Grimm bemerkt hat
(Gr. I³, 202).

Welche Gründe für die herkömmliche und, wie es scheint,
allgemein angenommene Meinung vorgebracht werden können,
zuerst sei î diphthongiert worden, das habe dann ei : ai nach-
gezogen, weiss ich nicht, da ich sie nirgends gelesen habe.
Es mag dem angeführten Thatbestande nach erlaubt sein, den
entgegengesetzten Weg für den wahrscheinlichen zu halten,
umsomehr, als es vielleicht möglich ist, diesen, vorläufig nur
durch eine Vermuthung, zu erklären.

Es ist bekannt, dass der Umlaut der langen Vocale spät
und mühsam, auch unvollständig, zur Geltung gelangte. Ins-
gemein wird das Melker Marienlied als das Denkmal angesehen,
dessen Schreiber der neuen Laute sicher genug zu sein glaubte,
um ihre Bezeichnung zu fixieren (MSD² S. 435, Gr. I³,
173). Allein, wenn auch diese Zeichen endlich siegten, das
Schwanken dauerte während des ganzen XII. Jahrhunderts und
darüber hinaus. Das ist in beiden möglichen Momenten er-
kennbar: in den mannigfaltigen Zeichen (14 in St. Ulrich)
für æ und in den vielfachen Functionen des æ, das für eine
ganze kleine Scala von Lauten, z. B. auch in unserer BR. ein-
tritt. Am wichtigsten scheinen mir aus der ersten Gruppe die ai
für æ (Weinh. BG. §. 66) und œi, ei für æ (§. 80, Gr. I³, 185).
Die dort angegebenen Beispiele lassen sich aus den angeführten
Denkmälern der Uebergangszeit und anderen recht vermehren,
auch XXVIII der BR. steht *baiunge*. Wenn ich nach Scherers
Erklärung des Umlautes die einzelnen Stadien desselben mir
vorstelle, erhalte ich folgende Reihe: *â-ni, â-nj, â-ñ, â-jn, äin,
œin, œ̣n, œn*. Ich meine nun, dass die hervorgehobene Schreibung
die letzten Stadien des Ueberganges zum reinen æ bezeichne
und dass diese Stadien bis in das letzte Drittel des XII. Jahr-
hunderts und weiter nicht vollkommen überwunden waren. Ist
dies der Fall und galt œi eine Zeit lang als berechtigter Ver-
treter des Umlautes von â, so entstand eine Collision mit dem
alten ei (gerne auf dem ersten Vocal der Accent oder Circum-
flex, Weinh. §. 76), welche Differenzierung nöthig machte; die
geforderte trat ein durch Verschiebung des ei zu ai. Während
diese sich vollzog, hatte aber der Umlautungsprocess des â in
æ seine definitive Endgestalt gewonnen, das ei war wieder frei
und î setzte sich in Bewegung, den leeren Platz einzunehmen.
Die Art zu erkennen, wie das sich vollzog, scheint mir eben-

falls unser Denkmal Anhaltspunkte zu gewähren. Ich betrachte die zahlreichen, aber während der Aufzeichnung gegen *ei* zurücktretenden *eî* als Reste älterer Lautbezeichnungen, neben vielen anderen, noch zu besprechenden, aus der Vorlage übernommen. *eî* stellt das letzte Stadium der noch nicht zu Ende gelangten Diphthongierung von *î* dar. Die Zeit, während welcher das theoretisch gemeiniglich angesetzte *a* dem *î* vorgeschlagen wurde, muss ausserordentlich knapp gewesen sein; trotzdem die Veränderung so zu sagen unter unseren Augen sich vollzieht, hat *a* vor *î* keine Spur in den schriftlichen Denkmälern hinterlassen. Es muss dieses *a* sofort umgelautet worden sein, was bei dem Verhältnisse *aî* nicht schwer zu verstehen ist. Das nächste Resultat war *eî*. Diese Schreibung beseitigt auch den etwa zu erhebenden Einwand, dass die vielleicht noch nicht ganz beruhigten *ιe* mit dem neuen Diphthong hätten zusammentreffen können. Denn *î* gelangte auf einem Wege zu *ei*, der das Stadium *œi* nicht enthielt. Die neuen Vocale *œ, ei, ai* bleiben nun Jahrhunderte lang intact, bis sie in die heute ihnen österreichisch entsprechenden *â, ai, oa* auf eine dem ersten Process ähnliche Weise übertreten. Denn der Meinung, dieses *â* des modernen österreichischen Dialektes sei das alte und habe dem Umlaute Widerstand geleistet, vermag ich mich durchaus nicht anzuschliessen. An und für sich ist schon der damit nothwendige Widerspruch zwischen Rede und Schrift in alter Zeit nicht denkbar. Schreiber allein können den ungesprochenen Umlaut nicht in Denkmälern durchgesetzt haben. Setzen die modernen *ai, oa* die älteren *ei, ai* voraus (diese wieder meiner Deduction gemäss *œ*), so wird auch der dritte Laut nicht in seiner ahd. Gestalt verblieben sein.

Warum aber beschränkten sich die erörterten Consequenzen des Umlautes von *â* zunächst auf das Bairische und zogen erst allmälig und ganz spät andere Dialekte nach, ja vermochten stellenweise gar nicht durchzudringen? Diese Frage wird derjenige befriedigend beantworten, welcher die Entstehung des bairischen Dialektes erklärt, d. h. der Summe bestimmter Lauttendenzen, durch welche er von anderen Mundarten, also hauptsächlich und in ältester Zeit von der alemannischen sich ablöste. (Vgl. Scherer ZGdS.[2] S. 45.) Zu diesen Eigenthümlichkeiten gehört schon in ahd. Zeit Vorliebe für Diphthonge, nirgends sonst sind diese so reichlich ausgebildet. Im XII. Jahrhundert ist dieselbe Kraft wirksam und bis auf die neueste Zeit. Wie man alles Charakteristische des Dialektes in den östlichen Theilen seines Gebietes am stärksten ausgebildet findet, so auch hier; in Mittelsteiermark sind alle betonten Vocale ohne Unterschied der Quantität zu Diphthongen geworden: *leiben* und *seei*, *bouden* und *grouß* etc.

Wie zu erwarten, zeigt unser Denkmal *ei* für *î* am meisten in Silben mit Hochton, ja es sind ganz lehrreiche Differenzen festgehalten worden: *imbíz* aber *enbeizen*. Sollte da schon die Silbe ohne Hochton Verkürzung erfahren haben, wie *in* neben *în*, *be* neben *bî*? Wenigstens ein Umstand könnte angeführt werden. Mit Ausnahme von 3 Fällen ist in all' den vielen *lich* mit und ohne Endungen *i* bewahrt. Das scheint doch mit Bestimmtheit darauf hinzuweisen, dass diese *î* schon gekürzt waren. Gehört auch *a* für *ai* hierher?

Die Stellung des *î* im Auslaute scheint ohne Einfluss gewesen zu sein; es bleibt dann 36 Mal und wird 47 Mal zu *ei*, darunter 14 *eí*.

Mhd. *â* findet sich wiedergegeben durch *a*, 7 *â*, 2 *œ*, 2 *ǽ*, 1 *e*. mhd. *œ = œ*, 2 *ǽ*, 3 *ê*, 24 *e*. mhd. *ê = e*, 23 *ê*. mhd. *e = e*, 16 *œ*. mhd. *i = i*, 6 *ie* vor *h*. mhd. *ŏ = a*, 2 *a* vor *r*, 1 *ó* vor *b*, 1 *u*. mhd. *ö = ó*, 2 *œ*. mhd. *œ = 8 ó*. mhd. *ô = o*, 8 *ô*; 6 *ó* vor *r* (und dazu 6 *horen*, wo wahrscheinlich noch *ô* gesprochen wurde, *lêre : hôre* in VI wird kaum als beweisender Reim aufgefasst werden dürfen), 6 *ó* vor *h* (*hôhen* LXXII), 1 vor *ch*, 1 vor *s*, 3 vor *st*, 1 vor *z*, 3 vor *t*, 2 vor *d*. *vró = vrô* XXXIV. Ferner = 1 *u* und 2 *û*. Bei Comparativen mit *o* tritt *ó* nicht ein. Mhd. *u* wird bezeichnet durch *u*, 1 *û*; Umlaut ist selten, besonders vor *r*. Mhd. *ü* 4 Mal *= ú*. Mhd. *û = 4 u*, 5 *û*, 117 *o*. *du* setze ich mit *ǔ* an.

Mhd. *ie* 12 Mal durch *i*, 30 Mal *îe*, einige *eu*. Mhd. *iu = 146 iu*, 8 *ie*, 146 *eu*, 4 *ew*, 6 *êw*, 2 *êu*, 1 *êuu*, 1 *euu*. Mhd. *uo = 290 û*, darunter 41 *brûder* als Plural und 30 *zû* gegen 11 *zu*. Ferner durch 44 *u* bezeichnet, 26 *u* (auch *ûe?*) 17 *ô*, 2 *o*, 1 *ó*. Mhd. *üe* 100 Mal durch *ú*, was aber nicht genau auszumachen ist, da noch manche *uo* sich darunter befinden können. Mhd. *ou = 116 ô*, 1 *au*. *ou* unterliegt verschiedenen Bezeichnungen, ohne dass eine besonders vorwiegt: *ôw*, *ów*, *êw*, *êu*, *ew*, *ie*, *íe*. Obschon die Diphthongierung von

û weit vorgeschritten ist, so ist doch das nhd. *au* ein einziges
Mal aus *ou* zum Vorschein gekommen; mit der Stätigkeit des
Fortschrittes von *ei : ai, î : ei* hat der Process sich hier nicht
vollzogen. Wahrscheinlich hängen beide Gruppen von Diph-
thongierungen zusammen, ob aber *û* einen besonderen Anstoss
(gleichzeitig mit *iu : eu*) erhalten hat, oder in die Analogie der
Bewegung der *î*-Gruppe mitgezogen worden ist, weiss ich nicht.
Vgl. Heinzel, Geschichte der ndfr. Geschäftssprache, S. 434 ff.

Die bairischen Zeichen sind auch in den Consonanten
unseres Denkmals stark ausgeprägt.

Mhd. *k* wird wiedergegeben im Anlaute durch 183 *ch*,
2 *k*. Inlaut 249 *ch*, 6 *k*, Auslaut 197 *ch*, 15 *k*. (1 *g : gumplet*
XVI.) Die *k* stehen aber nur in den ersten beiden Dritteln
der Schrift. Mhd. *ck = ck*, 2 *kk*, 1 *k*, 10 *ch*. Mhd. *ch = ch*,
35 *h;* einige *h* werden durch *ch* bezeichnet, 4 Mal durch *k* vor *t*.
Mitunter tritt in Worten auf *-eclichen* eine Art Compensation
ein, indem *c : ch, ch* dagegen zu *h* wird. Mhd. *g* bleiben einige
sogar im Auslaut: *tag, mag*. Mhd. *j = i*, 2 *g*.

Mhd. *b* bleibt meistens, im Anlaut 16 Mal zu *p*, im Inlaut
1 Mal. Mhd. *p = p*, 6 Mal *b* vor *r* im Anlaut, 1 Mal im In-
laut, öfters im Auslaut. *pp* 1 Mal durch *p*.

Mhd. *t* ist geblieben im Anlaut, im Inlaut stehen *t* und
d, mit Liquiden verbunden, sich ziemlich gleich, im Auslaut
viele *d*. 7 *dw* gegen 4 *tw*. (2 *th* für *ht*.) In *gaislich* ist *t* 3 Mal
ausgefallen, 2 Mal steht *sl* für *stl*. 49 Mal wird mhd. *t* durch
tt gegeben nach *ĕ, ĭ, ŏ*. *z* sind nur in geringer Zahl vorhanden
und nehmen gegen Ende des Denkmals immer mehr ab. Das
schwere Uebergewicht hat *c*, welches für *z* vor *e* 183 Mal, vor
ei 22, vor *i* 59, vor *a* 1, vor *ai* 6 Mal steht; es kommt aber
auch vor *t* 3 Mal, vor *w* 2 Mal, vor *l* 1 Mal vor, und sogar ein-
mal im Auslaut. Weiches *z* wird durch *z*, 1 Mal durch *c*, 9 Mal
durch *s*, 1 Mal durch *sc* bezeichnet. *zz* 22 Mal durch *sc*. Mhd.
tz findet sich wiedergegeben durch *tz*, 14 *cc*, 7 *cz*, 22 *zc*, 1 *sz*,
1 *zz*. Die *cc, cz, zc* folgen so ziemlich in der angegebenen Ordnung
auf einander, nicht ohne leichte Uebergriffe. Mhd. *s = s*, 1 *z*.
Einige Male *ss* durch *s* gegeben, *zs* durch *s* 1 Mal. *sch* durch
sch, 1 *sc*, 38 *s* (fast immer *srift*), 1 *ss*, 1 *ssch*. *x* durch *hs* 3 Mal.
lecce häufig, aber abnehmend gegen 12 *lehce*, 1 *lechce*. *zhuht*
2 Mal, *vaizht* 1 Mal.

Declination: Die Declination weist nicht viel Eigenthümliches auf. Apokopen treten oft ein, ausserhalb der formelhaften Ausdrücke sind etwa 50 tonlose *e* im Auslaut verloren gegangen. In *gelust = gelusten* Dat. Plur. V ist die ganze Endung weggefallen; ebenso in *bethôs = bethôses* LXVI, zu welcher Erscheinung *imbîzs* XXXV den Uebergang bildet. *respons* und *salm* werden fast flexionslos gebraucht. Formelhafte Accusative *wîs, weis, weil* 19 Mal. Das Possessivpronomen und der unbestimmte Artikel werden oft verkürzt, auch Acc. Sing. und Dat. Plur. Masc., Acc. Sing. Fem. *leichnam* scheint stark decliniert; auch *herce* lautet es immer im Plural, während vom Sing. schwache Formen vorkommen, *lahter* und *lehter* nebeneinander. — *ir* wird 5 Mal decliniert. *aim* contrahirt 4 Mal. Im Dat. des Adj. *m* zu *n* 3 Mal geschwächt. Starkes Adj. folgt 23 Mal auf den Artikel. — *zwaiger* II, *zehenz* XVIII. — *u* in der Endung: *seuftun* IV; *tugunde* VII. — *ahtod* 3 Mal. Comparativ fast immer, nämlich in 16 Fällen, auf *or*, Superlativ überall — 14 Fälle — *ist*.

Auch die Conjugation lässt vornehmlich Verkürzungen beobachten. So fehlt in 42 Fällen dem imperativisch gebrauchten Conjunctiv Präs. das tonlose *e*, natürlich sind auch alle 53 stummen *e* weggeblieben. Dagegen Zusatz im Imp. *beleibe* LVIII. *-ent* für *-ende* im Part. öfters. *-t = -tet* 10 Mal. *antwrst = antwurtest* 1 Mal. *werde* als Inf. XXIX. *tœt dû* VII. Sehr stark wird die erste Pers. Plur. Präs. vor *wir* verkürzt: 19 Fälle, darunter *sprech, laz, frag, mûz, verdapm, sei.* — *sprich* für *spricht* 3 Mal. Das Part. Prät. ohne *ge* bei *geben* 4, *lâzen* 1 Mal. — *gît* 3 Mal; *erlœt, enphet* je 1 Mal, doch noch *veht* 2 Mal. — 2. Pers. Plur. lautet auf *-ent* 4 Mal. — *gebeut* für *gebietet* 4 Mal, 2 *gebeutet.* — *warent = warnet* II.

Innerhalb der Wörter schwinden Vocale in auffallender Weise nur neben Liquiden. Für das tonlose *e* habe ich in dieser Beziehung 31 Fälle gezählt, für das stumme gegen 30. *ge* verliert den Vocal in der Regel vor *w*: 20 Fälle. — Dagegen dringt überschüssiges *e* zwischen zwei Liquiden ein ohne Rücksicht auf die Quantität des Stammvocals (oder vielmehr: es bleibt die Zusammenziehung aus) in Endungen 142 Mal, in den Stämmen selbst erscheint es 18 Mal. In beiden Kategorien wird das *e* besonders durch *r* provocirt.

Man wird darnach ohne Bedenken die Aufzeichnung des
Stückes dem bairischen Dialekte zuweisen. Näheres über die
Provenienz der Hs. hat sich nicht ermitteln lassen.

Der ausführliche Katalog Schmellers versagte, wie mir
Herr Secretär Wilhelm Meyer freundlichst mittheilt, jede Aus-
kunft und vorgenommene Vergleichung der Deckelpressungen
ist bisher resultatlos geblieben. Ich denke jedoch, man wird
nicht sehr irren, wenn man das Kloster, aus welchem der Codex
hervorgegangen ist, in Oberbaiern sucht.

Zugleich ist aus der gegebenen Uebersicht schon erkennbar
geworden, dass die vorliegende Uebersetzung nicht Original-
arbeit, sondern die Abschrift einer erheblich älteren Interlinear-
version ist. Das wird bestätigt durch eine genaue Betrachtung
des Inhaltes. Diese lehrt, dass die Uebersetzung sich fast
Wort für Wort an den lateinischen Text anschliesst, vielleicht
in der Vorlage noch etwas enger als jetzt. Im Wortschatze
glaube ich Differenzen wahrzunehmen; nicht innerhalb einzelner
Partien, was etwa eine Abgrenzung der Bearbeiter gestattete,
sondern es scheinen mir recht alte Worte, die in den ersten
Decennien des XIII. Jahrhunderts bereits verschwunden waren,
neben solchen zu stehen, welche dieser Zeit angemessen sind.
Ist diese Beobachtung richtig, so dürfte sie ebenfalls am besten
durch die Annahme sich erklären, eine ältere Version sei hier
abgeschrieben und theilweise überarbeitet. Die Bedeutung der
lautstatistischen Thatsachen wird dadurch nicht beeinträchtigt.

Ich habe keine Beziehungen [1] zwischen dieser Uebersetzung
und anderen bereits bekannten finden können. Uebereinstimmung
einzelner Worte und Phrasen kann da nichts entscheiden. Ich
glaube allerdings, dass bei Anfertigung von Versionen der BR.
im XIII. Jahrhundert man überhaupt vielfach ältere Stücke
wird benutzt haben, aber nur in einzelnen Fällen werden Zu-
sammenhänge zwischen diesen späteren Arbeiten erkennbar

---

[1] Die Hohenfurter BR. (Zs. f. d. A. 16, 224 ff.) theilt zwar mit unserem
Stück den Umstand, dass der grössere Abschnitt des XVIII. Capitels
unübersetzt gelassen wurde, stimmt auch hie und da in einzelnen Aus-
drücken, aber doch nicht so, dass ein näheres Verhältniss angenommen
werden dürfte. Vielleicht gehen beide durch Mittelglieder auf eine Vor-
lage zurück, wozu es nicht übel stimmt, dass auf den mitteldeutschen
Charakter einer solchen Spuren in unserem Denkmale deuten.

sein. Die früheren haben allgemach Platz gemacht. Manche Redensarten und sprichwörtliche Ausdrücke in der BR. werden schon durch alte Tradition eine bestimmte Gestalt angenommen haben; man darf weitere Schlüsse daraus nicht ziehen. Dazu rechne ich z. B. die unzweifelhaften Versuche zu reimen (vielleicht in Nachahmung der stellenweise vorkommenden Reimprosa des lateinischen Textes): II. III. IV. VI. VII an mehreren Stellen, XXXVI. LXI = LXX. Für die Bestimmung des Dialektes ergeben diese Reime nichts.

Im Folgenden liefere ich das Stück (welches ich in Bezug auf die beiden anderen A nenne) in möglichst genauem Anschlusse an die Hs. Auf die Wiedergabe der mannigfaltigen Lautbezeichnungen musste ich freilich verzichten; sie sind ja jetzt schon ausreichend berücksichtigt worden, ich habe die normale Verwendung des Circumflexes vorgenommen. Dagegen ist der Lautstand selbst unverändert geblieben, nur die Abkürzungen sind aufgelöst, *j* für *i*, *u* für *v* und umgekehrt, *s* für *ſ, wur-, wun* für *wr-, wn* geschrieben worden. Die Interpunction rührt von mir her, ist aber meistens durch die Andeutungen der Hs. bestimmt.

(1ᵃ) Hic begint sand Bendicten regel.

Lusen oder vernim, mein sun, diu gebot dînes maisters und naige diu ôren dînes hercen und enphâh lieplîchen dînes milten vater manunge und ervul siu ganzlîhen, daz du wider chomest mit der arbait der gehôrsam zû dem von dem du entwichen pist mit der lâzhait der ungehôrsam. Dar umbe gêt mein rede nû ze dir, swer du bist und dîner gelust wider sagest und nimst an dich diu starchen und diu schônen wâfen der gehôrsam ze dienen unserem herren Christo dem wâren kunege. Daz êrsto ist, swaz du zû tûn begingest gûter dinge, daz du in mit vlîze bittest daz erz volbringe, daz der der uns geahtet hât in der sune zale nimmer geunfröet werde von unser missetât. (1ᵇ) Wir sulen im ze allen cîten von sînen genæden an uns selben alsô gehôrsam sein, daz er niht al aine uns enterbe als ain zorniger vater sîneu chint, sunder daz er ôch niht sam ain vorhtsamer herre uns geb zû den êwigen weizcen als di argen [1] schalche di im niht volgen wellent zů den êren.

Wir sulen ȯf stên als uns diu schrift ȯf wechet unt sprichet: ‚Ez ist zeit daz wir von dem slâfe ȯf stên' und mit ofnen ȯgen gên zů gotlîchem liehte. Und mit erracten [2] ôren sul wir hôren was uns diu gotes stime tæglîchen zů rȯfet und mant uns und sprichet ‚Ist daz ir heute gotes stime hôret, sô erhertet niht eureu herce'. Und aver ‚Swer ôren hât cehȯren, der vernem was der gaist (2ª) der christenhait zů sprichet'. Und was spricht er? ‚Chomet her, mîneu chint, und hȯret mich: di gotes vorhte lêr ich eu.' Lȯset di weil ir des lebens lieht habt, daz euch diu vinster des tȯdes iht erwissche.[3] Und unser herre sûchet in der menge sînes volches sînen werchman [4] dem er ditz [5] zů rȯft und spricht ‚Wer ist der mensch der daz leben wil und gert zesehen di gůten tæge?' Ist daz du diz [6] hôrest und antwrst im daz duz sist, sô spricht got zů dir ‚Wil du haben daz wâre unt daz êwige leben, sô bebar [7] dîne zunge von dem ubel unt dîn lebse, daz si dechain âchust [8] reden. Chêr dich von dem ubel unt tů daz gůte. Vorsche [9] nâch dem vride und volge dem. Unt als ir ditz getůt, sô sint mîneu ȯgen uber euch und mîneu ôren zů eurem gebette. (2ᵇ) Und ê daz ir mich růfet, sô sprich ich: hie piu ich'. Was mag uns sůzer sein diser gotes stimme diu uns lædet, vil lieben brůder mîn? Seht wie uns got von sîner milte hât gezaiget den wech der zů dem leben gêt.

Wir sulen ȯf gurten mit dem gelȯben und mit gůten werchen unsere lende unt sulen gotes wege varen mit dem gelaite des êwangelien, daz wir des wert werden daz wir in in sînen rîche sehen der uns dar geladen hât. Wel wir in dem selben rîche wonen, sô můz wir dar mit gůten werchen chomen. Nů frâg wir unseren herren und sprechen mit dem wîsagen ‚Herre, wer sol wonen in dînem gecelte und wer sol růwen ȯf dînem hiligen berge?' Nâch diser frâge, brůder, hôren wir unseren herren (3ª) wie er uns antwrt unt zaiget den wech des selben gezeltes unt sprichet ‚Der âne mail in

---

[1] *pȯsen* c, womit ich in Kürze den späteren Corrector bezeichne, der freilich bald (auch *e* überzusetzen) ermüdet

[2] *offen* c [3] *nicht peyreyff* c [4] *pauman* c [5] *dise dinch* c [6] *ez* c

[7] *pehůt* c [8] *ubel noch pȯse* c [9] *Sůch* c

gêt unt daz reht wurchet, der die wârhait von hercen ret, [1]
der dechaine hônchust [2] in sîner zungen hât, der sinen næsten
laides erlæt, der sich niht annimpt daz er sînen næsten zeit-
wîz bringet, der den ubelen teuvel, sô er im iht rætet, [3] mit
sampt sînem ræte [4] von sînem hercen verspîet und vertût unt
sîne chlaine gedanchen zesamen habt und stôzt [5] siu zegot'.
Di got furhtent unt sich niht uberhebent von ir gûten werchen,
wan si wizzen wol daz ir gûttât von got ist, niht von in selben,
und lôbent den der ez an in wurchet unt sprechend mit dem
wîsagen ,Nith, herre, niht uns, sunder dînem næmen gib daz
lob'. Als öch sand Paul von sîner predge im (3b) selben niht
ahte, dû er sprach ,Ich pin von gotes genâden daz ich dâ pin'.
Und aver ,Der sich rûmet, der rûm sich in got'. Dar umb
spricht unser herre in dem êwangelio ,Der diseu mîneu wort
hôret unt siu tût, den gelîch ich ainem wîsen manne der sîn
hôs cimberte öf ain stain. Ez chomen di flûze [6] und wâten
di winde und stiezen an daz hôs und ez enviel niht, wan ez
gegruntvest was öf den stain'. Ditz ervullet got an uns und
wartet [7] taglîchen daz wir dirre sîner hiligen manunge mit den
werchen antwurten. [8] Dar umb sint uns ditz lebens tage ze
bezzerunge verlihen, als der apostolus sprichet ,Waist du nith
daz dich ze rewen laitet diu gotes genâde?' Wan unser milter
herre sprichet ,Ich wil niht des sunders tôt, sunder daz er
sich bechêr und leb'.

(4a) Dû wir unseren herren frâgten, brûder, wer in sînem
rîche solde wesen, dû hôrte wir diu gebot des wesens. Ist
daz wir nû ervullen daz ambt des wesmans, [9] sô werd wir
erben des himelrîches. Dar umb sul wir beraiten unsereu herce
und unseren leip, daz si dînen den hailigen gebotten der ge-
hôrsam, unt daz diu natuer unmugliches an uns hat, bitten [10]
got daz er uns sîner gnædeu helfe dar zû tû. Und ist daz
wir di helle weice fliehen wellen und chomen zû deme êwigem
leben, di weil wir in disem leibe sein und iht getön mugen
bei dem liehte dis lebens. sô sul wir nû löfen unt tûn daz uns
immer nuz [11] sî. Wir sulen stiften aine schûl des vrônen [12] dienstes,

---

[1] spricht c [2] ubel c [3] schundet c [4] schunt c [5] stôz — druckt c
[6] waser c [7] pot c [8] darnach schullen c [9] paumans c [10] da pittent c
[11] ewichten frumt c [12] gotleichen c

dâ wir niht wænen (4ᵇ) daz iht hertez oder swæres gesezet
sule werden. Ist daz ez aver ain wênich strenchlîchen ¹ fur
sich gêt, wan ez rcht alsô getihtet durch der laster bezzerunge
unt di behaltnusse der minne, sô ensolt du niht gâhens erchomen
unt fliehen den wech des hailes des man niht beginnen mach
wan mit engem angenge. Aver dar nâch als sich der gelôbe
in gûtem leben fur genimpt, sô wirt mit weitem herceu in un-
zellîcher ² sûze der minne gelôfen der wech nâch gotes gebotten
daz wir nimmer von sîner maisterschefte geschaiden, wir be-
leiben an sîner lêre in dem chlôster unz an den tôt und werden
tailheftik Christes marter mit gedulte, daz wir sînes rîches
gnôsam werden.

I. Wie manch geslehte der munche sei.

Ez ist wizzenlich ³ daz vier slaht munche sint. Di (5ᵃ)
êrsten ⁴ daz sint chlôsterleute di dâ lebent under der regel oder
under dem abte. Daz ander geslæhte sint ainsidel di des lebens
beginnent niht mit newer hitze, wan si habent mit langer
brûfunge ⁵ des chlôsteres gelerent mit manger leute helfe wider
den tivel vehten unt sint wol underweiset von brûderlîcher
schar ze dem anweige der ainôde unt sint sicher daz si ân
ander leute trôst mit ir selber hant oder arm gevehten mugen
mit gotes helfe wider diu laster des vlaisches oder der gedan-
chen. Daz dritte geslæhte der munche ist gar ubel getân, daz
sint trugnære di mit dechainer regel der maisterschefte bebæret
sint als daz golt in dem oven, want si sint erwaichet in des
bleies natûer unt tragent noch der werlt trewe mit den werchen
und sint er (5ᵇ) chant daz si mit der schære got liegent. Der
sint zwên oder drî oder besunder ân herter in ir selber gadem,
niht in gotes steige, und habent fur ê ir girde gelust. Unt
swas si erwelent oder wênent, daz haizent si hailik; des si
nien enwellent, daz enwænent si niht mûzlich ⁶ sîn. Daz vierde
geslahte der munche daz haizent umbwadlere, di allez ir leben
in mangen landen drei oder vier tage von hôse zehôse her-
wergent unt sint immer umbvarent und unstæte unt dienent

¹ *vôrhtleychen* c   ² *unsælecher* c   ³ *gewißen* c   ⁴ *erste*   ⁵ *varsûchunge* c
⁶ *zimlech* c

ir gelust und ir vrâzhait unt sint alle weis bôser den di trug-
nære. Von aller dirre [1] jæmerlîchen leben ist bezzer zesweigen
den iht zereden. Dar umb lâz wir dise unt stiften [2] mit gotes
helfe ze dem starchen geslæhte der chlôstermunche.

II. Welch der abt sein sule.

(6ᵃ) Der abt der des wert ist daz er dem chlôster vor
sei, der sol ze allen cîten gehugen [3] waz er gehaizen ist und
daz er des mêroren namen mit den werchen ervullen sol. Man
gelôbet daz er Christes zeche in dem chlôster hab, wan er mit
sînem næmen gehaizen ist, als der apostolus sprichet ,Ir habt
enphangen den gaist der erwunschten sune in dem wir rûfen:
abt, vater'. Dar umb sol der abt wider gotes gebot nimmer
niht lêren noch sezcen noch gebieten, sunder wan sîn gebot
unt sein lêre sol sein sam ain urhab des gôtlîchen rehtes ge-
sprenget in sîner junger hercen. Er sol gedenchen daz baideu [4]
sîner lêr unt sîner junger gehôrsam an dem vorhtsamen urtail
gotes rede werden sol. Der abt sol wizzen daz ez des herters
schult ist, swas min nucces der hôsherre an sînen schâphen vindet.
(6ᵇ) Er wirt aver dester vrîer, ob er der ungerûwigen unt der un-
gehôrsamen hert allen sînen vlîz erbeutet und ireu suhtigeu
werch alle weis berûchet, sô mag der herter vrîlîchen an dem
jungistem tage sprechen ze got ,Dein reht verbarg ich niht
in mînem hercen, deine wârhait unt dîn hail sagt ich in; si
enahten aver derôf niht unt versmæhten mich'. Unt danne
zelest sô gesigt an den ungehôrsamen schâphen sîner phlege
der gewaltige tôt.

Swer den næmen des abtes enphêt, der sol mit zwaiger
slaht lêre sînen jungern vor sîn: daz ist daz er elleu gûteu
dinch sol mêr mit den werchen dan mit den worten erzaigen, dâ
er den vernunftigen jungeren gotes gebot fur leg mit den worten;
di aver hertes hercen sint und ainvaltik den sol er (7ᵃ) mit den
werchen deu selben gotes gebot zaigen. Allez daz er lêrt sîne
junger zevermeiden, daz sol er an sînen werchen niht erzaigen,
daz er sô er den anderen predeget niht verworfen werde, daz im
her nâch von sînen sunten got iht zû spreche ,War umb redest

---

[1] dirr' [2] chomen c [3] gedenchen c [4] pey od' von c

du mîn reht und nimst mîn ê in dînen munt? Du hast di
zuht gehazzet und wurf mîne rede zerukken. Unt dû du in
dînes brûder ôgen di agen sæhe unt den trâmen in dînem niht'.
Er sol dechainen in dem chlôster underschaiden; er ensol niht
mêr ain lieb haben den den anderen, wan den er in gûten werchen
und an der gehôrsam bezzoren vindet. Der edele sol fur den
unedelen niht gesezzet werden, ez aisch danne (7ᵇ) ain ander
redlich sache. Ist daz ez alsô daz reht getihtet und ez den
abt gût dunchet, sô tû erz von ainem ieslichem orden. Ist des
niht, sô hat ieslîcher sîne stat, wan wir sein chnecht oder vrei,
sô sî wir alle in Christo ain unt under ainem herzen trag wir
geleich dienst, wan er niht underschaidet armût oder hêrschaft.
Al ain an disem tail sei wir von im underschaiden, ob wir
diemutik und bezzer in gûten werchen [1] vor den anderen
erfunden werden. Dar umb sol er siu alle gelîch lieb haben
und allen aine zuht nâch ir werde tragen.

Der abt sol an sîner lêre di form des apostels haben,
als er spricht ‚Refse unt flêg unt strâphe'. Daz ist daz er di
cit sol muschen mit der cît, di aise mit der semphte. Er sol
sich erzaigen (8ᵃ) daz er ain erenshaft maister und ein milter
vater sî. Daz ist daz er di ungezogen und di ungerûten sol
harter strâphen, aver di gehôrsam unt di gûten unt di gedultigen
sol er flêgen, daz si sich bezzeren; unt sî gemant daz er di
versûmige unt di versmæher strâf unt refse. Er sol niht ver-
gelîhsen [2] di sunte der di da missetûnt, want sâ sô si beginnent
ze wahsen, sô sol er siu wurzlichen absneiden als er mach,
unt gehuge [3] der vraise Hely der êwarten [4] von Sylô. Und
di êrsame unt vernunftige sol er an der êrsten oder an der
anderen manunge mi den worten refsen. Aver die unzuhtigen
unt di hertes hercen sint und ubermûtich und ungehôrsam sol
er mit besemslegen oder mit des lîbes chestunge dwingen an
der sunden angenge und wiz daz gesriben ist ‚Von worten (8ᵇ)
der tumbe man sich nimmer bezzeren chan'.[5] Und aver ‚Slach
dîn sun mit der rûten, sô erlôst du sîn sêl von dem tôde'.

Der abt sol ze allen cîten gedenchen waz er ist und waz
er gehaizen ist und wizzen daz man von dem mêr aischt dem

---

[1] Darauf folgt *sein*, ist aber durchstrichen   [2] *ubersehen* c   [3] *gedench* c
[4] *hˀn* c   [5] *dˀ lúmp wirt nicht gepezˀt mit den wórten* c

man mêr enphilht. Er sol wizzen welch ain unsemphte [1] und
ain hôhez dinch er enphangen hât di sêl zeberihten unt vil
sitten ze dienen. Ain mit sûzchôsen, [2] den anderen mit ref-
sunge, [3] und nâch ains ieglîchen maz unt verstentnusse [4] sol [5]
er sich in allen alsô nâch gepilden unt zû fugen, daz er niht
al ain dechain gebresten leide der hert diu im enpholhen ist,
sunder daz ouch er [6] sich vreu von der mêrunge der gûten
hert. Vor allen dingen sol er niht ubersehen oder unhôh ahten
daz hail der sêle die im enpholhen sint und hab niht grôzzer
sorge umb zergenchlîcheu und (9ᵃ) umb irdischeu dinch, wan
daz er zeallen cîten gedenche daz er di sêl hât enphangen
zeverrihten von den er öch rede geben mûz. Er sol dechain
armût niht chlagen unt gedenche daz gesriben ist ,Sûchet zem
êrsten gotes reich unt sîn reht, sô wirt eu daz andere allez
derzû geben'. Und aver ,Di got furhtent den gebrist niht'.
Er sol wizzen, wan er di sêl hât zeberihten enphangen, daz
er sich beraiten sol, daz er von in rede geb; unt nâch der
zal der brûder di unter sîner phlege sint sol er wizzen fur
wâr daz er an dem urtailîchen tage aller ir sêle got rede geben
mûz unt dar zû ân zwîvel sîn selbes sêl. Unt sô er zeallen
cîten furhtet des herters chunftigez urtail von den schâphen
sîner phlege, sô er sich warent gegen fremder rede, sô mûz
er sîn selbes sorge haben. unt sô er mit seiner manunge di
andere bez (9ᵇ) zert, sô wirt öch er von den lasteren vrei.

III. Daz man di brûder ce râte nemen sol.

Swen man iht ahtiges in dem chlôster ahten sol, sô sol
der abt aller der samnunge sagen waz er handeln [7] welle. und
als er der brûder rât gehôret, sô sol er mit im selben ditz
dinch betrahten, unt daz er ez [8] nuzist ertailet daz tû. Dar
umb sol er siu alle zerâte nemen, wan got ofte [9] dem jungerem
daz beste eroffent. [10] Jedoch sulen di brûder den rât geben mit
sô diemutiger undertænichait, daz si niht vrœvelîchen scherm [11]
daz si gût dunchet. wan ez sol aller maist an des abtes willen

---

[1] *wi ain mûglech* c   [2] *lindung* c   [3] *pozrung* c   [4] *sin* c   [5] *so* c
[6] *er* später zugefügt   [7] *tûn* c   [8] *darnach all'* von c eingeschaltet
[9] *dich* c   [10] *offent* c   [11] *peschermen* c

sîn, und daz er nuzsamer ertailt des suln si alle gehôrsam sîn. [1]
Aver als den junger gecimpt daz er dem maister gehôrsam sî,
alsô gecimpt ŏch dem maister wol daz er elleu dinch vursihtec-
lichen unt rehte sezce. In allen dingen sulen si alle volgen
der maistersefte der regel, und niemen sol von ir vravelîchen
entwîchen. Ez ensol niemen in dem chlôster sînes hercen
willen nâch volgen, noch hoffertlichen mit sînem abte streiten
innerhalbe oder ŏzerhalbe des chlôsteres. Swer daz erbaldet, [2]
der sol der regellichen zuht underligen. Jedoch der abt der
sol mit der (10ª) gotes vorhte und mit der behaltnus der regel
elleu dinch tŭn, unt sol wizzen âne zwîvel daz er von allen
sîn urtailen dem aller [3] rehtistem rihter got rede geben mŭz.
Swas er aver ze tŭn hât in chlainen nuzzen des chlôsters,
dar zû sol er der altherren rât haben, als gesriben ist ‚Elleu
dinch tŭ mit rât, so gereut ez dich niht nâch der tât‘.

IV. Welch diu gerust sint gŭter werche. [4]

Zem êrsten sol man unseren herren got lib haben von
allem hercen, von aller sêle, von aller chraft, dar nâch den
næsten als sich selben. Dar nâch sol der mensch niht mansleg
sîn, noch nicht hŭren noch dechain diep sîn, noch nîmens gŭtes
geren, noch valsch urchunde sprechen oder valsch urchunde
geben. Er sol alle leute êren, unt daz er niht wil daz man im
tŭ, daz sol er aim anderen niht tŭn. Er sol sich im selben ver-
zeihen, daz er Christo mag gevolgen. Er sol den leip chestigen,
di wirtschaft niht liep haben, die vasten minnen, [5] di armen lieb
haben, [6] den nakten chlaiden, den siechen besehen, den tôten
begraben, an den nôten zehelfe chomen, den gesêrigten oder
den trûrigen trôsten, von werltlîchen sachen sich fremde machen,
unt Christes minne nihtes fur sezcen. Er sol sînen zoren niht
volfŭren, des zorns cît niht behalten, hônkust [7] in dem hercen
niht haben, valschen vrid nîmen geben, noch di minne nimmer

---

[1] Von hier ab bis 11ª stehen zwei Zeilen in dem Raum einer Linie, wo
sonst nur eine, weil der Schreiber mit seiner Aufgabe auf der ihm zu-
getheilten Lage fertig zu werden hatte.
[2] *uberget* c   [3] *allen*   [4] *werchen*   [5] *gerne vasten* c   [6] falsch, da es im
lat. Text *recreare* heisst   [7] *rachgung* c

verlâzzen. Er sol niht sweren, daz er sich iht verswer, von
hercen unt von munde di wârhait reden. Daz ubel wider dem
ubel noch daz unreht tûn; wirt ez im getân, daz sol er gedultich-
lîhen vertragen. Seine veinde sol er minnen, seine flûcher
gesegen, sîn âhter verdolen[1] durch daz reht. Er ensol niht
sein ubermûtik, noch ain trincher, noch ain vilezzer, noch ain
slâfer, noch laz, noch ain murmeler, noch ain afterchôser.[2]
Seine zûversiht[3] sol er got enphelhen; swaz er gûtes an[4] im
waiz, daz sol er got ahten, daz ubel im selben, unt sol wizzen
alle cît daz ez von im selben (10^b) ist. Er sol den urtailîchen
tach entsizen,[5] di helle erfurhten,[6] des êwigen lebens mit aller
gaisticher girde gerende[7] sein, den tôt tæglîchen vor ögen
haben. Diu werch sînes lebens vlîzlîchen bebaren; daz in got
an allen steten sehe sol er wizzen fur wâr.[8] di ubele gedanchen
di zû sînem hercen choment di sol er sâ[9] ze Christo stôszen
unt sol siu ainem gaistichen altherren offenen. Er sol sînen
munt von bôsen und von ublen worten behûten, er sol niht
geren vil reden, noch upigeu wort unt lachtrigeu[10] sprechen,
noch lieb haben özsutetez lachter. Er sol gern hôren di
hailigen leccen, sîn gebet emcigen, sîne sunde in sînem gebette
alle tage mit cheren[11] oder mit seuftun gen[12] got chlagen. Er
sol sich der selben sunde bezzeren, di gelust des vlaisches niht
volbringen, sein aigen willen hazzen. Er sol des abtes gebotten
alle wîs gehôrsam sîn. Ist ôch daz er anders tût, daz nimmer
geschehe, iedoch sol man gedenchen an daz gotes gebot ,Daz
si sprechent daz tût, daz aver si tûnt des entût niht'. Er sol
niht wellen daz man in hailik. haize ê dan er ez sei; er sol
ez ê werden, daz man ez wêrlîchen gesprechen muge. Er sol
gotes gebot tæglîchen mit den werchen erfullen, die cheussc
minnen, den streit,[13] hofhart und vermezzenhait[14] fliehen, seine
altherren êren, sîne jungere lieb haben, in Christes minne fur
sîne veind bitten ê diu sunne zerest gê, mit der misschele di
sûne begên,[15] unt sol an der gotes barmunge nimmer verzagen.
Diz sint diu gerust der gaistlîcher liste.[16] sô diu werdent baidiu

---

[1] dulten oder be- c   [2] hinreder c   [3] trôst c   [4] zuerst ani   [5] furchten c
[6] senhin c, vielleicht erscheuhen gemeint   [7] pegerende c
[8] durchstrichen von c   [9] durchstrichen von c
[10] die daz laster habent nicht c   [11] zecheren c   [12] gestrichen von c
[13] haz c   [14] ubermût c   [15] in fride widerchomen c   [16] tugent c
2*

naht unt tag von uns stætechlîchen volbrâht und öf geben [1]
an dem jungisten tage, sô wirt uns von got daz lôn gegeben
daz er hât gelobt sînen dieneren, daz nie dechain öge gesach,
noch ôr gehôrte, noch in menschen herce chom, daz got beraitet
hât den di in lieb habent. Diu werchgadem [2] dâ man daz allez
inne wurchen sol, daz sint des chlôsters sperresal [3] unt diu
stæte [4] in der samnunge.

(11ᵃ) V. Von der gehôrsam.

Der êrste grâd der dimût ist diu gehôrsam ân twâl. Diu
gecimpt den wol di niht lieber habent den unseren herren
Christ. Durch daz hailige dienst daz si gelobt habent unt
durch der helle weice,[5] zehant sô in von ir mêroren iht wirt
gebotten, sô entwâlent si niht mit den werchen, sam ez von
got gebotten sei.[6] von den sprichet got ,Dû er mich gehôrte,
dû gehôrsampt er mir'.[7] und spricht aver zû den lêrêren ,Der
euch hôret der hôrt mich'. Dar umb lâzent dise zehant ir
aigen willen und ir dinch under wegen, unt sâ mit ledigen
handen lâzent ir werch under wegen unt volgent der stimme
des der ir gebieter ist mit nâchwentigem fûze der gehôrsam.
und volchoment alsô mit ain ander schier in ainer weile in
gotes vorhten baidiu des maisters vor gesprochniu gebot unt
des jungers durnohtiu werch. Den zû dem êwigen leben
ger ist di habent sich dar umbe zû dem wege von dem got
sprichet ,Der wech ist enge der zû dem leben laitet', daz si
niht leben nâch ir willen noch nâch ir girde und ir gelust
niht gehôrsam sint, unt daz si in den chlôsteren wesen unt [8]
dâ gerent si daz ir di abte phlegen.[9] (11ᵇ) Âne zweivel dise
volgent der rede di unser herre sprichet ,Ich enpin dâ zû nicht
chomen daz ich mein willen tû, sunder des der mich hât gesant'.
Diu selben gehôrsam wirt aver danne got genêm unt den leuten
sûz, ob man si tût âne vorhte noch trâchlîchen noch lazlîchen
noch mit murmeln noch mit antwurt des ubelen willen, wan
diu gehôrsam di man den mêroren erbeutet diu wirt got er-

---

[1] *geantwurt* c   [2] *stat* c   [3] *slôz* c   [4] *stætichait* c   [5] *die förcht* c
[6] *ist ez getan als in von got sey enpotten* c   [7] *wart ir mir gehorsam* c
[8] *unt* unterpungiert von c   [9] *in der abt vor sey* c

botten, als er sprichet ‚Der iuch¹ hôrt der hôrt mich‘. Dar
umb sol der junger erzaigen soin gûten mût, wan den frôwen²
geber minnet got. Wan wirt der junger gehôrsam mit ubelem
mûte und niht al ain mit dem munde, ist daz er ôch in dem
hercen murmelt, und ist daz er ôch daz gebot erfullet, sô enist
doch got niht genêm der diu herce an siht der murmelêre.
und umb sô getân gehôrsam wirt er gotes lônes âne und vellet
in der murmelêre weice, ob erz niht gevellichlîchen bûzet.

VI. Von dem sweigen.

Wir suln tûn daz der wîsage sprichet ‚Ich sprach: ich sol
mîne wege bebaren, daz ich an mîner zunge iht missevar‘.³
Hie zaiget der wîsage, ist daz (12ᵃ) wir under weilen sweigen
sulen von gûten dingen durh daz swîgen, daz man michels
mêr durch di weice der sunte ubelen wort sol vermeiden. Dar
umb sol man den durnohten jungeren selten urlob geben ze
sprechen ôch von gûten dingen unt diu zebezzerunge gehôrent
durch di gedigenhait des swîgens, wan gesriben ist ‚Swer vil
geret den sunden⁴ er⁵ niht enphert‘.⁶ Und anderswâ ‚Den
tôt unt daz leben mag diu zunge benemen unt geben‘. Wan
dem maister zimpt wol daz er red und lêre, dem junger daz
er sweig und hôre. Dar umb swaz ze vorderen ist daz sol
man aischen von dem prior mit aller diemôt und undertâne-
chait. Aver eitelchait und mûzigeu wort⁷ unt deu daz lahter
erchuchent⁸ unt spot verdapm wir in allen steten mit dem
êwigen slozze, unt ze sôhtâner rede gestat wir niht daz der
junger sein munt ôf tû.

VII. Von der dimûte.

Uns rûfet diu hiligeu srift, brûder, und spricht ‚Swer sich
hôhet der wirt genidret, unt swer sich dimûtiget der wirt ge-
hôhet‘. Sô si ditz spricht, sô zaiget si uns daz aller (12ᵇ)
slaht hofart ist ain geslehte der ubermûte, dâ von sprichet der

---

¹ fehlt   ² *frôlechen* c   ³ der Rest der Schriftstelle blieb unübersetzt
⁴ *der vleucht die*   ⁵ gestrichen von c   ⁶ gestrichen von c
⁷ dazu *und spot* c   ⁸ *habet* c

wîsage daz er sich bewart hab ,Herre, mîn herce hât sich niht
erhaben unt mîneu ögen sint niht erpurt.[1] Ich giench niht in
bunderlîchen und in grôzzen dingen [2] uber mich'. Jedoch wie [3]
hân ich gevaren? ,Entstûnt [4] ich mich niht diemûtichlîchen
und hân ich gehôhet mîne sêl, sô werd ir gelônet als dem
chinde, sô man ez enspent von der mûter'. Dar umb, lieben
brûder, wel wir schier chomen zû der obristen hôhe zû der
man steiget mit der dimût ditz gegenwurtigen lebens, sô sul
wir mit unserem öfsteigen di laiter öfrihten mit den werchen
diu sand Jacob in dem slâf erschain, an der im wurden gecaiget
di engel öf und nider steigende. Ditz öf und nider steigen
verstên wir niht anders ân zweivel, wan daz man mit der uber-
mût nider steiget und mit der dimût öf steiget. Diu selbeu
öfgerihtet laiter ist unser leben in discr werlde daz mit die-
mûtigem hercen wirt öf zehimel von got gerihtet. Wir sprechen
daz unser lîp und unser sêl di sciten [5] der selben laiter sint.
In di (13ª) selben laiter bôme hât diu gotes ladunge öf zesteigen
în gestechet [6] manger slaht grâd der dimûte unt der zhuht.

Der êrste grâd der dimût ist daz der mensch gotes vorhte
immer var ögen hab und fliehe di âgezzelchait und gehuge [7]
ze allen cîten aller der dinge di got gebotten hât, wie di got
versmæhent umb ir sunde in di helle vallent, unt daz ôwige
leben daz den berait ist di got furhtent ze allen zîten in sînem
gemûte hab und behûte sich ze allen wîlen vor den lasteren
unt vor den sunten, daz ist der gedanche, der zungen, der
ögen, der hente, der fûze unt seines aigen willen, unt eile öch
daz er des vlaisches girde von im tû. Der mensch sol des
wænen daz in unt sîneu werch got von himel an allen steten
sehe und öch ze allen cîten im gebotschepht werden von den
engelen. Daz got unseren gedanchen bei sei daz zaiget der
wîsage dâ er sprichet ,Got ersûchet [8] diu herce unt diu nier'
und aver ,Des menschen gedanchen erchennet got'. Unt spricht
aver ,Du waist von verren (13ᵇ) mîne gedanchen unt dir sint
chunt des menschen gedanchen'. Unt daz der nuzce brûder
vleizechlîchen sich bebar von bôsen gedanchen, sô sol sprechen

---

[1] *derhebt* c   [2] *die* und noch ein, aber unleserliches Wort von c zugesetzt
[3] *Sunder wie* c   [4] *wær* c   [5] *layterbaum* c   [6] *geslôzen* c   [7] *gedench* c
[8] *ervert* c

ze allen cîten in seinem hercen ‚Sô beleib âne mail var got,
ob ich mich vor mînem unreht [1] behûte'. Wir werden gebert
daz wir unseren aigen willen niht tûn, als diu srift zů sprichet
‚Chêr dich von dinem aigen willen'. Wir bitten ŏch got in
dem frônem gebote daz sîn wille an uns erfullet werde. Von
reht werden wir gelêrt unseren aigen willen lâzen, sô wir
uns hûten dâ vor daz diu hailigeu srift sprichet ‚Ez sint wege
di di leute gůt dunchent, der ende in di tiefe der helle senchet',
unt sô wir aver behûten daz von den versûmigen ist gesprochen
‚Si sint unganz [2] und unmenschlich worden in ir aigen willen'.
Aver in des vlaisches gelusten sulen wir gelôben daz got ge-
genwurtich ist, als diu srift sprichet ‚Herre, vor dir ist elleu
mîn girde'. Dar umb sol man sich hûten vor bôsem geluste,
wan der tôt gesezet ist an der (14ᵃ) înverte der gelust. Dar
umb gebeut diu srift unt sprichet ‚Du solt dîner begirde niht
nâch gên'. Dar umb ist daz gotes ŏgen sehent di gůten unt
di ubelen unt daz er wartet von himel uber der menschen
kint, daz er sehe ob sich ieman entstê [3] unt got sûche, unt ist
daz got unserem sephere alle tage unsereu werch gebotschepht
werdent von den engelen di uns beahtet [4] sint, sô sul wir uns
hûten, brûder, ze allen cîten, als der wîsage an dem salem
sprichet Daz wir zů den ubelen niht naigen unt daz uns got
ze dechainer weile iht unnuzce sehe, und entleibt [5] uns nû an
diser ceit, wan er milt ist, unt pcitet unserer bezzerunge, daz
er uns her nâch iht zů spreche ‚Ditz tæt du und ich swaich'.

Der ander grâd der dimût ist daz der mensch sein aigen
willen niht minne,[6] noch sîne gelust niht volbringe, wan daz
er mit den werchen volge der gotes stimme, als er sprichet
‚Ich bin chomen dar zů, daz ich mînes vater willen, niht den
mînen tů'. und aver spricht diu srift ‚Weice hât diu wolnust,
di chrône gebirt diu nôtdurft'.

(14ᵇ) Der dritte grâd der dimût ist daz der munch in
gotes minne sînem mêrorem undertænich sei mit aller gehôrsam
und nâch volge unserem herren von dem der apostolus sprichet
‚Er was sînem vater gehôrsam unz ŏf den tôt'.

---

[1] *posen* c   [2] *vôrwazent* c   [3] *vernem oder verse* c   [4] *gesazt* c
[5] *vertrayt* c   [6] *lieb hab* c

Der vierde grâd der dimût ist daz der munch an der gehôrsam herteu und widerwertigeu dinch, oder ob im dechain unwirde erbotten werde, wizzechlîchen liep hab und sei gedultik und verzag niht, noch entweiche. Wan diu srift sprichet ‚Swer volhertet unz an daz ende der wirt behalten‘. Und aver ‚Ez sol dein herce veste [1] sein an unserem herren und beite sein‘. Sich zaiget öch daz der gelòbige mensch elleu dinch durch got leiden sol, und spricht [2] von den di iht lident ‚Durch dich, herre, tôtet man uns durch den tach und sin geahtet als diu slahtigeu schâph‘. wand si aver sint sicher des gotlîchen lônes, sô sprechent si dar nâch vrôlîchen ‚Aver an allen disen dingen gesigen wir durch den der uns geminnet hât‘. Und aver spricht diu srift anderswâ ‚Du hâst uns, herre, gepruevet (15ᵃ), als man daz silber in dem veur bebêret. Du hâst uns gelaitet in den strich und hâst nôt gesezet öf unseren rukken‘. Hie zaigt er öch daz wir under dem prior suln sein unt spricht dar nâch ‚Du hâst uber unser höbet leute gesezet‘. Di öch gotes gebot erfullent in widerwertigen dingen, sô man siu sleht an ain wange, sô bietent si daz ander dar. Der in den roch nimpt, dem lâzent si den mantel. Der siu dwinget [3] aine meil zegên, mit dem gênt si zwô und leident mit sand Paul êhte [4] und vertragent valsche brûder und segnent di di in da flûchent.

Der funfte grâd der dimût ist daz der munch alle di ubeln gedanche di zů sînem hercen choment sînem abte sage mit dimûtiger beihte. Des schuntet uns diu srift und sprichet ‚Du solt got dîne wege ofnen und hinz im haben dîne hofnunge‘. [5] und spricht [6] aver ‚Begehet got, wan er gůt ist unt sîn warmunge diu ist êwich.‘ unt der selbe weisage ‚Mîne missetât hân ich dir, herre, chunt getân und mein unreht hân ich niht verborgen. ich sprach: ich sol mîne sunde (15ᵇ) wider mich selben got begehen unt du hâst di erge mînes hercen vergeben‘.

Der sexte grâd der dimût ist daz der munch sich erbiete daz er der lecciste sei, unt zů allen den dingen diu man im enphilhet sol er sich ahten als ain bösen und ain unnuccen werchman, und spreche mit dem wissagen ‚Ich bin ze nihteu worden

---

[1] gesterchl c　　[2] sprich　　[3] genotget c
[4] So ursprünglich, etwas später noch re hinzugefügt
[5] öfnvnge　　[6] sprich

und enchund niht. ich pin als ain vich worden pî dir und sol
beleiben immer mit dir'.

Der sibende grâd der dimût ist daz sich der munch den
nidristen unt den bôsisten niht al ain mit der zung sag, er
sol ez öch hercechlîchen in sînem gelöben haben unt dimûtige
sich mit dem wîssagen unt sprech ‚Ich pin ain wurm und niht
ain mensch, ain itwîz der leute und ain verworfnusse des volches.
ich pin gehôhet unt gedimûtiget unt geschendet'. Und aver
‚Mir ist gût daz du mich gedimûtiget hâst, daz ich lerne dîneu
gebot'.

Der ahtod grâd der dimût ist daz der munch niht anders
tû, wan daz diu gemain regel des chlôsters hât oder der mêroren
bilde schuntet und râtet.

(16ᵃ) Der neunte ¹ grâd der dimût ist daz der munch an
der rede sîne zunge bewar unt behalte sîn swîgen unz man
in frâge, wan diu srift daz zaiget daz man in vil rede di sunde
niht enphleuht, unt der vil redende niht beriht werden chan.

Der zehende grâd der dimût ist daz der munch niht schier
noch leihtichlîchen lache, wan gesriben ist ‚Der tumbe man
erhôhet seine ² stimme sô er lachet'.

Der ainleft grâd der dimût ist, sô der munch ret, daz
er daz samfte tû und ân lehter, dimûtlîche unt mit zuhten,
und wênich red und redlihen, unt sî niht rûfich mit der stimme,
als ez gesriben ist ‚Der wîse man mit churcen worten wirt
erchant'.

Der zwelfte grâd der dimût ist daz der munch als wol
mit dem leibe als mit dem hercen di dimût zaige allen den di
in sehent. Daz ist an dem werche, in dem bethûse, in dem
chlôster, in dem garten, an dem wege, an dem acher, oder swâ
er siccet oder gêt oder stêt, daz er mit genaigtem höbte sei unt
sîneu ögen zû der erden hab. Er sol sich seiner sunte zallen
cîten schuldich geben. Er sol öch (16ᵇ) haben den wân daz
er vor dem uissamen gotes gerihte ie ebens sule stân, unt
spreche zallen cîten daz der ofne sunder an dem êwangelio
sprach der sîn gesihen nider zû der erden brach ‚Herre, ich
sunder pin des niht wirdich daz ich mîneu ögen öf zehimel heb'.
unt sprech aver mit dem wîssagen ‚Ich pin alle weis gediemû-

---

¹ neute ² zuerst sine geschrieben, dann durchstrichen

tiget unt genaiget'. Swen alsus der munch òf steiget dise gràde
der dimût, sô chumpt er sâ zû der ganzen gotes minne diu di
vorhte òz stôzet, mit der er elleu diu dinch di er vor âne vorhte
niht behalten mohte beginnet behalten ân arbait als von natûr
unt der gûten gebonhait. niht nû durch di vorhte der helle,
sunder durch di gotes minne, in gûter gewonhait unt der lîbe
der tugunde, di got an sînem werchmane genædichlîchen erzaigt
den er mit dem hailigem gaiste von den sunten und von den
lasteren hât alsô gerainiget.

VIII. Wie man des nahtes sol gotes dienst begên.

Winterceit, daz ist von aller hailigen mes unz an di ôsteren,
sol man nâch redlîcher aht an der abtoden stunde der naht òf
stên, daz man luccel mêr dan di halben naht rûwe, und nâch
(17ᵃ) der dewe òf stên. Swas aver cît nâch der meten beleibet
daz sol den brûdern gelâzen werden di der salem oder leccen
oder gût trahtunge bedurfen. Von ôsteren unz aver an aller
hailigen messe sol man di meten alsô temperen, daz man dar
nâch ain vil wênigez underlâz lâze, daz di brûder zû ir nôt-
durft gên. unt sâ sol man lausmeten singen, sô der tag òf gêt.

IX. Wie mangen salm man ce meten sprechen sol.[1]

Wintercît sol man zem êrsten sprechen daz vers ,Deus
in adiu. m. intende. Domine ad.' Dar nâch drei stund ,Domine
la. me. a'. Dar nâch den salm ,Domine quid mul. st'. unt
Gloria patri. Dar nâch ,Venite exul' mit der antiphen oder
slehtichlîchen. Dar nâch sol volgen der ymnus sancti Ambrosin.
Dar nâch sex salm mit ir antiphen. Sô di gesprohen sint unt
daz vers, sô geb der abt den segen, unt di andere alle òf ir
stûle gesizcent, sô suln di brûder nâch zech òf dem lecter
lesen drei leccen, unter den sol man singen driu respons. Nâch
der driten leccen der dâ singet der singe Gloria patri. Als
der singer daz an vêht, sô suln di andere alle sâ òf stên von
ir stûlen durch êre und wirde der hiligen drîvaltechait. Aver

---

[1] Die Nachweisungen der Psalmen wurden hier gespart, da ohnedies in
allen Ausgaben der lat. BR. die Citate eingeklammert sich finden.

diu bûch diu man (17ᵇ) ze meten lesen sol diu sulen sin des
alten und des neuwen urchundes der hailigen orthabunge, und
òch ir bedeutunge di dar uber gemachet habent di namhaften
væter unt gelòbige lêrêre der hailigen cristenhait. Nâch disen
drîen leccen mit iren drîen responsen suln gên ander sexs salm
mit der Alleluia. Dar nâch sol man sprechen ain leccen von dem
apostolo òzen unt daz vers und kil,[1] unt sî diu meten dâ mit
verentet.

X. Wie man sumercît di meten begê.

Von ôsteren unz an aller hailigen mess sol man zû der
meten alle di mâze der salm haben als dâ oben gesprochen
ist, ân daz man durch di churce naht di lechcen niht lesen[2]
sol. man sol aver fûr di drei ain òzen sprechen von dem alten
urchunde, dar nâch ain churz respons, unt daz andere allez
werde begangen als gesprochen ist. Daz ist daz man nimmer
min den zwelf salm zer meten sprechen sol ân di zwêne salm
‚Domine quid mul. st‘. unt ‚Venite exul.‘

XI. Wie man an dem suntage di meten begê.

An dem suntage sol man zer meten zcitlicher òf stên.
(18ᵃ) An der selben meten sol man di mâze haben, daz ist
daz man sol singen sex salm mit dem vers als dâ oben geseccet
ist. unt swen si alle nâch orden gesiccent òf ir stuele,[3] sô sol
man an dem bòche vier leccen lesen mit ir respons, unt sol
an dem vierden singen Gloria patri, unt suln zehant alle mit
êwirde òf stên. Nâch den leccen suln nâch orden ander sex
salm nâch volgen mit ir antiphen und mit dem vers als dâ
vor. Dar nâch sol man driu cantica von dem wîsagen sprechen
diu der abt geseccet. diu cantica sol man singen mit dem
Alleluia. Als danne das vers gesprochen ist unt der abt den
segen geit, sô sol man ander vier leccen lesen von dem neweu
urchunde als dâ vor. Nâch dem vierden respons vâh der abt
an den ymnum ‚Te deum laudamus‘. Als der gesprochen ist,
sô les der abt di leccen von dem êwangelio unt di andern

---

[1] = Kyrie eleyson   [2] zuerst *leccen* geschrieben, dann verbessert   [3] *steule*

alle stên unt mit vorhten und antwurten alle nâch der leccen
Âmen. Dar nâch heb der abt an den ymnum ‚Te decet laus‘.
Als der segen danne geben ist, sô vâh man lausmeten an. Disen
orden der (18ᵇ) ¹ . . . .

XII. Wie man an dem suntage Lausmeten begê.

Ze lausmeten an dem suntage sô zem êrsten gesprochen
werde der salm ‚Deus miser.‘ ân antiphen slehtichlihen. Dar
nâch werd gesprohen ² ‚Miserere‘ mit dem Alleluia. Dar nâch
‚Confitemini‘ unt ‚Deus deus meus‘. Dar nâch Bened. und
Laudate. Ain leccen von apokal. özen. Daz respons, der
ymnus, das vers, Benedictus, Kil. und ist erfullet.

XIII. Wie man an dem werchtage lausmeten begê.

An den werchtagen sol man di lausmeten alsô begên,
daz man den salm spreche ‚Deus misereatur‘ ân antiphen und
in ain wênich ziche als an dem suntage, daz si alle chomen zû
dem salm ‚Miserere mei deus‘ den man mit der antiphen
sprechen sol. Nâch dem zwên andere salm nâch der gewon-
hait. Daz ist an dem mêntage ‚Verba m. au‘. und ‚Dix. in i.‘
An dem eretage ‚Judica‘ unt ‚Miserere‘. An dem mitchen ³
‚Exaudi‘ unt ‚Te decet‘. An dem phinztage ‚Domine deus
salu.‘ unt ‚Domine refu.‘ An dem vrîtage ‚Notus in vi.‘ und
‚Bonum est‘. An dem samztage ‚Domine exau.‘ und ‚Audite
celi‘. Daz man tailen sol in zwo Glorias. An dem anderen
ieslichen tage sol man ain canticum sprechen von den wîssagen
als manz ze Rôme singet. Dar (19ᵃ) nâch Laudate und ain
lecce von dem apostolo özen, daz respons, sand Ambrosin
ymnum, daz vers, Benedictus, Kil. und ent sich alsô. Di zwô
tageît, lausmeten und vesper suln nimmer sô vergên, der prior
der spreche zejungst daz frône gebet, daz sis alle hôren, durch
die doren des bôsen willen di gewonlich sint zebachsen, daz
si gemant werden mit dem gelubde des selben gebettes, dâ

---

¹ Bricht ab, wodurch der letzte Satz des Capitels verloren geht, wohl nur
aus Versehen.
² Zuerst verschrieben, dann das Richtige   ³ michĕ, vgl. XLI

si dâ sprechent ‚Vergib uns unsere schuld als wir tûn unseren
scholeren‘ und furben sich von solchem laster. Zû den anderen
tageiten sô sol man daz jungist tail des selben gebettes lûte
sprechen, daz si alle antwurten ‚Sed libera nos a malo‘.

XIV. Wie man an der hailigen hôhcît di meten begê.

An der hailigen hôhcît unt ze allen hôhcîten sol man di
meten begên als an dem suntage, ân daz man di salm unt
daz ambet sprechen sol daz zû dem tage gehôrt. Aver di
oben gesriben mâzo sol man behalten.

XV. Ce welhen cîten man Alleluia sprechen sol.

Von den hiligen ôsteren unz an di phingsten sol man ân
unterlâz Alleluia sprechen, als wol zen salm als zen responsen.
Aver von phingsten unz an di vasnaht alle naht sô sol man
di (19ᵇ) anderen sexh salm zer meten mit dem Alleluia sprechen.
und alle suntage ozerbalb der vasten sol man diu cantica und
lausmeten, prîme, terce, sext, nône mit dem Alleluia sprechen,
aver die vesper mit der antiphen. diu respons suln nimmer
werden gesprochen mit der Alleluia, wan von ôsteren unz an
di phingsten.

XVI. Wie man gotes dienst tages begê.

Als der wissage spricht ‚Siben stund an dem tage sprach
ich dein lob‘. Diu hiligen sibenvaltigiu zal wirt alsô von uns
erfullet, ob wir zû der lausmeten, ze preime, ze tercîe, ze sexte,
ze nône, ze vesper, ze complête daz ambet unseres dienstes
erfullen. wan von disen zîten spricht der wissage ‚Siben stund
an dem tage sprach ich dîn lob‘. Und och von der meten
sprach der selbe weissag ‚Ze mitter naht stûnd ich of ze
dînem lobe‘. Dar umb sul wir ze disen cîten unseren schepher
loben, wan ez pilleich unt reht ist, daz ist ze lausmetten, ze
prîm, ze tercîe, ce sext, ze nône, ze vesper, ze gumplêt, unt
stên des nahtes of zû seinem lobe.

XVII. Wie mangen salm man ce den tagcîten sprechen sol.

Wir haben di salm geordent von der meten, nû sehen (20ᵃ) wir von den anderen cîten. Ce preime sol man besunder drei salem mit ir Gloria patri sprechen unt den ymnum der selben ceit nâch tem vers ‚Deus in adju. m. intende‘ ê dan man di salm an heb. nâch den drien salm sol man sprechen ain leccen unt daz vers unt Kil. unt verentet sich alsô. Terce, sexte, nône suln aver in der selben woise begangen werden, daz ist ditz: ‚Deus in adju. m. int.‘, di ymni der selben ceit, drei salm, diu lecce, daz vers, Kil., unt verentet sich alsô. Ist diu samnunge grôz, mit der antiphen; ist si wênich, sô sing man di tagcît slehtichlîhen ver sich. Di vesper sol man verenten mit vier salm, dar nâch spreche man ein lehcen unt sanct Ambrosin ymnum, daz vers, Magn., Kil., daz frône gebet, und werde lâzen. Di complêt sol man teglîch verenten mit drin¹ salm di man ân antiphen sol singen. nâch den gehôrt der ymnus der selben cît, ain lecce, daz vers, Kil., der segen, unt verentet sich alsô.

XVIII. (20ᵇ) [Quo ordine ipsi psalmi dicendi sunt.]²

An disem capitel mant sant Benedict, ob ieman missevalle diu ordnunge der salm di er zertailet hât, daz ers baz ordne, ob ez bezzer sîn mach. Jedoch daz es alle weis in der ahte sei daz man aller wochenlîch ainen gancen salter singe von zehenz und funzech salm, unt zer meten an dem suntage an dem hôbte an vâh, wan di munche ain trâgez dienst ir andâht erzaigent di min den ain salter mit gwonlîchen canticen in der wochen singent;³ daz unsere hailigen vater aines tages frumlîchen tâten, unt wolte got daz wir træegen daz in ainer gancen wochen volbrêhten.

---

¹ Zuerst *vier* geschrieben, dann durchstrichen.
² Die Ueberschrift fehlt und mehr als zwei Drittel des Capitels bleiben unübersetzt. Es wird begonnen mit den Worten: *Hoc praecipue commonentes* etc.; vgl. S. 920, Anm.
³ *singet*

XIX. Mit welhen zuhten man singen sule.

Wir gelóben daz got allenthalben gegenwurtich ist unt daz gotes ögen di gûten unt di ubeln in allen steten schôwent. Jedoch aller maist ân zweivel[1] hab wir des gelóben, sô wir ze gotes dienst stên. Dar umbe sul wir immer gehugen daz der wissage spricht ‚Dienet got mit vorhten‘ und aver ‚Singet weisleichen‘ und ‚In der angeschûd der engel sol ich dir singen‘. Dar umb sol wir merchen wi wir stên suln vor got unt den englen unt stên alsô ce singen, daz unser gemûte gehel unserer stimme.

XX. Von der wirde des gebetes.

Wellen wir mit gwaltigen leuten iht handeln, daz erpald wir niht wan mit der dimût und wirdechlîchen. michels mêr sol man got, aller der werlde herren, (21ᵃ) mit aller dimûte flêgen, und wir sulen wizzen daz wir in rainem hercen unt der zehere stungunge erhôret werden, niht in vil gespræche. Dar umb sol daz gebet churz und lôter sein, ez enwerde danne von der gotes genâde gelenget. Jedoch daz gebet in der samnunge sol alle weis churc sîn, unt sô der prior daz ceichen tût, sô sulen si alle mit ain ander ôf stên.

XXI. Von den techenden des chlôsters.

Ist diu samnunge grôz, so sol man ôz ir di brûder welen di gûtes urchundes sint und hailiges lebens unt sulen gesezet werden ze techenden di alle weis nâch gotes gebot unt des abtes ir ambt oder ir technei vlîz haben. Di selben techend sulen sô getân erwelt werden mit den der abt sicherlîchen tailen muge seine burde. man sol si ôch niht nâch orden welen, wan nâch der werdechait der weishait unt des lebens. Ist daz ir dechainer sô hofertich wirt, daz man in strâfen mûz, sô refs man in ze ainem mâl unt zem anderem mâle, zem dritten mâle. wil er sich niht bezzeren, sô tû man in furder und werd ain

---

[1] weivel

anderer an seine stat gesezcet der des wert sei. Und von dem prôbste seccen wir daz selbe.

XXII. Wie di munche slâfen sulen.

Si suln besunder in sunderen betten slâfen unt suln betegewant haben nâch der (21ᵇ) mâze des lebens und als ez der abt gesephet.[1] Mag ez geschehen, sô suln si alle an ainer stat slûfen. Verhenget des diu menge niht, sô suln cehne oder zwainceh slâfen bî den altherren di ir hûten. Ain cherce sol stætechlîchen prinen in dem selben gadem unz an den morgen. Si sulen angelait slâfen unt gegurtet mit gurtelen oder mit sailen unt sulen diu mezzer ze der seiten niht haben di weil si slâfent, daz si sich leiht iht verbunten in dem slâfe. Si suln ze allen cîten berait sein unt, sô man daz zeichen leutet, sô stên zehant ôf und eilen fur ain ander zû dem gotes dienst, iedoch mit allen zuhten. Di jungen brûder suln ir bette haben gemuschot mit den altherren und niht bî ain ander. Sô si ôf stênt zû dem gotes dienste, sô suln si an ain ander mâzechlîchen manen durch der slâfêre entschuldigunge.[2]

XXIII. Von der vermainsamunge der schulde.

Swelch brûder erfunden wirt daz er uugehôrsam sei oder ubermûtich oder ain murmeler, oder an dehainen dingen der hailigen regel wider ist unt diu gebot sîner altherren versmêhet, den sol man nâch dem gotes gebotte manen ze ainem unt zem anderen mâle von sein altherren. Bezzert erz niht, sô strâf man in offenlîchen vor den anderen (22ᵃ) allen. Bezzert erz ôch sô niht und entstêt er sich welech weiz der vermainsamunge ist, diu sol uber in ergên. Ist er aver unteuer, sô rech man ez an sînem leibe.

XXIV. Welch diu mâze der vermainsamunge sein sule.

Nâch der mâze der schulde sol man mâzen der vermainsamunge unt di zhuht. Diu mâze stêt an des abtes willen.

---

[1] Zuerst geschrieben *gesecet*, dieses unterpungiert und durchstrichen, das neue daneben [2] vorher *vn*, durchstrichen

Jedoch swelch brůder an den leihteren schulden erfunden wirt, den sol man sunderen von der gemaine des tisches. Der sol òch alsus seine bôze tůn, daz er in dem bethòs noch salm noch antiphen an vâhe noh lehcen les, unz er sine bôzo getů. Sein imbîz sol er nemen nâch der brůder imbiz in der weise: ob di brůder ze sext enbeizent, sô ezze er ze nône; ob di ze nône, er ce vesper, unz daz er mit gevollichlicher bůze di gnâde vinde.

XXV. Von den swœren schulden.

Der brůder der mit swêren schulden bevangen ist, den sol man sunderen baidiu von dem tische unt von dem bethůs. Dechain brůder sol im gemainen mit dehainer geselleschephte noch mit der rede. Er sol aine an dem werche sein daz im enpholhen ist unt sol godenchen an di aisamo rede di der apostolus sprichet ‚daz ain sô getân mensch gegeben ist dem teuvel in di verlornusse des leibes (22ᵇ), daz diu sêle behalten werde an dem jungistem tage.‘ Sein imbîz sol er nemen aine ze der mâze der weile als der abt baiz daz ez im nuce sei. Niemen sol in segnen der fur in gêt noch daz ezzen daz man im geit.

XXVI. Von den di sich zů den fůgent di man vermainsamt.

Swelch brůder erbaldet daz er sich ze chainem brůder dechaine weis fůget ân des abtes urlob, oder mit im ret oder iht enbeutet, den sol man zegeleicher weise vermainsamen.

XXVII. Welhen flîz der abt sul haben umb di vermainsamten.

Allen fleiz und sorge sol der abt haben umb di brůder di missetůnt, wan di siechen bedurfen des arctes, niht di gesunden. Dar umb sol der abt tůn als ain weiser arcet, er sol von im senden [1] tugentlîche trôstêre [2] weise altherren di haim-

---

[1] vorher *seln*, durchstrichen und unterpungiert
[2] vorher *trôst*, durchstrichen

lichen trôsten den [1] trûrigen brûder, daz er iht versinche mit
grôzzorem ungemûte. Man sol öch, als der apostolus sprichet,
di minne an im begên alsô, daz si alle fur in betten. mit
grôzzem vleize unt mit seinen listen sol der abt bebaren daz
dechainez der schâph verderbe diu im enpholhen sint. Er sol
wizzen daz er phleg enphangen hât uber di siechen sêle, niht
grimme hêrschaft uber di gesunden, und furhte des weisa (23ª)
gen drô durch des munt got sprichet ‚Daz eu vaizht döhte
daz nâmet ir hinz eu, daz aver chranch was daz verburfet ir
von eu.‘ Er sol dem gûtem bilde nâch gên des gûten herters
der öf dem gebirge lie neun und neuncech schâf und gie
sûchen ain schâf daz sich verirret hiet. des chranchait gie im
alsô nâhen, daz er ez gerûchte legen öf seine hailige ahsel [2]
unt trûg ez alsô wider zû der hert.

XXVIII. Von den di man oft strâfet unt sich niht bezzerent.

　　Swelch brûder umb dehaine seine schulde ofte gestrâft
wirt, wirt öch vermainsamt, unt enbezzert er sich niht, so sol
man in scherphlîcher bûzen, daz ist daz diu râche der besem-
slege uber in gên sol. Bezzert er sich öch sust niht, oder wil
er hoferthlîchen seineu werch beschermen, daz nimmer geschehen
mûz, sô tû der abt als ain weiser arcet. Hât er erbotten di
bâiunge unt di salben gûter manunge unt di erznei [3] der hiligen
srift unt zejungist den brant der vermainsamunge unt öch di
besemslege, unt sieht er daz sein vleiz niht vervêht, sô tû
noch daz maiste daz er unt di anderen alle umb in bitten, daz
got der elleu dinch getûn mach sîn hail burche [4] an dem siechen
brûder. und wirt (23ᵇ) er sus niht gehailet, sô sneid in der
abt furder, als der apostolus sprichet ‚Tût daz ubel von eu‘
und aver ‚Vert der ungelöbige sein wech, sô var hin, daz ain
suhtigez schâph di hert niht alle mailige‘.

---

[1] vorher *den brûder der dû umb sbebet oder*, unterpungiert
[2] vorher *ahc*, durchstrichen
[3] vorher *ez*, durchstrichen
[4] vorher *werch*, durchstrichen

XXIX. Ob man di brûder di ûz varent sul wider enphâhen.

Swelch brûder von sein selbes schulden ûz dem chlôster vert oder ûz gewîset wirt, wil er wider chomen, sô sol er ê geloben alle bezerunge der schulde dar umb er ûz fûr und sol man in alsô an der jungisten stat enphâhen, daz man dâ mit seine diemût bebêre, unt sol alsô unz zem driten mâle enphangen werden.[1] Vert er dar nâch ûz, sô wiz daz man im des waigert daz man in iht mêr enphâhe.

XXX. Von den chinden di minnors alters sint wie man di strâfe.

Ain ieslich alter unt verstentnus sol sîne aigne mâze haben. Dar umb diu chint unt di junglinge di sich niht entstên mugen welch diu weice der vermainsamunge sei, sô di missetûnt, sô sol man siu mit vil vasten chestigen oder mit scherphen besemslegen dwingen, daz siu gehailet werden.

XXXI. Von dem chelner des chlôsters, welcher der sîn sule.

Des chlôsters chelner sol erwelt werden ûz der samnunge der weis sei unt gedigener sitte unt cheus an ezzen und an trinchen, der (24ᵃ) niht hofertich sei noch zornich, noch ungestûmich, noch trêg, noch dechain cerer, wan der got furhte unt der aller der samnunge sei als ain vater. Er sol des dinges alles phlegen und niht tûn ân des abtes gebot. daz im gebotten wirt daz bebar. di brûder sol er niht geunfrôwen. Swelch brûder in unredlîchen bittet, dem versag er redlîchen mit der dimût und unfrewen niht mit dechainer smâchait. Seiner sêl sol er hûten unt gedenche zeallen cîten an des apostels rede daz ‚der der wol gedienet im gûten lôn gewinnet‘. Der chinde, der siechen, der geste, der armen sol er vlîzlîchen phlegen und wizze fur wâr daz er umb dise alle an dem jungisten tage

---

[1] *werde*

rede ergeben mûz. Elleu diu vaz des chlôsters und allez sîn gehebde sol er besehen als diu hailigen altervaz. Er sol niht versômen unt sol sich niht fleizen der geirischait, noch daz er ain swenter oder ain zerfûrer sî des gotes hûs gûtes, wan er sol elleu dinch mêzechlichen tûn und nâch des abtes gebot. Vor allen dingen sol er di diemût haben, unt den er des gûtes niht cegeben hab den biete gûte rede, als ez gesriben ist ‚Gût rede ist uber di besten gâbe'. Allez (24ᵇ) daz im der abt enphilhet daz hab in seiner phleg, daz er im wert daz entû niht. Er sol den brûderen ir gesacte phreunde ceitlîchen und ân unbirde geben, daz si iht geunfrôwet werden, unt gedenche der gotes rede, wes der wort sei, ‚der ainen der seinen bênigen geunfrôwet'. Ist diu samnunge grôz, sô geb man im helfe, daz er mit senftem mûte sein ambet getûn muge. Cegevellichlîchen ceiten sol man geben daz cegeben ist, und aischen daz ceaischen ist, daz niemen betrûbet noch geunfrôwet werde in¹ dem gotes hûse.

XXXII. Von den bâfen und anderen dingen des chlôsters.

Der abt sol sô getâne brûder welen der leben und sitte er sicher sei, unt sol in enphelhen des chlôsters gût an bâfen, an gebande und an aller slaht dinge, als er baiz daz ez nucce sî, daz si ez behûten unt zesamen haben. Der dinge sol er òch ain brief haben, sô sich di brûder an den ambten wechselent, daz er wize baz er enphilhet² oder waz er wider nimpt. Swer aver des chlôsters gût unsòberlichen und unrûchlichen handelt, den sol man dar umb refsen; bezzert er ez niht, sô sol man in nâch der regel zuhtigen.

XXXIII. Ob di munche dechain aigenschaft sulen haben.

(25ᵃ) Vor allen dingen sol man daz laster wurcechlicen von dem chlôster tûn daz ieman erbalde ihtes geben oder nemen ân des abtes gebot oder iht aigens haben dechainer slaht dinch,

---

¹ zuerst *im*, unterpungiert   ² vorher *en*, durchstrichen

noch bŭch noch taveln noch grifel noch nihtes niht, wan si
öch ir leib noch ir aigen willen sulen zegebalte haben. Alles
des si bedurfen des schulen si von des chlôsters vater gewarten,
noch sol niemen niht haben des der abt niht gît oder verhenget
cehaben. Elleu dinch suln uber al gemaine sein unt sol niemen
gehen daz ihtes iht sin sî. Wirt ieman erfunden der gelust
hab ze disem bôsem laster, den sol man manen ze ainem mâle
unt zem anderen. Bezzert er ez niht, sô bezzer man ez an im.

XXXIV. Ob di brŭder alle gelîch suln ir nôturft nemen.

Als gesriben ist ‚Man tailte iesleichem als er bedorfte‘.
Dâ sprech wir niht daz man iemens hêrschaft an sehe, wan
man sol der leute chranchait merchen. der dâ min bedarf[1]
der lob des got unt sei vrô. Der aver mêr bedarf der die-
mûtige sich umb sîn chranchait unt erheb sich niht durch di
gnâde, sô beleibent elleu lider mit fride. Vor allen dingen
sein des gemant daz daz ubel der murmelunge umb dechainer
slaht sache (25ᵇ) an dechainem worte oder zaichen immer er-
scheine. wirt dar an ieman ervaren, den sol man strenchlîchen
zuhtigen.

XXXV. Von den wochnêren[2] der chuchen.

Di brŭder suln alsô an ander dînen, daz niemen von der
chuchen entsagt werde, ân der mit siechtûm oder mit anderen
nuzcechlîcheren sachen bechummert ist, wand man dâ von mêr
lônes gewinnet. Den chranchen sol man helfe geben, daz siz
ân unfreude tûn, unt sulen öch alle helfe haben nâch der mâze
der samnunge unt nâch der gesecte der stete. Ist diu sam-
nunge grôz, sô sol man den chelner der chuchen erlâzen und, als
gesprochen ist, di grôzores nucces phlegent. Di ander suln
in der minne unter ain ander dînen. Der von der wochen
gêt der sol an dem samztage diu tŭch baschen dâ mit di brŭder
di hente unt di fŭze truchnent. Aver ir aller fŭze sol dwahen
als wol der in di wochen gêt als der derôz gêt. Diu vaz sines
dienstes sol er rain unt ganz dem chelner wider geben. der

---

[1] _bedaf_ [2] _wocheren_

selbe chelner sol siu aver dem enphelhen der in gêt, daz er
wize waz er gît oder wider nimt. Di bochnêre suln vor ainer
stunde des ymbizs uber di gesazten phreunde sunder trinchen
unt brôt nemen, daz si ze dem imbîz âne murmelunge und
ân grôz arbait ir brûder dînen. An den hailigen tagen sulen
(26ᵃ) si sich unz hinz der messe enthaben. an dem suntage
sô man lausmeten gesinget, sô sulen di wochnêre baidiu di in
gênt unt di ôz gênt sich erbieton ze der samnunge fûzen, daz
si umb siu bitton. Unt di von der bochen gênt di sprechen
ditz vers ‚Benedictus es domine qui adiu. me et conso. e. me.‘
Als daz drîstund gesprochen ist, der den segon nimt der gê
ôz. Dar nâch der in gêt der sprech diz vers ‚Deus in adiu.
m. int., domine adiu. m. f.‘ Und als ez drîstund von den
anderen gesprochen ist unt der segen gegeben wirt, so gê in
unt dîne.

XXXVI. Von den siechen brûderen.

Man sol der siechen uber al unt vor allen dingen vlizich sein
unt sol in werlichen dînen als Christo, wan er wirt sprechende
‚Ich bas siech und ir besâhet mich‘ unt ‚Daz ir ainem dem
mînem ministem habt getân daz tât ir mir‘. Di selben siechen
sulen merchen daz man in dienet durch di gotes êre unt suln
mit ir uberfluzchait die brûder niht betrûben di in in got dienent.
Jedoch sol man siu godultichlîchen vertragen, wan man von
in bezzoren lôn gewinnet. Dar umb sol der abt grôzzen fliz
haben, daz si dechainen gebresten dolen. Di selben siechen
sulen ze ir gemache ain hûs haben und ain dioner der (26ᵇ)
got furhte unt der siechen fleizich sei. Man sol di siechen
baden als ofte sô si sîn bedurfen, iedoch den gesunden und
aller maist den jungen sol manz selten erlôben. Und öch daz
fleisch erlôb man den di alle wege siech sint unt chranch
durch ir bezzerunge; sô si sich danne gebezzerent, sô enthaben
sich alle von dem flaisch nâch der gebonhait. Grôzen flîz sol
der abt haben, daz di siechen von den chelnêren und von den
dienêren iht versûmet sein,[1] wan ez hôrt in an swaz von den
jungern wirt mistân.

---

[1] vorher *werde*, durchstrichen

XXXVII. Von den alten unt den chinden.

Swie diu menschlich natùr sich cegenâden ciehe an den jungen und an den alten, iedoch sol in vor sein diu maisterschaft der regel. Man sol zeallen cîten an in ir chranchait an sehen unt sol in dechain weis niht strenge sîn an der lipnar nâch der regel, wan man sol siu genêdichlîchen verdenchen unt schulen enbeizen vor den anderen.

XXXVIII. Von dem leser ce tische.

Dâ di brûder ezent ze tische, dâ sol der leccen niht gebresten. Noch allen gâhens swer daz bûch erbischet geturre dâ gelesen, wan swer alle di wochen lesen sol der begin sîn an dem suntage. An dem selben suntage nâch der (27ᵃ) messe unt der comunion sol er bitten daz di andere fur in betten, daz got von im chêre den gaist der ubermûte. Und werde der vers drîstund in dem bethûs gesprochen von in allen alsô daz erz an vâhe ,Domine la. m. a.' Unt sô er den segen genimt, sô gê în und les. Grôz stille sol sein dâ ze tische, daz man dâ niemens stimme hôre wan des al ain der dâ list. Des aver di bedurfen di dâ ezent unt trinchent daz raichen di brûder alsô under ain ander, daz niemen niht ze aischen durft geschehe; wirt aver iemen iht durft, daz sol man vorderen mit zaichen âne stimme. Ez ensol öch niemen von der leccen noch von anders iht dâ iht reden, daz dechain ursach iht werde geben, ez ensî daz der prior durch bezzerunge iht churclîchen sprechen welle. Der leser der sol öch mixt nemen ê dan er beginne lesen durch di hailige comunion unt daz im niht swêr sei cevasten, und enbeiz dar nâch mit den dienêren. Di brûder sulen niht nâch orden lesen, wan di von den di ez hôrent gebezzert werden.

XXXIX. Von der mâze des escens.

Wir gelöben daz cetaglichem imbîz, weder man cesext oder cenône escen sol, aller manlîch zwai gesoteneu mûs genûgen sulen durch manger leute siechtum, daz der (27ᵇ) der aines niht geescen mach sich von dem anderen lab. Dar umb sulen

den brûderen allen zwai mûs genûgen. Dar zů tů man daz
dritte, ob manz gehaben mag, von obze oder von grûner smalsât.
Ain gebegen brôt genûge cem tage, sweder man cwir oder
caimal escen sule; sol man des âbendes escen, sô behalte der
chelner daz dritail des selben brôtes, daz erz den wider geb
di des âbendes escent. Wirt grôz arbait getân, sô sî ez an
des abtes willen unt gebalte, ob man ez mêren sule, sô daz
diu ungenuht dâ niht sei noch diu undeu dem menschen nimmer
widervar. wan ainem ieslichem cristen menschen niht sô wider-
cêm ist sô diu ungenuht, als unser herre sprichet ,Seht daz
eureu herce iht swêr werden von der frâzhait und von der
trunchenhait.' Man sol aver den chinden min behalten den den
alten, daz man di sparhait an allen dingen behalte. Si schulen
alle gemainlichen von dem flaische sich enthaben ân di alle
weis chranch sint unt siech.

XL. Von der mâze des trinchens.

Ain ieslîcher hât aigene gâbe von got, ainer sus der ander
sô. Dar umb sezcen wir mûlichen anderer leute leipnar. Jedoch
sehen wir an der siechen chranchait unt gelöben daz ies (28ª)
lîchem genûge ain mâze weines zem tage. Den aver got di
gnâde gît daz si sich mugen enthaben di suln wizen daz si
sunderen lôn dar umb enphâhent. Ist daz diu nôtdurft der
stete unt diu arbait oder diu hizce des sumers mêr aischt, sô
sei ez an des priors willen; iedoch daz er alle wîs merche daz
diu sette noch diu trunchenhait iht undersleiche. Swie wir
lesen daz der wein der munche vernams niht sî, iedoch wand
man in bei unseren cîten den wein niht widerrâten mach, sô
verheng wir daz man in sparlîchen trinche und niht zer sette,
wan der wîn ân wizce[1] tût weise leute. Dâ aver durch der
stete nôt di oben gesriben mâze niht vinden mach,[2] sunder min
oder nihtes niht, di dâ sint di loben got und murmeln niht.
des man wir vor allen dingen daz di brûder sîn ân murmelunge.

---

[1] anwizcen [2] wahrscheinlich ist man einzusetzen

XLI. Ce welhen cîten man escen sule.

Von den hiligen ôsteren unz an di phingsten suln di brûder ze sext embeizen und des âbendes escen. von phingsten durch den sumer, ist daz si niht arbait an dem velde habent oder daz diu hitze niht grôz ist, so sulen si an dem mitchen und an dem freitage vasten unz an di nône, di anderen tage enbeizen ze sext. Daz selbe imbîz ce sext sol dester ceit-lîher (28ᵇ) ergên, ist daz man werch an dem velde hât und daz diu hitze grôz ist, unt sî daz an des abtes besihtechait. Er sol ôch elleu dinch alsô temperen unt ahten, daz di sêl behalten werden. Unt swaz di munche tûnt, daz si daz âne murmelunge tûn. Von des hailigen chreuces messe unz an di vasten sulen si cenône enbeizen. In der vasten unz an di ôsteren sô enbeizen ce vesper. Aver diu vesper sol alsô be-gangen werden, daz di da escent des chercenliehtes niht bedurfen, wan daz ez bî des tages lieht allez ergê.

XLII. Daz nâch complêt niemen red.

Ze allen cîten sulen sich di munche flîzen daz si swîgen, iedoch aller maist des nahtes. Dar umb ze allen cîten, weder man vaste oder zwir esce; sol man cewir escen,[1] sô si des âbendes von tische gênt, sô sulen si alle an ainer stat siccen unt sol ainer lesen collaciones oder vitas patrum oder etswas anderes des di gebezzert werdent di ez hôrent. Man sol dâ niht lesen diu alten bûch noch der chunege bûch, wan si sint den chranchen[2] vernunften ce der cît unnuzce cehôren; aver ze andern cîten sol man si lesen. Ist ez aver ain vasteltug nâch vesper uber aine wênige weile, sô gên sâ collacion als gesprochen ist. Und als man gelesen hât vier oder funf pleter oder als (29ᵘ) vil sô diu ceit verheuget, sô sulen si alle cesamen chomen under der weile der leccen, und swer mit sînem ambte bechumert ist daz der ôch dar chom. Als si danne alle dar choment, sô singen complête, unt sô si von complête gênt, sô

---

[1] Frei übersetzt, das Original hat: *si tempus fuerit prandii.*
[2] *chranch*

enhab niemen urlob iht ce reden. Wirt îmen funden der dise
regel des sweigns ubergêt, den sol man swêrlichen bûzen. Ân
daz ob di geste choment oder der abt iemen iht gebeutet, daz
selbe sol doch mit grôzzen zuhten geschehen und mâzechlîchen
und vil êrhaft.

XLIII. Von den di zû dem tische oder ce den tagcîten spâte choment.

Zû den tagceiten des gotes dienstes, cehant als man daz
caichen gehôret, sô sol man dar cilen und lôfen und allez daz
lâzen daz under den henden ist, iedoch mit zuhten, daz diu
eitelchait iht ursag vinde. Swer zû der meten nâch dem Gloria
patri des salem ,Venite exul.' chumpt, den man gar lanchsaim
sprechen sol, der stê von sîner stat der jungist in dem chôre
oder an ainer stat di der abt sô getân versômigen hin dan
geschephet, daz er gesehen werde baidiu von im unt von den
anderen unz daz daz gotes dienst vol chom und alsô sîn offene
bôze tû. Unt dar umb sol er hin dan der jungist stên, daz
man in uber al sehe unt sich umb di selben schame [1] bezzere.
Wan beleibet er ôzerhalbe des bethûs, sô ist er leiht (29ᵇ)
ain sô getâner der sich leiht wider nider legt unt slêfet oder
er siccet ôzerhalbe und ist unnuz, daz man den [2] teuvel dehain
ursach geb. Dar umb sol er dar în gên, daz erz iht gar ver-
liese unt sich ôch dar nâch bezzere. Zen tagcîten der cem
gotes dienste chumpt nâch dem Gloria patri des êrsten salm
der sol nâch der oben gesriben ê an der jungsten stat stên.
Er sol sich zû den di in dem chôre singent niht gesellen unz
nâch der bûze. Swer ôch ze ymbîzceit niht chumpt ze dem
vers, daz si alle daz vers sprechen unt betten unt gemainech-
lîhen ze dem tische gên, den sol man dar umb zem anderen
mâle refsen; bezzert erz dar nâch niht, sô sol man im di ge-
maine des tisches und ôch sein tail des weines nemen unt sol
besunder escen unz daz erz gebûzet. Daz sol ôch der leiden
der ce dem vers niht ist den man nâch dem escen sprichet.
Ez sol ôch niemen vor escen cît [3] iht escen oder trinchen. Ist

---

[1] *schulde* vorher durchstrichen   [2] *dem?*
[3] Unübersetzt blieb *vel postea.*

öch daz der prîor ieman iht sendet, der des waigert der sol
noch daz selbe noch anders iht von im enphâhen unz er sich
gevellichlîhen mit der bûz ergeb.

XLIV. Von den di man vermainsamt, bî di ir bûz tûn.

Di durch di swêren schult werdent vermainsamet von
dem bethûs und von dem tische, swen man daz gotes dienst
volendet, sô sulen si gestrakt ligen vor dem bethûs unt sweigende
(30ª) daz höbet öf di erden legen ze aller der fûze di öz dem
bethôs gênt. Daz suln si alse lange tûn unz daz der abt
ertaile daz sin genûch sî. Als er im danne gebeut daz er
chom, sô werf sich ce sînen fûzen, dar nâch fur der anderen,
daz si fur in bitten.[1] Ist danne daz der abt gebeut, sô enphâh
man in in den chôr an den orden als den abt gût dunchet.
Unt ce allen tagcîten nâch dem gotes dienst sol er sich werfen
öf di erden an der stat dâ er stêt unt tû alsô sîne böze unz
im der abt gebiete daz er von der böze röwe. Der aver umb di
leihte schult von dem tische gesundert wirt der sol in dem
bethôs als lange sîn bûze tûn di weil imz der abt gebeutet;
daz suln si ze allen cîten tûn unz daz der abt den segen geb
unt siu der böze begeb.

XLV. Von den di in dem gotes dienst betrogen werdent.

Swer sô er den salm sprichet oder daz respons oder di
lehcen list unt dar an missetût, bûzet erz niht diemûtechlîchen
vor den anderen allen, sô sol er grôzzere bûze[2] leiden, wan
er sîne versûmunge mit der diemûte niht wolde bûzen. Aver
diu chint sol man umb sô getâne schult slahen oder raufen.

XLVI. Von den di an leihten dingen missetûnt.

Swer an dechainer arbait oder in der chuchen, in dem cheler
(30ᵇ), in dem chlôster, in der phister, in dem garten oder an
dechainem liste dâ er arbait, oder an dechainer stat iht missetût
oder iht brichet oder verleuset oder ihtes iht misvert, swâ

---

[1] Zuerst *betten*, *e* unterpunngiert   [2] vorher *bo*, durchstrichen

oder wâ, chumpt er cehant niht fur den abt oder fur di sam-
nunge und meldet niht aigens danches seine mistât, wirt ez
von ainem anderen erchant, sô sol er grôzer bûse leiden. Ist
ez aver an der sêle ain suntlich tôgen sache, sô sag ez dem
abte oder gaistlîchen altherren di baideu ir selbes bunden
chunen hailen und fremde niht entechen noch melden.

XLVII. Wie di tageeit ce dem gotes dienst gechunnet werden.

Daz diu tagcît ze dem gotes dienst gechunnet werden
des sol der abt naht unt tac vlîzich sîn unt sol ez aintweder
selbe tůn oder enphelh ez aim sô flîzigem brůder, daz elleu
dinch zegevellechlîchen cîten begangen werden. Aver di salm
unt di antiphen sulen nâch dem abte an ir orden an vâhen
den daz gebotten wirt. Ez sol ôch niemen lesen noch singen,
wan der daz wol mac volbringen, daz di gebezzert werden di
ez hôrent.

XLVIII. Von dem taglîchen hantwerche.

Diu mûzechait ist der sêle veint. dar umb sulen di brůder
ze gwissen cîten ze ir werch sîn, und aver cegwissen cîten
ce der hiligen lehcen. Dar umb gelôben wir daz mit disem
(31ª) gescheftc baide ceit alsô geordent werden, daz ist daz
man von ôsteren unz an des hailigen chreuces mess ôz gên
und burchen unz an di vierden stund swes nôt sî. Von der
vierden stunt unz an sext sein ce ir lehcen. Nâch sexte sô
si von dem tische ôf stênt, sô rôwen ôf ir betten mit aller
stille, oder lesen [1] welle der les im selben alsô, daz er ain
anderen iht geunrôwe. Unt sol man di nône cîtlîchen begên
an der ahtodhalb stund. Unt suln aver burchen daz cetůn
ist unz an di vesper. Ist aver daz diu stat unt diu nôtdurft
daz aischet daz si selbe ir chorn cesamen lesen, des werden
niht geunfrewet; wan sô sint si reht munche, ob si von ir
hantwerch lebent, als unsere· vater tâten unt die aposteln.
Jedoch sol ez allez mâzlichen geschehen durch di chlaine
mûtige.

---

[1] fehlt wohl *swer*

Von des hailigen chreuces messe unz an di vasten suln
di brûder ce ir lehcen sein unz an di anderen stunde; ce der
anderen stunde sol man terci begen unt dar nâch unz an di
nône sulen si alle burchen daz in enpholhen wirt. Als man
danne daz êrste caichen ce nône leutet, sô sunderen sich ies-
lîcher von sînem werche unt beraiten sich zem anderen caihen.
Nâch escen lesen ir salem oder ir lehcen.

(31ᵇ) In der vasten sulen di brûder ze ir lehcen sein
vollichlîhen unz an di dritte stund und arbaiten dar nâch unz
an di cehende stunt daz in enpholhen wirt. In den selben
tagen soln si alle besunderlich bûch nemen ôz der bûchamer
di si nâch orden gar ôz lesen. Diu selbeu bûch sol man an
dem angenge der vasten geben. Vor allen dingen sol man
ain altherren oder cwêne dar zû ahten di daz chlôster umb
gên ce den cîten, sô di brûder cer lehcen sint, daz si sehen
daz dechain brûder sô trêger erfunden werde¹ der eitelchait
und mûzechait phleg und niht andêhtik ist ce sîner lehcen;
und ist niht al ain im selben unnuzce, er verirret òch di anderen.
Wirt ain sô getâner funden, des niht gescheh, den sol man
strâphen ains unt cem anderem mâle. Bezzert er ez niht, sô
sol man in nâch der regel alsô zuhtigen, daz di andere vorhte
haben. Sich ensol dechain brûder ce dem anderen fûgen ce
ungevellîchen ceiten. An dem suntage sulen si alle ce ir lehcen
sîn, ân di ce den ambten geahtet sint. Swer aver sô versômich
ist unt sô trêg, daz er enwil noch mag trahten oder lesen, dem
sol man sô getân werch enphelhen, daz er niht mûzich sei.
Den (32ᵃ) siechen brûderen unt den carten sol man sô getân
werch oder list enphelhen, daz si baidiu niht mûzich sein noch
von grôzzer arbait iht fluhtik werden. Der chranchait sol der
abt merchen.

XLIX. Von der behaltnus der vasten.

Swie ce allen cîten des munches leben der vasten behalt-
nus sule haben, iedoch wan disiu tugent unmanger ist, sô
râten wir² in disen tagen der vasten unser leben behûten in
aller rainechait, daz ist daz wir alle versômunge anderer ceit

---

¹ werden   ² zuerst wider, durchstrichen

sulen ab baschen in disen hailigen tagen. Daz geschiht denne
genzlihen, ob wir uns temperen von allen lasteren und uns
fleizen ce dem gebette mit ceheren, ce der lehcen, ce der
stungunge des hercen unt ce der enthabnus des ezcens unt des
trinchens. Und ain iesliher sol uber sine mâze got etwaz opheren
von sein selbes willen mit des hailigen gaistes vreuden, daz
ist daz er seinem leibe enciehen sol von escen, von trinchen,
von slâfe, von rede, von eitelchait, und beit alsô der hiligen
ôsteren mit den freuden gaislîcher girde.[1] Jedoch daz ain
ieslîcher ophert daz sol er sînem abte sagen, daz ez mit seinem
gebette und mit sînem willen gescheh; wan swaz ân des gaist-
lîchen vater verhenchnusse geschiet daz[2] (32ᵇ) wirt geahtet
ce ainer balthait unt ce ainer eitelen êren, niht ce dechainem
lône. Dar umb sulen alleu dinch mit des abtes willen geschehen.

L. Von den brûderen di verre von dem bethûs arbaitent.

Die brûder di alle weis verre sint an der arbait unt
mugen niht ce gevellichlihen ceiten zû dem bethûs chomen,
unt der abt wol merchet daz im alsô ist, di suln aldâ gotes
dienst tûn dâ si arbaitent unt biegen ir chnie mit der gotes
vorhte. Alsô suln ôch di tûn di an dem wege sint, di suln di
gesazte ceit niht vergên, wan als si mugen suln sis begên
unt suln niht versômen daz dienst daz si got schuldich sint.

LI. Von den brûderen[3] di niht verre ôz varent.

Di brûder di umb dechain botschaft ôz varent unt des
selben tages getrôwent wider ce dem chlôster chomen, di en-
sulen niht erbalden daz si ôzen escen, ob si ôch von iemen
werden gebetten, ez enwerd in danne von dem abte gebotten.
Tûnt si iht anders, sô werden vermainsamet.

LII. Von dem bethûs des chlôsteres.

Daz bethûs daz sol sein daz ez gehaizen ist. Man sol ôch
niht anders dâ schaphen noch behalten. Als daz gotes dienst

---

[1] *girde* zweimal geschrieben   [2] *daz* zweimal geschrieben
[3] *brûden*

getân wirt, sô sulen si alle sweigende òz gên und neigen gegen
got, daz der brûder (33ᵃ) der leiht haimlîhen [1] wil betten iht
geirret werde von ains anderen unteurchait. Ist öch ain ander
der leiht haimlîher wil betten, der gê în anvaltichlîhen unt
bette mit ·ceheren und mit der andâht sînes hercen, niht mit
rûfiger stimme. Der aver sôtân werch niht tût, dem sol man
niht verhengen daz er nâch dem gotes dienst in dem bethûs
beleibe,[2] als gesprochen ist, daz ain anderer iht gehindert werde.

LIII. Wie man di geste enphâhen sule.

Alle di geste di zû dem chlôster choment di sol man
enphâhen als unseren herren Christum; wan er wirt sprechende
‚Ich was ain gast und ir enphienget mich‘. Man sol in allen
öch gevellichlîhe êre erbieten, iedoch aller maiste den pilgrîmen
unt gûten leuten. Dar umb swen der gast wirt chunt getân,
sô sol der prîor oder di brûder mit allem fleize der minne
gegen im gên unt sulen cem êrsten mit ain ander betten unt
gesellen sich [3] alsô mit dem pâce. Den selben chus des pêces
suln si niht an ainander erbieten ê dan si betten durch des
tivels gespôte. An dem selben grûze sulen si alle dimût er-
bieten. An allen den gesten di zû dem chlôster choment oder
von danne schaident sol man mit (33ᵇ) geneigtem höbte oder
mit gestracten [4] leibe cc der erden Crist an in ane betten [5]
der öch an in enphangen wirt. Als man di geste enphangen
hât, sô für man siu ce dem gebette, dar nâch sicze der prîor
bei in oder dem erz gebeutet. Man sol vor dem gaste lesen
di gotlîche ê, daz er gebezzert werde; dar nâch sol im erbotten
werden alle menschhait. Der prîor breche sein vasten durch
den gast, ez ensî danne ein so namhafter vesteltac den man
niht cebrechen muge. Aver di brûder suln di gwonhait [6] der
vasten behalten. Der abt sol den gesten daz wazzer an di
hende geben und als wol er als elleu diu samnunge sulen den
gesten di fûze dwahen. Als di dwagen sint, sô sulen si sprechen
ditz vers ‚Suscepimus deus mis.‘ Man sol der armen und der
pilgrîn enphâhnus alle weis flîzzich sein, wan aller maist Christ

---

[1] *haimihen*   [2] zuerst *belibe* durchstrichen   [3] *sic*   [4] *gestraclem?*
[5] *betten* vorher durchstrichen und unterpungiert   [6] *gwohait*

an in enphangen wirt. Wan der richen aise aischt ir selben
êre. Des abtes chuche unt der geste sol besunder sîn: sô ce
ungwissen ceiten di geste ce dem chlôster choment, der da
nimmer gebristet, di brûder niht geunrôwen. In di selben
chuhen sulen cem jâre cewêne brûder gên di daz ambt wol
erfullen.[1] Als die helfe bedurfen, sô geb man ins, daz si âne
murmelunge (34ᵃ) dienen; und aver sô si min ze tûn habent,
sô gên zer arbait dâ man in gebeutet. Ditz sol man merchen
baideu an disen und allen ambten des chlôsteres: sô man hilfe
bedarf,[2] daz manz geb, sô des niht enist, daz man gehôrsam
sî dem gebietære.[3] Daz gasthûs sol öch enpholben sein aim
brûder des sêl gotes vorhte besescen hab: dâ betegwantes
genûch sî, unt daz daz gotes hûs beislîchen von weisen leuten
berihtet sei. Dem man ez niht gebeutet, der sol dechain weis
sich ze den gesten noch fûgen noch mit in reden. Sô er in
sieht oder im wider vert, sô grûz in diemûtlîchen, als gesprochen
ist, und aische sînen segen und gefûr unt spreche daz er mit
dem gaste niht reden sule.

LIV. Daz der munch noch brief noch gâbe nemen sol.

Ez enist dechain weis dem munche niht mûzlich daz er
von sînen freunden noch von dechainen menschen oder under
anander brief oder chlainode oder[4] dechain gâbe nemen oder
geben sol[5] ân des abtes gebot. Wirt öch iemen iht von sînen
freunden gesant, der sol daz niht enphâhen, ez enwerde dem
abte ê chunt getân. Unt gebeut erz ce enphâhen, sô sî an
sînem gebalte wem erz haizet geben. Aver der brûder dem
ez gesant wirt der sol niht geunfrewet (34ᵇ) werden, daz dem
tivel dechain ursach werde geben. Swer anders tût der sol
der regelîchen zuht underligen.

LV. Von der brûder gewant.

Die brûder sulen ir gewant nemen nâch der welhunge
der stete dâ si wonent und nâch der tempernus des luftes;

---

[1] vorher tûn, durchstrichen [2] vorher daz, gestrichen [3] lat. Text: *obediant
imperatis* [4] vorher *gâbe nemen*, gestrichen [5] fehlt

wan in den kalden landen bedarf man mêr, in den barmen
min. Dis betrachtunge sol an dem abte sein. Jedoch gelöben
wir daz in den mêzigen steten ain ieslich munch sol genůch
haben an ainer chugel und an ainem roche, daz diu chugel
in¹ dem winter rŏch sî, in dem sumer sleht oder alt, und ain
sapler durch daz werch. Daz baingwant sol sein soche und
hosen. Von des gwandes varbe oder grŏze suln di munch
niht chlagen, wan si suln ez haben als man ez vindet in dem
lande dâ si dâ wonent, oder als manz aller leihtist gechŏphen
mach. Der abt sol ce der mâze sehen daz daz gewant ge-
mezen sî den di ez nucent und niht ce churz. Sô si daz newe
nement, sô geben sâ daz alte in di wâtchamer durch di armen.
Ez sol dem munche genůgen daz er zwô chuglen hab unt
cewêne roche durch di naht und ŏch zebaschen diu selben
dinch; swas dar uber ist daz sol man furder tůn, wan ez uber-
fluzich ist. Unt di soche unt swaz altes ist daz sulen si ŏf
geben, (35ª) sô si daz newe nement. Di man ŏz sendet di
sulen niderwât² nemen von der chamer unt geben si gwaschen
dar wider, sô si haim choment. unt di chuglen unt di roche
sulen etwaz bezzer soin den si gebonlîch sint cehaben. Sô si
ŏz varent, sô nemens³ von der chamer unt geben si an der
widervert dar wider. Daz betgwant sol sein ain teke und ain
strât und ain chozze und ain chusse. Diu selben bette sol der
abt ofte ersůchen durch di aigenschaft, daz diu iht funden
werde. Unt ce swem iht funden wirt daz der abt niht geben
hât, der sol di swêrist zuht leiden. Unt daz daz laster der
aigenschefte burcechlîhen werde furder getân, sô sol der abt
alle nôturft geben: daz ist diu chugel, der roch, hosen unt
soche, gurtel und mezzer, grifel und nâdel, dwehel unt tavel,
daz benomen werde elleu ursag der nôturft. Der abt sol immer
gedenchen der urtail der aposteln, daz man aim ieslîchem gab
dar nâch und im durft was. Dar umb sol⁴ er merchen di
chranchait der durftigen, niht den bôsen willen der neidigen,
unt gedench iedoch an allen sînen urtailen an daz gotes widerlôn.

---

¹ in zweimal   ² nider zweimal   ³ nems   ⁴ so

LVI. Von des abtes tisch.

Des abtes tisch sol ce allen coiten pilgrin unt geste (35ᵇ) haben. Jedoch swenne er min geste hât, sô sei an sînem gewalte welhe brûder er dar lad. Er [1] sol aver immer ain altherren oder zwêne bi den brûderen lâzen durch di zuht.

LVII. Von den listwurchen des chlôsteres.

Sint listwurchen in dem chlôster, di suln mit aller diemût iren list üben, ob ez der abt gebeut. Ist daz sich ir chainer erhebt von der chunst des listes und in des dunchet daz er dem chlôster nuzce sei, dem sol man den selben list verbieten unt sol sîn niht mêr üben, ez ensî daz er sich diemûtige und ez im aver der abt gebeut. Swas man von dem werche der listburchen verchôfen sol, dar zû sehen di durch der hende ez gêt, daz si dem chlôster dechain untreu tûn. Si sulen imer gehugen Ananie unt Saphyre, daz den tôt den disc an dem leibe erlitten siu und alle di di dechain untreu [2] an des chlôsters dinge tûnt an der sêl iht leiden. Aver an dem selben werde sol daz ubel der girischait niht în gemuschet werden, wan man sol ez imer leihter geben dan von anderen werltlîhen leuten, daz an allen dingen got gelobt werde.

LVIII. Wie man di brûder enphâhen sol.

Swer newes ce bechêrde chumpt, dem sol man niht leihter înverte gestaten, wan als der apostolus sprichet (36ᵃ) ,Bebêret di gaiste, ob si von got sint'. Dar umb swan iemen chumpt unt stâtlîchen [3] chlophet und nâch unwirden und nâch unsemphtechait seiner înverte nâch vier tagen oder funfen wirt geschen daz er gedultik ist unt beleibet an seiner bette, sô sol man im hengen unt sî unlange in dem gasthûs, dar nâch sei in dem novicenhûs dâ er trahte und [4] esce unt slâfe. Und ain sô getân altherro werd im beahtet der gevellich sî di sel ze bûchern, der in alle weis ainchlîchen [5] merche ob er fleizich

---

[1] *Er* zweimal   [2] *untû*   [3] über *sta* später *te* gesetzt   [4] vorher *te*, gestrichen
[5] dopplte Uebersetzung von *omnino*, während *curiose* fortgelassen ist

ist daz er wêrlichen got sûche, ob er fleizich ist ce dem gotes
dienste, ce der gehôrsam und unbirde cc leiden. Man sol im
vor sagen herteu und scherpheu dinch dâ mit man ce got gêt. Ist
danne daz er seine stête gelobt, sô sul man im nâch zwein
mânôden dise regel nâch orden lesen, und werde ce im ge-
sprochen ,Daz ist diu ê under der du gotes riter wil sein.
Maht du si behalten, sô beleibe; ist des niht, sô ,var frei von
hinne'. Ist daz er danoch beleibet, sô fûr man in aver in der
novicen celle und werde bebaret in aller gedulte und nâch
sex mânôden sô les man im aver di selben regel, daz er wisce
war zû er în gêt. Unt beleibet er dannoch, nâch vier mânôden
(36ᵇ) sô les man im aver di selben regel. Ist danne daz er
sich mit im selben verainet hât daz erz allez behalten wil unt
tûn allez daz im gebotten wirt, sô sol man in enphâhen unter
di samnunge und er sol wol wiscen daz ez von der ê der regel
gesezcet ist daz er von dem tage nimmer von dem chlôster
geschaiden mac noch sîn hals entschutten von dem joch der
regel der er sich in sô langer vrist wol moht entsagt haben.
Sô man in denne enphâhen sol in dem bethôs, sô sol er vor
den anderen allen behaizen seine stête und bechêrde seiner
sitte unt di gehôrsam vor got unt sînen hailigen; und ob er
immer anders tû, sô wisce daz er wirt verdampnet von got
des er spotet. Des selben gelubdes sol er bette tûn ce der
hailigen namen di dâ rastent unt des gegenburtigen ¹ abtes,
die bette sol er ŏch mit seiner hant sreiben. Chan aver er ²
der bŏch niht, sô sreib si ain ander den er sîn bittet, unt der
selbe novice mach ain chreuce an den brief unt leg in mit
seiner hant ŏf den alter unt sprech sâ ditz vers ,Suscipe me
domine s. e. t. et vi. et nc confu. m. ab exs. m.' Daz vers
sol alliu diu samnunge antwurten cem driten mâle mit dem
Gloria patri. Sô sol sich der novicius erbieten .ce ir aller
fûzen, daz si fur in betten, unt sol von dem tage unter die
(37ᵃ) samnunge geahtet werden. Hât er iht gûtes, daz sol er
ê den armen geben oder bemainez dem chlôster mit sô frôner
sal, daz er im selben iht behalte, wan er von dem tage sein
selbes leib niht ce gwalte haben sol. Cehant sol man im in
dem bethôs sein gwant ôz tûn dâ mit er gechlaidet ist unt sol

---

¹ gegeburtigen   ² fehlt

4*

in chlaiden mit des chlôsteres gwante. Man sol aver sîneu
chlaider legen in die wâtchamer, ob er imer dem tivel gevolge
daz er von dem chlôster schaidet, daz man im denne des
chlôsters dinch ab ciehe und in verberfe. Aver den brief den
der abt von dem alter nam den sol man in dem chlôster behalten.

LIX. Wie man der edelen unt der armen chint enphâhen sule.

Swelch edel man des gert daz man sînen sun in daz
chlôster enphâh, ist daz chint gar chindisch, sô sulen di freunt
di vorderen bette tûn und winden des chindes hant in daz
altertûch und opheren ez alsô. Si sulen aver dâ cehant mit
gesworen aide [1] geloben daz si noch von in selben noch von
dechainem anderem [2] menschen ir [3] gûtes ihtes iht geben ursag
zehaben dar an.[4] Wellent si aver des niht tûn und wellent
(37ᵇ) si durch ir lôn ir almôsen dem chlôster geben, sô tûn
des selben gûtes daz si geben wellent dem chlôster di sal unt
behalten in selben, ob si alsô wellen, den leibgedinge. Und
man sol ez allez alsô verbinten, daz dem chinde dechain arch-
wân [5] beleibe dâ von ez verlorn mug werden, des niht geschehe,
daz [6] wir mêr erfraischet haben. Alsam sulen ôch di armen [7]
tûn. Di aver gar nihtes niht haben di tûn ainvaltiklîhen ir bette
und opheren ir chint mit oblai vor gezeugen.

LX. Von den êwarten di in dem chlôster wellent wesen.

Swer von dem orden der êbarten des gert daz man in
in daz chlôster enphâh, des sol man im niht gâhens verhengen.
Jedoch beleibt er alle weis an sîner bette, sô sol er wiscen
daz er di ˘zuht der regel gar behalten mûz unt daz man im
niht entlîbet, wan er mûz sîn als ez gesriben [8] ist ‚Freunt,
war zû bistu chomen?‘ Man verhenget im daz er nâch dem
abte stê unt den segen geb unt di messe hab, ob imz der abt

---

[1] zweimal   [2] in *de.* und *an.* schliessendes *n* in *m* verändert   [3] zweimal
[4] mangelhaft übersetzt   [5] vorher *wan*, gestrichen und unterpungiert
[6] vorher *als ez ofte ist geschehen*, unterpungiert   [7] falsch für *pauperiores*
[8] zuerst *gesprochen*, was dann gestrichen und unterpungiert wurde

gebeut. Ist des niht, sô sol er nihtes niht erbalden, wan daz
er der regellîchen zuhte sol undertânich sein unt sol mêr der
diemûte pilde den anderen allen geben. Swas man in dem
chlôster umb dechaine sache ce ordenen hât, sô gehab (38ᵃ)
sich ce der stat als er in daz chlôster chom, niht diu im durch
di wirde sînes ambtes verlâzen ist. Swelch phafe mit semlîchem
willen sich ce dem chlôster gesellen wil, den sol man an aine
mêzige stat seczen, iedoch ob er gelobt daz er di regel behalte
unt stête sein welle.

LXI. Von den ellenden munchen, wie man di enphâhe.

Swelch ellender munch von verren landen chumt, wil er
gasteweis in dem chlôster sein, unt genûget in der gwonhait
di er dâ vindet, unt betrûbet er niht daz chlôster mit sîner
uberfluzchait, wan daz in ainvaltiklîhen genûget daz er dâ
vindet, sô enphâh man in swî lang er des gert. Ist daz er
dechain dinch redlîhen strâphet mit der diemût der minne, sô
sol der abt weislîchen daz bedenchen daz in leiht got dar umb
dar gesant hât. Wil er dar nâch seine stête vestnen, sô sol
man ain sô getân willen niht verberfen, aller maist wan man [1]
di weil er gast was sîn leben erchennen mohte. Wirt er aver
uberfluzich und lasterwêrich erfunden di weil er gast ist, sô
ensol man in niht al ain ze der samnunge niht [2] gesellen, man
sol im öch êrwêrlîhen sagen daz er furder var, daz von seiner
jâmerchait di andere iht geergert werden. Wirt (38ᵇ) er aver
niht sô getâner den man verberfen sule, [3] niht al ain ob er
sîn bit, sol man in enphâhen, man sol im öch râten daz er
beleibe, daz di anderen von sînem pilde gebezzert werden.
Wan man in allen stâten ainem herren und ainem chunge dinet.
Siht öch der abt daz er sô getân ist, sô mag er in etwas
hôher [4] seczen. Und niht al ain den munch, er mag öch von
den oben gesriben [5] grâden der êwarten unt der phafen an ain
hôher stat seczen [6] dan er ce dem chlôster chumt, ob er siht

---

[1] vorher *er*, gestrichen   [2] fehlt   [3] zuerst *muge*, gestrichen   [4] *hôrer*
[5] die letzten vier Worte *(eben)* zweimal
[6] die deutsche Construction wegen des engen Anschlusses an den lat. Text
ganz vernachlässigt

daz ir leben sô getân ist. Der abt sol aver daz [1] bewaren daz er nimmer von dechainem chunden chlôster dechain munch enphâhe ân sînes abtes willen oder ân di brief di im [2] enphelhen. Wan gesriben ist ,Daz du dir niht [3] wil geschehen, des solt du ain anderen begeben.'

LXII. Von des chlôsters briesteren.

Swelch abt des gert daz man im ain briester oder ain dŷâcen weihe, sô wel òz den seinen der des wirdich sei daz er briester werde. Sô der geweiht wirt, sô sol er sich hûten von der hofart und von der ubermûte und sol niht erbalden, wan daz im von sînem abte gebotten wirt, und sol wiszen daz er der reglîhen zuht michels [4] mêr (39ᵃ) sol undertânich sein. Er sol durch di ursach des briesterambtes niht vergezzen der regel zuht unt der gehôrsam, wan er sol sich in got ie mêr und mêr fur nemen. Er sol sich zallen cîten zû der stat haben als er ce dem chlôster chomen ist ân daz ambt des altêres, ez ensei leiht daz in diu samnunge mit des abtes willen hôhen welle durch seines lebens werdechait. Er sol iedoch wiszen daz er behalten mûz di regel di die techende unt di prôbste gesetzent. Tût er iht anders, sô sol er niht ain briester, wan ain frefler haizen, unt sô er ofte gemant wirt unt sich niht bezzert, sô sol man òch den bischof ce urchunde nemen. Ist daz er sich òch sust niht bezzert, sô seine schulde offen werdent, sô treib man in [5] von dem chlôster; iedoch ob er sô frevel ist, daz er der regel niht wil gehôrsam noch undertânich sîn.

LXIII. Von der ordnunge [6] der samnunge.

Diu samnunge sol sich in dem chlôster alsô ordnen als ez diu ceit der bechêrde unt des lebens werdechait under-schaidet und òch als der abt geseczet. Der selbe abt sol niht betrûben di hert diu im enpholhen ist, wan er immer gedenchen sol daz er von allen sînen gerihten unt von sînen werchen got rede geben mûz (39ᵇ), unt sol als von vriem gebalte niht

---

[1] vorher sol, gestrichen [2] in im? [3] zweimal
[4] vorher misc, durchstrichen [5] aus im gebessert [6] ordnuge

uorehtes[1] seczen. Dar umb nâch der ordnung als er gesetzet
oder als di brûder selbe habent, alsô sulen si gên ce dem pâce
unt ce dem gotes leichnam in dem chôre ze stên unt don salem
an ce vâhen. Und alle weis in allen steten sol daz alter an
dem orden niht underschaiden werden noch vor geahtet, wan
Samûêl unt Danîêl diu chint urtailten di briester. Dar umb
ân di di von gwissen sachen der abt mit ganzorem râte gehôhet
oder genideret, di anderen alle sulen sîn als si cebechêrde
choment, daz ist in der weise: Der zû der anderen stunde
des tages chumpt ce dem chlôster der sol wizzen daz er des
junger ist der ce der êroren stunde des tages chumpt, swelhes
alteres oder werdechait er sei; den chinden sol man uber al
von allen[2] zuht halten. Di jungore suln ir priores êren, di
priores ir junieres[3] liebhaben. Aver in der nennunge der
namen sol niemen den anderen mit slehtem namen nennen; wan
di priores sulen ir juniores brûder haizen, di jungere suln ir
priores nonnos haizen, daz ist bedeutet: vaterlîcheu werdechait.
Der abt aver, als man gelöbet daz er an Christes stat sei, der
sol herre und abt gehaizen werden, niht durch sîn hêrschaft,
wan durch Christes êre und (40[1]) minne. Er sol aver gedenchen
daz er sich alsô erbiete, daz er sô getâner êre wert sei. Swâ
di brûder an ander begegnent, dâ sol der junger von dem
prior den segen aischen. Dâ sein elter[4] fur in gêt, dâ sol er
ôf stên und im di stat geben cesiccen noch erbalde niht zû
im cesiccen, ez engebiet imz sein elter, daz geschehe daz ge-
sriben ist ,Vur chomt an ain ander mit êren'. Diu bênigen
chint unt di junglinge di suln in dem bethôs unt dazt dem
tische mit zuhten ir orden haben. Aver özerhalbe und swâ
oder wâ suln si böte haben unzuht unz daz si ce verstentlichem
alter choment.

LXIV. Von des abtes ordnunge.

An des abtes ordnunge sol man ce allen ceiten di rede
merchen daz man den sezce den elleu diu samnunge oder daz
minnor tail nâch gotes vorhten mit ganzen râte erwelt. Deu

---

[1] urehtes   [2] alle, lat. Text: ab omnibus   [3] zuerst verschrieben
[4] zweimal

man aver erwelen sol, der werd erwelt nâch der werdechait
sînes lebens und nâch der wishait siner lêre, ist er öch der
jungst in der sampnunge. Ist öch daz elleu diu sampnunge
mit gemainem râte erwelt ain man der irem laster gehilt unt
diu selben laster werdent chunt getân dem pischof ce des
pistûm deu stat gehôrt, oder von den abten oder von den umb-
sâzen werdent erchant, sô sulen di gûten bewaren (40ᵇ) daz
der bôsen rât iht fur sich gê unt sezen dem gotshûs ain werden
schapher; und wizzen daz si dar umb gût lôn gewinnent, ob
si ditz ¹ chûslîchen in gotes erenst tûnt, als öch weice gewinnent
ob siz versôment. Als der abt geordent wirt, sô sol er ze allen
cîten gedenchen welch ain burde er enphangen hât und wem
er von sînem ambte rede geben mûz. Er sol wizzen daz er
mêr frum sein sol den vor. Er sol gelêrt sîn mit der gotes
ê, daz er chunne fur bringen altes und neus. Er sol sein
cheus und nûht und baremhercih unt sol imer di gnâde sez-
cen fur daz reht, daz im daz selbe nâch volge. Er sol diu
laster hazzen unt di brüder minnen. An seiner refsunge sol
er weis sein und niht cegêhe, sô er den rost ce harte wil ab-
schaben, daz daz vaz iht breste; unt sehe ce allen ceiten sein
selbes blôdechait an. Er sol gehugen daz man den ceriben
halem niht gar cebrechen sol. Dâ ensprech wir niht daz er
diu laster lâz wachsen, wan er sol siu weislîhen absneiden mit
der minne, al dar nâch unt er siht daz ez aim ieslîhen nuzce
ist. unt sol sich vlîzen daz man in mêr minne den furhte.
Er sol niht trûb (41ᵃ) salich ² sein noch sorcsamich noch ce
gêhe noch ce hert noch ce vil archwânich, wan sô gerôwet er
nimmer. An sînen gebotten sol er vursihtik sein, sweder si
nâch got oder nâch der werlde sein. Diu werch diu er en-
philhet diu sol er alsô temperen und beschaiden, daz er ge-
denche an die beschaidenhait sand Jacobes dâ er sprach ‚Arbait
ich meine hert, daz si gên ceharte, sô sterbent si alle aines
tages‘. Ditz und ² ander urchunde der beschaidenhait diu ain
mûter ist der tugende sol er nemen unt sol elleu dinch alsô
temperen, daz di starchen sîn begeren unt di chranchen niht
entgên unt vor allen dingen, daz er dise regel behalte alle
weis; sô er wol gedienet, daz er hôre von unserem herren daz

der gûte chneht hôrte der seinen genôzen den baiz in der ceit
tailte; er sprach ,Ich sag eu fur wâr, er sol in sezcen uber
allez sein gût'.

LXV. Von dem prôbste des chlôsteres.

Ez geschicht ofte daz von des prôbstes ordenunge swêre
schande bachsent in den chlôsteren, sô sumlîche an geplâsen
sint von dem ubelen gaiste der ubermûte und bênent daz siz
di anderen abte sein und underwintent (41ᵇ) sich unrehtes
gwaltes und machent schande unt mishelunge in der sampnunge.
nunge. Daz geschiet aver aller maist in den steten dâ von
den selben abten oder von dem selben bischoft¹ der brôbst
geseczet wirt di öch² den abt sazten. Man merchet leihte
wie tumplih daz sî, wan von angenge sîner ordenunge wirt im
ain materig der ubermûte gegeben, sô im gerâten wirt von
sînen gedanchen daz er vrî ist von sînes abtes gwalte, wan
di den abt sazten in öch gesezet habent. Hie von erchuchent
sich zorn und² neit, stroit und afterchôse, bâgen und mishelunge
helunge und³ unordnunge. Unt sô der abt unt der prôbst
misschelent, sô mûzen ir baider sêl under dirre mishelunge
in fraise sein, unt di under in sint di gênt öch in die verlornusse,
nusse, sô si baidenthalben lieb chôsent. Daz ubel dirre fraisi
gêt den uber ir höbet di sich dirre ordnunge maister machten.
Dar umb wan ez nuzce ist durch di behaltnusse des frides
unt der minne, sô secen wir daz in des abtes gwalte sî sînes
chlôsters ordnunge. Und mag ez gesein, sô sol des chlôsters
nuz aller geordent werden von den techenden, als ez dâ oben
gesecet ist und als ez der abt gesepht; sô man daz geschefte
man (42ᵃ) gen enphilhet, daz sich ainer niht uber heb. Ist
daz diu stat daz aischet und⁴ diu sampnunge redlîhen in der
minne gert unt der abt ertailet daz ez nuce sî, swen er danne
erwelt mit der brûder râte di got furhtet, den sece er ze ainem
prôbste. Der selbe prôbst sol allez daz mit wirden tûn daz
im sîn⁵ abt enphilhet unt sol nihtes niht wider sein willen
und wider sîn geschefte tûn. Wan als vil sô er gehôhet ist

¹ ändert gegenüber dem lat. Text   ² un   ³ un   ⁴ un
⁵ zuerst der, unterpungiert

fur di anderen, als vil sol er flizlicher[1] behalten der regel
gebot. Wirt der selbe prôbst erfunden daz er lasterwêrich
ist oder betrogen wirt mit der ubermûte, oder daz er di hailigen
regel versmêhet, sô sol man in nâch gotes gebot manen unz
cem vierden mâle. Bezzert erz niht, sô tû man in von der
prôbstei und werd ain anderer an sîne stat gesezet der des
wert sei. Ist daz er öch dar nâch in der sampnunge[2] niht
geröbich ist unt gehôrsam, so treib man in von dem chlôster.
Jedoch sol der abt gedenchen daz er von allen sînen gerihten
got rede geben mûz, daz vil leiht diu flamme des neides unt
des zorns di sêl iht brenne.

LXVI. Von dem portner des chlôsteres.

Man sol ain altherren secen ce der porten des chlôsteres
der di leute chunne vornemen und (42ᵇ) antwurt geben, des
gedigenhait[3] im niht gestate daz er wandele oder mûzich gê.
Der selbe portner sol aine celle haben bî der porten, sô iemen
chumpt, daz er vinde der im antwurt. Unt sâ sô iemen chlophet
oder der arme rûfet, sô antwurt ,Deo gratias‘ und geb den
segen und mit aller semfte der gotes vorhte sol er schier ant-
wurten mit hiziger minne. Bedarf der portner hilfe, sô sol
man im geben ain jungen brûder. Mag ez gesein, sô sol daz
chlôster alsô gestiftet werden, daz aller slaht list innerhalbe
des chlôsteres werde geûbet, daz ist daz waszer unt diu mul
unt der garte unt diu phister, daz den munchen dechain nôt
sei daz si öz wandelen, wan ez alle weis iren sêlen unreth
chumpt. Wir wellen öch daz man dise regel ofte in der sam-
nunge les, daz sich dechain brûder von der unwize[4] iht ent-
schuldige.

LXVII. Von den brûderen di man an den wech sendet.

Die brûder di man öz sendet di sulen sich enphelhen
der samnunge oder des abtes gebet, unt ce allen tageiten sol
man aller der gedenchen di abwurtich sint. Sô di brûder von

---

dem wege choment, des selben tages sô si wider choment ce
allen (43ª) tagcîten, sô gotes dienst getân wirt, sulen si sich
strechen ôf den esterreich des bethôs ûnt geren daz si alle
betten fur ir missetât, ob in leiht wider varen ist von sehen,
von hôren ubeler dinge, oder von mûziger rede. Ez sol ôch
niemen erbalden daz er aim anderen sag swas er ôzerhalb [1]
des chlôsters gesehen oder gehôret hât, wan ez ain grôz stôrunge
ist. Swer daz erbaldet der sol der regelîchen zuhte underligen.
Daz selbe sol ôch der leiden der ôz dem chlôster oder inder
gêt, oder ân des abtes gebot ihtes iht tût, swie lucel [2] ez ist.

LXVIII. Ob man dechainem brûder unmuglîcheu [3] dinch enphilhet.[4]

Swelchem brûder man swêreu und unmuglîcheu [5] dinch
emphilhet der sol daz gebot mit aller semphte unt gehôrsam
enphâhen. Sieht er danne daz daz gebot gêt uber di mâze
sîner chraft, sô sag sein unmuglîhait dem der im vor ist ge-
dultiklîhen und gevollichlîhen, niht hofertlîhen noch wider-
strebende noch widerredende. Ist daz dar nâch der prîor an
sînem gebotte beleibet, sô sol der junger wizzen daz ez im
nuce ist unt getrôwe in der minne der gotes helfe unt sei ge-
hôrsam.

LXIX. Daz in dem chlôster niemen den anderen scherme.

Man sol daz bewaren daz von dechainer slaht ursach
dechain munch den anderen erbalde in dem chlôster ce schermen
oder vor sei, ob si ôch an (43ᵇ) ander sippe sint. Noch
dechain weis sulen daz di munche erbalden, wan dâ von er-
baxen mag ursach grôzzer schande.[6]

LXX. Daz niemen erbalde den anderen ze slahen.

Man sol in dem chlôster weren alle ursag der baldechait.
Wir orden [7] unt sezen [8] daz niemen mûzlich sei daz er dechain

---

[1] ôzerhald   [2] zuerst *leiht*, gestrichen
[3] [5] *unuglicheu*, vielleicht ist Assimilation angedeutet   [4] *enphihet*
[6] der Schlusssatz des Capitels ist nicht übersetzt   [7] *ordende*
[8] zuerst *seczen*, c unterpungiert

sîn brûder vermainsame oder slahe, ân dem der gwalt von
dem abte wirt gegeben. Di aver missetûnt di sol man offen-
lîhen refsen, daz di‘ anderen vorhte haben. Den chinden sol
man unz an daz funfzehent jâr ir alders fleiz und hûte [1] der
zuht erbieten, iedoch mit mâze und redlîhen. Swer in sterchorem
alter ihtes iht erbaldet ân des abtes gebot, oder an den selben
chinden unbeschaidenlîhen [2] ergrimmet, der sol der reglîhen
zuht underligen, wan gesriben ist ‚Daz du dir niht wil ge-
schehen, des solt du ain anderen begeben‘.

LXXI. Daz di brûder an ainander gehôrsam sein.

Daz gût der gehôrsam sol man niht ain dem abt erbieten,
di brûder suln òch an ain ander alsô gehôrsam sîn, daz si
wizzen suln daz si mit disem wege der gehôrsam sulen hinz
got gên. Dar umb [3] lâzen wir vor des abtes gebot unt der
próbste di er gesecet, den wir niht gestaten daz dechain sunder
gebot vor gê; dar nâch uber al sulen di jungere (44ᵃ) iren
prioren mit allem fleiz gehôrsam sein. Swer strîtiger erfunden
wirt, den sol man dar umb refsen. Swelch brûder umb dechain
wêuige sache von dem abte oder von dechainem seinem prior
dechaine weis bestrâfet wirt, entstêt er sich des daz des priors
gemûte swâre sî erzurnt oder bewegt ist, swie wênich des sî, [4]
sô sol er cehant ân twâl sich strechen òf di erden und lig als
lange ce sînen fûzen an sîner bûze unz daz mit dem segen
disiu bewegunge gehailet werde. [5] Dem daz versmâhet ze tûn,
an des leibe sol manz rechen. Ist er aver frevel, sô sol man
in von dem chlôster treiben.

LXXII. Von dem gûtem erenst den di munche
haben sulen.

Als ain ubel erenst ist der biterchait der von got sunderet
und laitet zû der helle, alsô ist ain gût erenst der von den
lasteren sunderet unt laitet ce got und cem êwigen leben.
Disen erenst sulen di munche ûben mit hiziger minne, daz

---

[1] *hôte*   [2] *ubeschaidenlichen*   [3] *ub*   [4] zuerst *sei*, gestrichen
[5] zuerst *wirt*, gestrichen

ist daz si an ain ander fur chomen sulen mit êren, unt daz si
di chranchat des leibes unt der sitte gedultiklîhen vertragen.
Si sulen di gehôrsam an ein ander stêtechlîhen erbieten. Niemen
sol volgen daz im nuce ist, wan mêr daz ainem anderen.
Brûderlîche minne sulen si keuschlîchen (44^b) an ein ander
erbieten. Si sulen got furhten unt suln iren abt lôterlîhen mit
dimûtiger minne lieb haben; unseren herren Christum sulen
si vor allen dingen lieb haben, der uns alle bringe ce dem
êwigen leben, Âmen.

LXXIII. Daz alleu behaltnus des rehten an dise regel niht gesecet ist.

Wir haben dise regel gesriben, daz wir ir behaltnus
ercaigen etlîch weis, daz wir êrhaft sitte und ein anegenge
gûtes lebens haben. Di aver ce durnohtem leben cilent di
habent dar zů der hailigen vater lêre, der behaltnus den
menschen bringet ce hôhorer durnoht. Wan welch bůch oder
welch rede hailiger orthabunge des alten unt des neuen ur-
chundes ist niht ain rehteu regel des menschen lebens? Oder
welch bůch der hailigen gelôwigen vater leutet daz niht daz
wir mit rehtem lôfe chomen ce unserem schephêre. Und ôch
collaciones patrum und ir gesezde und ir leben unt diu regel
unsers vater sand Basilii, was ist daz allez wan ain geruste
der tugende wol lebender und gehôrsamer munche? Aver den
trêgen und ubel lebenden und versômigen ain rôte der schame.
Swer du nû bist, ze dem himlischen vater lande eilest, vol
bringe mit Christes helfe dise wênige regel diu ce ainem ane-
genge gûtes lebens von uns gesriben ist; sô chumst du danne
ce grôzzorer hôhe der lêre unt der tugende, der wir dâ vor
gehuget haben, mit unseres herren gotes scherem, Âmen.

Explicit regula beati Benedicti Abbatis.

II.

Diese Uebersetzung (B) der BR. ist in Cgm. 91 erhalten.
Der grosse Schmeller'sche Katalog gibt die Beschreibung der
ganzen Handschrift, von welcher das erste Stück später ab-

getrennt wurde. Sie gehört der Mitte des XIII. Jahrhunderts
an, ist von einer Hand deutlich und hübsch geschrieben.

Einige Bemerkungen über die Lautbezeichnung werden
genügen. Der Circumflex findet sich angewendet, aber ganz
unregelmässig (öfters wird *e* vor *r*, *s* zu *ê*), so dass er wohl
nur hie und da aus der Vorlage übernommen sein dürfte;
manchmal ist er auch falsch gesetzt. *œ* für *e*; *e*, *ee*, *ę* für *œ*.
ei ist nur selten zu *ai* geworden, ebenso *î* : *ei*; *ou* : *au*; *û*, *ü* : *ou*.
u für *uo*, besonders aber *u*, *ú* für *ou*. *iu* auch für *ie* und *i*
mehrfach. *-œr* wiegt noch vor gegen *-er* = *œre*. Umlaut der
langen Vocale sehr wenig beliebt, *i* überaus häufig in den
Endungen. — Sehr wenige *ch* für *k*, sogar *k* für *ch*; dagegen
cch für *ck*. *h* für *ch*. *th* für *ht* 9 Mal. *w* für *b*, *b* für *w*, *v* für *w*.
gw für *gew*, sogar *guonheit* XXXVI. *tt* öfters nach Diphthongen
und langen Vocalen. *c* für *z*; *ss*, *zs* für *ʒ*; *sc* und *sh* für *sch*.
Sehr starke und häufige Verkürzungen. Oft *wern* für *werden*.
Besonders erscheint statt *-det*, *-tet* oftmals *t*. Inclinationen: *anm*,
inm, *vomn*, *durchz*. 6 Mal *zklôsters* als Gen., mehrmals *zklôster*
Nom. Auch Apokopen und Synkopen sind häufig, erstere be-
sonders bei Conjunctiven.

Unsere Handschrift neigt stark zum Mitteldeutschen; die
Vorlage stammt gewiss daher, ist in Baiern abgeschrieben und
dabei wohl auch etwas geändert worden: die bairischen Zeichen
nehmen gegen das Ende des Stückes zu. Vor Allem stimmt
B so genau mit der von V. Kaeferbäck (Programm des I. Staats-
gymnasiums in Graz, 1868) behandelten Admonter Hs. A,
dass nur die Annahme, der Admonter Codex sei eine Abschrift
des unsrigen, aufgestellt werden kann, nicht die einer gemein-
samen Vorlage. Vgl. die Fehler und Missverständnisse des
Adm., deren gröbste in den Capiteln I. II. IV. XX. LVIII
vorkommen. Nach der Angabe von Schmeller stammt B aus
Aspach und ist von derselben Hand geschrieben, welche das
viel überschätzte Docen'sche Bruchstück von Wernhers Marien-
liedern aufzeichnete. Aspach (jetzt Asbach) wurde von Otto
von Bamberg 1127 gegründet (Hund, Metropolis Salisburgensis
II, 75); die einzige überlieferte Urkunde eines Bündnisses mit
Admont weist dasselbe nach als geschlossen allerdings erst
am 1. August 1477 (Wichner, Gesch. v. Adm. IV, 15), allein
es mag wohl schon früher eines bestanden haben, und der

Engilbolt von Aspach, welcher 1147 als Zeuge bei einer für
Admont bestimmten Widmung auftritt (Wichner I, 126), kann
aus dem bairischen Kloster gewesen sein. Dieses liegt im
jetzigen Landgericht Rotthalmünster. Ohne Zweifel enthielt
die Vorlage unserer Hs. eine Interlinearversion, denn Ueber-
setzung und Wortstellung sind nur um weniges freier als in
A. Kaeferbäck hat S. 20—26 seiner Schrift bereits aus dem
Admonter Codex Worte ausgehoben, die dann von Lexer auf-
genommen worden sind; allein diese Arbeit ist unvollständig
und mit Fehlern behaftet. Ich habe daher im Folgenden ein
Verzeichniss der bei Kæferbäck fehlenden oder falsch ange-
gebenen Worte zusammengestellt, das, wie es jetzt nicht anders
geschehen kann, mit Rücksicht auf Lexers Mittelhochdeutsches
Wörterbuch gearbeitet ist. Wörter, die dort sich gar nicht finden,
sind mit Sternchen bezeichnet. Für die Aufnahme der anderen
war eine interessante Bedeutung oder auch eine formale Eigen-
thümlichkeit massgebend.

abesnidunge stf. *sô sol der abte biderben der absnidunge eisen —
tunc jam utatur abbat ferro abscissionis* XXVIII. (C.)

* **âgezzelkeit** stf. *und vliuhet âgezelkeit — oblivionem omnino fugiat*
VII. Adm. A. hat nach Kaeferbäck *âgebelkeit*, was Lexer,
Nachtr. s. 15 nicht hätte aufnehmen sollen, da es nur
Schreibfehler ist.

ambethûs stn. *daz ampthûs dâ wir disiu alliu vlîzklîh wurken
suln — officina ubi haec omnia diligenter operemur* IV.

anehaben swv. *der herte vonm hirt aller vliz sî angehabt — gregi
pastoris fuerit omnis diligentia attributa* II.

anestân stv. *gédulteklîhen tragen und anstên sîner bet — pa-
tienter portare et persistere petitioni suae* LVIII.

beredunge stf. *durh der slâffigen beredunge — propter somnolen-
torum excusationes* XXII.

besihtecheit stf. *und sî an des abtes besihtekeit — et in abbatis
sit providentia* XLI. (C.)

bete stn. *aber ze andern zîten sol man daz jungste teil des selben
betes sprechen — caeteris vero agendis ultima pars ejus ora-
tionis dicatur* XIII. auch LXVII.

* **betrûrigen** swv. *daz der mit unsern ubelen werken nimmer
werde betrouriget — non debeat aliquando de malis actibus
nostris contristari.* Prol. und ebenso noch viermal.

* bevelhelich adj. *oder bevelheliche brief — aut litteris commendatitiis* LXI.

bewærunge stf. *von langer klôster bewærunge — monasterii probationis diuturna* I.

* bezzerbernde adj. *dar umbe sol volkomen jungern ze guoter, heiliger und bezzerbernder red seltin urloub verlihen wern — ergo quamvis de bonis et sanctis et aedificationum eloquiis perfectis discipulis rara loquendi concedatur licentia* VI.

buochkamere stf. *suln si sunderiu buoch nemen ûz der buochkamer — accipiant omnes singulos codices de bibliotheca* XLVIII.

döuwe stf. *und nâh der dewe ûf stê — et jam digesti surgant* VIII.

enphetten swv. *enpfettet des klôsters dinge — exutus rebus monasterii* LVIII.

enthaltenusse stf. *abstinentia* XL. XLIX.

erblæjen swv. *mit ubelem geiste der hôhvart erblæt — maligno spiritu superbiae inflati* LXV.

erhellen stv. trans. *oder welh buoch der heiligen kristenlîchen væter erhillet daz niht daz wir komen — aut quis liber sanctorum catholicorum patrum hoc non resonat, ut perveniamus* LXXIII.

erschellen swv. *mit erschelleten ôren — attonitis auribus* Prol.

erschütten swv. *den hals erschutten ûz der regiln joche — collum excutere de sub jugo regulae* LVIII.

* gealter stn. *swi daz si daz diu menschlih natûr gezogen wert ze der barmunge an den gealtern — licet ipsa natura humana trahatur ad misericordiam in his aetatibus* XXXVII.

gedigenheit stf. *gravitas* XLII und 3 Mal (C).

* geformen swv. *sol er sih allen sô geformen — ita se omnibus conformet* II.

gehebede stf. *substantia* XXXI und 2 Mal (C).

* genknabe swm. *daz der guot knab den sînen genknaben waitzen gab ze sîner zît — quod servus bonus qui erogavit triticum conservis suis in tempore suo* LXIV.

girn swv. *niht giren — non concupiscere* IV.

gruntvesten swv. *wan ez was gruntvestet ûf einen starken vlins — fundata enim erat supra petram* Prol.

hinwerf stm. *ich bin ein itwîz der liute und hinwerf des volkes — ego sum opprobrium hominum et abjectio plebis* VII. (C.)

houbetküssen stn. *capitale* LV.

inman stm. *von dem inmanne sînes gezeltes — de habitatore tabernaculi ejus; daz wir ervollen des inmannes ampte — si compleamus habitatoris officium.* Prol.

* kreisgengel stm. *gyrovagus.* Prol. schon bei Kaeferbäck, aber von Lexer nicht aufgenommen.

mâcschaft stf. *ob si ouch mit ettlîcher mâgschaft næhene gesellet sîn — etiamsi qualevis consanguinitatis propinquitate jungantur* LXIX.

mêrunge stf. *augmentatio* II. (C.)

minnerunge stf. *detrimenta* II. (C.)

missehandelunge stf. *injuria* VII.

nahtwahte stf. *wan von der nahtwahte spricht der selbe prophet — de nocturnis vigiliis ait idem ipse propheta* XVI.

nennunge stf. *appellatio nominum* LXIII. (C.)

* rîterscheften swv. *ze rîterscheften unserm herren wâfen ane nimest — domino militaturus arma assumis.* Prol. und noch 3 Mal (C).

sperre stf. *daz ampthûs ist des klôsters sperre — officina claustra sunt monasterii* IV. *diu vertailen wir mit êwiger sperre — aeterna clausura damnamus* VI.

* teilnuftecheit stf. *participatio* XLIII.

underdienen swv. *und swenne er mit sîner manunge den andern bezzerunge underdienet — et cum de admonitionibus suis emendationem aliis subministrat* II.

undergeben stv. *subdare* VII.

* undervolgen swv. *subsequi* VIII. X. XXXIV.

* undervüegen swv. *subjungere* IX.

undöuwe stf. *indigeries* XXXIX.

unwizzen stf. *daz dechain brûder sih von der unwizzen berede — ne quis fratrum de ignorantia se excuset* LXVI.

ûzschûten swv. *excutere* IV.

ûztrit stm. *excessus* LXVII.

ûzwesen anv. *sol aller ûzwesenter gehugde geschehen — commemoratio omnium absentium fiat* LXVII.

vallec adj. *vallich guot — de rebus caducis* II.

versmâhære stm. *contemptor* XXIII. (C.)

versûmec adj. *negligens* VII.

verwænen swv. *sam ouh sanctus Paulus im selben niht verwânte
sîner predige — sicut nec P. apostolus de praedicatione
sua sibi aliquid imputavit.* Prol. *und verwœne sîn hin ze im
selbem — et sibi reputet* IV.

* **volkomenusse** stf. *perfectio* LXXIII zweimal.

vorlâzen stv. *vorlâzzen des abtes gebot — praemisso abbatis im-
perio* LXXI.

* **vrôngebet** stn. *oratio dominica* XIII. XVII.

vruoimbiz stm. *prandium* XLII.

vuotunge stf. *ob er hât erboten vúdunge — si exhibuit fomenta*
XXVIII. *daz diu lîhtekeit niht vúdunge vinde — ut non
scurrilitas inveniat fomitem* XLIII. schon bei Kaeferbäck,
aber fälschlich als *wedunge.*

vürheben stv. *praeferre* LXV.

wâtkamere stf. *vestiarium* 3 Mal (C).

wirsern swv. *daz si niht gewirseret werden; bedenke daz gotlîh
wort, waz er verdienet der einen der kleineren wirseret —
ut non scandalizentur, memor divini eloquii, quid mereatur
qui scandalizaverit unum de pusillis* XXXI.

* **zungerich** adj. *und daz ein zungerîcher man niht wirt geslihtet
ûf der erde — et quia vir linguosus non dirigitur super
terram* VII.

III.

Codex germanicus Monacensis nr. 36 (C), Pergament,
Quart, in Holzdeckel mit Lederüberzug gebunden, enthält
56 Blätter. Die ersten sechs davon füllt ein Kalendarium aus
(auf 1ᵃ von jüngerer Hand die Signatur P 75), das gleichzeitig
als Nekrologium diente. Die Regel beginnt 7ᵃ mit grosser,
rother Initiale, die Capitelüberschriften und Initialen sind roth,
die Anfangsbuchstaben der Sätze roth durchzogen, Tintenlinien.
5 Quaternionen und 1 Quinternio, mit grossen rothen römischen
Ziffern unten gezählt. Alles von einer Hand, die am Schlusse
roth hinzufügt: *Hie hat ein end Sant Benedicten Regel. Ditz
bůch ist geschriben, do man zalt von Christi geptlrd drewtzehen
hundert jar und dar nach in dem acht und achtzigosten jar an
Sant Kilnigunden Tag.* (3. März.)

Charakteristisch sind: *i* in Endungen, *ei* für *i*, *ai* für *œ*
und *ei* häufig (mitunter auch für *î*), *äu* für *eu* = *iu* (immer
neur), *ü* für *ie*. 13 Mal *au* für *â*. *w* für *u* überaus oft. — *b*
für *w*, *z* für *s* und umgekehrt, *etschlich* 3 Mal; *zwal* LXXI,
zwahen 3 Mal. Comparative und Superlative der Adj. auf *o*,
auch sonst öfters volle Vocale in den Endungen. *-unge* verkürzt:
anvechtum I, *lintlokkun* II, *durchächtum* IV und noch ein Paar
mal. Sehr starke Apokopen. Daraus ergibt sich schon, dass
unser Stück dem alemannischen Dialekt angehört, auch das
Mass *ymm* XL (lat. Text emina) weist darauf hin.

Auf der Innenseite des Vorderdeckels der Hs. steht ge-
schrieben: *Monasterium Althominster 1548. Die Regel S. Bene-
dicti*. Altomünster, noch jetzt als Kloster der Brigittinerinnen
bestehend, liegt im gleichnamigen Markt, der zum Bezirksamt
Aichach in Oberbaiern gehört (Bavaria I, 1, s. 511). Es soll
von einem Alto gestiftet und 760 von Bonifacius eingeweiht sein.
(Hund, Metr. Sal. II, 54 ff.) Nonnen wurde das Kloster 1047 oder
1057 übergeben, das in Verfall gerathene von Herzog Georg
von Baiern 1477 den Frauen vom Orden S. Brigitten eingeräumt.
1548 war Ursula Klobling Aebtissin (1537—1557). Von der-
selben erwähnten Hand des XVI. Jahrhunderts stammen auch
die Todtenverzeichnisse im Kalendarium. Meist betreffen sie
Nonnen in Sangerhausen, Brunnrode, Schyplicz, also aus
thüringischen Klöstern. Die Regel wird wohl als Erbstück
der moniales S. Benedicti mit übernommen worden sein.

Die Uebersetzung ist frei, sowohl in Bezug auf die Wahl
der Worte, als ihre Stellung und Verbindung; ebenso wegen
der häufigen Zusätze, die freilich zum grössten Theil nur in
der Beifügung von Synonymen bestehen, selten zu erklärenden
Nebensätzen sich erweitern. Dass auch hier keine selbständige
Leistung vorliegt, sondern die Umarbeitung einer alten (inter-
linearen) Version, sieht man aus graphischen Differenzen, aus
übernommenen Formen (*swer, swâ* u. s. w.) und Endungen, aus
dem Wortschatz. Diesen letzteren habe ich hier wie bei B aus-
gebeutet. Der Raumersparniss wegen ist durch das Zeichen (C)
im Verzeichniss von B angemerkt worden, wenn ein Wort aus
B auch in C vorkommt. Die Uebereinstimmungen sind aber
viel zu gering, um irgend welche Beziehung zwischen B und C,
oder deren Vorlagen, zu erschliessen.

Schmeller notiert im grossen Katalog, dass ‚eine Ueber-
arbeitung und Erneuerung dieses älteren Textes in einer Papier-
handschrift 8⁰ vom Jahre 1481 sich findet'; das wird cgm.
829 sein.

betrehteo adj. *er sol besichtig sein und beträchtig — sit providus
et consideratus* LXV.

bewegede stf. *commotio* LXXI.

degrâdieren swv. *oder die er hât degrâdirt von rechten — vel
degradaverit certis ex causis* LXIII. (Vgl. Germ. 18, 267.)

ebendoln swv. *und dez chrankeit er alsô ebendolt — cujus in-
firmitati in tantum compassus est* XXVII.

ebengenôze swm. *conservus* LXV.

* **einnideo** adj. *den übelen willen der ainîdigen — malam volun-
tatem invidentium* LV.

enphanonusse stf. *susceptio* LIII.

enthabnusse stf. *abstinentia* XL. XLIX.

*__entlichsen__ swv. *er ensol auch niht entlichsen die missetât —
neque dissimulet peccata* II.; *daz er nicht entlîchs — ne dissi-
mulet* II.

entschuldigunge stf. *excusatio* XXII. LV.

erbœren swv. *extollere* 5 Mal.

* **erbœrunge** stf. *exaltatio* VII.

* **gebürde** stf. *den der apt sicherlîch mitg mitgetailen und en-
phelhen sein gebürd — quibus securus abbas partiatur
onera sua* XXI.

* **gediemüeteo** adj. *humiliatus* VII. *(gediemültigt?)*

* **gemeinsagunge** stf. *nâch der heiligen gemainsagung gotez leich-
nam — post communionem* XXXVIII.

gemeinsamunge stf. *communio* XXXVIII.

* **geselligen** swv. *sociari* XLIII und noch 4 Mal.

* **geselligunge** stf. *congregatio* LXI.

* **gestüemeoliche** adv. *opportune* LXVIII.

gevæhio adj. *daz er den gevâhigen jungern fürleg — ut capaci-
bus discipulis proponat* II.

* **gewæric** adj. *sô wirt er von sein selbes raittung gar gewârich
und sorksam — redditur de suis ratiociniis sollicitus* II.

* **goukelrede** stf. *aber gaugelred und mitzzige wort — scurrili-
tates vero vel verba otiosa* VI.

labôre stf. *wer in der labôre* XLVI.; *noch von der labôr* XLVIII.

* **lahterbære** adj. *üppigeu wort und lächterbêriu nicht reden — verba vana aut risui apta non loqui* IV.

lihtsam adj. *dem sol niht leihtsam der eingank verlihen werden — non ei facilis tribuatur ingressus* LVIII.

* **lindlockunge** stf. *und einen mit lindlockunn, einen mit stráff — et alium quidem blandimentis, alium vero increpationibus* II. Könnte auch als Inf. eines Verb. (u = e) gefasst werden.

listmacher stm. *artifex* LVII zweimal *(= antwerklätut)*.

* **lûtræze** adj. *und niht lûträse sei an seiner stimme — et non sit clamosus in voce* VII.; *niht mit lautraiser stimme — non in clamosa voce* LII. vgl. *lûtreiste*, dann im Nachtr. *lûtreise, lûtreisic* bei Lexer.

* **müeliche** swf. *daz unreht und die müelichin — injurias et difficultatem* LVIII.

* **obertân** stm. *oder die ebenbild der obertân — vel majorum exempla* VII. *ein versmœher der gebot seiner obertân — et praeceptis seniorum suorum contemptor* XXIII.

selpwaltic adj. *daz dritt gesläht der münich ist daz aller swechest: die haizzent Sarabite, die wir mügen haizzen selpwaltig, die mit cheiner regel sint bewœrt.* Aus dem Prol., aber Zusatz. Vielleicht entsprechend den Worten in der Apologia Henrici IV. imperatoris: *Sarabaitarum, id est sibi viventium* (vgl. Migne Ser. Lat. LXVI, p. 254).

sippezal stf. *propinquitas* LXIX.

slahtunge stf. *occisio* VII.

slêwic adj. *daz wir træge n und wir slêwigen, wolt got, vergülten — quod nos tepidi utinam persolvamus* XVIII.

sûmesal stf. *negligentia* XI und 4 Mal.

swœrmüetic adj. *er sol niht swœrmütig sein noch anxhaft — non sit turbulentus et anxius* LXV.

* **swigenusse** stf. *taciturnitas* VI.

twehelin stn. *die nâdel, daz töklein und die tavel — acus, mappula, tabulae* LV.

underval stn. *intervallum* VIII. XLII.

undöuwunge stf. *indigeries* XXXIX.

unwissende stf. *ignorantia* LXVI.

ûzerrâten stv. *doch wann bei unsern zeiten daz den münichen auzzerrâten niht werden mag — sed quia nostris temporibus id monachis persuaderi non potest* XL.

* **vermeinsagunge** stf. *excommunicatio* XXIII. XXIV.

volbringunge stf. *sô habent si cheinen twâl an der vollebringung — moram pati nesciunt in faciendo* V.

* **volhertigunge** stf. *seines priors gebot beleibt in volhertigung — si prioris imperium perduraverit* LXVIII.

* **volhertunge** stf. *perseverantia* LVIII.

vürbrechen stv. *daz der bôsen gunst icht fürbrech — pravorum praevalere consensum* LXIV.

vürtreffen stv. *daz ez iht fürtreff — nec praejudicet* LXIII.

widerbrüchic adj. *rebellio* LXII. *contentiosus* LXXI.

widerkêrunge stf. *reversio* XXIX.

wieliche swf. *nach eines ieglichen wielîchin — secundum unuscujusque qualitatem* II.; *nâch der wielîchin der stet — secundum locorum qualitatem* LV.

woner stm. *habitator.* Prol.

suomuos stn. *zwai gesoteniu zümüs — cocta duo pulmentaria* XXXIX.

zuonemunge stf. *aber an der zûnemung der gûten wandelung und dez gelauben — processu vero conversationis et fidei.* Prol.

MITTHEILUNGEN

AUS

ALTDEUTSCHEN HANDSCHRIFTEN.

VON

ANTON SCHÖNBACH.

FÜNFTES STÜCK:

PRIESTER ARNOLTS LEGENDE VON ST. JULIANA.

WIEN, 1882.

·IN COMMISSION BEI CARL GEROLD'S SOHN

BUCHHÄNDLER DER KAIS. AKADEMIE DER WISSENSCHAFTEN.

Aus dem Jahrgange 1882 der Sitzungsberichte der phil.-hist. Classe der kais. Akademie der Wissenschaften (CI. Bd., I. Hft., S. 445) besonders abgedruckt.

Druck von Adolf Holzhausen in Wien,
k. k. Hof- und Universitäts-Buchdrucker.

Die Handschrift.

Die Handschrift der Grazer Universitätsbibliothek (alt 39/59, 8°, neu 1501), welche aus dem Kloster Sanct Lambrecht stammt, habe ich schon in der ‚Zeitschrift für deutsches Alterthum‘, 18, 82 f., ausführlich beschrieben. Die Hand, die auf dem unteren Rande der Blätter 26ᵃ—65ᵃ die Legende von St. Juliana einzeichnete, war die einer Frau und schrieb im 14. Jahrhundert; in welchem Theile desselben, kann ich nicht bestimmen. Denn zum Unterschiede von der Schreiberin, welche mit dünnen und sauberen Buchstaben in der ersten Hälfte des Codex das Gedicht von St. Alexius unten beisetzte, scheint unsere des Schreibens völlig ungewohnt. Nicht bloss sind die Buchstaben unförmig, in gerade einzelne Striche zerlegt, die häufig gar nicht verbunden werden, von verschiedener Grösse und Lage, sondern die Schreiberin, sicher eine monialis Sancti Lamberti, ist auch nicht recht geübt, das gesprochene Wort als einen Complex einzelner Laute aufzufassen, deren jeder sein besonderes Zeichen hat, es macht ihr viel Mühe. So kommt eine Anzahl sehr wunderlicher Schreibungen und Fehler zu Stande: *chrachaer* 234, 255 = *karkär*; *chrichchangch* = *kirch-ganc* 398; *getrost* = *getarst* 177. *gnch* steht für *ng*, *nch* : *tai-dignch* 45, *dragn* 190, *fiegn* 473; für *ng* : *egnl* 578, *giegn* 594; für *ngn* : *fiegn* 167, *prign* 163. *n* für *nc* : *gien* 477. *n* fehlt *giegen* 166. *h* fehlt im Anlaut 517, im Inlaut 153, 157. Häufig fehlt das *n*-Zeichen, mitunter sind ganze Worte und Verse ausgefallen. Dagegen finden sich manche Worte und Wortgruppen

1*

zweimal gesetzt, theils weil sie mit zu wenig Tinte oder falsch geschrieben waren, theils aus Versehen. Im letzteren Falle ist bisweilen die Wiederholung radirt oder ausgeschmiert worden.

Es möchte darnach zweifelhaft sein, inwieweit die von der Schreiberin gewählten Zeichen wirklich als Ausdruck der von ihr gesprochenen Laute gelten dürfen. Die Unsicherheit ist bald beseitigt, wenn wir beobachten, dass bei allem Versuchen und Tasten doch eine gute Uebereinstimmung in den Ergebnissen der Zeichenwahl herrscht, dass anfängliches Schwanken bald entschieden wird und einer consequenten Schreibweise Platz macht. Ja die Fehler im Beginn, welche meist die Schreiberin selbst corrigirt, kann man wohl als Beweis für ihre Sorgfalt und Gewissenhaftigkeit mit anführen, vielleicht fallen auch die eben genannten Beispiele unter diesen Gesichtspunkt. Jedesfalls gewährt die Lautbezeichnung ein sehr bestimmtes und scharfes Bild des Dialektes der Schreiberin.

Mhd. *a* ist meist intakt geblieben. Ein paar Male wird es vor Liquida zu *o* : *som* 430, 433, in den Präsensformen sing. von *turren*. Schwächung (oder Umlaut) zu *e* : *paredeis* 316. — Ueber *e* ist mit Ausnahme der später zu besprechenden Synkopen und Apokopen kaum etwas zu bemerken. Denn wenn etliche Male *zu* für *ze* steht, so ist das als spätere Vertretung der allmälig verschwindenden kurzen Form anzusehen. Einmal wird *e* durch *oe* vertreten : *moegen* 420. *o* und *u* haben mhd. Stand; für mhd. *o* tritt mehrmals *a* ein, in *tachter* regelmässig, in *barchten* 340. *erlew* = *elliu* 61, 366, 536 ist wohl nur eine Art Assimilation, vielleicht war bairische Aussprache des *eu* dabei von Einfluss. *â* und *ô* werden in *dâ, dô* zum öftern vertauscht, *dv* steht in der Mehrzahl der Fälle für *dô*. *û* wird regelmässig durch *av, aw* gegeben, denn in den paar Fällen, wo *ev* erscheint, hat wenigstens die Schreiberin ursprüngliches *iu* vorausgesetzt : *preut* 9, *serl* 385. *î* ist durchaus zu *ei* geworden, womit correspondirt, dass *ei* als *ai* auftritt, mit wenigen Ausnahmen, z. B. einige *heilig*. Einmal *ev* für *î* : *enpevt* 159, wohl nur irrthümlich. Die regelmässige Vertretung von *iu* ist *ev*, nur 480 und radirt 509 *leit* für *liut* nach der Meinung der Schreiberin. *ie* erscheint meistens, z. B. regelmässig in *tiefel*, ein paar Male ist es durch blosses *i* ersetzt in *immer, nimer*, in *bi* = *wie* 72. *ou* wird in der übergrossen Mehrzahl der Fälle durch *oe* wiedergegeben, ausnahmsweise bleibt es : *höbten* 91, oder wird durch *o* bezeichnet : *pravtloft* 50, *hobet* 344, *zobrest* 571; auch einige Male durch *au* : *havbt* 565, *avbe* 123. *ouw* tritt als *aw* auf. *uo* hat *ue* durchstehend zum Vertreter.

Recht auffallend und von Wichtigkeit ist, dass in einer grossen Anzahl von Fällen — ich habe oberflächlich etwas über zweihundert gefunden — einem langen oder kurzen Vocal in betonter Silbe ein *e* nachgeschoben wird. Das geschieht nun nicht allein, wie es dem ganzen bairischen Sprachgebiete eigen ist, vor Liquiden (wenn auch überwiegend), sondern ebenso gut vor anderen Consonanten, ja auch im Auslaut *doe* 119, 180. *droe* 181. *due* 139, 266, vor Vocal *droev* 86, *waeil* 193. Es wird sich nicht entscheiden lassen, wie viel davon als Bezeichnung des sonst mangelnden Umlautes angesehen, wie viel dem Einfluss folgender Liquida zugerechnet werden darf. Ich wäre geneigt, die Erscheinung hauptsächlich für ein Symptom der im Steiermärkischen schon früh beginnenden Diphthongirung betonter Vocale ohne Rücksicht auf ihre Quantität zu halten, welche in der Gegenwart fast bis zum Verschwinden einfacher Stammvocale geführt hat, vgl. Mittheilungen aus altd. Hss. 4, 7. Zs. f. d. A. 20, 187.

Im Consonantismus entspricht zunächst der Stand der Dentalen so ziemlich dem mhd. Einige Erweichungen von *t* zu *d* sind nicht besonders merkwürdig, wenn sie auch im Auslaute vor Vocalen stattfinden. Dagegen verdient Erwähnung, dass in dreizehn Fällen *t* anlautend für *d* nach harten Consonanten steht, sichtlich eine Nachwirkung des Notkerschen Canons, vgl. Diemers Anm. zu seinen Deutschen Ged. des 11. und 12. Jahrh. 364, 24. *s* findet sich ein paar Male (verhältnissmässig selten) mit *z* vertauscht und umgekehrt. *tz* für *z* steht einige Male, *tz* wird ein paar Male falsch durch *zt* wiedergegeben. — Mhd. *k* ist fast immer zu *ch* verschoben, zu *gch* 11 Mal. Dagegen *g* im Auslaut einige Male für *c*, auch für *ck* 604. *gch* steht sonst 2 Mal für *ck*, 1 Mal falsch für *h*, das vor *t* aus *ck* entstanden ist : *pligcht* 603. Sonst ist *h* vor *t* durch *ch* gegeben, das überhaupt häufig für *h* eintritt. *g* für *h* : *segge* 166. *segst* 193. *j* fällt aus in *muen* = *muojen* 212, 422. *h* überschüssig im Anlaut : *hoer* 204. — *p* für *b* im Anlaute 90 Mal, im Inlaute 24, im Auslaute mit *b* wechselnd. Mhd. *b* sind nur wenige geblieben. *w* für *b* steht

im Anlaut 1, Inlaut 6, Auslaut 4 Mal. *b* für *w* im Anlaut 109 Mal
(gegen 69 alte *w*), inlautend 21 Mal. *v* sind nicht zahlreich
(ausser für *u* ganz ausnahmslos), viele *f*, auch vor *a* und *e*. *pf*
gewöhnlich, wenige *ph*. *aver* in der Regel, 3 Mal *affer*. — Con-
sonantenverdoppelung findet sich mehrmals, 5 *ss* für *s* und ein
paar Male *ll*, *nn*, *tt* für *l*, *n*, *t*. Dem entsprechen andererseits
9 *n* für *nn*, *metein* 401, *bern* = *werren* 412. Assimilation erscheint
einige Male : *vmmaer* 401, *vmaer* 181. *vme* = *umbe* 211, *ampligch*
569, *issi* = *ist si* 387, *baesse* = *wahs* 387; dagegen nicht *also*,
alsus, sondern *als so*, *als sus*.

In nahe hundert Fällen ist Synkope durch die Schrift aus-
gedrückt, wenn auch natürlich am meisten zwischen Liquiden,
oder muta + liquida, so doch auch zwischen Muten nach langem
und kurzem betonten Vocal. Dieser Rauhheit entspricht die
überaus weit vorgeschrittene Apokope, welche fast gar keine
stummen und tonlosen *e* im Auslaute übrig gelassen, ja in einem
Dutzend Fällen das schliessende *n* auch noch mitgenommen hat;
zze sind zu *z*, *ppe* zu *p*, *lle* zu *l*, *nne* zu *n* oftmals verkürzt. In-
clination von *ez* und *si* an ein vorausgehendes, meist einsilbiges
Wort nur 7 Mal. — Ueber die vorkommenden Formen wird
besser später gesprochen.

Unschwer ist aus dem angegebenen auf den Dialekt zu
schliessen. Es ist derselbe, welchen schon die Provenienz der Hs.
und andere Umstände vermuthen lassen: bairisch im Allgemeinen,
dem engeren Kreise des Innerösterreichischen angehörig. Zs.
f. d. A. 20, 187 habe ich aus den St. Lambrechter Breviarien die
hauptsächlichen Charakteristika der Schreibung herausgehoben;
nimmt man hinzu noch was bei den einzelnen Nummern sich notirt
findet, so stellt sich die Orthographie unseres Denkmals als die
richtige Fortsetzung der dort in ihrer Wirksamkeit sichtbaren
Tendenzen dar, wie sie für das 14. Jahrhundert etwa anzunehmen
wäre. Der Mangel an Schreibübung wird zugleich dafür ver-
antwortlich sein, dass die dialektischen Zeichen stärker her-
vortreten und die Lautgebung weniger von literarischen Ein-
flüssen bestimmt wird. Auch ist von der Orthographie der
Vorlage doch noch einiges übrig geblieben, wie manche Einstim-
mungen unserer Hs. mit der Schreibweise in Arnolts Gedicht
von der Siebenzahl und in dem Himmlischen Jerusalem zeigen,
vgl. die Notiz von Scherer, Quellen und Forschungen 7, 89 f.

Es steht also nichts im Wege, die Aufzeichnung des Stückes
dem Kloster St. Lambrecht zuzuweisen, aus welchem die Hs.
stammt, wie ich schon oben angab. Vgl. auch Zs. f. d. A. 18,
82, 88. 20, 192.

Sprache und Vers des Gedichtes.

Es wird vorerst für die Datirung wichtig sein, sich über die
Reimkunst zu unterrichten. Von den 314 Reimpaaren sind rund
gerechnet zwei Drittel genau, ein Drittel ungenau nach mhd.
Weise. Ich bediene mich bei Gruppirung der Reime der Sche-
mata, welche Max Roediger in seinen Arbeiten (z. B. Anz. f.
d. A. 1, 78 f., Zs. f. d. A. 20, 313 f.) aufgestellt hat.

Voller Vocal in den Endungen findet sich nur bei der
Participialendung *-ôt* 5 Mal. Das Flexions-e reimt in *vlîzen* :
brâhte 7, wo aber die Ueberlieferung ganz corrupt ist, und
himele : *zesamene* 538.

Dem reimenden Flexions-e geht ein gleicher Consonant
voraus : *diete* : *wâte* 164. *guote* : *râte* 232. *râte* : *steinôte* 350. *hiute* :
nôten 110, 468. *wîbe* : *schiube* 364. *bliwe* : *touwe* 589. *seile* : *wîle*
192. *vertâne* : *zwêne* 490. *Juliâne* : *undertâne* : *unreiner* 452. Es
folgt dem Flexions-e noch ein gleicher Consonant : *zîten* : *liuten*
13. *verrâten* : *behuoten* : *muoter* 248 : *profêten* 334. *ertôten* : *be-
halten* 528. *tôten* : *genieten* 200. *genôzen* : *sâzen* 206. *lâzen* : *begiezen*
528. *tievel* : *zwîvel* 312. *betochen* : *lachen* 528. *machen* : *versuochen* :
ruochen 572. *lônest* : *dienest* 454. *zornech* : *strîtech* 274. — *vrouwe* :
entriuwen 466. *begangen* : *gunnen* 486 f. *sêle* : *himele* 566.

Dem reimenden Flexions-e gehen zwei gleiche Consonanten
voraus : *manne* : *wunne* 61, 238 : *chunne* 124, 198. *entrinnen* :
danne : *minne* 265. *Appollo* : *helle* 68. *binden* : *verswunden* 607. *ge-
bunden* : *banden* 282 : *handen* 472. *hende* : *weinunde* 244. *under* :
vriunden 412. *arge* : *burge* 613. *locken* : *drucken* 274. *gifte* : *chrefte*
516. *sehse* : *rahse* 166 f. *bruste* : *vaste* 280. *gelusten* : *rasten* 396.
zebrosten : *rasten* 476. *bette* : *gestatte* 43. *begriffen* : *geschaffen* 84 f.
— Hierher sind wohl auch zu zählen *guote* : *nôte* 152, 478 : *tôte*
585. *guoten* : *nôte* 344 : *ertôten* 222. *zwivelôte* : *muote* 240. *vrône* :
chuone 272.

Uebereinstimmenden Vocalen der reimenden vorletzten Silbe
folgt kein gleicher Consonant : *riurînen* : *snîdet* 384. *werchenâre* :

mâre : Juliâne 544. *chôre : vrône* 568. *arbeiten : ungemeine* 424. *ougen : gelouben* 76. *troumen : zouwen* 422. *muojen : behuotet* 212. *willen : minnen* 49, 136. *nimmer : gewinnen* 374. — *varende : schadende* 286.

Gleichen Vocalen der Pänultima folgen zwei Consonanten, deren erster gleich ist : *galgen : erbalden* 208. *unlange : sande* 611. *handen : enphangen* 380. *hande : manne* 549. *stërben : wërden* 379. *beginnen : bringen* 1. *zwischen : christen* 21. *ubertounden : gunne* 370. *gelouben : houbten* 90. — Nur der zweite Consonant ist gleich : *halze : unganze* 436. — *hêrren : sêre* 156. — Ueberschüssige *n* 16 Mal. Sonstige Ungleichheiten im Auslaut : *Diûnem : verwânen* 96 : *vertâne* 172. *gêst : ê* 234. *meister : geleistet* 292. *unreiner : gemeinen : deheinen* 437.

Unter den stumpfen Reimen kommen wenig Ungenauigkeiten vor. Einsilbige : Verschiedene Vocale : *viench : lanch* 320. *ă : â* 1 Mal vor *n*, 2 Mal vor *t*. *è : ê* 1 Mal vor *l*. *ŏ : ô* 2 Mal vor *t*. *ŏ : ă* 1 Mal vor *l*. *ô : uo* vor *t* 5 Mal. Verschiedene Consonanten *êwart : genant* 5. *Sathanat : vart* 382. *got : getroch* 66. *muot : muoz* 84. *was : besaz* 43. *m : n* 3 Mal nach *a*. Ueberschüssiges *n* 1 Mal : *tuon : zuo* 160. — Zweisilbige : *gote : stete* 306. *slahen : verdagen* 354. *triben : gelide* 534.

Ich suche ferner aus den Reimen die mögliche Information über den Sprachcharakter zu schöpfen.

ă lautet zu *e* um : *schende : hende* 458. *gebende : hende* 188. *gifte : chrefte* 516. *lenge : anegenge* 174. Dagegen *handen : enphangen* 380. *hande : manne* 549. — *mugen* reimt auf *legen* 420; an ein oberdeutsches *megen*, wie es Weinhold Mhd. Gr. S. 392 zahlreich aus Stücken auch des 12. Jahrhunderts beibringt, wird man vielleicht denken dürfen, ohne aber wegen der ungenauen Reime erster Kategorie dafür Gewähr zu haben. — *u* wird nicht umgelautet. — *ë* reimt 23, 100, 168, 276, 388, 406, 480 auf *ë*, *e* auf *e* 11 Mal, nie *e : ë*. *e* aber auch auf *a* 47. 2 Mal, 68 und 306, *e : o*, 1 Mal auf *i*. *sêle : helle* 627. — Kein Reim von *î : ei*, denn in *seile : wîle* 192 reimt *-le*. — *ô* bleibt unumgelautet : *ertôten : nôten; quoten : ertôten; quote : nôte* 152, 344, 478. *hiute : nôten* 110, 468. Gegenüber dem 5 Mal belegten Nom. und Acc. *nôt*, apokopirtem Gen. Plur. *nôt* 395, Dat. Plur. *nôten* 110, 468 kommt zweimal *nôte* vor 153, 344 im Acc., wo man zweifelhaft sein kann, ob es Plur. oder Sing. sein soll.

nôte 479 ist wohl sicher Gen. Sing. Ich sehe darin ein Zeichen des Widerstandes gegen den Umlaut, wie er dem Bairischen eigen ist und z. B. bei Wolfram in demselben Worte hervortritt. — Bei *â* kommen folgende Reime in Betracht: *zwar : charchaer* 224. *trugenaer : waer* (Adj.) 94. Daraus würde man unter gewöhnlichen Umständen schliessen dürfen, dass *â* nicht umgelautet worden sei. Dem ist hier allerdings die Gewähr entzogen durch Reime wie *stete : gote, mugen : legen, seile : wîle* und es kann *zwâre : charcharre, trugenære : wâre* ebenso gut heissen. Wenn man aber den gesammten Habitus der ungenauen Reime des Werkes erwägt, welcher doch gewiss der oberdeutscher Gedichte noch aus der ersten Hälfte des 12. Jahrhunderts ist, und dazu nimmt, dass in solchen hier zu vergleichenden Stücken sonst ähnlichem Habitus Mangel des Umlautes von *â* entspricht, so dürfte es sich doch als wahrscheinlich ergeben, dass hier diese Reime auf *â* auszulegen sind und demgemäss auch die anderen hierher gehörigen: 19, 234, 242, 378, 400, 488. — 184. — So habe ich mich denn entschlossen, unumgelautetes *â* im Texte durchzuführen und auch *wîte : diete* 164 geschrieben. — *â* zeigt in dem Gedichte Neigung zu *ô*. — Unter denselben Cautelen wird wohl auch *û* ohne Umlaut angesetzt werden können: *brûte : trûte : dûte* 9, (27) allerdings *û : iu* in *lûte* (Adv.): *hiute* 559, und *ziten : liuten* 13. — Die 13 Reime zwischen *ô : uo* fasse ich nun auch als solche auf, welche für die Bewahrung von *uo* zeugen; *uo : uo* entscheiden nach keiner Seite 84, 114, 138, 160, 178, 212, 318, 445, 449. In unreinen Reimen kommt *uo* auf *â, ă* vor.

Es ist gewiss dialektisch, wenn *ă : ŏ* reimt: *chrûzestal : sol* 246. *â : ô : genôzen : sâzen* 206. *râte : steinôte* 350. Dazu wohl auch *quote : râte* 232. *verrâten : behuoten* 248. *ertôten : behalten* 528. — Kein *i : ie*, nur *tievel : zwîvel* 312. Kein *u : uo*. — *ă : â : slân : daṅ* 593. *Sathanat : hât* 269 : *rât* 416. *e : ê : sêle : helle* 627. — 410 ist zu lesen: *îlen : vertîlen*. — *ŏ : ô : abgot : nôt* 11. *got : gehoubtôt* 331.

Die Reime gestatten fast keine Schlüsse auf die Beschaffenheit der Consonanten. *n* reimt auf *m* 5 Mal, *r* ist nach *Sathanat : vart* 382 ziemlich dünn gesprochen worden. Ueberschüssige *n* sind in 15 Fällen vorhanden. Nicht einmal die Aspiration von *k : ch* ist in den Reimen belegbar. Ich halte sie doch für

wahrscheinlich und habe sie im Texte durchgeführt, weil sie
dem übrigen Habitus des Dialektes entspricht, weil sie in der
Hs. mit grosser Consequenz bezeichnet ist und weil die Schreib-
weise der Hs. für mhd. *ck* sie auch vorauszusetzen scheint. —
t wird ein paar Male zu *d* nach Liquiden.

Nicht minder ist sehr spärlich, was sich für die Formen-
lehre aus den Reimen ergibt. *mit nihtin* 223, Instrum. *diu* öfters.
Substantiva auf *-heit* sind wahrscheinlich flectirt 10, 126, 286,
295, vgl. Roediger, Zs. f. d. A. 18, 282. Von starken Apokopen
im Reim weiss ich nur *Julián : getán* 366 anzuführen.

Während in der Declination volle Formen ganz mangeln,
ist in der Conjugation bei den schwachen Verbis auf *ô* dieser
Vocal reichlich erhalten geblieben : 3. Pers. Sing. Prät. *zwíve-
lôte : muote* 240. *ráte : steinôte* 350. Part. Prät. 25, 331, 342, 546,
562. Inf. Präs. 149 : *getuon : houbtôn*, aber *gelouben : houbten* 90.
Part. Präs. auf *-unde* ist durch *hende : weimnnde* 244 allerdings
nicht erwiesen, allein die Hs. gibt es noch ein paar Male im
Inneren des Verses und darnach darf man es wohl behalten.

320 f. *lanch : viench* kann verschieden aufgefasst werden :
entweder als Apokope des Adverbiums, oder, wenn zweisilbig,
würde *rienge* die bairisch öfters auftretende Form der 3. Pers.
Sing. Prät. starker Verba darstellen. Obzwar die beiden Verse
besser mit drei Hebungen klingend zu lesen sind, entschliesse
ich mich doch für das erstere, die Apokope *lanch*, als das leich-
tere; für das zweite fehlt es mir sonst in diesem Gedichte an
Belegen.

Contraction von *slahen* zu *slán : getán* 504 : *dan* 593, aber
slahen : verdagen 354. *váhen* reimt immer nur auf *gáhen, háhen.
îlen : vertîlen* 410.

Von *gán* stehen im Reime nur Formen auf *á*, einmal, wohl
als Conjunctiv *gést : á* 234. — Der Infinitiv *gesín* 70 ist natürlich
unsicher. *hán* im Reime 63. *hát* 269, 524, sonst keine Form.
Im Prät. gibt die Hs. *hiets*, das ich behalten habe. — *megen :
legen* 420?

Aus dem gesammelten Angegebenen kann man sich wohl
die Ueberzeugung verschaffen, das Gedicht gehöre dem bairisch-
österreichischen Dialekte an und sei in der ersten Hälfte des
12. Jahrhunderts abgefasst. Wie vieles aber aus der Schreib-
weise der Aufzeichnung, welche ja derselben dialektischen

Tendenz folgt und nur um 200 Jahre vorgeschritten ist, darf
man schon in dem Gedichte vermuthen? Das ist in den meisten
Fällen schwer, ja unmöglich zu entscheiden. Ich habe daher
einen Text hergestellt, wie er ungefähr in guten Handschriften aus
Oesterreich von 1120—1170 sich findet. Wo Unsicherheit herrschte,
habe ich die gewöhnliche mhd. Form gegeben. Z. B. weiss ich
recht gut, dass anlautend *p* für *b* in der Vorauer Hs. sehr häufig
ist; wer aber kann sagen, wo es die alte Aufzeichnung unseres
Gedichtes hatte, wo nicht — ich habe also mhd. *b* geschrieben.
Dagegen, wie schon bemerkt, habe ich *ch* bewahrt. In Manchem
hätte ich ohne grosse Bedenken weiter gehen können : ist es
doch sehr wahrscheinlich, dass die *t* für *d*, welche der notkeri-
schen Regel folgen, aus der alten Hs. stammen. Aber ich wollte
da lieber zu wenig als zu viel bieten. Der Text hat damit
gewiss ein jüngeres und gleichmässigeres Aussehen gewonnen
als ihm nach den Reimen zukommt. Ich habe desshalb und
weil doch sehr viele Schwierigkeiten sich finden, bei denen ich
nicht sicher bin, ob ich sie in der richtigen Weise gelöst habe,
meiner Herstellung den genauen Abdruck der Hs. beigegeben.
Wer anders und vielleicht besser schreiben will, hat die ur-
kundliche Grundlage vor sich.

Die Verse des Gedichtes weisen, nach ausgebildeter mhd.
Regel beurtheilt, mancherlei Unregelmässigkeiten auf. Doch wird
auch für diese der Standpunkt in der Auffassung gelten dürfen,
welchen Max Roediger in trefflicher und überzeugender Weise
Zs. f. d. A. 19, 288 ff. (auch 308) für poetische Stücke des 12. Jahr-
hunderts dargelegt hat. Ich hebe die dort vorgetragene allgemeine
Betrachtung hier aus, da ich doch nur mit anderen Worten das-
selbe sagen könnte. ‚Ehe sozusagen gewerbsmässige Dichter
auftraten, übertrug der Dilettant, der sich einmal zu poetischen
Ergüssen getrieben fühlte, ohne Scheu seine dialektische Rede-
weise in die Dichtung. Er sprach die Verse mit all' den Ver-
schleifungen, Synkopen, Verkürzungen, die er sich im täglichen
Verkehr gestattete und welche die Schrift nicht immer wieder-
zugeben vermochte. Indess, wo sie es an sich fehlen liess,
half der Vorleser nach und machte wieder gut was sie ver-
darb. Als man später bei allgemeiner Verfeinerung der Sitten
auch nach Veredelung der Rede strebte, suchte man jeder Silbe

zu ihrem Rechte zu verhelfen. So weit sie nicht ihrer Natur
nach selbst bei sorgfältiger Aussprache mit einer anderen zu-
sammenfloss, wollte man sie im Verse zu Gehör bringen. Man
trachtete also, den Dialekt zu verbergen. Für unsere Gedichte
nun, welche Dialektreime durchaus nicht scheuen, können wir
auch in anderen Richtungen Nachgiebigkeit gegen die Um-
gangssprache erwarten, auf Elisionen, Synkopen und Apokopen
rechnen. Es liegt darin gar nichts gewaltsames. Wenn wir
von ‚starken Kürzungen' reden, so nennen wir sie so im Hin-
blick auf das kunstmässige. Mit etwas Naturwidrigem haben
wir es dabei nicht zu thun, sollen vielmehr daran gerade einen
natürlichen Dichter erkennen, der die Aussprache des Verkehrs
in der Poesie nicht ganz abgethan hatte. Um aber in diesen
Dingen nicht zu weit zu gehen, ist es nöthig, sich an die Ueber-
lieferung zu halten, und, wo dieselbe nicht ausreicht, nicht bei
jüngeren volksthümlichen Denkmälern, in denen die Sprache
sich jedesfalls schon wieder mehr abgeschliffen haben wird,
sondern bei älteren Hilfe zu holen.' Bei den Synkopen, Apo-
kopen und Inclinationen, mittelst deren Roediger dann regel-
mässige Verse in Heinrichs Litanei und in den Gedichten
Heinrichs von Melk hergestellt hat, dienten ihm vielfach die
Kürzungen im Wessobrunner Glauben und Beichte II. (Müllen-
hoff-Scherer, Denkmäler², Nr. XCV, vgl. Scherers Anmer-
kungen S. 611 f.) als Unterstützung und Gradmesser. Das dort
enthaltene Material an Schreibungen gemäss der Aussprache
des gewöhnlichen Lebens hat eine bedeutende Erweiterung und
Vermehrung erfahren durch das in den St. Lambrechter Bre-
viarien aufbewahrte. Besonders sind massgebend die Kürzungs-
verzeichnisse Zs. f. d. A. 20, 139, 145, 159 nebst den bei-
gegebenen Abdrücken. Nichts von dem, was ich hier zur
Correctur des Versbaues annehme (abgesehen von den Kür-
zungen der Hs. selbst, welche späterer Zeit angehören und dess-
halb nicht helfen können) ist ohne Belege am angegebenen Orte.
Natürlich führe ich diejenigen Kürzungen nicht an, welche schon
in guten mhd. Versen vorgenommen werden dürften.

ge- für ge- ist einzusetzen : *wir suln uns gelouben hiute* 559.
min und miner gesinden 392. *die vrowen ze einer gewelte* 120. *swâ
ich iht ubels gerrumen mach* 363. *sin geverte was sô vreissam* 505.
si sprach sage mir unreinez getroch 284, oder besser *unreinez ge-*

troch? ver- statt ver- : *vil schiere was er verswunden* 608. *dę-* für *de-* : *dâ von vurhte ich dęheine nôte* 153.

Synkopen, zwischen Liquiden : *wir wellen chêręn ze gotes enste* 561. *daz daz blúot dâ zden naglęn úz dranch* 190. Muta + liquida : *undęr den heidnischen liuten* 19. *mit ir kindęn und mit ir vriunden* 413. *wie unguotlîche er die tohtęr ane sach* 72. *er sprach tohtęr dû hâst verchorn* 93. *tohtęr nú volge mîner lêre* 103. *mit der martęr dú niht enbût* 159. *und martęrt ir mich unz an den suontach* 215. *durch den wel wir lidęn den tôt* 548, 563. *daz ich hiez tôtęn diu chindelîn* 337. *si werdent seltęn âne unsern rât* 416. *dô be- chêrtęn sich sâ ze hande* 549. *wir râtęn ime dazz ime wider stât* 426. *dô cham der engęl vone himele* 538. *der engęl daz viwer leste* 578. *und machęn ze heilegen zîten* 414. *dô riefęn die werchenâre* 544. *die dâ schuzzęn die guote* 585. — Liquida + muta : *gewinnęst dû mich mit listen* 144. *daz ich dem grávęn Aulesiô* 87, oder *gráven Aulesjô?* vgl. *Aulesjus* 490. *obe dû noch mêre zouberęst sus* 571. — Muta + muta : *und verhengęt sîn niht der heilunt* 447. *er heizęt dich vaste bindęn* 79. *daz man daz houbęt hiez allen abe slán* 565. *woltęst dû in erchennen* 522. *wie wirdęst (= wirst) dû denne en- phangen* 381. *daz biutęt (= biut) dir got ze lône und ze minne* 267.

Apokope : *als si ê allę die tâten* 109. *geloubę dich dîner trugenheit* 126. *dâ machę wir werren under* 412. *ez verhenge mir sin dennę dîn got* 444. *ich zarte dich alsę ein rephuon* 450. *vaste vone dannen gâhen* 605. Ausserdem in der Regel der Dativ Sing. des starken Adjectivums masc. und neutr.

Inclination. Manche Fälle sind schon in der Hs. überliefert, die erwähne ich nicht besonders. *ir opher brâhtes tougen* 42. *nâch der tohter sander sâ ze stunt* 56. *und wurfens úf die erde* 168. *dô hiez ers nider lâzen* 216. *si wânten dazz der heilege engel wâre* 243. *wir muojens mit den troumen* 422. *dicke wirs arbeiten* 424. *wir râten ime dazz ime wider stât* 427. *si vienchn mit beiden handen* 472. *si warfn in einen veltganch* 507. *ich wil dirn aver nennen* 523. *ze tôde verbrunnens danne* 588. *ze der marter gienchs mit vröuden dar* 594. *den chiel sluogens an den grunt* 615. — *mit dem vuoze under d'ougen* 76. *Paulen ż houbet abe slán* 352. *er hiez ir ż houbet abe slán* 593.

Versetzte Betonung anzunehmen halte ich nur 398 für nöthig : *almúosen unde chirchganch.* Denn *wartá, si wil mich váhen* 606 rechne ich nicht dazu. *únguotlîche* 513?

Zweisilbiger Auftact steht, abgesehen von *ubr, odr, wedr,*
als 67 Mal, doch sind nur wenige schwere Beispiele darunter :
eine 2. *bi des* 13. *daz der* 46. *nách des* 56. *wie un-* 72. *vater* 106.
under 164. *bi deme* 167, 187. *daz daz* 190. *er sprach* 197. *aller* 202.
denne 252. *di siu* 317. *daz siu* 340. *dô man* 351. *doch wil* 390.
mit ir 413. *swenne wir* 420 (oder vielleicht besser *in 'z hûs?*). *unz*
diu 476. *daz dich* 518. *vure die* 557. *sinen* 592.

Reimpaare mit 4 Hebungen klingend lese ich 19 Mal :
13, 15, 150, 152, 248, 294, 358, 368, 388, 410, 430, 441, 472,
487, 536, 573, 577, 587, 627. — 3 Hebungen auf 4 Hebungen
klingend nehme ich 12 Mal an. 9, 110, 134, 174, 200, 314, 356,
370, 445, 468, 486, 560. — 5 Hebungen mit stumpfem Aus-
gang 215 Absatz. 561 Absatz. 601 f. Absatz. 324 wegen des
Namens. 552 Formel. — 5 Hebungen klingend stehen mit Vor-
liebe am Ende kleinerer Abschnitte, oder wenigstens am Schlusse
von Sätzen : 177, 243, 267, 415, 464, 603, 614. — Ueberlang
klingend 173 wegen der Namen. — 4 Hebungen klingend auf
6 finden sich 508 f. und 528 f., in beiden Fällen sind kleine
Absätze vorhanden, — 3 Hebungen stumpf, wahrscheinlich 218.
— Ohne Senkungen sind die Verse 236, 334, 375, 386, 406, 579.

Dreireime kommen mehrmals vor : 63, 248, 265, 436, 451,
(510?) 544, 555. Keineswegs werden dadurch Absätze be-
zeichnet. Beispiele aus Dichtungen des 12. Jahrhunderts, Roe-
diger, Zs. f. d. A. 19, 311.

Aus dieser Zusammenstellung ist zu ersehen, dass der
Versbau des Gedichtes so schlecht nicht ist und dass in dieser
Beziehung ebenfalls das Stück passend in die erste Hälfte des
12. Jahrhunderts gesetzt wird.

Aus der Vergleichung des Textes mit der Quelle, welche
ich weiter unten vorbringe, ergibt sich, dass die Bearbeitung
sich ziemlich genau an die Vorlage hält. Was an eigenen Zu-
sätzen vorhanden ist, gestattet nicht, Schlüsse auf die Indivi-
dualität des Dichters zu ziehen. Mit der Arbeitsweise der Quelle
gegenüber stimmt überein, was uns Durchmusterung der Verse
in Rücksicht auf den Stil lehrt. Es ist ein sehr weitläufiger
und schwerfälliger Formelapparat, welchen dieser Dichter zur
Bewältigung seiner bescheidenen Aufgabe in Bewegung setzt.
Auch hier wird seiner eigenen neuschaffenden Kraft wenig zu-

zurechnen sein, sondern was er bringt, entnahm er dem Vor-
rathe der für ihn verfügbaren literarischen Tradition. Ich habe,
bis auf ganz weniges, alle deutschen Dichtungen des 11. und
12. Jahrhunderts auf die Ausdrücke und Wendungen unseres
Stückes hin durchgesehen und die Vergleichungen in den An-
merkungen zusammengetragen. Diese Sammlung war schon
1876 angelegt worden, jetzt habe ich manches streichen und
dafür auf Roedigers Arbeiten verweisen können. Wenn es noch
nöthig wäre, so würde das Ergebniss dieser Collection zeigen,
dass die Legende von St. Juliana in der ersten Hälfte des
12. Jahrhunderts entstanden sein muss, so nahe berührt sie sich
allenthalben mit der gleichzeitigen Poesie und vornehmlich mit
der Innerösterreichs. Ich bin natürlich weit entfernt davon,
anzunehmen, dass unser Dichter alle die Werke, in denen seine
Formeln sich auch finden, selbst gelesen und von ihnen geborgt
habe, nein, er entnahm sie einem flottanten Materiale, das von
allen Dichtern der Zeit mehr oder weniger als eine gemein-
same Vorrathskammer ausgenutzt wurde und insbesondere münd-
liche Verbreitung fand. Nur zwischen einigen Dichtungen und
der Juliana bestehen solche Beziehungen, dass es unausweich-
lich ist, Beeinflussung anzunehmen, diese sind: Ezzo, Drei
Jünglinge, Hartmanns Glaube, Kaiserchronik, Rolandslied. Auch
dieses Resultat schickt sich ganz wohl zu der angenommenen
Datirung.

Die Aufzeichnung, in welcher uns Juliana überliefert ist,
hat das alte Gedicht nicht bloss in eine dem 14. Jahrhundert
angemessene sprachliche Form gebracht, sie enthält es keines-
wegs intakt, vielmehr recht verderbt. Gegenüber solcher Cor-
ruption, wie sie in den Anfangsversen sich zeigt und an man-
chen späteren Stellen, möchte man fast zweifeln, ob die
Schreiberin überhaupt eine alte Vorlage vor sich gehabt habe,
und ob sie nicht etwa gezwungen gewesen sei, nach ihrem
Gedächtnisse zu arbeiten. Allein die Stellen der Hs. wider-
sprechen, an denen graphische Eigenheiten des 12. Jahrhunderts
wiedergegeben werden (vgl. die Fussnoten zu V. 27 der Hs.
122, 471, 532), nicht minder die Beschaffenheit der verschie-
denen Dittographien und ihrer Besserung, ja mitunter die Form
der Buchstaben selbst, welche älterer Weise nachgebildet ist,
endlich andere Details der Aufzeichnung, und es wird vielmehr

glaublich, dass ein altes Stück hier abgeschrieben worden ist.
Freilich muss die Vorlage in sehr üblem Zustande gewesen
sein, bisweilen war sie nicht zu lesen. So erkläre ich mir
auch die bösartige Verderbniss der Anfangsverse, bei deren
Niederschrift die, Arbeitende durch Gedächtniss oder die Kennt-
niss anderer Gedichtanfänge nachzuhelfen hatte. — An man-
chen Stellen sind offenbar die alten Reimworte getilgt worden;
es lässt sich daraus abnehmen, dass die von mir vorgelegte
Textesrestitution vielfach nur die Arbeit eines Aenderers wird
wiedergeben können.

Ich halte die Notiz in den Versen 5 ff. für authentisch,
den Uebergang von 4—5 nicht für unerklärlich (starker Wechsel
des Personalpronomens z. B. auch Diemer 333, 12), wenn ich
auch kaum glauben darf, dass die ersten vier Verse in der
Weise, wie ich sie herauszuschälen getrachtet habe, auch von
dem Dichter verfasst wurden. Darnach also war ein Priester
Namens Arnolt der Autor der Legende von St. Juliana. Zu
dem geistlichen Stande passt die Arbeit, welche sichere Kennt-
niss des Latein verräth, wohl, in der ausgebreiteten Bekannt-
schaft mit der religiösen Poesie der Zeit wird man eine Be-
stätigung dafür finden. Dass die Bezeichnung des Verfassers
als Priester ausdrücklich hinzugefügt wird, ist keineswegs ohne
Beispiel: Adelbreht, Albert, Albertus, Arnolt, Konrad, Lam-
preht, Wernher nenne ich nur. Vgl. Scherer, QF. 7, 89. Man
förderte den Erfolg des Werkes durch die Beifügung der kirch-
lichen Würde seines Autors.

Unter den erörterten Umständen versteht es sich von
selbst, dass die Frage aufzuwerfen sein wird, ob der Priester
Arnolt, welcher sich als Verfasser der Julianenlegende nennt,
identisch sei mit dem Priester Arnolt, der sich die Autorschaft
des Gedichtes von der Siebenzahl zum Lobe des heiligen
Geistes beigelegt hat. Die Antwort könnte durch eine genaue
Vergleichung der beiden Stücke gegeben werden. Allein so
einfach liegt die Sache jetzt nicht. Bekanntlich hat Müllenhoff
aus dem in der Vorauer Hs. befindlichen Gedichte den Hym-
nus Laudate Dominum herausgehoben und in den Denkmälern [2]
unter Nummer XLV kritisch edirt. Er fügt S. 458 folgende
Charakteristik hinzu: ‚Ueberhaupt scheint das ganze eine rohe
Zusammenstellung oder schlecht verbundene ungeordnete Masse

von ursprünglich zum Theil selbstständigen Stücken, wie der
astronomische Abschnitt (Diemer, Deutsche Gedichte des 11.
und 12. Jahrhunderts) 341, 5—345, 9, und Bruchstücken ver-
schiedener Gedichte zu sein'. Doch geht er auf die Kritik
nicht näher ein. Scherer hat nun in seinen ‚Geistlichen Poeten
der deutschen Kaiserzeit', QF. 7, 81—89 mitgetheilt, was bei
wiederholter Untersuchung über die Zusammensetzung des
Werkchens sich ihm ergeben hat. Das Hauptresultat ist, dass
der Priester Arnolt eine ziemlich schlechte Compilation von
Gedichtbruchstücken geliefert hat, welche zum Theil noch
in wenig versehrter Gestalt ausgesondert werden können, zum
Theil aber in einzelnen Spuren unter der verhüllenden Ueber-
arbeitung erkannt werden mögen. Solcher Bruchstücke zählt
Scherer (ausser dem vollständigen Hymnus) acht auf; lässt es
allerdings bei den letzten Stückchen unentschieden, ob sie be-
sonderen Gedichten angehören und vermag diese auch nicht
mit Wahrscheinlichkeit einem sonst erkennbaren Zusammen-
hange einzuordnen (QF. 7, 89).

Es scheint deutlich, dass die Beantwortung der Frage
nach der Identität der beiden Arnolte abhängig ist von der Auf-
fassung des Gedichtes in der Vorauer Hs. Sind die aneinander-
geklebten Stücke einzelner Gedichte von verschiedenen Ver-
fassern in ihrer Eigenart erkennbar, dann ist es müssig, noch
weiter zu vergleichen; höchstens die vermittelnden Verse könn-
ten als Eigenthum des Priester Arnolt gelten und auf sie
müsste die Vergleichung sich beschränken.

Mit Scherers Darstellung wird man sich zuerst auseinander-
zusetzen haben, und ich will mich dieser Verpflichtung nicht
entziehen.

Ueber des Priester Arnolt Gedicht von der Siebenzahl
zum Lobe des heiligen Geistes.

Das Resultat meiner öfters wiederholten und eingehenden
Lectüre des Arnolt'schen Gedichtes war: der compilatorische
Gesammtcharakter der Arbeit ist unverkennbar; jedoch scheint
es — mit Ausnahme des schon äusserlich hinreichend bezeich-
neten Hymnus Laudate dominum — unmöglich, einzelne Stücke

oder Bruchstücke auszuscheiden in der Meinung, sie seien wie
Arnolt sie überliefert auch ursprünglich von verschiedenen
Dichtern abgefasst gewesen. Dies steht theilweise in Wider-
spruch mit Müllenhoffs sowohl als mit Scherers Ansichten.
Müllenhoff hat nur einen Theil als ein selbstständiges von
Arnolt aufgenommenes Gedicht genannt, den astronomischen
Abschnitt, er hat seine Gründe zwar in dem einen zusammen-
fassenden Satze erkennen lassen, doch nicht so, dass eine
Prüfung der Frage an sie anknüpfen könnte. Scherer sagt
a. a. O. S. 84: ,Ich habe die Untersuchung über die Zusammen-
setzung des Werkchens seit zwölf Jahren dreimal geführt, möchte
aber mit meinen schliesslichen Resultaten noch nicht hervor-
treten, sondern einstweilen nur die Hauptergebnisse mittheilen'.
Daran hat sich bis jetzt nichts geändert. Dadurch wird die
negative Aufgabe für jemanden sehr schwierig, der meint, un-
verändert gebliebene Fragmente könnten aus Arnolts Compila-
tion nicht klar ausgeschieden werden. So ist mir denn auch
nichts anderes übrig geblieben, als die von Scherer begrenzten
8 Stücke für sich zu untersuchen und sie mit ihrer Umgebung
in dem Arnolt'schen Gedichte zu vergleichen. Dabei glaubte
ich auch mitunter etwas von den Kriterien der Scherer'schen
Untersuchung zu erkennen; in wie weit ich es dabei getroffen
habe, wird die Folge lehren.

Ich schicke noch voraus, dass Scherer nicht alle Stücke
mit gleicher Sicherheit aussondert; in mehreren Fällen umgrenzt
er die einzelnen mit bestimmten Verszahlen, hält also wohl da-
für, dass diese im unverletzten Wortlaute uns vorliegen, in
anderen vermeidet er genauere Angaben und spricht sich nur
dahin aus, dass hier Theile der alten Gedichte zu Grunde
liegen. Diese letzteren beziehe ich nur ganz ausnahmsweise in
meine Erörterung mit ein, betreffs ihrer bin ich ja ähnlicher
Ansicht wie Scherer.

Einem Gedichte A, Deus septiformis von ihm benannt, in
Baiern ungefähr um 1120 abgefasst, weist Scherer die meisten der
vorgebrachten Siebenzahlen und ihre Besprechung zu, welche theil-
weise echt, theilweise in Arnolts Interpolationen erhalten ist, und
lässt es in den Hymnus Laudate dominum (der also von dem
Dichter des A wäre) auslaufen. QF. 7, 82 ff., 12, 78. (Ohne Aen-
derung sind nach ihm folgende Stellen erhalten: Diemer 333,

1—334, 1. 340, 19—341, 2. 345, 9—12. 347, 10—26. 347, 26—
348, 7 und der Hymnus. Scherer findet in diesen Stückchen ein-
heitlichen Charakter und Stil. Als formell bezeichnend scheint er
folgendes anzunehmen: ,Der Versbau beruhte auf den 4 Hebungen
und der Dichter hat an hervorragenden Stellen Gefühl dafür,
aber wo es ihm passt, geht er darüber hinaus und die Schluss-
zeilen der Abschnitte sind meist lang.' Ich kann nicht zugeben,
dass durch seinen Versbau A sich wesentlich von den übrigen
Stücken unterscheidet. Gewiss ist es richtig, dass die Verse in
A auf den 4 Hebungen beruhen und dass sie an manchen
Stellen gut gebaut sind, aber das gilt auch von anderen Stücken.
Ueber B sagt Scherer S. 86: ,Das Gedicht hatte regelmässigen
Versbau.' Von C ebenda ,guter Versbau'. Von D, S. 87, ,es
hat guten glatten Versbau.' Und so verhält es sich auch. Dieses
Kriterium könnte somit kaum massgebend sein. Aber Scherer
will seinen Satz wohl im ganzen aufgefasst wissen und legt
auf den zweiten Theil mehr Gewicht. Dass die schliessenden
Zeilen der Abschnitte meist lang sind, verliert sein bezeichnen-
des ganz durch die von Scherer selbst angegebene Thatsache,
dass auch sonst in A verlängerte Zeilen vorkommen, ich führe
an 333, 6. 8. 18. 20. 340, 20. 29. 345, 11. Weiters finden sich
die überlangen Zeilen in anderen Stücken, in B 334, 10; in C
schliessen die Abschnitte mit verlängerten Zeilen (Scherer
a. a. O. S. 86), ausserdem überlange Verse 348, 17. 354, 1;
in D ist 339, 28 wohl nicht anders als mit 5 Hebungen klingend
zu lesen; in E sind überlang 345, 14 f.; in F 353, 10. 17. 19 f.;
in G ist die verlängerte Schlusszeile erst durch Scherer S. 88
beseitigt; in H 352, 11 und verlängerter Schluss 22 ff. Wenn
in diesen Stücken nicht so viele Beispiele vorkommen als in
A, so ist auch zu erwägen, dass A weitaus den grössten Um-
fang von allen hat. Also sind die verlängerten Zeilen und
Schlüsse nicht für A bezeichnend. Scherer führt weiters an
S. 85: ,Ueberall waren lateinische Wörter und Phrasen ein-
gemischt, welche dann eigenthümlicher Weise öfters noch ein-
mal deutsch wiederholt werden.' Das könnte sich nur auf den
ersten und dritten der angeführten Absätze von A beziehen,
der vierte und fünfte enthalten gar keine lateinischen Aus-
drücke, im zweiten sind sie nicht deutsch wiederholt, auch im
ersten wird das *Antiquis in temporibus* des Anfanges nicht

übersetzt. Dagegen wird das angeführte Latein noch vertirt 336, 8; von B 334, 9 f.; von E 345, 18 f; also wäre diese Eigenheit nicht auf A beschränkt. Scherer sagt a. a. O.: ‚Flickwörter im Reime wie *aver sâ* und *dâ pi* werden nicht selten gebraucht.‘ Das muss ein Irrthum sein, denn in den von Scherer als ursprünglich bezeichneten aufgezählten Absätzen finde ich die beiden Wortpaare gar nicht, dagegen im Hymnus Laudate Dominum viermal *aver sâ*, einmal *dâ pi*. Scherer nimmt nun allerdings im folgenden Satze an, dass der Hymnus den Schluss von A ausgemacht habe; dagegen könnte nun sofort eingewendet werden, dass die erwähnten Flickwörter nur im Hymnus vorkommen. Ferner hat der Hymnus weder überlange Zeilen in den Strophen, noch verlängerte Schlusszeilen (wenigstens nach Müllenhoffs Herstellung, welche Scherer billigt), was Scherer eben als charakteristisch für A nannte. Der Hymnus hat lateinischen Refrain, A nichts davon (C nach Scherer lateinische Schlüsse). Wenn man aber dem Hymnus wegen seiner künstlicheren Form Ausnahmseigenschaften zugestehen wollte, wo bleibt dann die Möglichkeit eines Beweises für die Identität der Verfasser von A und des Hymnus? Auch finde ich zu der Art geordneter Aufzählung, wie der Hymnus sie bietet, nichts vergleichbares in A, und der Reimgebrauch ist, was sich zeigen wird, nicht minder abweichend. Dass der Autor von A den Hymnus seinem Werke angeschlossen, Arnolt beide wieder übernommen, getrennt, überarbeitet hätte, ist doch wohl eine zu complicirte Annahme. Scherer rechnet zu A in seiner ursprünglichen Gestalt alle Siebenzahlen des ganzen Arnolt'schen Gedichtes mit einer Ausnahme, auch den astronomischen Abschnitt, welchen Müllenhoff als besonderes Gedicht auffasst. Nun enthalten allerdings manche Stellen in dieser ganzen Masse die von Scherer angeführten Eigenheiten, vor allem die Flickwörter, allein Scherer wagt selbst nur weniges daraus als unverletzt zu bezeichnen, und wenn dies richtig ist, wo sollte die Arbeit des Compilators eher sichtbar werden als bei der ungeschickten Verknüpfung des Vorhandenen durch Flickwörter? Die von Scherer angenommenen Charakteristika sind eben über das ganze Gedicht Arnolts verbreitet. Noch eins. Hätte Arnolt, wie Scherer meint, in der That alle Siebenzahlen aus einem älteren Gedichte übernommen, hätte er dann, selbst in Er-

wägung der Unbestimmtheit des geistigen Eigenthums im Mittel-
alter, von sich sagen können, 356, 16 ff.:

> *Durch des heilegen geistes minne*
> *sô vant disiu churzlichen wort*
> *ein priester der hiez Arnolth,*
> *von siben allermeiste*
> *sagete er von deme geiste.*

Er hätte doch nicht ausdrücklich als seine Arbeit an dem
Gedichte bezeichnen können, was er entlehnte. Ich meine viel-
mehr, wenn Arnolt von dem ganzen etwas gehört, so sind es
sicher die gelehrt pedantischen und ungeschickten Beschrei-
bungen der Siebenzahlen. — Scherer scheint nun allerdings
später eine andere Ansicht gewonnen zu haben, denn QF. 12, 68
sagt er von Arnolt, dass er ‚auf Grundlage eines baierischen
Gedichtes vom siebenbildigen Gotte alle möglichen Siebenzahlen
und manches andere zu Ehren des heiligen Geistes in einen
ungeniessbaren Brei zusammengerührt‘ habe. Hier werden also
die Siebenzahlen Arnolt zugeschrieben, A, das Gedicht Deus
septiformis, war nur Grundlage.

B nennt Scherer ein Gedicht ‚vom heiligen Geist‘, S. 86
und QF. 12, 68. Er rechnet dazu 334, 2—12. 338, 18—28.
339, 3—10. Er sagt darüber: ‚Das Gedicht hatte regelmässigen
Versbau, nur oftmals 4 Hebungen klingend.‘ In Betracht kommt
(nach dem oben dargelegten) nur die zweite Angabe. Sie ist
nicht ganz richtig. Im ersten Absatz befinden sich unter
16 Versen large gezählt 5 mit klingendem Ausgang und 4 He-
bungen, aber im 2. + 3. sind unter 22 Versen nur 3 sichere
Fälle vorhanden. Solche Verschiedenheit gestattet (da auch
dreihebige klingende vorkommen) nicht die vierhebigen klin-
genden Verse B als eigenthümlich zuzusprechen. Umsoweniger,
wenn man andere Stücke (ebenso wäre es bei C) des Gedichtes
durchmustert. Ich greife nur zufällig eines heraus: 339, 12—25
(von da ab beginnt D nach Scherer) zählen unter 16 Versen
aufs strengste gerechnet 4 dieser Art, sonst leicht das doppelte,
und so in den meisten der für Arnolt selbst restirenden Stücke.
Vorher heisst es bei Scherer: ‚Wie 334, 4, so findet sich hier
339, 9 *eine* als Reimflickwort.‘ Für die erste Stelle kann ich
das nicht gelten lassen, *eine* = allein ist hier wohl mehr als

Flickwort, vgl. Juliana 252. In derselben Anwendung wie 339, 9 steht *eine* 354, 25 f., also im Laudate Dominum. *eine* könnte mithin nicht zur Bestimmung der Grenzen von B mitwirken. Latein findet sich in B 334, 7, mit deutscher Uebersetzung 9, das ist B mit anderen gemeinsam. Selbst der Ausdruck *sagen unde singen, eine rede pringen* steht kurz vorher in A 333, 15: *bringen, gesagen oder gesingen.* Auch sonst habe ich gar nichts unterscheidendes wahrgenommen.

Ueber C 338, 11—18. 348, 16—19. 348, 28—349, 4. 353, 25—354, 7, Fragmente einer ‚poetischen Predigt‘ (QF. 12, 64) bemerkt Scherer S. 86: ‚Guter Versbau, die Abschnitte schlossen mit einer längeren Zeile und lateinischen Worten.‘ Der erste Theil des Satzes ist erledigt; das zweite Merkmal ist so unsicher, dass es nicht wohl entscheiden kann, denn von den beiden Absatzschlüssen, die uns vorliegen, besitzt es nur der eine 338, 17, der andere hat 354, 7 zwar lateinischen Schluss, aber nicht verlängerte Zeile. Die zwei anderen Stückchen sind ohne Schluss. Verlängerte Zeile steht auch ausser dem Schluss 348, 17. 354, 1 f. Lateinischen Schluss hat auch Scherers D, wie er selbst bemerkt, und das astronomische Stück (in Ueberarbeitung doch wohl zu A von Scherer gerechnet) wenigstens 344, 25. 345, 9; in Arnolts Stücken selbst sicher 350, 6. 351, 20. 357, 16. Auch dies ist also nicht C eigenthümlich.

Von D 339, 25—340, 5 sagt Scherer a. a. O. S. 87: ‚Er hat guten glatten Versbau und eine lateinische Schlusszeile, aber das Lateinische ist nicht, wie es in C der Fall scheint, auf diese Schlusszeile beschränkt.‘ Die zweite Beobachtung könnte D nur von C sondern, nicht aber von den anderen angeführten Stücken mit lateinischem Schluss, denn diese enthalten reichlich auch sonst Latein eingestreut. Ueberdies ist die einzige lateinische Phrase in D 339, 25 f. *Johannes apostolus, jâ wart er translatus,* ganz ähnlich construirt wie 340, 24 f.: *die potescaft warf der angelus, dô wart er incarnatus,* welche Scherer A zurechnet, von dem nach seiner Meinung D sich durch bessere Verse (‚schon der Metrik halber‘) unterscheidet. Ich bemerke hier noch: wenn B und C schon geringen Umfang haben, so sind D und die folgenden Stücke so klein, dass es nicht möglich scheint, formelle Differenzen in diesem Materiale anzuerkennen.

Bei den Nummern EFH verzichtet Scherer denn auch auf die Angabe charakteristischer Aeusserlichkeiten, ich kann nichts sehen, was nicht die umgebenden Partien ebenfalls besässen. Scherer regt die Frage an, ob nicht das von Mone aus den kärnthischen Fragmenten, Anzeiger 1839, 55—58, publicirte Stück von der babylonischen Gefangenschaft zu E gehörte. Ich glaube das nicht. Schon die Schreibung verweist das Mone'sche Bruchstück aus Innerösterreich, aber auch die Darstellung scheint mir von der bei Arnolt üblichen sich wesentlich zu unterscheiden. Ein sicherer Beweis wird sich allerdings schwer für eine oder die andere Ansicht erbringen lassen.

G nennt Scherer ‚ein beredtes Lob des Schöpfers und seiner Wohlthaten gegen uns mit rhetorischer Häufung, wie in Heinrichs Litanei.' Das ist nicht zu bezweifeln. Die Wiederholungen zwar finden sich ähnlich im Hymnus, der ja auch eine gewisse Reichlichkeit der Ausdrücke[1] besitzt, allein nicht in dem Masse wie dieser Abschnitt sie hat. Ob das zur Sonderung ausreicht? Ob nicht die Tradition des Inhalts hier Beredtsamkeit von selbst anregte? Ob wir Original oder Uebersetzung vor uns haben? Ich werde später noch auf einen nicht unwichtigen Umstand zu sprechen kommen, welcher die Annahme nicht begünstigt, wornach die Fülle der Rede zur Ausscheidung von G berechtigte. Jedesfalls aber gestattet diese Eigenschaft noch am ehesten, nebst dem Hymnus, G als unverletzten Rest eines aufgenommenen Gedichtes anzusehen.

Aus dem beigebrachten erhellt, dass ich die formellen Gründe, welche ich in Scherers Darlegung der Hauptergebnisse seiner Kritik zu finden glaube, für die Ausscheidung von acht unversehrten Resten ehemals selbstständiger Gedichte nicht als zureichend anzuerkennen vermag. Nicht einzeln und deshalb auch nicht im Zusammenhange mit anderen; denn was ich an und für sich verwerfe, dem kann ich auch nicht Einfluss einräumen, wenn es neben anderem steht. Nur bei G bin ich zweifelhaft, aber nicht hinlänglich, um die Auffassung Scherers zu theilen.

_____

[1] Ganz fremd ist diese auch sonst nicht, vgl. H, welches aber durch lange Zeilen und verlängerten Schluss der Technik der übrigen Nummern sich wieder annähert, und welches Scherer nicht mit Bestimmtheit von G trennen will.

Aber Scherer kann neben den äusseren Kriterien, welche er kurz in der Uebersicht seiner Resultate angedeutet hat, ganz wohl noch andere eruirt haben, die er nicht mittheilte. Um meine Ansicht einigermassen zu sichern, habe ich auch den Reimgebrauch in dem Gedichte Arnolts untersucht, und zwar sowohl im ganzen, als für die 8 Stücke nach den Scherer'schen Abgrenzungen besonders. Nur das letztere hat hier Interesse und ich will das nöthige knapp angeben.

A 39 Reimpaare, 16 stumpf, 23 klingend. Unter den stumpfen 12 rein (4 mit lateinischen Worten); verschiedene Vocale (aber dem Dialekte gemäss) *geborn : bewarn* 347, 26. Ueberschüssiges *t : septiformis : pist* 345, 10. Tribrachysch, das letzte tonlose *e* reimt : *columbe : pilide* 333, 2. *engegene : lougene* 347, 12. Von den klingenden 16 rein, die übrigen gruppiren sich nach Roedigers Kategorien : II *guixtes : liedes* 333, 11. *gewizzen : puochen* 347, 11 wage ich nicht anzuführen, da es sichtlich fehlerhaft ist und gebessert werden muss; entweder mangelt das Reimwort dem zweiten Vers *(gevlizzen?)* oder beiderseits *(man : chan?)* III *chunsten : gerihten* 347, 15. *nôten : pehuoten* 348, 2. IV *wizzen : entslozzen* 340, 19. *mëzzen : gevlizzen* 347, 20. *willen : zellen* 347, 18.

B 19 Reimpaare, 8 stumpf, 11 klingend. 7 stumpfe rein, ein überschüssiges *t : pist : cordis* 334, 6. 8 klingende rein, III *guote : samenôte* 339, 4. IV *gescaffen : offen* 334, 8. Ueberschüssiges *n : stunden : munde* 338, 23.

C 22 Reimpaare, 6 stumpf, 16 klingend. Die stumpfen rein (*tôt : verlougnôt* 348, 17 : *nâhôt* 354, 4), die klingenden rein (*listen : nâhisten* 338, 11) bis auf 3: III *nôten : pehuoten* 338, 7. IV *verdulten : pehalten* 338, 5. *ervullen : wellen* 338, 14.

D 7 Reimpaare, 2 stumpf, 5 klingend. Die stumpfen rein, mit lateinischen Worten; von den klingenden 2 rein (*wâre : mâre* 340, 2), unrein III *lâzen : ensliezen* 340, 3. IV *geistlîchen : zeichen* 339, 27. *peslozzen : wizzen* 339, 29.

E 11 Reimpaare, 3 stumpf, 8 klingend. Die 3 stumpfen rein, alle mit lateinischen Worten; von den klingenden 4 unrein: II *scrien : leigen* 357, 4. IV *rebarmer : gevirmet* 345, 19. *mittachen : wochen* 357, 5. V *pestiftet : gerihtet* 345, 21.

F 10 Reimpaare, 4 stumpf, 6 klingend; von den stumpfen 3 rein (*peidiu : diu* 353, 15), *lieht : diet* 353, 18. 2 klingende rein, 4 unrein: III *vrouwe : diuwe* 353, 9. IV *gewunne : manne* 353, 7. *werfen : bedurfen* 353, 16. V *Abrahâme : Sâre* 353, 12. Auslaut verschieden : *Sâra : jâre* 353, 6.

G 13 Reimpaare, 1 stumpf, 12 klingend. Der stumpfe rein, von den klingenden 5 unrein: II *schône : hâre* 356, 4. III *gehôren : ruoren* 356, 9. IV *rehte : slahte* 355, 27. *smechen : wachen* 356, 10. V *sêle : hêrre* 356, 15.

H 8 Reimpaare, 3 stumpf, 5 klingend. Von den stumpfen 1 tribrachyscher mit verschiedenen Vocalen in der Stammsilbe: *lëbene : sibene* 352, 13. 2 klingende rein, dann III *scauwen : pûwen* 352, 21. *niezen : pestôzen* 352, 22. Ueberschüssiges *n : leide : scheiden* 352, 14.

An und für sich sind diese Gruppen zu klein als dass Unterschiede oder Uebereinstimmungen des Reimgebrauches schwer ins Gewicht fielen, Berechnung der Reimprocente wäre hier ganz am unrechten Orte; aber ich kann doch feststellen, dass erhebliche Differenzen in Bezug auf die Gattungen unreiner Reime nicht vorkommen. I (voller Vocal der Endung) fehlt allen, II—V finden sich wechselnd, ebenso lateinische Worte. Erwähnenswerth ist, dass G durch das besondere Ueberwiegen klingender Reime sich abhebt; einen andern als den schon vorgebrachten Schluss kann ich aber auch daraus nicht ziehen. — Ja, es finden sich trotz der Dürftigkeit des Materiales mehrmals dieselben Reime verwendet: A theilt mit B: *-is : pist, pringen : singen;* mit C *nôten : pehuoten;* mit D *erde : werde, wizzen : entslozzen* A : *peslozzen* D; mit H *tach : mach.* In C und E reimen lateinische Worte auf *e*, tribrachysche in A und H.

Im Hymnus 33 Reimpaare, 22 stumpfe, 11 klingende, ein Verhältniss, das schon differirt von dem in den anderen Partien vorhandenen. Freilich wird die Wirkung dieses Umstandes abgeschwächt, wenn man überlegt, dass 13 Mal solche lateinische Worte in den Reimen vorkommen, die nicht anderen als stumpfen Reim zuliessen. Dürfte man diese abziehen, dann wäre ein dem normalen näheres Verhältniss vorhanden. Allein gerade dieses Ueberwiegen des Latein ist wieder charakteristisch. Von den stumpfen sind 13 rein, vocalisch unrein: *mânin : in* 354, 22, consonantisch: *firmamentum : sun* 355, 8. *Dâvîd : zît* 354, 15; 6 Mal überschüssiges *t : -is : -ist.* — 5 klingende sind rein, dann

3*

III *complête* : *quote* 354, 18. IV *winte* : *apgrunte* 355, 20. *dieneste* : *psalmiste* 354, 13. VI *prunnen* : *zungen* 355, 1. Ueberschüssiges *n* : *lêwen* : *sêwe* 355, 21.

Das astronomische Stück behandle ich hier besonders, da Müllenhoff es für ein selbstständiges hält. Nach Scherer würde es, wenn ich richtig verstanden habe, zu A gehören, ist aber nicht in ursprünglicher Gestalt bewahrt. Es umfasst 341, 5 bis 345, 9 und enthält sammt und sonders 82 Reimpaare, 34 stumpf, 48 klingend. Von den · stumpfen sind ganz rein 24 (darunter *sedele* : *wedele* 342, 27); dazu rechnen könnte man wohl auch *deme* : *leonem* : *virginem* : *scorpionem* 334, 6. 7. 10, da sichtlich der Dativ hier apocopirt wird. Vocalisch unrein sind: *niht* : *lieht* 341, 25. *unter diu* : *cursu* 343, 25 (ob nicht lateinisch *interdiu* zu lesen?), *microsumus* : *Pîtagoras* 344, 24, was schwerlich stark in Anschlag kommt, dann die tribrachyschen in den Stammsilben: *himele* : *nebene* 341, 8. *sewewe* : *himelen* 343, 19. Consonantisch ungenau sind: *gescôz* : *geminôs* 344, 4. Vocalisch und consonantisch *ergênt* : *zeichen* 343, 5, vielleicht hat hier der übliche Conjunctiv einzutreten. — 30 klingende Reime sind genau (einer rührend: *chrefte* : *chrefte* 342, 11), 345, 2 heisst es natürlich: *daz si lieht pâre, dere naht vore wâre*. Die ungenauen sind: II *mâninne* : *mîle* 344, 18 (wohl nicht so arg als die unter II gehörigen sonst zu sein pflegen) *zewinzig* : *zewîre* 344, 20 (dass *mîle* und *zewîre* reimen, ist durch die Beschaffenheit der Verse ausgeschlossen). III *muode* : *liede* 343, 1. IV *dannen* : *sunnen* 344, 21. *ente* : *sunte* 342, 24. *gelîchen* : *zeichen* 342, 9. 21. *liehte* : *nihte* 341, 10. *chrefte* : *lufte* 341, 12. V *stunte* : *discurrunt* 345, 8 (oder mit Apokope *stunt*?) IV *sunne* : *mandunge* 344, 27. Die übrigen differiren nur im Auslaut; überschüssige *n* : *willen* : *stille* 341, 11. *vriste* : *listen* 343, 23. *t* : *meinet* : *chleine* 341, 20. *zeichen* : *leichent* 345, 5. — *râten* : *computâtum* 344, 13. *dâre* : *perscrutâri* 342, 16.

Alles übrige, was nach Abzug des bisher Besprochenen von dem Arnolt'schen Gedichte übrig bleibt (nach Scherer Arnolts Interpolationen, Zusätze und solche Ueberarbeitungen, welche das ursprüngliche nicht mehr herzustellen erlauben) umfasst 227 Reimpaare: 89 stumpf, 137 klingend. Von den stumpfen sind 70 rein, darunter 34 mit lateinischen Worten. Unter den übrigen sind vocalisch und consonantisch ungenau: *daz* : *pietâs* 337, 12 : *ecclesiâs* 345, 25 : *êtâs* 346, 22. 24, in der

Stammsilbe *nagele : sibene* 346, 13; vocalisch *gebe : habe* 335, 20. *haben : vergeben* 349, 16. *swert : wort* 336, 22. *tuon : houptôn* 350, 21. *bezeichenôt : got* 349, 24. *lieht : niht* 351, 11; consonantisch *vaz : gesah* 351, 23. *tage : caro* 346, 7. *urschim : trehtin* 337, 2. *sun : unum* 350, 5. *wort : Arnolth* 356, 18. *daz : was* 348, 25. *Israhêl : ê* 353, 1. *sîn : dominî* 357, 16. — Unter den klingenden befinden sich 98 reine, 39 unreine. Diese letzteren zerfallen in folgende Gruppen: II *wochen : gescaffen* 346, 14. *tôde : sêle* 351, 2 und wohl auch noch *chunige : erde* 349, 25. III *guoten : rieten* 336, 9. *nôte : râte* 336, 12. *behuoten : tâten* 338, 28. (*gevriete : strite* 350, 14) *quâle : stôle* 336, 24. *zewâre : mêre* 350, 22. *taufe : pegriffe* 348, 9. *almuosen : lôsen* 349, 12. *gestôzen : lâzen* 350, 8. *halse : zinse* 350, 10. IV *minnen : trunnen* 350, 28. *gennenet : zerinnet* 346, 25. *apgrunde : ende* 351, 3. *pescirmen : armen* 336, 27. *warte : worten* 348, 10. *verwarhten : vorhten* 350, 26. *werche : starche* 357, 1. *meiste : wiste* 339, 13. *noster : ist er* 339, 14. *geiste : liste* 346, 27. *vaste : beste* 349, 14. *beste : christe* 350, 4. *liehte : brâhte* 351, 9. *zeichen : sprechen* 336, 14. V *gehîwen : wîben* 334, 25. *strâlen : âmen* 337, 9. *sêle : mêre* 339, 17. *minne : stimme* 357, 13. Ueberschüssiges *n* : *stunde : enpunden* 349, 7. *wislîchen : rîche* 350, 18. *rîche : geistlîchen* 357, 10. *sterche : merchen* 336, 19. Andere Ungleichheiten im Auslaute: *altere : behalten* 352, 7. *libe : scribet* 352, 9. *âtem : verrâten* 356, 26. *terra : verre* 351, 18. (*ensliezen : liezen = liez in* 340, 10.)

Aus dieser Uebersicht ergibt sich, dass auch diese zwei letzten Stücke sich weder untereinander noch von den Schererschen irgend erheblich unterscheiden. Dasselbe Zahlenverhältniss besteht überall zwischen stumpfen und klingenden, zwischen genauen und ungenauen Reimen jeder Gruppe, die letzteren machen ein Drittel des ganzen Bestandes aus. Der Hymnus bildet hier eine Ausnahme wie G unter den von Scherer abgegrenzten Theilen, ihn auszuscheiden wird man auch durch diese Beobachtung veranlasst.

Der Hymnus und die anderen Stücke haben nur sehr geringe Gemeinschaft in Bezug auf die Verwendung der Reime. Das Laudate theilt mit AB: ·*is : ist* (*stunt : munt*, B *stunde : munde*), mit AD Astron. *werde : erde*, mit Astron. Arn. *chrefte : geschefte*. Mit beiden hat es gemein die *sâ, bî*, reimend auf lateinische Worte, was gewiss nichts beweist. Von B unter-

scheidet es sich durch *dieneste* : *psalmiste*, B *psalmista* : *crea*.
Arn. reimt diese Worte klingend *-iste*. Der Hymnus verwendet
trehtin als stumpfen Reim (auch Astron.), E klingend *trehten*.
Die Spärlichkeit der Uebereinstimmungen, die vorhandenen
Unterschiede würden, wenn erforderlich, noch die Gründe für
die Auslösung des Hymnus verstärken.

Von dem astronomischen Stück lässt sich schon nach dem
Stoffe erwarten, dass es seine besonderen Reime haben wird,
einige Uebereinstimmungen sind aber doch zu verzeichnen: mit
A *zuo* : *vruo*, mit AD *werde* : *erde*, mit D *gelichen* : *zeichen*, mit
Arn. die Reime auf *sî, bî, sus, -um*, mit lateinischen Worten,
nennen : *bechennen*, *erchennen*, *vriste* : *listen*, *-ende* : *-unde*. Ein
Unterschied bestünde in der Verwendung von *diu* (Acc. Plur.
Neutr.) das hier auf *cursu*, in F auf *peidiu* reimt, wenn nicht
an unserer Stelle emendirt werden müsste.

Der Arnolt'sche Rest hat natürlich schon seines Umfanges
wegen die grösste Anzahl von Reimen mit den übrigen Stücken
(ausser den beiden eben besprochenen) gemeinsam: mit A
hêrist : *êrist*, *vorhte* : *worhte*, *mitalle* : *valle*, *verbrinne* : *gewinne* und
die Reimworte *gotheit*, *preit*, *bewarn*, *enphâhen*, *bringen*, *gedingen*;
mit B *leben* : *geben*, *muote* : *guote*, die Reimworte *geist*, *gescaffen*;
mit C *ê* im Reim auf ein lateinisches Wort, *nôt* : *tôt*, *gerihtet* :
vihtet, Reimworte *listen*, *vristen*; mit D *dâ* auf lateinische Wör-
ter, *entliezen* : *lâzen*; mit E *ê* und *sî* auf lateinische Wörter,
Reimwort *wochen*; mit F *chint* : *sint*; mit H *leide* : *scheide*. In
Bezug auf A und C scheinen mir diese Angaben positiven
Werth zu besitzen, bei den übrigen wenigstens negativen.

In Bezug auf Sprachgebrauch und Stil ist mehreres schon
früher vorgebracht worden; ich kann hier nur noch erwähnen,
dass manche nicht gerade häufige Worte (wie *mandunge*) und
Wendungen sich in verschiedenen Stücken finden, dass die
Einmischung des Latein so ziemlich überall dieselbe ist, dass in
dem astronomischen Stück ganz so wiederholt wird wie in den
Arnolt'schen Aufzählungen. Diese letzteren haben gleich den
anderen Gruppen ihr Latein mit und ohne deutsche Ueber-
setzungen, haben vierhebige klingende Verse, verlängerte
Schlüsse, überlange Zeilen innerhalb der Perioden, lateinische
Schlusszeilen, kurz was etwa Scherer für die von ihm ange-
nommenen Stücke als charakteristisch notirte.

Durch diese etwas langwierige Ausführung glaube ich
mich berechtigt, folgendes zu behaupten: Es ist nicht möglich
innerhalb einzelner Abschnitte des Arnolt'schen Gedichtes
solche Differenzen im Versbau, Reim, Sprachgebrauch, also
der äusseren Form, nachzuweisen, welche erlauben würden, mit
einiger Sicherheit Stücke als unverletzt erhaltene Reste älterer
Gedichte auszuscheiden. Eine Ausnahme macht der Hymnus
Laudate Dominum. Vielleicht kann auch dem Stückchen, wel-
ches Scherer G nannte, eine Sonderstellung eingeräumt werden,
sicher ist das nicht. Wenn also wirklich das Werk Arnolts
eine Compilation ist, was ich auch glaube, so sind die aus an-
deren Gedichten recipirten Verse so überarbeitet, so mit Arnolts
Eigenthume vermengt worden, dass sie nicht mehr erkennbar
sind, umsoweniger genau abgegrenzt werden können. Die
äussere Form des Werkes gestattet, mit der erwähnten Aus-
nahme, es als ein einheitliches aufzufassen. Die Entlehnungen sind
in Arnolts Weise umgeformt worden; was vielleicht wörtlich
herübergenommen wurde, ist Arnolts Arbeit so ähnlich, dass
es nicht besonders angegeben werden kann.

Für Müllenhoff und Scherer sind jedoch gewiss nicht for-
melle Gründe zunächst massgebend gewesen, als sie ihre Zer-
legung vornahmen und ihre Ansichten über die Entstehung des
Werkes sich bildeten. Es waren vielmehr ihre Gründe der Be-
schaffenheit des Inhaltes entnommen, welchem Mangel an Zu-
sammenhang, an passenden Uebergängen, Lücken und Wider-
sprüche zur Last gelegt wurden. Auch nach dieser Richtung, in
Bezug auf die Composition, liegt es mir also ob, Arnolts Gedicht
zu prüfen. Ich kann hier natürlich viel weniger mit bestimmten
Daten operiren als es früher möglich war. Allerdings steht
es gänzlich ausser Zweifel, dass unter normalen Verhältnissen
ein Dichter nur ein wohlzusammenhängendes Werk, mit oder
ohne Grundidee und Tendenz hervorbringen wird. Das ist klar
und unbestritten. Das subjective Moment tritt in die kritische
Beurtheilung dann ein, wenn zwar ein allgemeiner oberfläch-
licher Zusammenhang zwischen den verschiedenen Theilen eines
Gedichtes nicht vermisst wird, aber die Verbindung im Ein-
zelnen mangelhaft ist. Dann können verschiedene Kritiker ver-
schiedener Ansicht sein darüber, ob bei den einzelnen Partien

noch gute Verknüpfung vorhanden ist, und ob ausserdem die
Stücke ihrem Inhalte nach Verwandtschaft genug haben, nicht
zu weit von einander abstehen. Was der Ideenassociation von
Fall zu Fall zugetraut werden darf, wird selten von mehreren
Kritikern übereinstimmend angegeben werden.

Im vorliegenden Falle weiche ich etwas ab von der Auf-
fassung, welche Müllenhoff und Scherer ihrem Urtheile über
Arnolts Werk zu Grunde legen. Ich bin, wie sie, überzeugt
davon, dass es compilirt worden ist, allein ich halte die An-
einanderreihung der fremden Stücke nicht für lose genug, um
diese schon ihrem Inhalte nach trennen zu können. Ich finde
die Fugen nicht so klaffend, die Sprünge nicht so offenbar.
Ich sehe mehr Contamination als lockere Zusammenstellung;
das geborgte ist einem bestimmten Zwecke dienstbar gemacht
und daher auch stofflich zugerichtet worden.

Um meine Ansicht zu begründen, scheint es mir erforder-
lich, eine Uebersicht des Inhalts von Arnolts Werk zu geben.
Ich bemühe mich, so *objectiv* zu sein als *möglich;* wo ich zu-
setze, ist das durch eckige Klammern angedeutet. Behandelt
ein grösserer Abschnitt denselben Gegenstand, so kürze ich.

(333) Der heilige Geist kam einst in Taubengestalt zu
den Christen. Wir empfangen ihn jetzt nur noch unsichtbar,
er wohnt aber doch mit uns. Im Namen der Trinität beginnen
wir dieses Lied. Wie könnte ich [auch], hätte ich chernes
Haupt und stählerne Zunge, jemals die Freude [ganz] erzählen,
sagen oder singen, die von dir in deiner Mannigfaltigkeit ge-
schrieben ist, es sei denn dass mir zu Theil wird, was sie [die
Apostel] hatten, als der heilige Geist ihnen Rede gab; auf dieses
will ich hoffen, (334) so lange ich sagen und singen werde.
Trefflich, heiliger Geist, kennst du böses und gutes, alle Ge-
danken, du Herzensprüfer, dem alle Herzen offen sind, da er
sie geschaffen hat. Schaffe mir, wie der Psalmist sagt, ein
reines Herz, damit ich es wage mit deiner Hilfe von dir [d. i.],
dem heiligen Geiste zum Lobe diese Rede vorzubringen. Zu-
erst will ich sprechen *von einer gar heiligen Zahl.* Zumeist
[nämlich] empfangen wir den heiligen Geist in der Taufe,
welche unsichtbar die Trinität enthält, bei welcher wir des
alten Adam Sünden zurücklassen und uns mit sieben Frauen
aus dem heiligen Geiste vermählen; auf diese Weise werden

wir Christen aus Heiden. Nun will ich euch deutlich sagen (335), welche die sieben Bräute sind, die wir in der Taufe bekommen, das sind die sieben Gaben, die sieben Sinne der Minne [caritas = heiliger Geist]. Wie weit er [in ihnen] auch ausgebreitet ist, wir glauben doch, dass die drei Namen nur eine einzige Gottheit bezeichnen. Die Bedeutung der sieben Gaben wird uns in Schriften gezeigt, welche sie den Weibern gleich stellen. Wie [nämlich] Mann und Weib sich verhalten, die beide einen Leib ausmachen, so steht der heilige Geist über der Seele, er der höchste Bräutigam, und ihre Kinder sind die guten Werke; so sind wir dann mit Gott verbunden, wenn der heilige Geist nicht in uns durch unsere Sünden abstirbt. Ich will nun [diese sieben Bräute in unserer Seele, die den heiligen Geist zum Bräutigam machen, im einzelnen] erklären. Zuerst Sapiencia, die uns in Abrahams Schoss, nach der Herrlichkeit des ewigen Lebens bringt. Die zweite ist Intellectus (336); wenn wir [durch sie] etwas gutes verstehen, sollen wir es mehren und ausbreiten, wir haben dann gute Hoffnung auf zukünftige Frucht. Die dritte Gabe heisst Consilium, der Rath; wären wir so gut, einander mit Treue und Wahrheit zu berathen, so wäre die Heidenschaft nicht so gross und nicht so manche Seele in Bedrängniss. Hat uns ja doch Gott selbst ein Beispiel geben wollen, als er, der alles [von selbst] vortrefflich versteht, mit Hilfe des Rathes nach seinem Bilde den Menschen schuf und mit den niederen Graden [dabei] sich besprach. 4. Fortitudo, Stärke, können wir bei den Märtyrern wahrnehmen, welche kühn vor den Fürsten standen, Feuer, Schwert und bittere Qual nicht fürchteten und Gottes Wort redeten. Sie wuschen ihre Stolen mit dem Blute des Lammes; da hat Gott sie mit seinem heiligen Geiste [durch diese Gabe] gestärkt. Möge er auch ganz insbesondere uns arme Menschen vor aller Art Leid [durch diese Gabe beschützen] bis die Seele von dem Leichname sich trennt. (337) 5. Sciencia, verständiges Wissen sollen wir uns ohne weltlichen Ruhm aneignen. [Denn] gute Künste sind nothwendig, der Teufel ist so vielseitig, er hat unsere Sünden gezählt und [als Schulden] in seine Bücher eingetragen, [zugleich] bekämpft er uns mit Feuerpfeilen. Möge uns der heilige Geist [vor ihm] bewahren. 6. Pietas, Güte, [durch die] möge uns Gott mit seinem heiligen Geist behüten, [denn] uns

bringt starke Begierde und Hass am meisten zu Fall. Bekehren
wir uns nicht bei Zeiten von dem Uebermuth durch freigebige
Güte, so werden die vielen falschen Eide [um fremdes Gutes
willen und aus Hass abgelegt] den Seelen zum Verderben, sie
müssen darum brennen. Mit brüderlicher Treue sollten wir
einander lieben. 7. Timor Domini, Furcht Gottes, der Himmel
und Erde geschaffen hat und sie auch allein aufrecht erhält.
Was von den beiden eingeschlossen ist, hat des Meisters Gebot
nicht übergangen (die Hölle ist gezwungen, ihn zu fürchten),
ausser den (338) zwei Geschöpfen, welche Gott nach seinem
Bilde [so leicht] geschaffen hat, [als ob sie] zwei wilde Sper-
linge [wären], die Niemand zu Fall bringen kann, wie es die
Schrift lehrt.[1] Ausser wenn Gott es leiden will [dass wir fallen].
werden wir besser vor aller Art Bedrängniss geschützt, weil
die Engel vom Himmel uns behüten sollen. [Daher] hat uns
Gott [auch] zwei verschiedene Geister [zwei Gaben] verliehen,
die grössten unter den sieben, damit wir in kluger Weise Gott
und den Nächsten lieben [scientia + pietas]. Wenn wir nämlich
das nicht thun,[2] so dürfen wir nicht sagen, dass wir Gottes
Gebote erfüllen. Wenn wir den einen lieben und den andern
ohne Noth hassen wollen, dann sind beide [gebotenen] Arten
der Liebe todt, wir sind dann nicht vollkommen in der Liebe;
so steht es in Gottes Gesetz. [Den ersten Geist, pietas, hat er
verliehen als] die Zwölfboten waren zusammengekommen, wo
ihnen Gottes Sohn zum Beweise seiner Auferstehung erschien.
Damals hat er aus seinem Munde den heiligen Geist in sie ge-
blasen und ihnen die grosse Gewalt verliehen, dass sie wem
immer sie die Sünden vergeben wollten [das könnten], in-
dem sie ihm befohlen in brüderlicher Liebe zu leben.[3] So
sollten wir es auch noch halten, wie sie thaten, mit brüder-
licher Liebe (339), wir würden damit sorgen, dass wir
nicht ausgeschieden werden, wenn Gott seine Lieben von
den Verhassten sondert. [Den zweiten Geist, scientia, hat Gott
verliehen:] Wiederum versammelte Gott seine einfältigen Boten

---

[1] Vielleicht gehören die zwei letzten Nebensätze bereits zum Folgenden.
Heinzel meint, schon mit *zwêne sperlinge wilde* beginne ein neuer Satz.
[2] Hier spielen schon die zwei Hauptgebote (Matth. 22, 37 a. a.) herein
und vermengen sich in der Vorstellung mit den zwei Gaben aus den
sieben, welche gleichzeitig ‚Sinne‘ der caritas sind. [3] pietas 337, 21.

zu Jerusalem in einem Saal, wo der heilige Geist über sie dem
Feuer gleich kam. Sie priesen hoch den himmlischen König
allein, ihr Gebet war lauter. Die christlich leben wollten, denen
ward von den zwei Geistern einer da gegeben [scientia]. Unter
den Fähigkeiten, welche Gott seinen Jüngern beibrachte, lehrte
er sie auch den Paternoster in sieben Gaben, vier heilen den
Körper, drei die Seele; mehr braucht es nicht, denn unser
Herr sagt: sprecht nicht zu viel wie die Heiden, die es thaten,
damit Gott sie besser vernähme; ihr Gebet[1] war aber dem
heiligen Geiste nicht genehm. [Wie in diesem Gebete, so ist
es auch mit den sieben Siegeln der Erlösung, vier betreffend
den Körper, drei den Geist.] Johannes sah im Himmel viel
geistliche Wunder und Zeichen, ein verschlossenes Buch (340),
dessen Siegel nach den Worten des Engels Gott selbst auf-
schliessen wird. Johannes [ist auch] der Evangelist, der über
Christus und den heiligen Geist aus den Himmeln am meisten
schreibt.[2] Dieser gab uns Zeugniss über die sieben Siegel,
welche er fand und gerne lösen wollte, der Engel gestattete es
ihm nicht; darüber wurde der Herr ängstlich, denn er fürchtete,
dass darunter die Vertilgung des Menschengeschlechtes ver-
schlossen sei, wie sie schon einmal Sünden halber stattgefunden
habe. Später wurden die sieben Siegel geöffnet, als Gott seine
Menschen erlöste.[3] Nun [jetzt] wissen wir, wie die sieben Siegel
gelöst wurden, Gott hat sie um seiner Kinder willen gemacht:
7 Thatsachen der Erlösung, zuerst 4 (341) dann 3. Wie herr-

---

[1] So ist wohl zu schreiben.

[2] Besser: mit Hilfe Christi und des heiligen Geistes aus den Himmeln er-
zählt. Vgl. Roediger Anz. f. d. A. 1, 88.

[3] Man sieht, dass ich Scherer nicht beistimme, wenn er einen Wider-
spruch zwischen den Versen 339, 25—340, 5 und 340, 5—341, 5 findet.
Es wird zuerst erzählt, dass Johannes das verschlossene Buch fand
(7 Siegel werden hier nicht erwähnt), Gott erst will es öffnen. Johannes
weiss durch Gott am meisten über die Himmel, er bezeugt es, wie er
gerade 7 Siegel fand, die Gott *dann* selbst löste. Das stimmt. Anstössig
ist nur, dass Johannes, der Christi Leben beschreibt, die Vision hat
und doch von der Erlösung mit *sie* gesprochen wird. Aber hier ist eben
von der Erzählung Johannes übergegangen auf unsere Auffassung der
Erlösung. Es ist nothwendig, Cap. 5 der Apokalypse vor Augen zu
haben. Dort werden 9 ff. die Siegel in der That schon auf die Erlösung in
7 Punkten gedeutet; die Punkte sind allerdings verschieden von den bei
Arnolt angegebenen. Vgl. die anonyme *Expositio* Migne, Patrol. XVII. 812 ff.

lich hat er uns erlöst! Weiter ist eine herrliche Zahl (vgl. oben)
7 in der Astronomie: 7 Himmel sind, 7 sieben Sterne laufen,
die andern stehen still. 7 Sonnen leuchten, 7 Mal wandelt sich
der Mond, sogar in den 7 Wochentagen ist die Zahl nicht ge-
stört. (342) Nun werden die 7 Mondeswandel erzählt, die den
Phasen des menschlichen Lebens entsprechen (343). Auch die
Sonne macht Wege, sie im Bogen (während der Mond in der
Sehne läuft) und zwar durch 12 Zeichen. [1] (344) Entfernungen
der Sonne und des Mondes. Gott hat sie geschaffen (345) und
ihnen ihre Bestimmung gegeben. Auch die 7 Sternbilder schuf
er, die sich beständig bewegen, uns aber ruhig vorkommen.
[So] bist du [überall] siebenformig, [2] Herr [heiliger Geist], deine
Gewalt ist gross. Chrisma und Oel bezeichnen ihn, er verleiht
sich selbst damit, Kaiser werden damit geweiht, Adam ent-
sühnt, die Christenheit gestärkt, die Kirchen gestiftet, Nonnen
und Mönche dem Dienste Gottes gewidmet. Auch bezeichnet
es [in seiner Wirksamkeit] den heiligen Geist, wenn der Mensch
aus 7 Theilen geschaffen wird. Wir wollen (346) unsere Rede
nicht beschliessen, ehe wir das erklären [wie es geschieht].
Die 6 Wochen, welche ein Mensch braucht, um im Mutterleibe
heranzuwachsen, werden aufgezählt. [Diesen entsprechend] gibt
es 7 Lebensalter. Vom heiligen Geiste haben wir 7 Künste
(347), die nun besonders erklärt werden. [3] Mannigfaltig sind
die Wunder, [4] welche der Mensch mit den 7 Künsten zu ge-
winnen vermag. Wird das Kind geboren, [5] so sollen es nach
einander Vater, (348) Mutter und Priester bewahren, der letztere
durch Busse. Wenn aber einer seinen Mitmenschen getödtet

---

[1] Hier ist die Gedankenverbindung in der That nur äusserlich: jetzt war
von der Mondesbahn die Rede, also muss auch vom Lauf der Sonne
gesprochen werden.

[2] Hier finde ich den Gedankenzusammenhang nicht zu lose. Vielleicht hat
noch eine äussere Association mitgewirkt und das *discurrunt* der einen
Bibelstelle Sap. 3, 7 erinnerte an das *discurrunt* bei Zach. 4, 10: septem
isti oculi sunt domini, qui discurrunt in universam terram. Vgl. 345, 11.

[3] Eine leichte Differenz, die aber doch charakteristisch ist für das Werk,
begegnet zwischen Aufzählung 346, 26 ff. und Erläuterung 347, 7 ff.; in
der zweiten werden die 4 Künste 4. Rhetorik, 5. Arithmetik, 6. Geo-
metrie, 7. Astronomie in der Ordnung 6. 4. 5. 7. besprochen.

[4] 337, 24 nach *wunter* ist *sint* zu ergänzen.

[5] Arnolt greift nach Abschweifungen zurück auf das Thema von 341, 15.

hat, [da reicht diese Hilfe nicht mehr aus;] so hat er sich selbst
erschlagen und soll vierzigtägiges Fasten auf sich nehmen;
dann erst kann er dem Teufel wieder entrinnen und lebendig
werden wie früher. Ihr müsst trachten, ihr unwissenden Laien,
das gut zu verstehen [1] (349), wie ein Mörder sich selbst er-
schlägt, die Seele nämlich. Den lebendigen Leib soll er kasteien,
den todten [sündigen] in Ruhe lassen, bei dem hilft das Fasten
nichts. [Das ist ein aussergewöhnlicher Fall, sonst aber] gibt
es 7 Mittel, von Sünden befreit zu werden, Aufzählung. 7 [2] Wun-
der sind geschehen, als unser Herr geboren wurde, Aufzählung
und Erklärung (350—352). Das letzte ist ‚Oel in der Tiber‘,
bedeutet das grosse Geheimniss, wie Gott unsere Wunden [die
Sünden] mit dem Oele, dem heiligen Geiste, heilen wollte. Das
bedeutet das Oel. 7 Generationen gibt es, 7 Verwandtschafts-
grade. 6 Weltalter, im 7. ist das jüngste Gericht. 6 Herzeleide,
mit dem 7. der Tod, durch den man in's ewige Leben heim-
kehrt. Wir leben in der 7. Zeit und sind Ismaeliten aus dem
dritten Zeitalter (353), ein Natterngeschlecht. Die Abstammung
von Abraham wird nun erklärt. [3] Nun hört, was ich euch lehre: [4]
nichts von dem, was er besitzt, nimmt der Mann in's Jenseits
mit, wofern er es nicht vorausgeschickt hat. Dann ist es wohl
angewendet dort, wo es unverletzt von Gott aufbewahrt wird.
(354). Thut so zu Liebe eurer Seelen, indem ihr des Todes
gedenkt, der euch täglich im Grimme naht. [Wenn ihr es thut,
so] kommt euch Gott mit seinem Lohne in der ewigen Heimat
entgegen. Siebenmal des Tages sollen wir Gott loben. Lau-
date Dominum (355). Alle diese Dinge, [über welche ich be-
richtete,] sind so geordnet, wie es Gott zu Ehren der heilige

---

[1] Die Wiederholung nur deshalb, um den schwierigen Gedanken, dass
der Mörder sich selbst erschlägt, zu erläutern.

[2] Hier scheint nur die Siebenzahl zu verbinden.

[3] Die corrupten Verse 353, 19 ff. können vielleicht auf den Stand der
Arnolt'schen Bearbeitung leichter zurückgeführt werden, indem man blos
für *adelesune* schreibe *chebesune*. Wenn 352, 27 f. wir Söhne der Magd
genannt werden, während hier die Heiden so heissen, so gilt diese erste
Bezeichnung nur um unserer Sündhaftigkeit willen. Heinzel schlägt vor,
statt *unte Saram* der Hs. *vone Saram* zu lesen.

[4] Hier wird wieder nach dem äusserlich angeknüpften Excurs in das frühere
Thema, das 352, 24 endete, eingelenkt, zum Theil mit denselben Worten,
die schon 346, 26 die Erwähnung des Todes enthielten.

Geist geboten hat, [1] damit wir sein Lob erhöhen. Wir haben
alle Ursache dazu, seine Gnade ist so mannigfach, wir ver-
danken ihm Alles (356), Aufzählung, wir sollen ihn aber auch
mit Füssen und Händen, Leib und Seele loben, deinen Geist,
Herr Gott! Um des heiligen Geistes willen hat diese kurzen
Worte Priester Arnolt gefunden und hauptsächlich von der
Siebenzahl mit Hilfe des heiligen Geistes erzählt, damit es
büsse, wer diese Zahl tadelt. Schmähen wir [ja doch] Wetter
und Zeit und Alles, was uns Gott gibt; seinen Willen erkennen
wir nicht, wie oft wir auch seinen Namen nennen. Das macht
der Teufel, welcher durch seinen Geist die Christenheit ver-
rathen hat, [2] uns des wahren Glaubens beraubt und arg in der
Uebung (357) guter Werke behindert. Den allerhehrsten Glanz
[das Ereigniss], da mein Gott gemartert ward, das heisst er die
thörichten Laien anschreien, und vom Mittwoch in der Oster-
woche sagen sie [3] [dann], dass er nicht richtig sei, [während
man doch] an diesem Tage zweifellos Venite benedicti bei der
Messe singt, womit unser Herr die Gerechten in seines Vaters
Reich ladet, wo sie geistlich ohne Ende leben. Nun lasst auch
uns mit der wahren Liebe bitten, dass wir die herrliche Stimme
hören mögen und zu den himmlischen Chören am Tage des
Gerichtes geladen seien. — — —

So ist der Inhalt beschaffen, wie er mir erscheint. Ich
möchte den Eindruck hervorbringen, dass eine zusammen-

---

[1] Hiermit wird auf das anfangs angeschlagene (334, 13) und immer wieder
hervorgehobene (wörtliche Berührung zwischen 355, 29 und 336, 28)
Thema des Gedichtes zurückgegriffen. Damit wird zugleich der Hymnus,
welcher verhältnissmässig wenig vom Lobe Gottes durch den Menschen
handelt, ausführlich ergänzt. Die Zusammenstellung *trehtîn hêrre* 356, 16
nimmt die vom Anfang 333, 12 *hêrre trehtîn* wieder auf. Dass Gott an-
gesprochen und dabei der heilige Geist gepriesen wird, erscheint mehr-
mals in dem Gedichte.

[2] 356, 24 *âtem* des Teufels im Gegensatze zu dem *âtem*, welchen Gott
(338, 24 f.) den Jüngern eingeblasen hat und durch dessen Kraft wir
christlich leben sollen.

[3] Ich empfinde nicht, dass hier etwas Fremdartiges eingeschoben sei. Zu
dem pedantischen Sinne Arnolt's schickt es sich nicht übel, wenn er am
Schlusse seiner Arbeit eine Frage berührt, in der er wahrscheinlich selbst
Partei genommen und über die er persönlich mit Laien zu streiten ge-
habt hatte. Die Verbindung erscheint mir sowohl 357, 3 als 8 ff. tadel-
los. 356, 22 ist übrigens schon im Voraus auf das Kommende hingewiesen.

hängende Arbeit vorliegt, mit lockeren Bindegliedern oftmals, mit blos mechanischen Associationen, mit Excursen und Wiederanknüpfungen, aber doch eine Arbeit, welche wirklich die von dem Dichter selbst gestellte Aufgabe (356, 16 ff.) in ununterbrochener Folge aufgezählter Thatsachen und Gedanken zu lösen trachtet. Wir müssen vorerst die pedantische Weise des Mannes berücksichtigen, dem seine Gelehrsamkeit so werthvoll ist, der nicht auf dem directesten Wege nach seinem Ziele strebt, immer wieder der Versuchung nachgibt, sein Wissen auszukramen, der mitunter nur durch ein Wort, eine nebensächliche Vorstellung, das Aneinandergereihte verbindet; bezeichnet ihn ja doch schon die Wahl des Themas seiner Versmasse, der Siebenzahl, zur Genüge. Ferner wird zu erwägen sein, dass Arnolt mit seiner Manier gar nicht allein steht in der deutschen Poesie der Zeit. Nicht blos geistliche Gedichte, wie die Siebenzahl, die Summa theologiae, lassen es an zwingend logischer Gedankenfolge sehr fehlen, auch in weltlichen Gedichten, wie in der Kaiserchronik, finden sich äusserst lose Verknüpfungen von Thatsachen, die dem Autor mittheilenswerth erschienen. Und endlich, tragen nicht gar manche vielverbreitete und -benützte theologische Werke des Zeitalters (nur Hugo von St. Victor und Honorius nenne ich) ähnlichen Charakter? Musste dieses Beispiel einen wenig begabten Menschen nicht gerade zu einem solchen Opus veranlassen, wie wir es von Arnolt haben?

Dabei stelle ich auch jetzt keineswegs in Abrede, dass der Verfasser compilirt hat. Ich wiederhole nur meine Ansicht und finde sie durch Prüfung des Inhalts bestätigt, es sei unmöglich, aus dem Ganzen einzelne Stücke (mit Ausnahme des Hymnus) in ihrer ursprünglichen Beschaffenheit auszusondern.

Es wäre nun sehr wesentlich, wenn wir die theologischen Quellen finden könnten, aus denen Arnolt schöpfte. Scherer hat in seiner Schrift schon auf mehrere benützte Stellen des Honorius hingewiesen. Das wenige von mir Zusammengebrachte lege ich im Folgenden dar.

Das Werk Arnolts scheint mir angeregt und in seinen Hauptpunkten bestimmt worden zu sein durch die Predigt In Pentecosten, welche im Speculum Ecclesiae des Honorius Augusto-

dunensis ed. Migne Patrol. CLXXII, S. 959 ff. steht. Sie be-
spricht die Eigenschaften und Thätigkeiten des heiligen Geistes,
nicht sehr zusammenhängend, sondern in Gruppen, jede mit
einem Gedanken, einem Vergleich', einer Auslegung im Mittel-
punkte. Es konnten sehr wohl verschiedene Sermone aus diesem
Stücke zurecht gemacht werden.

Honorius beginnt mit einer détaillirten Parallele zwischen
der Wirksamkeit des Sohnes Gottes und des heiligen Geistes.
Schon hier wird Manches vorgebracht, das auch unser Gedicht
enthält. Sohn und heiliger Geist haben verschiedenen Antheil
an der Schöpfung. Die Engel werden dabei mit den Himmeln
verglichen und von dem heiligen Geiste gesagt, er habe die
Himmel mit Sternen geschmückt, vgl. Arnolt 345, 3. Ferner:
per filium firmamentum formatur, per spiritum sanctum celeri
volubilitate rotatur, vgl. Arn. 341, 8 ff. 345, 4 ff., per filium sol
et luna et sydera temporibus praeficiuntur (344, 26 ff.), sed per
spiritum sanctum lucis nitore perpoliuntur. Etwas weiter: per
filium diversa animalia producuntur, per spiritum sanctum vitali
flatu inbuuntur, et aves volatu, pisces natatu, bestiae, reptilia,
serpentia gressu per eum fulciuntur, vgl. 337, 24 ff.; spiritus
sanctus inspirat diversa ingenia, ipse etiam dat diversa artificia,
vgl. 346, 26 ff.; per filium homo redemptura morte liberatur,
per spiritum sanctum in baptismate ad vitam regeneratur, vgl.
348, 25 f. und vorher. In Verbindung damit: per spiritum
sanctum peccata relaxantur (was 349, 7 ff. behandelt wird), per
ipsum animae a morte criminum resuscitantur. — Per spiritum
sanctum multi seculo contempto religiosam vitam duxerunt, per
ipsum plurimi signis et prodigiis fulserunt (336, 19 ff.). — Coelum
nempe per ipsum solis splendorem induetur, per ipsum sol sep-
templici lumine vestietur (341, 14). — Quia de judicio rediens
electos pro diversis meritis in diversis faciet mansionibus re-
quiescere (354, 6 f.). — Haec festivitas per VII dies celebratur,
quia spiritus sanctus in VII donis veneratur, sicut per prophe-
tam praenunciatur: spiritus sapientiae et intellectus, spiritus
consilii et fortitudinis, spiritus scientiae et pietatis, spiritus timo-
ris domini (also dieselbe Reihenfolge wie bei Arn. 335, 18 ff.).
Haec sunt VII mulieres quae unum virum apprehenderunt (334,
25 ff.), quia VII dona spiritus sancti Christum corporaliter pos-
sederunt. Hujus spiritus dono coelestia scandent omnes qui

timent deum. Timor domini wird dann besonders erörtert. Nun
folgen die Erklärungen der übrigen sechs Gaben in umgekehrter
Reihe, sie stimmen bis auf intellectus und pietas wenig mit
Arnolt. Vom ersteren heisst es: post hoc intellectum praestat,
ut anima per visibilia sempiterna intelligat, vgl. 335, 28 ff. mit
demselben Gedanken; von der zweiten: dat pietatem, ut homo
factori suo devote serviat et proximo, quae praevalet, bona im-
pendat, was auch 337, 12 ff. ausgeführt ist, die Liebe zum
Nächsten 20 f. — Es heisst dann bei Honorius 961: Qui per
septiformem spiritum in his virtutibus florebunt, per ipsum VII
munera in corpore, VII dona in anima obtinebunt. Die Ge-
schenke für die Seele werden darauf noch specificirt, kommen
aber bei Arnolt nicht vor, wahrscheinlich, weil sie nicht ein-
fach mit einzelnen Namen bezeichnet werden können, sondern
weitläufig beschrieben werden müssen. Von 7 Leuchtern des
Candelabers, 7 Säulen spricht dann Honorius, und erwähnt auch
die Stelle des Zacharias, welche, wie ich oben andeutete, wohl
für 345, 7 ff. den Anschluss vermittelt hat. 7 Hörner des Lammes,
7 Häupter des Drachen werden erwähnt, dann folgt De VII
naturis columbae (S. 962 B 5 ist *columbae* zu lesen). Dabei
wird das brüderliche Leben besonders betont, vgl. 338, 27 ff.
Daran schliesst sich die Erzählung der beiden Erscheinungen
des heiligen Geistes bei den Aposteln, ebenso wie bei Arn. 338,
18 ff. 339, 4 ff. Den sechs Schöpfungstagen entspricht: sic
qui in VI aetatibus mundi in donis spiritus sancti operari stu-
dent, in septima per ipsum ab omni labore requiescent, vgl.
352, 6 ff. Sic nos quoque VI diebus in ebdomada laboramus,
in septima vacamus; quia per septiformem spiritum nunc bonis
operibus insistimus, in futuro ab omni opere feliciter requie-
scimus, ubi per ipsum vacabimus et Deum sicuti est videbimus;
in 352, 10 ff. umgedeutet, jedoch mit demselben Schlusse. Dass
es der heilige Geist ist, welcher durch das Chrisma wirkt, er-
wähnt Honorius darauf, vgl. 345, 12. Das Weitere ist verschie-
den von Arnolt, nur der predigtmässige Schluss stimmt wieder.

Hat Arnolt aus diesem Sermon die Anregung zu seinem
Werke geschöpft, so hat er doch noch weitere Siebenzahlen
hinzugefügt. Er scheint auch andere Schriften des Honorius
gekannt zu haben, wie aus verschiedenen Stellen sich ergibt.
Die Bedeutung der Taufe ist in der Gemma animae lib. IV,

4

cap. CXI besprochen, wo verschiedene Deutungen für das drei-
malige Untertauchen Arn. 334, 18 angeführt werden. Zu Arn.
341, 7 ff. vgl. Hexaëm., cap. II, S. 256: sol quippe in medio
mundo locatus, luna autem in hoc aere constituta: planetae quo-
que suis circulis affixi traduntur: sidera solummodo firmamento
impressa feruntur, und De imagine mundi lib. I, cap. LXVIII.
Der Wind, welcher die Wasser (Dünste) in die Luft führt und
die Kräfte der Wolken hervorbringt, heisst Arn. 341, 12 ff.
arcus, wohl unrichtig, denn Eurus ist es, der De imag. m. I,
cap. LV nubes generans genannt wird. Und mit der Auf-
fassung Arnolts stimmt die Angabe des Honorius im nächsten
Capitel: venti suo spiramine aquas in aera trahunt, quae con-
globatae in nubes densantur. Dass *diu mâninne preiter ist denne
diu erde* (Arn. 341, 15 f.), hat auch Honorius a. a. O. cap. LXIX:
globus namque ejus (lunae) multo terra est amplior. In dem-
selben Capitel ist auch das Wichtigste von den Mondesbewe-
gungen angegeben, die Arnolt im Folgenden bespricht; vgl.
noch Honorius, De solis affectibus, S. 101 ff. Dass die Sonne
im Bogen läuft (Arn. 343, 18 f.), sagt Honorius auch De sol.
aff. cap. II: sed notandum est, quod oblique oritur, quasi per
arcum. Die Berechnung des Unterschiedes zwischen Mond-
und Sonnenjahr auf elf Tage (Arn. 343, 21 ff.) war aus den
Angaben leicht anzustellen, die De im. m. sich finden, lib. II,
cap. XLI, S. 155: tertius (embolismus) qui dicitur communis,
qui duodecim hujusmodi mensibus, in trecentis quinquaginta
quatuor diebus expletur, und unmittelbar darunter cap. XLII:
solaris annus est, cum sol omnia zodiaci signa perlustrat, qui
trecentis sexaginta quinque diebus et sex horis constat. Zu dem
ganzen Abschnitt über die Sonne vgl. noch De im. m. lib. I,
cap. LXXII, S. 139; lib. II, cap. XXXIV, S. 151; auch Hexaëm.
cap. III. Die Philosophen berechneten das Jahr in Monaten,
Wochen, Stunden (= *wilen*), Punkten (= *stunten*), gibt Arn.
344, 15 an, das sagt ebenso Honorius im Abschnitt über die
Sonne in De im. m., allerdings hat das auch jeder Computus
(computatum Arn. 344, 14). Die wunderlichen Zahlangaben bei
Arn. 344, 18 ff. sind nur verständlich, wenn man Honorius,
De im. m. lib. I, cap. LXXXIII vergleicht. Dort auch, und
wohl dort allein, findet sich gleich daneben die Mittheilung über
den Mikrokosmus des Menschen, cap. LXXXII, die mit Arn.

v. 23 f. stimmt (vgl. auch Elucidarius lib. I, Nr. 11, S. 1116),
und zwar unmittelbar nach den Angaben der mensurae für die
Sphärenharmonie cap. LXXXI, welche Arn. v. 24 f. *die mâze
vant pitagoras* erwähnt. Vgl. noch De im. m. lib. II, cap. LIX,
S. 154. Zu Arn. 345, 12 ff. vgl. Gemma an. lib. III, cap. LXXX,
LXXXI, CXIV. Die darnach erwähnten sieben Theile des
Menschen sind drei der Seele, vier (Elemente) des Leibes, vgl.
Honor. Hexaëm. cap. III, S. 258; Spec. Eccl. De nativitate
domini, S. 822; Dominica in Quinquages. S. 873; Elucid. lib. I,
Nr. 11, S. 1116. Scherer zum Paternosterleich, S. 453. Ueber
die sieben Zeichen bei Christi Geburt, Arn. 349, 20 ff., spricht
Honor. Elucid. lib. I, Nr. 19, S. 1124, vgl. Spec. Eccl. De na-
tivitate domini, S. 815 ff. 351, 14 behauptet Arnolt, dass Mat-
theus von dem *guldîn circulus al umpe den sunnen* (Honorius hat
aureus an der ersten Stelle, purpureus an der zweiten) erzähle,
das ist natürlich Pseudo-Mattheus im Kindheitsevangelium, wor-
nach Diemer's Anm. zu berichtigen. Zu den Weltaltern und
dem Folgenden bei Arn. 352, 6 ff. vgl. Honor. De im. m. lib. II,
cap. LXXV, S. 156. Zu Arn. 357, 2 ff. vgl. Honor. Gemma
an. lib. IV, cap. XX, S. 696, was ich lieber ganz hierhersetze,
da vielfache wörtliche Einstimmungen vorkommen: Feria quarta
spiritus fortitudinis in Christo renatos docet, quam dulci voce
eos Christus ad regnum amissum in ultimis vocet. Venite, in-
quit, benedicti Patris mei, qui in oratione exorant, ut aeterna
gaudia percipiant. Quibus in lectione passio et resurrectio
Christi recitatur, per quem poenitentibus peccata delentur et
vita aeterna datur. Qui per graduale Haec dies tripudiant et
Christo Alleluja jubilant. Mox eis in evangelio Christus post
resurrectionem cum septem discipulis convivasse narratur, per
quod septiformi spiritu pleni post ultimam resurrectionem cum
Christo convivaturi praefigurantur. Unde et in offertorio panem
angelorum homo manducasse perhibetur. In communione vero
hunc panem digne manducantes ultra non mori, sed cum Christo
victuri docentur.

De philosophia mundi des Wilhelm von Conches [1] enthält
wenigstens eine längere Stelle, welche auffallend mit Arnolt

---

[1] Wann hat man angefangen, dieses Werk für eine Arbeit des Honorius
zu halten? Hauréau, Singularités hist. et litt., S. 238 ff., gibt darüber keine
zureichende Aufklärung.

übereinstimmt. Arn. 346, 3 ff. wird sichtlich De phil. m. lib. IV, cap. XV, De formatione hominis in utero und XVII, De nativitate benützt. Dort werden auch gleich darauf cap. XXXVI die Lebensalter besprochen (vgl. Honor. De imag. m. lib. II, cap. LXXV) und cap. XL damit verbunden die sieben Künste genannt und definirt wie bei Arnolt. Die Sündenvergebung durch den heiligen Geist, Arn. 349, 7 ff., bespricht De phil. m. lib. I, cap. XIV. Zu Arnolts Abschnitt über die Sonne kann man das ganze II. Buch der Schrift vergleichen, die Mondesphasen schildert ausführlich mit denselben stereotypen Bildern wie Arn. De phil. m. lib. II, cap. XXXI, XXXII.

Im Uebrigen habe ich nur für einzelne schwierige Stellen die beliebteren kirchlichen Schriftsteller nachgeschlagen: Arn. 334, 20 ff., gewöhnlich werden drei sichtbare Dinge bei der Taufe angenommen: sacerdos, corpus et aqua, dann drei unsichtbare, Hincmar v. Rheims Patrol. CXXVI, S. 105. Die Verbindung der Dreieinigkeit mit der Taufe ist uralter Glaubenssatz. Auch die Erwähnung Adams hat schon Hieronymus Patrol. XXIII, S. 424, wonach der alte Adam in der Taufe stirbt und ein neuer Mensch zum Leben erweckt wird. Zu 336, 14 ff. vgl. die kirchlichen Lehren, welche Ambrosius an verschiedenen Stellen, besonders Patrol. XV, S. 1568 ff., vorträgt, und worin auch angeli und throni als die Engel bezeichnet werden, die Gottes Vertraute im Rathe sind, denen er seine Schlüsse eröffnet. — Ueber die mystische Bedeutung der beiden Sperlinge, Arn. 338, 2 ff., handelt Hugo v. St. Victor, De bestiis etc. lib. I, cap. XXXI und XXXII, was Arnolt wohl gekannt haben wird. — Wenn Arnolt für die astronomischen Angaben ausser Honorius noch etwas benützt hat, was ich fast bezweifle, so hat er einen gewöhnlichen Computus gebraucht. Unter denen, welche ich nachgesehen habe, könnte es am ehesten der verbreitete anonyme des 9. Jahrhunderts gewesen sein, welcher in der Migneschen Patrologie, CXXIX, S. 1275 ff., Aufnahme gefunden hat. Dieser handelt cap. XII, S. 1327 von sieben Himmeln nach Isidor, die Angaben über Mond und Sonne hat er analog Arnolt in den cap. CIX, S. 1324, CXXXV, S. 1343 ff.; den Unterschied der 11 Tage cap. CXIII, S. 1328. Auch er enthält Mittheilungen über die Entstehung des menschlichen Körpers im Mutterleibe, wie Arn. 346, 2 ff., cap. CXXXV, S. 1348. —

Deus septiformis (vgl. Ildefons v. Toledo, Patrol. XCVI, S. 136
im Liber de cogn. baptismi) kommt natürlich an unzähligen Stellen
vor, dagegen sind die Verbindungen der Siebenzahlen, wie Ar-
nolt sie hat, nicht häufig. Ich habe sie (ausser den schon von
Scherer, Denkm., benützten Schriften) nur bei Rupert v. Deutz,
Patrol. CLXIX, S. 182 ff., gefunden. Manche Tractate führen
zwar den Titel: De septem donis spiritus sancti, bringen aber
keine Combinationen der Siebenzahlen, so Drogo Astensis, der
Abt Ernaldus u. A. Dass die sieben Gaben sideribus compa-
rantur, hat schon Augustinus ein paar Mal Patrol. XXXII, S. 842;
XXXVII, S. 1160 in der Ennaratio in psalmos, ausserdem ent-
hält noch seine Schrift De sermone domini, lib. II, cap. XXI;
Patrol. XXXIV, S. 1285 ff. Siebenzahlen, sowie manche seiner
echten Sermone.

Noch verzeichne ich die von Arnolt angezogenen Schrift-
stellen, welche Diemer nicht angemerkt hat. 334, 7 scrutator
cordis Sap. 1, 6. — 334, 9 cor mundum crea, Ps. 50, 12. —
336, 24 *si wuoschen ire stôle mit des lampes pluote*, Apoc. 22, 14.
— Für die Sperlinge[1] 338, 2 f. wären die Stellen des alten
Testamentes, wo sie in Ritualien vorkommen, zu erwähnen,
z. B. Levit. 14, 4 ff. — 338, 15 ff. vgl. Matth. 6, 24; perfecti
in caritate ist gewiss angeregt durch 1 Corinth. 13, 1, aber das
Adj. in der Verbindung steht 1 Joann. cap. 2 und 4. — 338, 24
vgl. Joann. 20, 22. — 338, 27 vgl. Act. 2, 38 ff., wo brüder-
liches Leben den christlichen Communitäten gepredigt wird,
weshalb der Ausdruck Arnolts hier wohl richtig sein wird.
— 339, 26 translatus ist das gewöhnliche Wort, biblisch von
Henoch u. A. gebraucht. Zu 27 ff. vgl. Apoc. 5, 1 ff. — 344, 26 ff.
vgl. Gen. 1, 20. — 345, 5 ff. schon oben die Anm. S. 32. —
348, 1 ff. vgl. Levit. 12, 4. — 348, 22 ff. vgl. Exod. 34, 28;
Deut. 9, 18 u. s. w. — 352, 10 ff. vgl. liber viventium Ps. 68, 29;
Eccli. 24, 32; Philipp. 4, 3 und sechsmal in der Apoc. —
353, 28 ff. vgl. Matth. 6, 20; Luc. 12, 33.

---

[1] Heinzel denkt bei diesen beiden Sperlingen an die, welche Anna, Mariens
Mutter, während des Gebetes im Garten beobachtet, und versteht also
unter Schrift das Evangelium des Pseudo-Mattheus. Allein bei diesem
(Schade, S. 12) heisst es nur: vidit nidum passerum in arbore lauri, und
auch Wernher (Fundgr. II, 154, 1) nennt nicht zwei, sondern sagt nur:
unde sah an einem aste die sperchen schrien vaste.

Worauf ich bei dieser Zusammenstellung Werth lege, die
auch Arnolts theologische Kenntniss uns zu beurtheilen erlaubt,
ist, dass an verschiedenen Stellen, wo scheinbar die Ueber-
gänge in den Gedanken etwas schroff sind, schon bei den kirch-
lichen Schriftstellern, welche Arnolt kannte oder gekannt haben
konnte, ähnliche Verknüpfungen vorhanden waren. Das be-
stärkt mich in meiner Auffassung.

Ich komme nun zum Schlusse meiner Untersuchung. Ihr
Gang war schwerfällig, wie ich nicht verkenne, doch habe ich
einen kürzeren Weg zur Erreichung eines etwas gesicherten
Resultates nicht finden können. Ich halte es nunmehr für fest-
gestellt, dass die Individualität des Priesters Arnolt in der That
für das ganze unter seinem Namen bekannte Werk verantwort-
lich gemacht werden kann,[1] unbeschadet aller berechtigten
Vermuthungen, es befänden sich zahlreiche überarbeitete Ent-
lehnungen und Reminiscenzen in dem Gedichte. Wenn ich nun
die Frage wieder aufnehme, von der ich ausgegangen war, ob
Arnolt, der Verfasser der Juliana, identisch sei mit dem Arnolt
der Vorauer Hs., so bin ich jetzt im Stande, sie zu beantworten.
Das kann verhältnissmässig leicht und ohne grossen Aufwand
geschehen.

Die Reimkunst der Juliana habe ich erörtert; die Zahlen-
verhältnisse, welche bei diesem Gedichte bestehen, sind dieselben,
die auch für Arnolts Werk gelten, wie sie meine Darstellung
zeigte. Vollkommen übereinstimmend sind die sprachlichen Eigen-
heiten der beiden Gedichte, sie gehören ganz derselben Zeit und
Gegend, erste Hälfte des 12. Jahrhunderts und Innerösterreich,
an. Die metrische Beschaffenheit von Arnolts Siebenzahl habe
ich nicht im Ganzen erörtert, nur einzelne Punkte gelegentlich
besprochen. Ich halte es wirklich für überflüssig, hier noch
Détails vorzulegen, und theile mit, dass, gehen wir von dem-
selben Standpunkte aus, der bei Beurtheilung der Juliana-
verse uns massgebend war, und bei Anwendung derselben
Mittel, holprigen Zeilen aufzuhelfen, wie sie dort gebraucht
wurden, sich auch in dem grösseren Gedichte dieselben Pro-

[1] Das scheint übrigens Scherer selbst zuzugeben, wenn er S. 89 Arnolt
357, 4 aurechnet, was doch zu E gehört, vgl. dazu aber 337, 3.

centsätze von correcten, überlangen und senkungslosen Versen
ergeben wie in der Legende. Dagegen schien mir eine Ver-
gleichung des Wort- und Phrasenschatzes der beiden Stücke
wichtig. Ich habe diese in den Anmerkungen vorgenommen
und dort gleich, wie schon erwähnt, auch andere Dichtungen
des 11. und 12. Jahrhunderts mit herangezogen. Um aber dem
Leser die Abschätzung zu erleichtern, habe ich unter den zu
einem Verse citirten Stellen beinahe immer (für Ausnahmen
habe ich Gründe) die aus Arnolts Siebenzahl entnommenen
zuerst erwähnt. Daraus hat sich nun evident ergeben: 1. dass
der Stand der literarischen Kenntnisse, so viel darüber ent-
schieden werden kann, in beiden Gedichten derselbe ist, und
2. dass die Uebereinstimmungen zwischen Juliana und der
Siebenzahl um Vieles zahlreicher sind als die zwischen diesen
und anderen Stücken, auch an und für sich stark genug, um
das Resultat festzustellen: beide Werke sind von demselben
Verfasser. — Ich bemerke noch, dass der Rückschluss, welcher
von den Einstimmungen zwischen Juliana und *allen Theilen*
der Siebenzahl gezogen werden kann, meine Annahme des ein-
heitlichen Charakters dieser compilatorischen Arbeit noch weiters
und zum Ueberflusse unterstützt.

Die Quelle von Arnolts Juliana.

Unter dieser Ueberschrift beabsichtigte ich zuerst, die Ge-
schichte der Julianalegende selbst und ihrer Verbreitung im
Abendlande zu erzählen; das Material dafür befindet sich seit
geraumer Zeit in meinen Händen. Da mir aber Herr Valentin
Witthöft in Berlin schon unter dem 30. März 1881 schrieb,
dass er mit einer Untersuchung der angelsächsischen und alt-
englischen Julianalegenden und ihres Verhältnisses zu den latei-
nischen Fassungen beschäftigt sei, so will ich mit der Ver-
öffentlichung meiner Arbeit noch eine kurze Zeit warten.

Ich theile daher hier nur so viel mit, als das vorliegende
Stück angeht. Unter den verschiedenen Fassungen der latei-
nischen Legende stehen die der Münchner Handschriften cl. 2570
f. 65 ff. des 12. Jahrhundert und die etwas älteren cl. 332 f.
19 ff. unserem Gedichte am nächsten. Für directe Quellen
halte ich auch diese nicht.

An mehreren Stellen fasst Arnolts Bearbeitung sich be-
deutend kürzer. Man kann im Ganzen sagen, dass der über-
fliessende Wortschwall der lateinischen Prosa sehr beschränkt
worden ist oder, um mich vorsichtig auszudrücken, bei Arnolt
nicht vorkommt. Im deutschen Gedichte fehlt Folgendes, was
die lateinischen Hss. bringen: das erste Verlangen Julianas,
dass Eleusius Präfect werde. 55 die Antwort des Vaters auf
die Meldung des Eleusius. 224 die Angabe der Fesselung Ju-
lianens. 226 das grosse Gebet vor der Teufelserscheinung im
Kerker; nur 249 ist ein Rest daraus erhalten, wo es lateinisch
heisst: quia pater meus et mater mea dereliquerunt me. 270 die
ausdrückliche Erwähnung, wie Juliana geheilt wird. 521 ff. ist
die Rede Julianas an den Präfecten viel ausführlicher. Eleusius'
Correspondenz mit dem Kaiser über die Hinrichtung der Christen
hat Arnolt gar nicht. 543 fehlt ein sehr grosses Gebet Julianens.
Die Reden der carnifices sind lateinisch länger. V. 577 steht
an Stelle eines ganzen Gebetes. 595—602 sind in den lateinischen
Hss. viel weitläufiger, so die ganze Teufelsrede 601 f., an deren
Stelle in den lateinischen Fassungen eine lange Rede Julianas
an die Bürger sich findet. Die Translatio der Gebeine der
Heiligen durch Sophia nach Puteoli fehlt, ebenso die Zeitan-
gabe und das Schlussgebet. — Ich gestatte mir aus diesem
Umstande, dass die lateinischen Stücke vielfach mehr enthalten
als das deutsche Gedicht, noch nicht den Schluss, der Verfasser
des letzteren habe mit bewusstem Geschmacksurtheil fortge-
lassen. Wir besitzen eine lateinische Fassung des 9. Jahrhun-
derts clm. 14418, der fast alle die angeführten Stellen mangeln,
welche aber anderer starker Differenzen halber nicht für Ar-
nolts Quelle gehalten werden darf; es ist daher sehr wahrschein-
lich, dass eine mit dem deutschen Gedichte übereinstimmende
lateinische Fassung existirt hat, die aber so kurz berichtete wie
Arnolt. Schon nach dem gewöhnlichen Gange der Legenden-
dichtung, wo die Gebete und Reden wachsen, wäre dies anzu-
nehmen.

Dagegen hat das deutsche Gedicht mehr oder anders als
die lateinischen Stücke: V. 64 die Frage, ob Juliana etwa einen
Andern liebe. 77 ff. ist in zwei Antworten gegeben, was lat.
in einer enthalten. 93 ff., dass Juliana um eines Betrügers willen
die alten Götter verlassen hat. Der Ausruf Julianens 106 ff.

steht lat. nach den Schlägen, hier vorher. 124 f. und 198 f. die
Berufung auf die Verwandtschaft, welche durch die Vermälung
mit dem Präfecten geehrt würde. Ueberhaupt ist dieser Präfect
hier ausführlicher als lat. 140 die Anführung der Taufe als
Modus, den heiligen Geist zu empfangen. 141—147 die weitere
Proposition Julianas ist bei Arnolt viel eingehender begründet.
149 lat. andere Auffassung; der Präfekt fürchtet zuerst Ab-
setzung. 182—185 diese Glaubensbetheuerung steht lat. noch
vor Beginn der Marter. 197 bis 215 die Reden des Präfecten,
der hübsche Zug, dass Juliana das Ohr dabei abwendet, die An-
sprache an die Henker. 219 f., dass die Auslöschung des Feuers
dem Engel zugeschrieben wird. 238 f. der Hinweis auf die
erreichbare Ehefreude. 240 bis 252 Julianas Benehmen bei der
Erscheinung des Dämons ist ausführlicher als lat. 254 ein Engel
kommt, lat. nur vox. Der Kampf mit dem Teufel, dessen Angst
nur bei Arnolt 281 ff. Die Fesselung wird lat. erst viel später
erwähnt. 291 lat. wird gleich bei Einführung des Teufels sein
Name Belial angeführt, bei Arnolt ist er zuerst namenlos, dann
aber nennt er sich und sofort auch seinen Meister, dessen Name
lat. später vorkommt. 314 nun findet man den zweiten Namen
Jophin; Widerspruch liegt dabei nicht vor, nur scheint das Lat.
hier zusammengeschoben zu sein. Belial gilt wohl als allge-
meinere Bezeichnung des Satans. Auch 293--299 steht lat.
gleich im Anfang der Rede. 301 ff. beruhen auf dem späteren
lat.: et non fuit qui me ligaret sicut tu, das aber an seiner
Stelle 368—370 wiederkehrt. Die Aufzählung der Thaten des
Teufels ist etwas knapper als lat., auch ein Weniges anders
geordnet. 329—331 fehlen lat. 357 steht allgemeiner für das
Bestimmtere im Lat. Dagegen sind 359—365 viel ausführlicher
als die lat. Angaben, die erst später noch eine ähnliche kurze
Bemerkung über die Arbeit des Teufels geben. 381—389 die
Strafe lässiger Teufel ist lat. nicht so concret dargestellt. 389
und 390 sind im lat. durch eine Frage getrennt. 418—425 ist
Alles Ausführung des lat. ingredimur in domus ipsorum. Die
Vergleiche 430—433 und 450 fehlen lat. 454 überträgt *lônest*
das lat. injuriam fecisti. 487--489 die letzte Erwiderung Ju-
lianas auf die Reden des Teufels fehlt lat. 503—505, 508 f. fehlen
lat., es wird in ihnen drastisch geschildert, wie Juliana des
Dämons sich entledigte. 538 ff. fehlt dem Lat. und beruht

Arnolts Angabe wahrscheinlich auf einem Missverständnisse der lat. Stelle. 545 ff. hier ist aus zwei Reden der carnifices eine gemacht worden. 549 ff. zuerst bekehren sich 500 Männer, dann werden aber nur 130 Christen hingerichtet. Die Verse 551 f. fehlen lat., wo ganz richtig steht: decollati sunt viri quingenti et mulieres centum triginta. Den Hss. der Bollandisten mangelt bis auf eine quingenti; nach ihrer richtigen Vermuthung ist es einfach ausgefallen; eine Hs. mit diesem Fehler wird auch Arnolt vor sich gehabt haben. 570—574 die kurze Rede des Aulesius steht hier statt der erzählenden Angabe cremari jussit. 587 nennt 42 durch ausspringendes Metall Getödtete, alle lat. Fassungen haben 75. 592 scidit vestimenta sua ist ersetzt durch *sinen grâwen bart er ûz brach.*

Es ist gewiss unmöglich, Sicherheit darüber zu erlangen, ob nicht Manches von den verzeichneten Zusätzen und Aenderungen des deutschen Gedichtes sich bereits in der lateinischen Vorlage befunden habe. Allein eine gute Anzahl muss doch jedesfalls von dem deutschen Bearbeiter herrühren; und es lässt sich nicht leugnen, dass fast Alles, was von ihm stammen dürfte, der Erzählung zum Vortheile gereicht. Sie wird dadurch lebendiger, sinnlich klarer, wirksamer, volksthümlicher. Von diesem Punkte aus kann man auch den Gedanken nicht gänzlich ausschliessen, dass Arnolt selbst die allzu langstieligen Gebete und Reden weggelassen habe. Ich dachte eine Zeit lang, die Verschiebungen einzelner Angaben, welche vorkommen, seien durch die Annahme zu erklären, dass der deutsche Dichter blos nach dem Gedächtnisse gearbeitet habe. Doch machen die genauen Uebereinstimmungen in anderen Theilen, besonders in Aufzählungen, das doch recht unwahrscheinlich. — Bildet nun aber die geistige Activität, welche, wenn auch beschränkt, in der Bearbeitung der Legende sich entfaltet, nicht einen Gegensatz zu der compilatorischen Art des Arnolt von der Siebenzahl? Ist die Hypothese Scherer's richtig, dann allerdings. Mit meiner Auffassung scheint diese Differenz sich jedoch zu vertragen. Und ich kann wenigstens auf ein Beispiel hinweisen, wo der Verfasser der Juliana, von der Vorlage abweichend, eine concrete Vorstellung der Strafe eines erfolglos thätigen Teufels 382 ff. zu geben sucht; diese Verse, sein Zusatz, sind Reminiscenz. Dass die Flickworte der Siebenzahl in Juliana

fehlen, erklärt sich einfach: dort waren theologische Gedanken
und Lehren, eigene und fremde, zu verknüpfen, hier bestand
die Aufgabe wesentlich im Uebersetzen.

Ich habe zum Schlusse Herrn Professor Richard Heinzel
auf das Beste für eine Reihe von Bemerkungen zu danken,
welche sowohl der Abhandlung als dem Texte zu Gute ge-
kommen sind. Bei der ersteren war es nicht leicht, das er-
sichtlich zu machen, dagegen habe ich in den Anmerkungen
verzeichnet, was ich durch seine gütige Hilfe gewonnen habe;
freilich glaube ich, in einzelnen Fällen bei meiner Ansicht
bleiben zu sollen.

Nû sul wir beginnen
eine rede vure bringen
getorste ich sinnen, trehtin,
dar zuo der helfe din.
5 *ez was ein êwart,*
Arnolt was er genant,
er begunde sich vlizen
wie er vure brâhte
von einer reinen brûte,
10 *der christenheite al ze dûte,*
diu leit vil michele nôt

(26ᵃ) *Nu schvel wier peginen*[1] *getoerst ich voer meinen funden*[2]
uv schvel wier peginen getoerst ich trechtein finen (26ᵇ) *der*[3] *dein*
helf da zve ein ewart do arnolt waf er genant er pegvnd fich
vleizen wie er frer praecht die micheln[4] *noet von ainer feiner*[5]
prawt[6] *der chriftenhait al ze davt* (27ᵃ) *dev lait vil michel noet*

----

[1] Unter *pe* zuerst ein anderes Wort: *fvr?*
[2] Jeder Strich zweimal gezogen, erst schlechter, dann besser.
[3] Die ganze Seite ist verschmiert; ob die Flecke von den zuerst geschrie-
benen, dann ausgewischten Buchstaben herrühren, oder vom Abdruck der
nächsten Seite, ist unsicher. Ist nach *do* noch etwas geschrieben, oder
ist nur das folgende *a* grösser als gewöhnlich? [4] *michein?* [5] *feiner?*
[6] *prewt?*

unz si betwanch diu abgot.
Bi des chuneges Maximians zîten
under den heidnischen liuten
15　*dô wuohs ein gotes undertâne,*
geheizen was si Juliâne.
ir vater hiez Assuerus.
diu buoch zellent uns sus
welh ein âhtâre
20　*er der christen wâre.*
sîn chone was aver dâ zwischen
weder heiden noch christen,
mit listen wolte si genesen,
daz nemohte mit gote niht wesen.
25　*diu vrouwe wart gemahelôt,*
als man noch vil wîlen tuot,
ze einer hêren brûte
ze eines chuneges trûte,
der was genant alsus
30　*grâve Aulesius,*
der was der vursten genôz.
der vrouwen sorge wâren grôz,
mit welhen listen
si mohte gevristen

vntz sei pedwanch dev abgot dev gotes vndertan gehaizen waf si[1]
iulian pei des chvenegef maximianf (27b) zeitn under den haidni-
schen lewten dv bvehf[2] ein gotef under tan gehaizn waf si iulian
ier vater hiez asweruf dev pvech zelnt vnf svf (28ᵃ) wilh ein[3] aech-
taer er der christen waer sein chon waf affer da zwischen veder
haiden[4] noch christen mit listen wolt si genefen daz mocht mit got
nicht wefen dev vraw wart ge (28b) maehelot alf man noch vil weiten
tuet zv einer vil hern pravt[5] vnd zv einef chvenegf travt der waf
genant alf svs[6] graf aulefiof der (29ᵃ) waf der fverften genoez der
vrawen foerge warn groez mit welhen liften si moech[7] gefriften

---

[1] *sei?*　[2] Undeutlich.　[3] Die zwei letzten Worte schwer lesbar, unsicher.
[4] Vor *haiden* ein Wort ganz verschmiert; ob *veder* oder *beder?*
[5] Das *t* nach alter Weise oben an das *v* geheftet.
[6] Darnach am Ende der Zeile wahrscheinlich noch ein Wort, aber ver-
rieben.　[7] Die Zeile zu Ende, es wird versucht, noch *t* zu schreiben.

35   *den ir lip reinen,*
daz si in noh deheinen
niemer gewunne
der ir ze chonen sunne.
diu vrouwe an ir gebete lach
40   *beidiu naht unde tach*
mit weinunden ougen.
ir opher brâhte si tougen.
der heilege geist mit ir was
unz si den êwegen lip besaz.
45   *dô daz tagedinch cham*
daz der hêrre sinnen began
der vrowen ze sîneme bette,
er bat daz si ime gestatte
sînes muotwillen,
50   *die brûtlouft vure bringen.*
si sprach, sam ir ir lîp,
si wurde nie mêr sîn wîp,
·er enwolte gelouben an got.
des hiete der hêrre sînen spot.
55   *deme sweher tete er die rede chunt,*
nâch der tohter sande er sâ ze stunt.
alse er die tohter ane sach,
nû muget ir hôren wie er sprach:

den iern leib (29ᵇ) rainen daz si in¹ noch chain nimer gebvn² dev
ze chon svn dev vraw an ier gepet lag paidev nacht vnt (30ᵃ) tage³
mit bainvden⁴ oegen ier opher pracht si toegen der hailige gaist
mit ier baf vntz si⁵ den ewigen leip pesaz dv dev tafdignch⁶ chom
daz der herre sinnen pegan der (30ᵇ) frawen zv seinem pet er pat
daz si im gestat seines mvet wille⁷ die pravtloft fver pringen si
sprach sam ier ier leib si bvrd nimer sei beib er bolt geloeben an
got def hiet der (31ᵃ) herre sein spot dem sweher dete er die red
chvnt nach der tachter sant sazt stvnt alf er die tachter an sach
nv mvegt ier hoern bie er sprach (31ᵇ)

---

¹ Unsicher, n aus m, oder etwas Anderes? ² Verschmierter Buchstabenrest.
³ Ganz verschmiert. ⁴ Ganz verschmiert auf Rasur. ⁵ ſu?
⁶ Nicht ganz sicher, verschmiert. ⁷ Das e könnte auch Anfang eines n sein.

‚lieht dû mîner ougen,
60   nû sage mir dîniu tougen!
elliu mîniu wunne,
waz enbute dû dîneme manne
deme dû soldest wesen undertân?
hâst dû zuo eineme andern wân?‘
65   si sprach ‚den ich ze liep wil hân
daz ist der lebendige got,
der dîn ist bôse unde ein getroch,
dîn got Appollo
der lît in der helle
70   und enmach niemen schade gesîn
sîn verhenge denne der mîn.‘
wie unguotlîche er die tohter ane sach,
dô si an den wâren got jach:
diu ougen wurden ime vil grôz,
75   er tete der tohter einen stôz
mit deme vuoze under den magen
‚des solt dû haben
ê ez der chunech bevinde;
er heizet dich vaste binden
80   ûf einen viurînen rôst,
sô hâst dû ze niemen trôst.‘
des antwurte ime daz magedîn
jâ, hân ich, vater mîn,

liecht dv meiner oegen nv sag mier deinew toegen evlew mein bvn
baz en pvet dv deinem man dem dv soholdest besen vndertan¹ hast
tv zv ein (32ᵃ) andren ban si sprach den ich ze lieb bil haben daz
ist der lebentige got der dein ist poes vnd ein getroech dein got
Appollo der leit in der helle vnd (32ᵇ) mag niem schad gesein sein ver-
heng den der mein bi vngvetleich er die tachter an sach dv si an
den barn got iach dev oegen bvrden im (33ᵃ) vil groez er tet der
tachter ein stoez mit tem fuez vnder dev oegen des scholt tv haben
e ez der chvengch pevinde er haizt dich fast pinden (33ᵇ) avf ein
fevrein roest so hast dv ze niem troest des antbvrt im daz magdein
ia han ich vater

----

¹ Zweimal geschrieben, das erste mit zu wenig Tinte.

einen vesten muot begriffen,

85   dâ vone muoz mir niht geschaffen
dehein werltlîchiu drô,
daz ich deme grâven Aulesiô
iemer werde undertân
en emcelle christenheit begân,

90   an mînen got gelouben.
ê lieze ich mich houbten.'
deme vater wart vil zorn,
er sprach ,tohter, dû hâst rerchorn
durch einen trugenâre

95   die mînen gote wâre
Appollinem und Diânem;
dû maht dich des verwânen,
wirfe ich dich den tieren,
diu muozen dich schiere

100   vrezzen unde zertreten,
und woldestû noch ane beten
die mînen gote hêre!
tohter, nû volge mîner lêre.'
des antwurte ime Juliâne,

105   diu gotes undertâne   ·
,vater, tôren dîne gote sint,
beidiu stumben unde blint,
si hânt dich verrâten

ein vesten mvet pegrifen da von mvz[1] (34ᵃ) mier nicht geschaden
dehain wertleichev droev daz ich dem graffen avlessio immer berd
vnder tan er bel christenhait pegan[2] an mein got geloeben e liez ich
mich hovbten (34ᵇ) dem vater bart vil zoern er sprach tachter dv
hast verchoern durch ein trvgenaer die mein got waer appollinem
vnt dianem dv macht dich tes verbaen wierf ich dich den (35ᵃ) tiern
die vrezent[3] dich schier frezn vnt zetreten vnd woldes dv noch an
peten die mein got her tachter nv volge noch meiner ler des antbvrt
im ivlian dev gotes vnder tan rater (35ᵇ) toern dein got sint paidev
stvmbn vnt plint si habent dich verraten

---

[1] Oder mvg?   [2] Das n zweifelhaft.
[3] Unsicher, besonders die beiden ersten Buchstaben sind nicht auszumachen.

als si alle die tâten
110 die in gevolgten, die sint hiute
in wîzen und in nôten.'
dô hiez er vil schiere
slahen an sî viere
mit birchînen ruoten,
115 diu hût begunde bluoten.
gebunden sande er sî dô
deme grâven Aulesiô,
deme aller wirsisten man.
dô des der hêrre gewan
120 die vrowen ze sîner gewelte,
wie vaste er sî dô quelte!
dô sprach der grâve Aulesius
,ouwê, vrowe, wie tuost dû sus!
trôste dîn chunne
125 und ruoche mîn ze manne,
geloube dich dîner trugenheite.
mir ist vil leit dîn arbeite
jâ riuwet mich, vil schônez wîp,
der dîn vil schôner lip
130 den dû verliusest âne nôt.'
si sprach jâ vurhte ich niht den tôt.
wil dû gelouben an Christ,

alſ ſi alle die taten die in gevolgten die ſint hevt in weitz vnt in
(36ᵃ) noeten dv hiez er vil ſchier ſlahen an ſier mit pirchein rveten
dev havt¹ (36ᵇ) gvnde plveten gepvnden ſand er ſei doe dem grafn
avleſio dem aller bierſiſten man doe (37ᵃ) deſ² der herre gewan die
frawn zv ſeiner gewelt wie faſt er ſei dv qvelt dv ſprach der (37ᵇ)
graf avleſivſ³ avbe fraw wie treſt tv ſvſt troeſt dein chven⁴ vnd
rvech mein⁵ zeman geloeb dich deiner trvgenhait (38ᵃ) mier iſt vil
lait dein arwait ia rewt mich ſprach er vil ſchoen weib der dein
vil ſchoener leib den dv verlewſt an noet ſi ſprach ia fuercht ich
nicht den toet (38ᵇ) bil dv geloben an chriſt

---

¹ a unsicher, e? ² deſ nicht sicher, aber wahrscheinlich.
³ Die beiden letzten Buchstaben nach der älteren Weise verbunden.
⁴ Verschmiert. ⁵ Darnach eine undeutbare Tintenspur.

sô leiste ich swaz dir liep ist.‘
er sprach ,wil dû sîn niht erwinden,
135   sô lobe ich hie ze stunden
daz ich durch dînen willen
den selben Christ minne,
obe dû mînen willen tuost.‘
si sprach ,den heilegen geist dû muost
140   in der toufe enphâhen.
ich enwil iedoch niht gâhen
sô verre in dîne gewalt
sô dû selbe hâst gezalt:
gewinnest dû mich mit listen
145   ê dû werdest christen,
sô bin ich dir dehein guot.
von diu sô lâ mich âne nôt.‘
er sprach ,des entar ich niht getuon,
der chunech hieze houbtôn
150   mich und mîne undertâne,
des lebens wurde wir âne.
des antwurte ime diu guote
,dâ vone vurhte ich deheine nôte
denne den alwaltunden Christ,
155   dâ dû daz stuppe und den mist,
die werltlîchen hêrren,

so laist ich waz dier lieb ist er sprach wil dv sein nicht erwiden
so low ich hie ze stvnden daz ich dvrch dein willen den selben christ
minne ow dv mein willen tvest si sprach den heiligen gaist dve
mvest (39ª) in der toef enhfahen ich¹ en wil iedoch nicht gahen so
verre in dein gewalt so dv selw hast gezalt gewinst dv mich
mit listen e dv berst christen so pin ich dier chain gvet von dev so
la mich an noet (39ᵇ) er sprach des getar ich nicht getven der
chvench hiez mich hoebten· mich vnt mein vnder tan des lebens burd
wier an des antburt im dev gvet davon furet ich chain² noet den
den alwaltunden chrif da dv daz stup vnt den mist die wertleichn
herren

---

¹ Ueber das Wort ist ein horizontaler Strich gezogen.
² Darnach zwei Buchstaben, die aber ganz ausgeschmiert sind.

vurhtest alsô sêre.
von diu vertege mich enzît,
mit der marter dû niht enbît:
160 daz dû mir wellest heizen tuon
mir ist vil liep dar zuo.'
dô hiez er vil schiere
beseme bringen viere,
under aller der diete
165 man slouf si ûz der wâte,
dar giengen sehse
si viengen si bî deme vahse
und wurfen si ûf die erde.
dâ lach diu gotes werde,
170 daz si nie niht gesprach,
die beseme man an ir zerbrach.
dô sprach der vertâne
,maht dû ane beten Appollinem und Diânem?
oder dîn marter wirt vil lenge
175 ditz ist daz anegenge
dâ wir dich mite enphâhen.
wie getorstû unser gote ie versmâhen?'
des antwurte ime diu guote,
diu was bewollen in deme bluote
180 ,wes muojest dû dich dô?

(40ª) fuertest alf fo fer von dev vertige mich enzeit mit der marter
dv nicht enpevt daz tv¹ mier welft haizen tven mier ift vil liep dar
zve dv hiez er vil fchier pefem prign fier vnder aller der digch
man (40ᵇ) floefef avz der waet dar giegen fegfe fi² fiegn fei pei
dem har vnd bvrfen fei avf die erd da lag dev gotef berd daz fi
nie nicht gefprach die pesm man an ier zeprach dv fprach der ver-
tan (41ª) macht tv an peten apollinem vnt dianem oder dein marter
wiert vil legn ditz ift daz anegeñ da bier dich mit en phahen bie
getroft tv vnffer got ie verfmahen def antbvrt im dev gvet dev³
(41ᵇ) pewollen in dem plvet wef m mveft dv dich do e⁴

---

¹ Unter der Zeile nachgetragen.
² Darnach auf Rasur drei Buchstaben, die aber ganz undeutlich sind [eſʳ].
³ Darnach ſ oder der Anfang eines anderen Buchstabens.
⁴ Vor e scheint früher noch ein anderer Buchstabe da gewesen zu sein.

ja ist mir unmâre dîn drô,
jâ geloube ich vil starche
an den die patriarche
alle wol bâten,
185   wie wol si daz getâten!'
dô hiez er sî vâhen,
bî deme hâre ûf hâhen.
man nam ir ir gebende,
man bant ir vuoze und hende,
190   daz daz bluot dâ ze den nageln ûz dranch.
dô man ir die arme twanch,
diu bein mit deme seile,
unz an die sehste wîle
dô liezen si sî hangen.
195   dar zuo cham gegangen
der grâve Aulesiô:
er sprach ,ouwê, vrowe, wie tuost dû sô?
trôste dîn chunne
und ruoche mîn ze manne
200   und enlâ dich niht tôten.
jâ, maht dû dich wole geniefen
aller werltlîchen wunne,
und trôsten dîn chunne.'
daz ôre leite si hin dan,
205   si wolde in niht sehen an.

ia ist mier vmaer dein droe ia geloeb ich vil starch an die patri-
arch die alle dem wol[1] peten wie wol si daz gestaen dv hiez er
sei fahen (42ª) pei dem har avf hahen man nam ier gepende man
pand ier fuez vnd hend daz daz plvet datz den nageln avs dragn
da man ier die arm dwang dev pain mit ten sail vntz an di seyst
waeil dv liezen si sei (42ᵇ) hangen da[2] zve chom gegangen der
graf aulesio awe fraw wie tvest tv so trost dein chven vnd rvech
mein ze manne vnd la dich nicht toeten ia macht tv dich wol ge-
nieten aller wertleichen bvñ vnt troest dein chveñ daz hoer laid si
hin dan si bold in nicht sehen an

---

[1] dem wol ist unsicher, auch bei peten ist das t zweifelhaft.
[2] da zweimal, zuerst mit zu wenig Tinte.

si sprach zuo den genôzen
die dâ stuonden unde sâzen
en alumbe den galgen
,getorst ir nû erbalden,
210 *[und mîn gebot leisten]*
und saget iuwern meistern
daz si sich niht muojen:
ein engel mich behuotet,
daz mich niht gevellen mach,
215 *und martert ir mich unz an den suontach.'*
dô hiez er si nider lâzen
mit beche begiezen,
mit brinnundeme êre.
dar cham der engel hêre,
220 *wie wole er daz erwante*
daz si daz viwer iht brante!
dô si die guoten
mit nihtiu mohten ertôten,
dô wurfen si sî zwâre.
225 *in einen charchâre.*
dâ hietes micheln ungemach,
den leidegen tievel si dâ sach
im ziereme gewâte
in engels getâte.

fi fprach zv den genoezen die da ftveden vnd fazn (43ᵃ) *en alvme*
den galgen[1] *getoerft ier*[2] *nv erpalden vnd fayt ewern maiftern daz*
fi fich nicht mven der heilige engl mich pehvet daz mich nicht ge-
veln magch vnd martert ier mich vntz an fventag dv hiez er fei
nider lazen mit pech pegiezen mit (43ᵇ) *prindem mer dar chom der*
engl her wie bol fi daz erwantē daz fei daz vrew[3] *icht prant dv*
fi die gveten mit nichtev mochten dertoeten dv burf fi zwar in eiñ
charchaer (44ᵃ) *da hietfz*[4] *mifcheln vngemach den laidigen tiefel*
fi da fach in zierin gewaet in engelf getaet[5]

---

[1] *alvme den galgen* zwei Mal, das erste Mal radirt.
[2] Unter der Zeile nachgetragen.
[3] Ueber *v* ein Buchstabe, eher *a* als *e*.
[4] *i* übergesetzt, *fz* unten angefügt.   [5] *ge* unter der Zeile nachgetragen.

230 *alse er die vrouwen ane sach,*
     nû muget ir hôren wie er sprach:
     ,edeliu vrouwe guote,
     chint, tuo sô ich dir râte:
     sô dû nû ûz deme charchâre gêst,
235 *sô bringe dîn opher ê*
     vur diu abgot
     und ervulle des grâven gebot,
     sô hâst dû alle wunne
     mit dîneme schônen manne.'
240 *diu vrouwe zwîvelôte*
     ein teil in ir muote
     durch diu vil starchen mâre,
     si wânte daz ez der heilege engel wâre.
     si huob ûf ir hende
245 *vil heize weinunde,*
     si viel nider en chrûzestal,
     als man got bitten sol,
     si sprach ,nû hânt mich verrâten
     die mich solden behuoten,
250 *mîn vater und mîn muoter,*
     nû ger ich helfe deheine
     denne dîn, trehtîn, eine.'
     des enwas zwîvel dehein,

alſ ſo er die frawen an ſuch nv mvegt ier hoern bie er ſprach edel fraw gvet chint¹ tv ſo ich dier (44ᵇ) rat ſo dv nv avz dem chrachaer geſt ſo prinɡe dein opher e ſver dev appgot vnt ervol des grafen gepot ſo haſt tv alle bvn̄ mit deinem ſchoem man dev frawe zweifelt ain tail in ier mvet dvrch dev fil ſtarchen maer ſi want daz ez der heilige engel waer (45ª) ſi hveb avf ier hend vil haiz wainvnd ſi viel nider en chrewcz ſtal alſ man got piten ſchol ſi ſprach nv hawent mich verraten die mich ſolden pehveten mein vater vnd mein mveter (45ᵇ) nv ger ich² helf dehain den dein trechtein ain deſ waſ zweifel dehain

---

¹ Nicht ganz deutlich: *in*, der zweite und dritte Strich sind nicht völlig verbunden, vielleicht nur nicht fertig.

² *nv ger ich* zwei Mal, das erste radirt.

der heilege engel ir erschein
255 in deme charchâre
,vrowe, ich wil dir sagen mâre:
von himele bin ich her gesant,
ditz ist der vâlant,
der leidige Sathanat,
260 der mit dir hie geredet hât,
nû vestene dînen gelouben.
ich wil dir daz erlouben:
wil dû in binden,
er enmach dir niht verswinden
265 noch niht entrinnen
du erloubest imz danne.
daz biutet dir got ze lône und ze minne.'
dô schrê der tievel ,ouwê,
und wâre ich nû von hinnen ê!'
270 diu vrouwe niht entwalte,
alse ir der engel zalte
die boteschaft vrône,
si wart sô chuone,
si viench in bî den locchen,
275 si begunde in vaste drucchen,
si warf in ûf die erde,
si sprach ,daz dir wê werde,
dû unreiner mist,
swie manechvalt dîn gewalt ist.'

der heilige engl ier derschain in dem chrachaer fraw ich wil dier
sagen mer vom himel pin ich her gesant ditz ist der valant (46ª)
der laidige sathanas der mit tier hie geret hat nv vesten dein ge-
loebn ich bil dier daz erloeben bil dv in pinden er mag dier
nicht versciden noch nicht entrin daz pewt dier got (46ᵇ) ze lon
vntz minne dv erloebest imz dan e dv schrai der tiefl awe vnd
waer ich nv von hin dev fraw nicht entwalt alf ier der egnl zalt
die potschaft vroen si wart so chven si (47ª) vieng in pei den log-
chen si pegvnd in vast drvgchen¹ si barf in avf die erd si sprach
daz dier bewerd dv vnrainer mist bie mangch falt tein gewalt ist

---

¹ Vorher: ſ. lolgchen durchstrichen.

280 *si chniete ime ûf die bruste,*
  si bant in vil vaste
  mit den selben banden
  dâ si mite was gebunden.
  si sprach ,sage mir, unreinez getroch,
285 *wie hâst dû din gezoch?*
  war bist dû varende,
  der christenheite schadende?
  daz wil ich erchennen,
  dû muost dich mir nennen.'
290 *des antwurte ir Sathanat*
  ,geheizen bin ich Beriat,
  Belzabup ist mîn meister;
  wir haben geleistet
  huore unde meineide
295 *der christenheite ze leide,*
  roup unde manslaht
  daz ist unser ambaht.
  allez daz ubele ist
  dar zuo wirfe ich mînen list.
300 *nicht mêr ich dir zelle.*
  mir enwart in der helle
  von hitze nie sô warm
  als mich brennet din arm.'

*ſi chniet im avf die pruſt ſi pant (47ᵇ) in vil faſt mit ten ſelwen
panden da ſi mit baſ gepvten ſi ſprach ſag mier vnrainz petrogch
bie¹ haſt tv gezogch ba piſt tv farnde der chriſtenhait ſchadende
(48ᵃ) daz bil ich erchenen dv mveſt dich mier nenen deſ antbvrt
ier ſathanat gehaizn pin ich beriat welzabup mein maiſter bier haben
gefrvemt hver vnd mainaid der chriſtenhait ze laid ravb (48ᵇ) vnd
manſlacht daz iſt vnſer ampacht allez daz vbel iſt da zve bierf
ich mein liſt nicht mer ich dier zelle mier wart² in der helle von
hitz nie ſo warm alſ mich prent dein (49ᵃ)³ arm*

---

¹ Darnach *ſo* radirt.   ² Sehr verschmiert.

³ Die letzte Zeile der lateinischen Schrift ist radirt, um die erste der deut-
schen darauf schreiben zu können; auf den folgenden Blättern werden
die Rasuren immer grösser, bis sie schliesslich die ganzen Seiten um-
fassen.

sie liez in zannen,

305 si sprach ,ich wil dich bannen
bî deme lebendigen gote,
daz dû mir chundest hie ze stete
der dînen wîze mêre
dir selben al ze sêre;

310 sô lâze ich dich varn in gotes haz,
nû lá dir slounen deste baz.'
des antwurte ir der tievel
,ich bin ez âne zwîvel,
Josim der alte,

315 der Êven und Adâmen valte
úz deme paradîse,
dâ siu wâren unwîse.
dar nâch ich des gewuoch
daz Kâîn sînen bruoder sluoch.

320 dar nâch warf ich lanch
unz man drî chnappen viench
und in ein viurîn gadem slôz.
dar nâch warf ich vil grôz
unz ich den chunech Nabuchadosor gewan,

325 daz ich in brâhte dar an
daz er gewan ein hûs,
dâ hiez er wurchen eine súl

fi liez in zañ fi fprach ich bil dich pañ pei dem lebentigen [1] got daz tv
mier chvndest hie ze ftet der deiner beitz mer dier felb al ze fer fo
laz ich dich farn gotef haz nv la dier flavnen defter (49ᵇ) paz def
anbvrt ier der tiefel ich pin ez [2] ane zweifel iofim der alt der even
vnd adam falt avz dem paredeif daz fev barn vnbeif dar nach ge-
riet ich daz daz ba . n [3] fein prveder flveg [4] (50ᵃ) dar nach warf
ich lang vntz man drei chnapen vieng vnt in ein gadem floez dar
nach barf ich vil groez vntz ich den chvengch nabuchadosor gewan
daz in dar an prac [5] daz er ein ftat geban da hiez (50ᵇ) er bver-
chen ein fal

---

[1] Zuerst lebef radirt. [2] efz, aber f als Fehler gestrichen.
[3] Nur dies ist sicher, ein Klecks hat getilgt und Wurmfrass.
[4] Nicht ganz sicher.
[5] Hier scheint über die Seite hinaus geschrieben worden zu sein.

       úz rôteme golde.
       die dô niht enwolden
330   ane beten mînen got,
  ·   die wurden alle gehoubtôt.
       ich binz der selbe vâlant
       der machete Jerusalem verbrant,
       die prôfêten
335   vrumte ich verrâten,
       die schulde wâren ouch mîn
       daz ich hiez tôten diu chindelîn,
       in der wuoste ich verriet
       elliu judischiu diet
340   daz siu worhten ir abgot
       uber Moses gebot.
       deme chunege Herodes ich gebôt
       daz Johannes wart gehoubtôt;
       Jôben den guoten
345   den brâhte ich in nôte,
       ich nam ime sînen gewin;
       der selbe tievel ich bin
       der Salamôn den wîsen man
       alrêrste zuo der helle gewan;
350   ich was in deme râte
       dâ man Stephan steinôte,
       Pêtern hiez ich vâhen

avz roetem gold dv er dv nicht wold an peten meinen got die burten
alle gehoebtot ich pinz der selb falant der macht daz man ierufalem
verprant die profeten frvmt ich verraten die fchvl barn[1] avch mein
daz ich hiez toeten (51ᵃ) dev chindelein in der bveft ich ferriet
allev ivdifchev diet daz fev barchten ier apcot vber mofevf gepot
dem chvenge herodef ich gepoet daz iohannef bart gehoebt boetet
iacoben den gveten (51ᵇ)[2] den pracht ich in noeten ich nam im
fein gewin der felb tiefel ich pin der falamon den beifen man aller
erft zv der helle gewan ich waf in dem rat da man ftefan (52ᵃ)[3]
ftainoet petern hiez ich fahen

---

[1] Zweifelhaft. [2] Die Schrift wird von hier ab grösser und schlechter.
[3] Die nächsten Zeilen sind besonders schlecht.

> *und an daz chrûze hâhen,*
> *Paulen daz houbet abe slahen.*
> 355   *ich enmach dich niht verdagen*
> *mîner missetâte:*
> *ich was dâ vruo und spâte*
> *unz dîn got wart erhangen,*
> *dô was ez mir wol ergangen.*
> 360   *ich slâfe noch izze,*
> *die erde ich ubermizze*
> *beidiu naht unde tach:*
> *swâ ich iht ubels gevrumen mach*
> *mit mannen und mit wîben,*
> 365   *dar zuo ich vaste schiube.*
> *diu dinch ich elliu hân getân.*
> *vrouwe Juliân,*
> *mir wart von îsinînen banden*
> *nie sô wê als von dînen handen.*
> 370   *dû hâst mich uberwunden.*
> *alles des ich dir gunne.*
> *nû daz geloube mir:*
> *swanne ich nû entrinne dir,*
> *ich enruoche obe ich dîn nimmer*
> 375   *chunde gewinnen.'*
> *dô sprach ez Juliâne,*
> *diu gotes undertâne,*
> *,sage mir, lugenâre,*

vnd an daz chrewz hahen pavlen daz hobet (52ᵇ) ab flahen ich mag dich nicht verdagen meiner miflat ich waf frve vnt fpat vntz tein got wart derhangen dv was ef mier wol (53ᵃ) der gangen ich flof noch iz die erd ich vber miz paidev nacht vnd tag fwa ich icht vbelf gefrvem mag mit manen vnt mit beiben (53ᵇ) da zve ich faſt fchevb dev dignch han ich evlew getan frawe iulian mier bart von eifnein panden nie fo be alf von dein handen dv haſt mich vber bvnden allef def dier liew¹ iſt nv geloeb (54ᵃ) nv geloeb mir daz fwan ich dier nv entrin ich enrvech ow ich dein nim mer chvende gebinē dv fprach ez ivlian dev dev gotef vndertan (54ᵇ) fag mier lvgnaer

---

¹ Zweifelhaft.

sô dû chumest lûre
380 zuo dînes meisters handen,
     wie wirdest dû denne enphangen?'
     des antwurte ir Sathanat
     ‚sô tuon ich ein unsâlege vart
     an einer viurînen
385 sûle diu snîdet
     alse ein scharsahs,
     an allen vieren ist si wahs,
     und mach ich dar ane nimer ersterben.
     wie mach mir denne imer wirs werden?
390 doch wil ich dir sagen einen list,
     wie mîn gewerf getân ist,
     mîn und mîner gesinden:
     swâ wir iemen vinden
     der ze gote chêret sînen muot,
395 deme tuo wir vil nôt
     mit bôsen gelusten,
     wir leiden ime die vasten,
     almuosen unde chirchganch,
     wir machen ime den wech vil lanch,
400 wachen swâre,
     die mettîn unmâre.
     iemer sint ime bî

fo dv chvemft laer zv deinef maifter handen bie wierft tv den enphan-
gen def antburt-ier der fathanat fo tven ich[1] ein vnfaeligev fartt
(55ᵃ) an einer vevrein fevl dev fneidet[2] als ein fchar fach an allen
fierin iffi baeffe vnd mag ich den dar an nimer der fterben bie may
den[3] immer vierf werden doch (55ᵇ) wil ich dier fagen mein lift
wie mein[4] geberf getan ift mein vnd meiner gefellen ba bier iemen
finden der ze got chert fein mvet dem tve wier vil noet mit poeffen
gelvften (56ᵃ) bier laiden im die faften almvefen vnt chrichchangch
bier mach im den begch vil langch bachen fwaer die metein vm-
maer (56ᵇ) immer fint im pei

---

[1] ich unter der Zeile nachgetragen.   [2] t ist über e gesetzt.
[3] Sehr undeutlich, ob ne am Ende steht; auch vorher standen einige
Buchstaben, welche aber jetzt vollkommen unleserlich sind.
[4] Verschmiert.

unser zwêne oder drî,
ze aller slahte zîten
405 sî wir ime an der sîten,
daz in diu sunde gezeme
ê uns der engel [in] beneme.
doch muojet uns vil harte'
sprach der hellewarte
410 ,swâ wir iemen sehen îlen
und sîne sunde vertiligen;
dâ mache wir werren under
mit ir chinden und mit ir vriunden
und machen ze heilegen zîten
415 daz si mit enander chriegen unde strîten.
si werdent selten âne unsern rât,'
sprach der leidege Sathanat
,wir chomen obene ûf daz dach,
wir tuon in micheln ungemach.
420 swenne wir aver in daz hûs mugen,
under daz bette wir uns legen,
wir muojen siu mit den troumen
und swie wirs mugen zouwen,
dicche wir si arbeiten
425 alle ungemeine:

vnſſer zwen oder drei zv aller ſlacht zeiten ſei[1] wir an der ſeiten daz
in dev ſvende gezem e vnſ der engel penem doch mvet (57ᵃ) vnſ vil
hart ſprach der helle bart ſwa bier iemen ſehen eillen vnt ſein ſvnde
vertiligen da mach wier bern vnder mit ier[2] chinden vnd mit ier
frewden vnd machn ze hailigen zeiten daz ſi mit ein nander chrie-
gent vnt ſtreitent (57ᵇ) ſi berdent ſelten an vnſſern rat ſprach der
laidige ſathanat bier choem oben avf daz dach wier tven in mi-
cheln vngemach ſiven wier aſſer in daz havſ moegen vnder daz pet
(58ᵃ) wier vnſ legen wier mven ſev mit den troem · vnd bie bierſ
mvgen gebinnen digch bier arwaiten alle rngemain[3]

---

[1] Das i ist aus n durch Radiren hergestellt.
[2] Unter der Zeile nachgetragen.
[3] Sehr unsicher; ich glaubte früher *vngemailn* zu lesen; jetzt wage ich
keine Entscheidung.

swer ze gotes hûse gât,
wir râten ime daz ez ime widerstât.
betet er innerchlîchen,
wir muozen ime entwîchen,
430 *wir vliehen sam er uns brenne;*
sô newizze wir denne
war die sunde chomen sint,
si verswindent sam der wint.'
dô sprach ez Juliâne,
435 *diu gotes undertâne*
,nû sage mir, unreiner,
wie getarst dû gemeinen
menschen deheinen,
der gotes hantgetâte,
440 *mit werche oder mit râte?'*
des antwurte ir der verwâzen
,jâ getar ich niht gelâzen
mînes meisters gebot,
ez verhenge mir sîn denne dîn got.
445 *wie getorstû mich geruoren*
und an dîner chetenen gevuoren
und verhengete sîn niht der heilant?
jâ getorstest dû dîne hant
niemer an mich getuon,
450 *ich zarte dich alse ein rephuon.'*

ber ze gotef hauf gat bier raten im daz ez im wider ftat pet er
inercheleichen bier (58ᵇ) mvezn im entweichen bier fliehen fom er
vnf prenne fone biz bier den ba die fvende chomen fint fi verfwin-
dent fom der wint dv fprach ez ivlian dev gotef vndertan nv fag
mier vnrainer bie ge (59ᵃ) tarft tv gemain[1] menfch dehain der gotef
hant getat mit berch oder mit rat def antbvrt ier der ferbazn ia
getar ich nicht gelazen meinef maifter gepot ez verhenge mierfn[2]
den dein got (59ᵇ) bie getoerft tv mich gerveren vnd an deiner
cheten gefvern vnt ferhenget fein nicht der hailant ia getoerft tv
deine hant nimmer an mich getven (60ᵃ) ich zart tich[3] alf ein
rephven

---

[1] Unsicher, auf Rasur.   [2] Unsicher.   [3] Undeutlich.

dô sprach ez Juliâne,
diu gotes undertâne,
‚nû sage mir, unreiner,
wie du allen den lônest,
455　die sint in dîneme dienest?‘
‚die mache ich chrumbe und halze
und alle unganze.
mit lugenen ich si schende,
ich verrâte in vuoze und hende;
460　ich île dar gâhen,
daz si sich ertrenchen und erhâhen,
die andern ich denne
in deme viwer verbrenne;
und daz si sich ertoben und erwinnen
465　daz biute ich in ze lône und ze minne.
heiligiu vrouwe,
mich riuwet entriuwen
daz ich her zuo dir hiute
gewarp nâch susgetânen nôten.‘
470　dô si sîne schulde vernam
der chetenen ein drum si nam
dâ er mite was gebunden,

dv ſprach ez ivlian dev gotes vndertan nv ſag mier vnrainer bie dv
allen den loeneſt die ſint in deinem dienſt die mach ich chrvp vnt
(60ᵇ) hultz vnd alle vngantz mit lvgen ich ſev ſchende ich ferrat in
ſvez vnd hend ich eil dar gahen [1] daz ſi ſich der trengcht vnt der hahen
die andren ich den in dem veicer veppren [2] vnt daz ſi ſich der to-
bent vnt der binnet daz peict ich in ze (61ᵃ) [3] loen vnt ze min hai-
ligev fraic mich reict entreicn daz ich e heict her zv dier [4] gefragt
han nach ſvſtgetanen [5] noet [6] dv ſi ſein ſchvld vernam ſi nam der
cheten ein drvm [7] da er mit baſ gepvnten

---

[1] a nicht sicher.　[2] Das erste p wurde in r zu bessern versucht.
[3] Die ersten Zeilen sind schief gerathen, und es ist bei einigen Worten
schwer zu entscheiden, welcher Zeile sie zuzurechnen sind.
[4] i übergeschrieben.　[5] Könnte auch ſvſgetanen heissen.
[6] Das Wort unter der Zeile nachgetragen.
[7] Undeutlich, r und v scheinen verbunden, wie es in Schriften des 12. Jahr-
hunderts vorkommt.

si viench in mit beiden handen
unz er sô lûte schrê.
475 si verliez in niht ê
unz diu chetene was zerbrosten,
dô giench diu vrouwe rasten.
dô sprach ez der tievel ,maget guote,
chunegin, dû erlâ mich der nôte,
480 daz mich die liute iht gesehen;
sô ist mir bôsliche geschehen,
si habent mîn grôzen spot;
sô getar ich vur mînen got
niemer chomen mêre.
485 dû hâst nû êre
vil an mir begangen.'
si sprach ,des wil ich dir niht gunnen,
du nemachest dich mir nimer sô swâre,
dû muost vur den rihtâre.'
490 Aulesius der vertâne
der sande boten zwêne
zuo deme charchâre,
ob iender leben wâre
in der vrouwen lîchnamen guot,
495 daz man ir mohte getuon den tôt.

si fiegn in mit paiden handen vntz er so lavt fchre fi ferliez in
nicht e vntz dev chete baf zeproften dv gien dev fraue raften¹ dv
fprach ez maget gvet der tiefel chvengin dev dv era la mich der
noet daz mich die leit² ich gefehn³ fo ift mier poefleich gefchehn fi
habent mein groezn fpot fo getar ich fver meinen got nimer chom
mer dv haft nv er vil an mir pegangen fi fprach des bil ich dier
nicht grennen dv machft dich mier nimmer fo fwaer dv mveft fver
den richtaer (61ᵇ) avlefivf der fertane der fande poten zwen zv
dem charchaer ob in der leven waer in⁴ der fravē leichnam daz
man⁵ ier moecht vertailen vnt getven den⁶ toet

¹ Die nächsten Zeilen sind ganz in Verwirrung; was ich liefere, entspricht am meisten der rein mechanischen Vertheilung der Worte in die Zeilen, kaum der sachlichen Ordnung. ² Unsicher. ³ n übergesetzt.
⁴ Ganz unsicher, es könnte ebenso nv gelesen werden.
⁵ Darnach steht fe und ist durchstrichen. ⁶ n übergesetzt.

alse der charchâre ûf wart getân,
die vrowen die hiez man vure gân.
dô vuorte si an der hant
den si in deme charchâre gebant
500 an einer chetenen vil lanch.
hei wie er ûf und nider spranch!
uber einen marcht si in zôch;
daz liut allez vore vlôch
beidiu wîp unde man,
505 sîn geverte was sô vreissam.
die chetenen si von ir swanch,
si warf in in einen veltganch,
daz er dar inne lac betochen.
daz liut begunde allez ruofen unde lachen.
510 . . . .
alse diu vrouwe in daz hûs trat
und sî der grâve ane sach,
wie unguotliche er zuo ir sprach
,nû sage mir, unreine,
515 waz daz zouber meine?
von welheme eitergifte
hâst dû dise chrefte,
daz dich niemen mach ertôten
mit deheinen nôten?'

alf fo der charchaer avf bart getan die frawn die¹ hiez man fver
gan dv fvert fi an der hant den fi in dem charchaer gepant an
einer cheten vil langch hei bie er auf vnd nider fpranch veber einen
marcht fi in zoech daz levt allez foer vloech paidev beiw vnde man
fein gevert baf fo fraiffam die cheten fi von ier fwanch fi barf in
in einen veltganch daz er dar in lag petochen die levt² pegvnden
alle rvefen vnd lachen alf fo dev frawe in daz havf trat vnt fei
der graf an fach wie vngvetleich er³ zv ier fprach nv fag mier
vnrainev baz daz zoewer maine (62ᵃ) von belehen aiter gift aft dv
dife chruft daz dich niem mag der toeten mit tehain noeten

---

¹ Nach die nochmals frawn, aber radirt.
² Vorher daz leit, aber radirt.
³ Darnach fprach, radirt.

520 *des antwurte ime diu maget*
,ich hân dirz ê gesaget.
woltest dû in erchennen,
ich wil dir in aver nennen
der mir den willen und den rât
525 *sô vesten gegeben hât:*
daz ist der lebentige christ
der ie was und iemer ist.
dû maht mich niht ê ertôten
unz daz er mîne sêle selbe wil behalten.'
530 *dô wart geworht ein îsnîn rat,*
alsô der hêrre gebat,
dar zuo sprungen schiere
ietweder halben viere,
daz rat si umbe triben
535 *unz si ir ir gelide*
elliu ûz einander brâchen,
si newesten waz si an ir râchen.
dô cham der engel von himele,
er brâhte dâ zesamene
540 *den lîchnamen reine,*
daz heilige gebeine.
dô diu vrouwe des genas
daz ir arges niht enwas,
dô riefen die werchenâre
545 *,ditz sint starchiu mâre!*

des anbvrt im dev magt ich han dierz[1] *e gesagt woltest dv in er-
chenen ich bil dier in affer nenen ber mier den billen vnt den rat
so vesten gegeben hat das ist der lebentige christ der ie baf vnd
immer ist dv macht mich nicht e der toeten vntz daz er meine sel
selbe bil pehalten da bart gewoercht ein eifnein rat affo der herre
gepat da zv sprvgen*[2] *fchier ietbeder halben fier vm triben fi daz
rad vntz fi ier glid evlevv avz einnander prachen fi beften baf fi
an ier rachn dv chom der engel von himel er pracht da zefam
den leichnam rain (62*ᵇ*) daz heilige gepain dv dev frawe def genaf
duz ier argef nicht enbafdv riefen die berchnaer ditz fint ftarchev mer*

---

[1] *derz?*   [2] *rv wieder in alterthümlicher Weise verbunden.*

vrowe Juliâne,
der dich hât geheiligôt,
durch den wel wir lîden den tôt.‘
dô bechêrten sich sâ ze hande
550   vunf hundert manne
âne wîp und âne chint
diu ungezalt und ungeschriben sint.
zehenzech unde drîzech
die wurden vil vlîzech
555   daz si die toufe enphiengen
und christenheit begiengen,
vur die maget si dô giengen,
si ruoften vil lûte
‚wir suln uns gelouben hiute
560   des tievels gespenste,
wir wellen chêren ze gotes enste;
der dich hât geheiligôt,
durch den wel wir lîden den tôt.‘
der vrouwen wart ze gesihte getân
565   daz man daz houbet hiez allen abe slân.
die engele von himele
die vuorten die sêle
ze deme oberisten chôre,
ze deme aneblicche vrône.
570   dô sprach der grâve Aulesius

frawe ivlian der dich hat geheiligot dvrch den bel bier leiden den toet
(63ᵃ) dv pechert fich fatz hant fvenf hvndert man an beib vnd an
chint die vngezalt vnd rngefchriben fint zehenzg vnt dreizg die bvden
fil fleizzige daz fi de toef enphiengen vnt vnt chriftenhait pegiegen fver
die magt fi dv giegen fi rveften¹ vil laict² wier fchvelen unf.hewt
def tiefelf gefpenft geloeben wier wellen chren zv got der dich hat
geheiligot dvrch den bel bier leiden den toet der frawen bart ze
geficht getan daz man daz havbt hiez³ allen ab flahen die engel
von himell⁴ die fvert die fel zv dem oberften choer zv dem am-
pligch froen⁵ dv fprach der graf avlefivf

¹ Das ‚n über e gesetzt. ² Zuerst lut radirt. ³ Zuerst iez radirt.
⁴ Statt ll könnte auch n zu lesen sein. ⁵ Nicht ganz sicher.

,obe dû noch mêr zouberest sus,
ich heize dir machen
eine gluot und wil noch versuochen,
obe din daz viwer welle ruochen.‘
675 vil michel was der vrouwen nôt
in deme louge und in der gluot.
ir geloube was ze gote vil veste.
der engel daz viwer leste.
des wart zornech
580 der man vil strîtech,
dô hiez er wellen blî,
dar în sazte man sî
in einen haven vol
und dar umbe vil chol.
585 die dâ schuzzen die guote
die lâgen dâ tôte,
zwêne unde vierzech manne,
ze tôde verbrunnen si danne.
diu vrouwe saz in deme blîwe
590 alse in deme chalten touwe.
dô der herte man daz sach,
sînen grâwen bart er ûz brach,
er hiez ir daz houbet abe slân.
ze der marter giench si mit vröuden dan.

ob dv noch mer zobereſt ich haiz dier machen eine glvet vnd bil noch
ferſvechen ob den daz fewer belle rvechn vil michel baſ der frawen
noet in der glvet vnd in dem loege ier geloeb baſ ze got vil veſte
der engnl daz fewer leſcht deſ bart zoernigch der ſtreitige man dv
hiez er wellen plei dar inne satzte¹ man ſei in einen hafen² vollen
vnt dar veber vil choeler die da ſchuſſn die gvet (63ᵇ) die lagen
da toet zwen vnd fierzgch manne ze toede verprvnn ſi danne dev
frawe ſaz in dem plei alſ in dem chalten tawe dv der herte man
daz ſach ſeinen gran part er avz prach er hiez ier daz hoebt ab
ſlahen zv der marter giegn ſi mit frewden

---

¹ Zuerst ſaed, dann darunter tz.
² Von hier ab immer schlechter und selbst nach Anwendung des Reagens
schwer lesbar.

595 dar cham der selbe vâlant
den si in dem charchâre gebant,
er sprach zuo deme gesinde
,ir sult niht ericinden
unz ir si sehet tôt,
600 wand si mich brâhte in grôze nôt
al eine lange naht unz an den tach,
si sluoch mir vil manegen bittern slach.'
si blihte in ane dô si in hôrte challen,
ze rucche begunde er vallen,
605 vaste von danne gâhen
,wartâ, si wil mich vâhen
und ander stunt binden.'
vil schiere was er verswunden
daz in nieman sach,
610 dehein wort er dâ mêr sprach.
dô stuont ez unlange
daz got nâch ir sande.
Aulesius der arge
der wolde varn ze einer sîner burge,
615 dô er an daz mere cham
unde vergen begann
dô cham ein wintstôz,
michele unde grôz,
den chiel sluogen si an den grunt,

dar chom der felbe falant den fi in dem (64ᵃ) charchaer gepant
er fprach ze dem gefinde ier fchelt nicht der binden vntz ier fei
fecht toet bant fi mich pracht in groez noet alle eine lange nacht
vil manegn pitern flag flreg¹ fi mier zwar² fi pligcht in an da
fi in hoert challen ze reg pegende er fallen faft von dane gahen
bert fi bil mich fahen vnd ander ftvnden pinden vil fchier baf er
fer fbvnden daz in niemen fach dehain woert er da mer fprach
(64ᵇ) dr ftrend³ ez nicht lange daz got nach ier fande avlefivf
der arge der wolt farn zv ainer feiner prerge dc er an daz mer
chom vnd fergen pegan dr chom ein wint ftoez michel vnt groez
den chiel flregen fi an den grvnt

---

¹ Unsicher.   ² Undeutlich.   ³ Unsicher.

620   *do ertranch Aulesius der hunt*
mit vier und drîzech mannen.
daz mere warf in danne
ûz an ein gevilde,
dar châmen tier wilde,
625   *daz gevugele unreine*
und benuogen daz gebeine.
der tierel zuo sich nam die sêle
628   *und vuorte sî in die helle.*

da der tranch avlefirf der hvnt mit fier vnt treizg mannen daz mer
barf in avz an ein gefilde dar chom tier wilde daz gefvegel vn-
rain vnt penvegen daz gepain der tiefel die fel zv fich nam vnd
fvert (65ᵃ) *fei in die helle.*

Anmerkungen.

Vers

1   = Himml. Jerusalem, Diemer 361, 1. *nû schul wir beginnen von gote*
vure bringen Legende von St. Margaretha, Pfeiffers Germania 4, 440 ff.
V. 1 f. *Nû sculn wir ave beginnen sagen von dem kinde* Adelbreht (Mone,
Anzeiger 1839, S. 46 ff.) 137 f. *sô wil ich beginnen, eine rede für bringen*
Massmanns Alexius, Text A, 1 f. *Jedoch wil ich der rede beginnen, der*
helfe wil ich gedingen an den himelischen got Hartmann Glauben 25 ff.
und in Variationen noch öfters. — Der Anfang des Gedichtes ist arg
verderbt. Was ich gebe ist nur ein Versuch, das Wirrsal zu ordnen.
An und für sich könnten mehrere überlieferte Worte dieselbe Echtheit
beanspruchen wie die, welche ich in den Text gesetzt habe, ich wüsste
aber nicht mit ihnen auszukommen, ohne noch stärker zu ändern und
zuzusetzen, als ich gethan habe. — Der nächste in der Hs. stehende
Vers scheint eine Nothreminiscenz. Die Vorauer Genesis hat ihn,
Diemer 3, 1. Heinrichs Litanei, Fundgruben II, 217, 17. Der Ge-
danke, dass man rein von Sünden sein müsse, um Gott in Dichtung
zu loben, wird öfters ausgesprochen (auch Otfr. I, 1): *reinez herze*
scafe dû, trehten, in mir, daz ich geturre vone dir sagen unde singen,
dise rede bringen Arnolt Diemer 334, 10. *vliesen wir die minne, wie ge-*
turren wir den pater singen? Paternoster MSD.² nr. XLIII, 5, 12 f. Vgl.
noch Summa Theologiae 3, 2. Veit (Mone, Anzeiger 1839, S. 54 ff.)
V. 22. 47. — Arnolt beginnt in der Siebenzahl 14 Sätze mit *Nû*, im
Himml. Jer. finden sich 10.

3 f.   *sinnen* in dieser Verbindung Millst. Exod. 149, 11, andere Stellen
haben die Wörterbücher.

Vers

5   Arnolt nennt sich Diem. 356, 18 *priester;* in seinem Gedichte kommt aber *ewart* 348, 10 vor. Ich glaube nicht, dass diese Differenz hier so bedeutsam ist, wie sie Scherer QF. 7, 19 für andere Gedichte scheint.

7 f.   Das erste Reimwort wird falsch sein, vielleicht ist zu schreiben: *sich vlîzen er begunde.* — Obschon ich *vure bringen* in dieser Verbindung nicht belegen kann, ziehe ich es doch vor, das in der Hs. folgende Object fallen zu lassen; sonst bestünde eine hässliche Wiederholung in V. 11, wo der Ausdruck unentbehrlich ist, und hier würde sich ein mangelhafter Dreireim bilden. Heinzel schlägt vor zu lesen *wie er vure brâhte die micheln wize* als einen Vers; der Redactor hätte dann *wize* in *noel* geändert. — Vgl. Kaiserchronik Diem. 198, 3 ff. Veit 32.

10   *al ze dûte,* dieser Ausdruck ist in den verwandten Gedichten recht häufig: Arnolt 334, 29. 337, 2. 346, 16. Jüng. Judith 127, 3. 131, 12. 144, 9. 150, 28. Physiologus Karaj. 100, 23. Adelbreht 223. Hartmann Gl. 2767. *eine rede dûten* Himml. Jer. 361, 2. 15. 362, 13.

12   Es bedarf wohl keiner Vertheidigung, dass ich die beiden nächsten Verse der Hs. weggelassen habe.

13 f.   Der Reim *sîten : liuten* ist nicht selten, ich nenne nur Hochzeit Karaj. 23, 17. Hartmann Gl. 795.

15 f.   Die Reime sind formelhaft und kommen noch vor 104. 376. 434. 451. Auch sonst: Kaiserchr. Diem. 171, 9. Rolandslied (W. Grimm) 7, 19 und öfters bei Hartmann Gl.

18   Berufungen auf *diu buoch* sind besonders bei Arnolt zahlreich: *sô wir diu puoch hôren zellen* 338, 4, dann variirt 336, 7. 345, 23. 26. 346, 28. 348, 19. 353, 18. *daz puch saget uns sô* Himml. Jer. 369, 18. Vgl. 362, 12. 365, 9. Von den überaus vielen Stellen, an denen in Dichtungen des 12. Jahrhunderts solche Citate vorkommen, hebe ich nur die hervor, welche der unseren am nächsten stehen: *diu buoch sagint uns sus* Aegidius Fundgr. I, 247, 30. Leben Jesu Diem. 242, 4. *du bûch zelint uns vili giwis* Salomon MSD.[2] nr. XXXV 5b2 *sin scripft zelit uns sus* 10, 1. *nû sagent uns diu buoch sus* Veit 25. *daz puoch sagt uns alsus* Margaretha 52; dann mit *alsô, zellen, sagen, queden* Adelbreht 114. Millst. Exod. 150, 11. 156, 23. Recht Karaj. 8, 8. Hochz. Karaj. 37, 6. Physiol. Karaj. 94, 15. Jüng. Jud. 129, 14. Entecrist 113, 14. 120, 32. Litanei 231, 22. Alexander 1714. 1981. 2367. 3317. 3555. 4019. 4917. Tundalus (ed. Wagner) 205. — Reime von *sus* auf einen Namen mit *-us* finden sich natürlich in der Kaiserchr. sehr häufig.

19   Die Hs. *willh* vgl. Diemer Anm. zu 62, 29 und dazu noch Pilatus 62.

21   Die Schreibung *aver, ave* besonders bei Arnolt. *enzwischen den peiden* 347, 14.

26   Die in den Gedichten des 12. Jahrhunderts häufigste Form ist: *als man noch hiute tuot.* — *vil witen* adverbial Arnolt 335, 5. 345, 27. Jüng. Jud. 156, 27. 158, 13.

27   Vor. Gen. 21, 1 f. Hochz. Karaj. 25, 2.

Vers

28   Quelle: quidam senator fuit, nomine Eleusius, amicus Maximiani imperatoris.

29 f. *ein chunich der was genennet sus Cesar Augustus* Arnolt 349, 21. Ueberhaupt ist leere Zufügung von *sus* für Arnolt charakteristisch. Auch im Himml. Jer. öftern, z. B. 368, 2. 16. 369, 5. 17.

32   Die nahestehende Jüng. Jud. 160, 24: *ir gebete daz was vil gróz.*

33   Vgl. 144. Auch bei Arnolt öftern, vgl. Einleitung S. 26. Himml. Jer. 365, 25. 368, 24. *wir muozen mit listen unser ére vor ime vristen* Roland 16, 5. *mit micheln listen muoser sich fristen* Kaiserchr. 31, 15. *dô gedâhte si sói vil maniger guoten liste, dói si sich mit wolte vristen* 353, 2 und noch 41, 27. 393, 11. Rother 3025.

36   Die Besserung ist von Heinzel.

38   *rinnen* mit *ze* Aegidius 246, 22. Entecr. 126, 24. Wien. Exod. 6101 = 7376 vgl. 7149. 6389; mit *nâch* Physiol. Karaj. 101, 12. — Jüng. Jud. 135, 23 und Anm. 178, 3. Millst. Exod. 162, 32. — *gerinnen* Arnolt 339, 1.

40   = 362 und Wahrheit Diem. 85, 22. Vorauer Sündenklage Diem. 301, 22. Millst. Exod. 140, 29. Alexander 6435. 6720. Kaiserchr. 435, 22. 484, 13 u. ö. Die Substantiva umgekehrt ebenfalls häufig: Physiol. Karaj. 83, 6. Millst. Exod. 162, 2. Kaiserchr. 276, 18. Hartmann Gl. 2790. 3023. 3141; ohne *beidiu* endlich überaus häufig.

41   = Kaiserchr. 309, 3. Hartmann Gl. 2387. Priesterl. 343. Nibel. 2075, 2; meist auch auf *tougen* reimend. *mit zeherden ougen* Kaiserchr. 317, 24. 182, 21. *trânenden* Roland 2, 22. 122, 13. *vliezenden* Rother 4016. *lachenden* Roland 103, 29. Kaiserchr. 146, 9. *von w. o.* Jüdel Hahn 134, 23. Auch an diesen Stellen meistens: *tougen.*

45   Vgl. *alsô daz tagedinch geviel* Wien. Gen. 2629. Exod. 6323. Roediger Anm. zur Millstätter Sündenklage (Zs. f. d. A. 20, 282 ff.) V. 335.

46 f. Vgl. die Darstellung der Vor. Gen. 19, 23 ff.

48   *vil wole gestaten si daz* Himml. Jer. 368, 7. Construction auch Litanei 285, 31.

49   *muotwillen*, häufiger Ausdruck, der während des 13. Jahrhunderts in dieser speciellen Bedeutung abkommt. Wien. Exod. 7131. 7383. Recht Karaj. 4, 2. Vor. Gen. 30, 4. Bileam Diem. 73, 5. 75, 19 u. ö.

50   *brûtlouft* anrichten wird in der Regel durch andere Zeitwörter ausgedrückt: Aelter. Jud. MSD.² nr. XXXVII. 9, 9. Alexander 3994. 4001. 4009. 4058. Hochz. Karaj. 43, 14.

51   *sam mir min lip* Kaiserchr. 408, 21. *s. m. m. gesunt* 230, 12 (*gesunt* = lip 359, 4). *alsô liep sô mir si der lib* Alexander 5658 u. ö. Wien. Gen. Exod. — In der Quelle steht nichts von dem Schwur.

54   Vgl. 482.

58   = 231. *nû muget ir hôren* formelhaft Bileam 74, 15. Hochz. Karaj. 19, 1. *nû sult ir hœren wie er sprach* Ulr. von Liechtenstein 32, 8. 128, 12. 142, 12 u. ö. — Millst. Gen. 72, 16. Alexander 5054. Vor. Alex. 183, 9. Anegenge 7, 1. Wernher Marienleben 150, 15.

Vers

59   Der Ausdruck ‚filia mea dulcissima et lux oculorum meorum' ist allen
lateinischen Fassungen der Legende gemeinsam. — *sich ouf mit den
ougen, chunt uns dine tougen* Kaiserchr. 381, 15. Der Reim ist sehr häufig,
vgl. Einleitung. Himml. Jer. 366, 25. Wien. Gen. 744. 4788. 5608.
Kaiserchr. 439, 22. 451, 17. 31. Entecr. 132, 31. Aegidius 247, 37.
Roland 108, 3. Ava Jüngst. Ger. 291, 26. Hartmann Gl. 135. 1764.
2140. 3753. Priesterl. 342. Wernher 152, 31. 155, 9. 170, 33. 173, 22.
180, 15. 181, 25. 193, 28. 205, 33. Tundalus 1173. 1975. 2123. Bonus
(Zs. f. d. A. 2, 208 ff.) 189 f. Servatius (Zs. f. d. A. 5, 75 ff.) 321. 2737.
— Wien. Exod. 6505. Litanei 229, 18.

61   = Kaiserchr. 42, 17.

62   Zu der Schreibung der Hs. vgl. Arnolt 354, 14.

67   *getroc* ist ein Lieblingswort der Kaiserchr. 57, 22. 58, 23. 74, 20. 92, 8.
249, 25. 264, 13. 328, 32. 330, 11 und mehrmals darunter: *got.*

71   Vgl. 444. 446. *sin verhenge min got* Kaiserchr. 407, 14 (das Verbum
15 Mal). *verhenget is unser trehtin* Roland 35, 5. *ob sin got wolte ver-
hengen* Erinnerung 693 (das Verbum noch 3 Mal). Servatius 1015. 1061.
1865 und an vielen Stellen, besonders der Millstätter Hss.

72   Vgl. 513. *wie guotliche er zuo ir sprach* Kaiserchr. 394, 6. Millst. Exod.
162, 24.

75 f.   *er wolt ir tuon einen slac, stôzen mit dem vuoze* Kaiserchr. 373, 27. *unt er
die frouwen mit dem vuoze niene stieze* 378, 2. *under diu ougen slahen*
Physiol. Karaj. 100, 2. 3. *si täten ime ubele stôzze* Wien. Gen. 3607. —
Die Besserung ist von Heinzel, der *under d'ougen* für mechanisch un-
möglich erklärt.

79   *dô hiez si in pinten* Leben Jesu Diem. 258, 25.

80 f.   Derselbe Reim Litanei 228, 38. Tundalus 1313 (1219).

83   *jâ* einleitend an der Spitze des Satzes 128. 131. 181. 182. 201. 442.
448. Vgl. Roediger Anm. z. Millst. Sündenkl. 90.

84   *vesten* vgl. 522. 577. *begrifen* Arnolt 348, 9. Himml. Jer. 363, 9. *dô
greif er an die ubirmuot* Recht Karaj. 7, 22. Vgl. 5, 3. Hochz. Karaj.
21, 23. Wien. Gen. 912.

85   Die Besserung von Heinzel.

86   *werltlich* 156. 202. Vgl. Roediger Anm. z. Millst. Sündenkl. 389. 495.

92 f.   *ez ensol dir niht wesen zorn* (Jüng. Jud. 144, 10), *dû hast iz allez ver-
chorn* Kaiserchr. 384, 27. *zû dem esele was ime sô zorn* Bileam 73, 17. Der
Reim Wernher 158, 20. Vgl. auch Salomo 4, 2. Hochz. Karaj. 21, 2. 23, 15.

94   *trugenäre* im Reim Kaiserchr. 106, 9. 256, 16 (ausser dem Reim 106, 7.
189, 23). Roland 247, 6. 251, 17. Priesterl. 578. Entecr. 111, 30. Physiol.
Karaj. 83, 20.

96   Vgl. 173.

97   *er mach sich verwênen* Himml. Jer. 363, 10. Zur Schreibung vgl. Arnolt
348, 21.

98 f.   Derselbe Reim Physiol. Karaj. 75, 18. Alexander 6693. 7015. — Wien.
Gen. 582. Physiol. Karaj. 91, 20. Entecr. 129, 1. Tundalus 669. 995.

Vers

100   In unsern lat. Hss. heisst es nur: feris te tradam, aber in anderen ist
ein Nebensatz mit *devorare* beigefügt.

102   *hère* nachgesetzt zu *got* Kaiserchr. 328, 9. *maget* Hochz. Karaj. 25, 17.
Wernher 188, 3. *tohter* 155, 1. *keiser* Kaiserchr. 485, 25. *kunic* Vor.
Gen. 33, 20. *kuniginne* Kaiserchr. 318, 9. Alexander 5998. Vgl. Anm.
zu 219.

106 f.   Quelle: non sacrifico idolis cecis, surdis et mutis. — Die Verbindung
krumbe unde blint ist natürlich sehr häufig: Priesterl. 93. Wernher
183, 22 u. ö. Vgl. Anm. zu 456.

108   Vgl. 248. *vil gerne er verrâtet den man* Himml. Jer. 367, 25. Arnolt
356, 27.

110   *sô wirt er noch verdamnôt mit allen die im volgent* Physiol. Karaj. 83, 23.

111   *di siu dâ marterôten die sint iemer mit wîzen und mit nôten* Kaiserchr.
196, 29. *mit wîze und mit sêre* 228, 17. Der Reim Wien. Exod. 7261.

112 f.   Quelle nur: mox pater ejus jussit eam exspoliari et cedi. Unsere
Verse sind also ganz formelhaft, während 162. 532 die Zahl schon in
der Vorlage angegeben ist. — Der Reim Leben Jesu Diem. 274, 23.
Ava Jüngst. Ger. 285, 16. Kaiserchr. 163, 18 (25 Mal *vil sciere*) u. ö.

113   Ich schreibe regelmässig *si* wegen des Reimes auf *bî* 582 und weil
die Hs. fast durchstehend für den Acc. Sing. fem. *si* setzt.

118   *der was der aller wirste man* Kaiserchr. 125, 17. *er hiz di alliri wirstin
man* Aelt. Jud. 1, 3 und Anm. MSD.² 427. 433. *di aller wirsisten* Ava
Antichr. 281, 28. *den aller wirsisten rât* Roland 70, 8. *der wirsist aller
tâde* Erinnerung 637. (Auch sonst ist dieser Superlativ häufig: Wien.
Gen. 5924. Leben Jesu Diem. 256, 15. Vor. Gen. 39, 19. 61, 11 u. ö.)
aller mit Superlativ des Adjectivums: Anno 855. Alexander 2421. 3674.
Millst. Exod. 160, 8. Vor. Gen. 67, 19. Vor. Alex. 199, 10. Roland 82, 8.
104, 28. 53, 1. Rother 10. 55. 4079. — Wien. Gen. 2394. 5665. Hochz.
Karaj. 25, 10. Ava Antichr. 282, 23. Roland 37, 17. 115, 13. 138, 30.
178, 57. 217, 20. 219, 24. 227, 19. Kaiserchr. 14, 31. 22, 32. 31, 5.
32, 25. 39, 21. 45, 26. 120, 24. 228, 5. 277, 4. 366, 1. 393, 17. 418, 27.
419, 31. Hartmann Gl. 74. 1715. 1749. 1922. 2214. 2877. 2890. 2921.

119   Vgl. Salomo 5ᵇ, 61.

123   = 197. *ouwé wie* sehr häufig: Kaiserchr. 3, 26. 25, 20. 39, 13. 164, 10.
175, 26. 178, 15. 323, 1. 469, 20. Vor. Gen. 67, 27. Jüng. Jud. 157, 19.
Leben Jesu 241, 28. Vorauer Sündenkl. 304, 21. 307, 27. Roland 115, 5.
Alexander 3463. 5074. 5354. Litanei 225, 33. Erinnerung 280. 878. 962.
Priesterl. 38. Anegenge 2, 27. 6, 5. 19, 9. 27, 57. 34, 39. Entccr. 130, 13.
Tundalus 685. Himmelreich (Zs. f. d. A. 8, 145 ff.) 216. Servatius 1770.

124   = 203; 124 f. = 198 f. — *Machmet ze minnen und ze êren minem
chunne* Roland 154, 30.

127   Vgl. Wien. Exod. 6335 f. 7219 f.

130   *âne nôt* mehrmals im Reim bei Arnolt, Himml. Jer.

131   Vor. Sündenkl. 308, 14 *ze nihte vorhte ich den tôt* (Ezzo 2, 9) Recht
Karaj. 15, 23.

Vers

133 Vgl. die Hs. bei 371. *sô laist ich daz dir liep ist* Kaiserchr. 391, 8. *ih laiste gerne al daz dir liep ist* 41, 24. Salomo 3, 10. 5ᵇ, 49. Wernher 156, 15.

140 = Arnolt 335, 2.

147 *von diu sô* 158. Himml. Jer. 365, 21.

148 f. *die des niht wollen tuon, di hiez er alle houpten* Arnolt 350, 20.

152 = 178.

154 *alwaltigen got* Arnolt 349, 24. Vgl. Diemers Anm. zu 93, 22. *der waltunde Christ* Himml. Jer. 369, 25 und Anm. Physiol. Karaj. 96, 11. *alwaltintir got* Aelt. Jud. 11, 5. 11ᵇ, 2. Adelbreht 11. 135. *allis weldender got* Hartmann Gl. 2896. 3748. *waltunder got* Kaiserchr. 128, 31. 155, 23. 244, 3. 26. 264, 26. 312, 27. 423, 14. 529, 15. Roland 212, 8. Rother 214. 1010. 2340. 3823. 4530. 4916.

155 Quelle: si tu times imperatorem tuum mortalem stercora edentem. — *daz diu werlt anders niht enist wan stuppe unde mist* Wernher 153, 3. *bise gestuppe unde mist* Hartmann Gl. 2535. Vgl. Jüdel 132, 73. Kaiserchr. 382, 19. Entecr. 128, 46.

156 Reime von *-ére* auf *-érre* sind überaus häufig; nur als Anhalt erwähne ich, dass sie in der für diese Anm. benutzten Literatur mehr als 200 Mal vorkommen.

158 *vertigen* mit Acc. der Person Kaiserchr. 43, 2. 461, 6.

163 ff. Quelle: extensam vero in terra sanctam Julianam quatuor virgis nudam ceperunt cedere, ut mutarent in ipsa sex milites vicissim. — Diese genauere Angabe haben nur unsere Hss.

164 *undir der diete* Hochz. Karaj. 23, 20.

165 *als der sliufet ûz dem gewande* Servatius 3465. *in wât, gewête, gewant sliefen* Kaiserchr. 475, 2. 495, 16. Roland 204, 24. 216, 23. Rother 2327. 3694. Entecr. 118, 30.

167 Die Besserung ist von Heinzel.

168 Ueber den Reim vgl. Roediger Anm. z. Millst. Sündenkl. 829. — *dô ciel diu goten werde nider zû der erde* Katharina (Pfeiffers Germania 8, 129 ff.) 2539 f. *der goten werde* Vor. Gen. 29, 3. 38, 3. Leben Jesu Diem. 238, 13. 251, 26. Anegenge 20, 23.

172 Vgl. 490. In ähnlicher Weise *die verwarhten* Arnolt 356, 26. Kaiserchr. 173, 15. 179, 24.

173 ff. Quelle: Ecce principium questionis hoc est: accede et sacrifica magne Diane et liberaberis de tormentis. quod si nolueris, per magnum deum Apollinem non tibi parcam.

176 f. Vgl. *wie si im getorsten sô versmâhen, daz si in niene wolden vridelichen enphâhen* Jüng. Jud. 143, 27 und derselbe Reim 163, 3.

178 *diu guote* wird oftmals so hinzugefügt Kaiserchr. 377, 21. 394, 3. 524, 13. Wernher 181, 24. Vgl. Roediger Zs. f. d. A. 18, 266. Anzeiger f. d. A. 1, 77 und Anm. z. Millst. Sündenkl. 346.

179 = Jüng. Jud. 176, 11. 22. *im pluote lâgen bewollen* Roland 232, 34. *berunnen al mit bluote* Hochz. Karaj. 35, 11. *daz ih mit deheinen sunden bewollen bin* Jüng. Jud. 172, 12, wobei die Bemerkung Diemers überflüssig ist. — Die Besserung ist von Heinzel.

Vers

180 Vgl. 212.

181 Dieselbe Assimilation *wmmâre* Himml. Jer. 372, 10. Wahrheit 86, 18.

182 f. Der Reim auch Vor. Gen. 31, 17 (vgl. 58, 22). Vor. Sündenkl. 298, 25.
Wernher 175, 20. 197, 2. Margaretha 61. Zu den nächsten Versen
vgl. die Quelle: ego autem credo in quem credidit Abraham, Ysaac
et Jacob. Heinzel schlägt 184 *betten* vor nach der Hs., 185 *gestatten*,
wobei dieses Verbum dann so gebraucht wäre wie *bestaten*. Mhd. Wtb.
2, 2, 604?

190 f. *der âmer inen dwanch, daz ime der zaher ûz spranch* Wien. Gen. 4390.

193 f. Quelle: suspensa autem per sex horas.

201 ff. Vgl. 238 und *dû solt dich iemer nieten in lande joh in diete aller werlt-
wunne, geêre dîn kunne* Kaiserchr. 234, 27 ff., dazu 397, 8. — *werltlichiu
wunne* = geschlechtliche Lust Ava Jüngst. Ger. 288, 3. Priesterl. 545.
Rother 1923. Roland 193, 18.

204 Ueberschüssiges *h* im Anlaut ist besonders Himml. Jer. häufig, aber
auch in der Vorauer Hs. im Allgemeinen, z. B. 140, 18. 235, 3. 250, 21.
— *din ôre dû here kêre* Andreas (Pfeiffers Germania 12, 76 ff.) 11.

205 *dû er sin got niene wolde sehen an* Jüng. Jud. 130, 1.

207 = Johannes Baptista Fundgr. II. 140, 39 (Vomberg B 52). *heide stuont
unde saz* Hartmann Gl. 1279. Kaiserchr. 58, 11. 71, 27. Wernher 212, 1.

208 *alumbe den sunnen* Arnolt 351, 15. *alumbe die stat* Kaiserchr. 3, 23.

209 Vgl. Roland 64, 15 und W. Grimms Anm. Kaiserchr. 94, 2. *ich ne
getar nâch deme geiste erbalden mê baz* Himmelreich 129.

212 Die Schreibung dieses Verbums ohne *j* ist auch ausser unserer Hs.
nicht selten, vgl. Recht Karaj. 8, 19. 9, 5.

213 *des engel mich behuotent, daz mir von dirre gluote niht gewerren ne mac*
Kaiserchr. 194, 9.

214 *die nemach nimen gevellen* Arnolt 338, 3, vgl. 337, 15. Himml. Jer.
368, 1. *er inmag nimannin bivellin* Summa Theolog. 21, 5. Entegr. 114, 28.

216 Vgl. Arnolt 350, 8.

218 Quelle: prefectus autem iratus jussit eam aere a capite usque ad ta-
los perfundi. Nur unsere Hdss. und das von den Bollandisten er-
wähnte Ms. Hubergense haben diese Angabe, alle übrigen berichten
anders. Die Aenderung im Texte wird dadurch gerechtfertigt. — Zur
Schreibung der Hs. vgl. Diemers Anm. zum Joseph in Aegypten 178.

219 *chom* ändere ich regelmässig zu *cham* wegen des Reimes *cham : began*
(Voc. Ungenauigkeit kommt dort vor) 45. 615, dem nichts entgegen-
steht. — *engel hêre* Millst. Gen. 1, 29 mit Diemers Anm. Vor. Gen.
94, 22. Kaiserchr. 171, 33. 314, 32. Leben Jesu Diem. 232, 28. Paulus
Karaj. 109, 9. Wernher 180, 32. 186, 2. Tundalus 1270. 2076. *gotes
bote hêre* Kaiserchr. 315. 8. 323, 7. — Quelle nur: quo facto nichil
eam nocuit.

224 f. Vgl. Millst. Gen. 90, 18. Exod. 155, 12. Vor. Gen. 7, 28. Adelbreht
172. — *swâre* ist bekanntlich ungemein häufig; bei Diemer auf den
ersten 200 Seiten 64 Mal, in der Kaiserchr. über 80 Mal u. s. w.

Vers

226   Vgl. 414.

228   Vgl. *einen engel wîzen mit liehtem gewâte* Leben Jesu Diem. 266, 6. *daz engliske gewâte* Wien. Gen. 982. *selede noch gewâte, ubele wâren iuwere getâte* Ava Jüngst Ger. 289, 15. *wâtete inen ziere* Wien. Gen. 4029 und noch 2281. 4947. Millst. Exod. 156, 16. Alexander 5300. Roland 239, 6. Kaiserchr. 244, 12. 327, 26. 355. 25. 363, 19. Physiol. Karaj. 89, 11. Himmelreich 257. — Quelle nur: in figura angeli.

229   *an tievels getât* Leben Jesu Diem. 236, 4. Vgl. Ezzo 2, 5. Vor. Gen. 39, 10. Kaiserchr. 352, 30. Millst. Sündenkl. 199.

232   Vgl. Gr. IV, 563.

237   Vgl. Arnolt 338, 13. Jüng. Jud. 175, 1. Wien. Exod. 6300. Millst. Exod. 145, 20.

240 f.   Der Reim Wien. Gen. 2586 und *zwivelôte* auf andere Worte Wien. Gen. 3753. Exod. 6830. 6846. (Vgl. Wien. Gen. 2586. Millst. Sündenkl. 99. 843.) — *dô ne zwivelôte niht* Arnolt 333, 28 = Leben Jesu Diem. 269, 2. Vor. Gen. 72, 27. — Adelbreht 38. 43. 187.

244   = Adelbreht 174. Vgl. Roland 269, 22. Wernher 197, 33.

245   = Kaiserchr. 364, 4. 457, 15. Vgl. Rother 2384. 3830.

246   *en crûcestal vallen* Kaiserchr. 316, 25. 452, 2. Roland 227, 27. 239, 24. 256, 6. Rother 376. Vgl. noch Anno 836. Kaiserchr. 439, 22. Bonus 95.

249   *want uns die engele vone himele sculn pehuoten* Arnolt 338, 7. Vgl. Lambrechter Breviarien Zs. f. d: A. 20, 185. 52ᵃ.

250   Entscheidend für die Aufnahme dieses Verses waren die Worte der Quelle: precor ne deseras me, quia pater meus et mater mea dereliquerunt me, welche dort Juliana im Kerker vor der Teufelserscheinung spricht. — Vgl. Arnolt 347, 27 ff.

252   *eine* im Reime bei Arnolt ein paar Mal, vgl. Einleitung S. 19 f. *die weist dû, trehtîn, eine* Millst. Sündenkl. 126 und Roedigers Anm. dazu.

253 f.   Vgl. *des enist zwivel nehain, der gotes engel in dô rescein* Kaiserchr. 346, 30. Der Vers 253 = Himml. Jer. 365, 6. 367, 15. 371, 16. Wien. Gen. 4086. Exod. 6046. 6060. Rother 2344. Kaiserchr. 323, 22. Entecr. 128, 27.

256   *der engel sagete ime mâre* Arnolt 340, 2.

259   *Sathanat* die Form im Reim 290. 382. 417 und auch in anderen Dichtungen: Kaiserchr. 334, 16. Anegenge 37, 32.

263   Den Teufel binden Millst. Sündenkl. 5 und Roedigers Anm. zu 194.

264 f.   Vgl. Millst. Sündenkl. 312 f.

266   Im bewussten Gegensatze dazu 465. — *ze lône und ze miete* Leben Jesu Diem. 263, 11. *ze lône geben* Arnolt 335, 27. Ava Jüngst. Ger. 283, 4. 290, 28. Hartmann Gl: 3185. Roland 138, 25. Kaiserchr. 392, 20. *ze miete* Vor. Sündenkl. 313, 13. Pilatus 118. Wernher 202, 39. Margaretha 536. Andreas 68. Servatius 3024. — *du puten si ime ze minnen* Leben Jesu Diem. 249, 17. *noi ime si aller libist, biut deme keisere ze minnin* Roland 14, 28 *minne und êre si dir irboten* 23, 20. — *ze minne* in Verbindung mit einem andern Substantivum Wien. Gen. 1956. 4771. Vor.

Vers

Gen. 81, 29. Wernher 151, 1. — *ze minne* allein Anno 514. Wien. Gen. 4533. Salomo 5, 10. Vor. Gen. 5, 22. 64, 4. 66, 21. 68, 4. Millst. Exod. 146, 33. Kaiserchr. 4, 1. 21, 20. 27, 15. 243, 9. 245, 25. 420, 17. 421, 19. 490, 32. 526, 19. Alexander 6385. Roland 25, 7. 57, 24. 59, 21. 92, 19. 270, 29. 290, 25. — Zwei Substantiva mit *ze* Kaiserchr. 35, 5. 60, 26. 253, 17. 269, 19. 488, 5. Alexander 4539. Roland 32, 13. 88, 6. Wernher 154, 34. 204, 13. 207, 43. Hartmann Gl. 3747, vgl. 3774. Pilatus 116. Himmelreich 153.

268   *schrê* setze ich hier wegen *schrê : ê* 474.

270   Vgl. Hochz. Karaj. 24, 25. 25, 13. Vor. Gen. 24, 26. 26, 27. Leben Jesu Diem. 253, 7. Millst. Exod. 146, 13. — Wien. Exod. 6177. 6773. 7269, in der Kaiserchr. öfters. — Der Reim Wien. Gen. 1979. 4416. (4212. Exod. 6234.)

273   *von ime so pir wir chuone* Arnolt 356, 3. Vgl. Himml. Jer. 364, 21. 366, 27. *der hie wirt so kuone* Hartmann Gl. 2669. Vgl. Physiol. Karaj. 79, 16. 86, 2. — Statt der ganzen folgenden Beschreibung hat die Quelle nur: tenemque Belial dicit ei.

274   Der Reim Servatius 2527. *er begundes harte drucchen* Tundalus 118 (Sprenger S. 18). Ganz ähnlich ist die Situation Margaretha 390 ff., wo es auch heisst: *dô vienc si in zuo der stunt pi sinem snœden hâre* Vgl. Roland 44, 12.

278   *sine mag ez nimmir bewarn vor dem unreinen miste* Hochz. Karaj. 19, 21. *dû vil unreiner hunt* Kaiserchr. 324, 22. unrein (immundus) wird auch in unserem Gedichte mit Vorliebe für den Teufel verwendet. Ueber die Bezeichnungen für diesen vgl. Roediger Zs. f. d. A. 18, 266, seine Thätigkeit derselbe Anm. z. Millst. Sündenkl. 336. 354. Die Teufelvorstellung der Frau Ava im Jüngst. Ger. 289, 17 ff. ist dieselbe wie bei Arnolt.

279   *sô manecfalt sô dû bist* Arnolt 333, 17. *der tievel ist sô manecfalt* 337, 5. *sô creftic sin gewalt ist* Entecr. 124, 32. Vgl. Salomo 4, 7 f. — Heinzel räth, bei dem *wie* der Hs. zu bleiben.

284   *dû bist ain unrainez getroch* Kaiserchr. 328, 32. 330, 11. — *betroch* könnte vielleicht bleiben, wie auch Heinzel meint, wenn es nur anders denn in der Bedeutung ‚Betrug‘ belegt wäre.

288   Der Reim bei Arnolt 334, 19. 335, 10. 341, 7. 343, 14. 356, 24. Besonders Vor. Gen. 36, 22. Jüng. Jud. 130, 29. Kaiserch. 75, 32. 276, 19. u. ö. Roland 162, 17. Alexander 6143. 6159. — Hartmann Gl. 1340. 1902. 1956. 2262. 2734. Anegenge 5, 49. 59. Litanei 224, 38. 232, 7. Margaretha 277 und Roedigers Anm. zur Millst. Sündenkl. 55.

291   *Beriat* für *Belial* der lat. Quelle, so auch Margaretha 421.

292   Quelle: Beelzebub.

293   Vgl. 335. 363. Wahrheit 86, 20. Jüng. Jud. 135, 22. Leben Jesu Diem. 259, 9. — *ze der helle vrumen* Roland 143, 20. 163, 26. 279, 9. . Aber doch konnte ich dieses Verbum nicht gebrauchen. Vgl. *als der tievil vil wol geleistin mach* Wahrheit 85, 23.

294 f. Der Reim Arnolt 337, 19. Vor. Sündenkl. 307, 21. Kaiserchr. 405, 27.

Vers

296   *beide roub unde brant, manslaht unde meineit* Hartmann Gl. 1781 f.
Andere Formeln mit *roub* verzeichnet Roediger Anm. z. Millst. Sündenkl.
408. 488. Vgl. noch Margaretha 439.

297   *des daz ambahte was* Leben Jesu Diem. 249, 10.

301 ff.   Zu der ganzen Stelle ist zu vergleichen die Antwort des Teufels an
Eusebius Kaiserchr. 405, 25 ff.: *nû swuore dû hie vor einem eit, dû
behieltest dîne cristenhait. nû bist dû meineide. jâ gestuont ich mir nie sô
laide, wande mir gote waiz in der helle newart nie sô heiz sô mir bî
dir ist; nû gib mir der rede eine vrist.*

304   In der Beschreibung der Höllenleiden: *dâ was limmen unde zannen*
Tundalus 1111.

305   Eusebius zum Teufel: *ich gehiute dir in gotes pan* Kaiserchr. 406, 4. 407, 9.

309   *dem hêren al ze leide* Jüng. Jud. 170, 27. Alexander 4646.

310   *in* von Heinzel eingesetzt.

311   *deste baz* Arnolt 338, 21. 339, 23 u. ö.

312 f.   *pezeichenet âne zwîvel* Himml. Jer. 367, 25 und damit in Verbindung,
dass der Teufel den ersten Menschen mit seinem Stricke gewann. Bei
Eusebius heisst es: *des antwourte im der tievel: ich sage dir ân zwîvel*
Kaiserchr. 406, 29. *und leide in den dievel, er ist ez âne zwîvel* Wahr-
heit 86, 17. *sô bezeichent sie âne zwîfel den vil ubilen tievel* Physiolog.
Karaj. 105, 19. Der Reim noch Jüng. Jud. 142, 15.

314   Quelle: Tunc demon cepit loqui dicens: ego sum iofin niger. Diese
Form des Namens haben unsere Hss., sonst nur Vincentius Bellova-
censis. Mombritius hat iopher. Eine missglückte Deutung des Namens
aus dem Hebräischen findet man bei den Bollandisten.

315   *der Adâmen valte* Rother 4407. *der Adâm und Eva verriet* Servatius
172. *diu Lucifer den alten hie bevor valte* Roland 162, 3 f. — *dâ mite
vellet er unsich leider alsô diche* Himml. Jer. 368, 1. — Vgl. Arnolt
345, 17 und Roedigers oben erwähnte Anm.

316 f.   *dô wurden die unsise verstôzen ûz dem paradîse* Physiolog. Karaj. 84,
19. Alexander 7186. Ueber den Reim vgl. Roedigers Anm. z. Millst.
Sündenkl. 236.

318   Die Aenderung war des Reimes wegen nicht zu umgehen. Vgl. Diemer
zu Joseph in Aegypten 228. Quelle: ego sum qui feci Abel interfici
a Cain fratre suo.

320 und 323   *werven* vom Teufel Vor. Sündenkl. 309, 23. Sonst vgl. Arnolt 340,
25. Kaiserchr. 209, 30. 221, 18. 252, 24. 361, 5. 371, 7. 373, 1 =
377, 11 u. s. w. — Hier konnte auch *lange* geschrieben werden und
im nächsten Verse *vienge* mit dem bairischen überschüssigen *e*, ich
habe das gewöhnliche vorgezogen.

321 f.   Quelle: ego feci tres pueros in caminum ignis ardentis mitti.

324   *want er den êristen gewan* Himml. Jer. 367, 26.

325 ff.   Die Quelle sagt: ‚ego feci Nabucodonosor statuam auream facere‘ und
es stehen unsere Hss. damit allein, die übrigen Fassungen haben meist
imaginem, auch noch Anderes. Damit ist schon die Besserung *sûl* für

Vers

das handschriftliche *sal* gegeben (vgl. MSD.² S. 425, Anm. zu 2, 5). Diese wird auch bestätigt durch die verwandten Erzählungen in den Drei Jünglingen im Feuerofen, wo es Str. 2 heisst: *Ein kunic hiz Nabuchodonisor, den richin got den virköser, sinu abgot er worchti âni gotis vorchti, êni sûl guldin widir dem himilkunigi* Vgl. Wernher 192, 7. — Die Aenderung von *stat* zu *hûs* ist freilich unsicher; ich hatte auch an das erst später gebräuchliche *bû* gedacht, vielleicht weiss Jemand Besseres. — *er hiez wurchen* häufige Phrase. Arnolt 350, 9. Vor. Gen. 12, 12. 31, 24 u. s. w.

328   *golt daz rôte* Leben Jesu Diem. 265, 9. Wien. Gen. 1970. 4165. Millst. Exod. 158, 13. 160, 22. Hartmann Gl. 2853 und in der weltlichen Poesie der Zeit allgemein.

329   *er* von Heinzel gestrichen.

330 f.   Vgl. Arnolt 350, 21. Hochz. Karaj. 21, 3.

333   Quelle: ego feci Jherusalem inflammari. Ich hätte statt der gewählten ganz erlaubten Construction wohl auch die Lesart der Hs. bewahren können; Namen machen Verse nicht metrisch ungenau, vgl. eben 324 und Jüng. Jud. 176, 18.

334 f.   Statt dessen hat die Quelle einen bestimmten Fall: ego Ysaaiam prophetam ad serram secari feci.

336 f.   Quelle: ego infantes interfici feci ab Herode. Vgl. Roland 205, 10 ff.

338 ff.   Quelle: ego feci populum in deserto idola venerari. — Zu 338 vgl. *dû judêiscû diet* Friedberger Christ und Antichr. MSD.³ nr. XXXIII. Cᵇ 4. Wernher 194, 26. — Zu 339 vgl. *want unser vorderen wilen vermanten sin gebot, du Israel worhten ir apgot und sinu apgot er worhti* Drei Jüngl. 2, 3. Die Uebereinstimmung zwischen diesen beiden Stellen ist schon von Scherer QF. 7, 89 angemerkt worden, braucht aber nach unserer Stelle hier wohl nicht durch Entlehnung erklärt zu werden. — Vgl. *dô Moyses von deme liute schiet, der leidige tiefel in daz geriet daz si guzzen ein kalb* Vor. Gen. 52, 17. — Es könnte 341 auch *Moyseses* geschrieben werden wie Vor. Gen. 68, 2.

342 f.   Quelle: ego feci Johannem ab Herode decapitari. Vgl. Barackasches Legendar 1ᵇ 45 f. 68 f. — Das auf *gehoebt* in der Hs. folgende Wort halte ich nur für eine Verschreibung der vollen Schlusssilbe des Particips, die in der alten Aufzeichnung vorhanden war.

344 ff.   Quelle: ego feci omnem supstanciam Job perire. — Vgl. Ezzo 3, 11 und Müllenhoffs Anm.

347 ff.   Quelle: ego sum qui a Salomone tentus sum, haben unsere Hss. allein, nur Simon Metaphrastes erwähnt noch Salomons. Der lat. Satz ist vom deutschen Bearbeiter missverstanden worden.

350 f.   Quelle: ego feci Stephanum lapidari — was unsere Hss. nur noch mit einer gemein haben. Die Verse = Barackasches Legendar 1ᵃ 28, 9.

352 ff.   Quelle: ego sum qui per Symonem locutus sum quod magi essent Petrus et Paulus; ego sum qui ad Neronem ingressus sum, ut Petrum trucifigeret et Paulum decollaret.

Vers

355 f. Diese Angabe hat die Quelle nicht so, nur am Schlusse: ego ista omnia certe et alia deteriora feci cum fratribus meis et non fuit qui me ligaret sicut tu. — Arnolt hat die Stellen verschoben und nach dem Schlusswort erst, 357—359, allgemein wiedergegeben, was die Quelle bestimmter sagt: ego sum qui conposui militem lancea, ut sauciaret latus filii dei. — Vgl. *wir nemugen es niht verdagen* Vor. Gen. 82, 8.

356 f. Verse mit demselben Reime hat Roediger zusammengetragen Anm. z. Millst. Sündenkl. 167.

357 *spâte unde vruo* Arnolt 345, 4. 348, 4. 354, 13, auch sonst überaus häufig. Hartmann Gl. 2795 f. — Wien. Gen. 742. Millst. Exod. 160, 3. 34. Hochz. Karaj. 19, 17. Erinnerung 524. 539. Babylon. Gefangenschaft (Mone Anzeiger 1839, S. 55 ff.) 34. Tundalus 1954. Roland 8, 30. 66, 16. Kaiserchr. 192, 25. 244, 13. 257, 9. 371, 7. 406, 23. 439, 17. 496, 22 u. ö.

358 *an daz crûce wart rehangen* Arnolt 340, 27. Vgl. Ezzo 14, 15 f.

359 *nû ist ez wol irgangen* Ezzo 15, 13. *si wânte iz wære ir wole ergangen* Wien. Gen. 3795. *swer die touffe hât enphangen dem wære ez wol ergangen* Hochz. Karaj. 21, 5. Zum Inhalte vgl. MSD.² 406.

361 *die erde umbe mezzen* Himml. Jer. 361, 9. *daz hât er alliz ubirmezzen* Hartmann Gl. 119.

365 Vom Teufel: *unsir erdi ist er nâchschibinti, di gnâdi gotis ûfzihinti* Summa Theol. 21, 7 f. vgl. Vor. Sündenkl. 304, 28 f.

367 ff. Für diesen Passus gilt nur die allgemeine Angabe der Quelle, welche auch noch auf andere Verse sich bezieht, indem der Dämon spricht: quomodo, domina mea, malo meo inmissus sum tibi! utinam te non vidissem! heu me miserum, quid pertuli! Auch noch ein anderer Satz war hier von Einfluss, der aber erst 471 ff. wiedergegeben wird.

371 Was die Hs. bietet, ist corrumpirt, wie man auch aus der Wiederholung sieht. *des dir liew ist* kam durch falsche Ideenassociation (an *alles des* geknüpft) herein. — Heinzel liest: *umb allez des du dir gunnest, nu geloube mir, swenne ich dir nu entrinne, ich enruoche, ob ich din nimmer gewinne.*

373 *entrinnen* vgl. Arnolt 348, 24. Himml. Jer. 366, 18.

378 *lugenâre* vom Teufel Wahrheit 86, 17. Wien. Gen. 4022. Recht Karaj. 9, 7. Hartmann Gl. 1404. Kaiserchr. 465, 18. 474, 7. 475, 16. Roland 27, 10. 66, 19. u. ö.

379 ff. Quelle nur: sancta Juliana dixit: et qui repulsus fuerit, quid patitur?

383 Vgl. *unsæliger gewin* Erinnerung 751. — *vart* Wien. Gen. 2084. Litanei 219, 9.

384 ff. Die Quelle sagt nur: demon dixit: pessima tormenta patitur. — Dieselbe Darstellung bei Berthold von Regensburg I, 126, 31 ff., wo über die Kinder gesprochen wird, welche ohne Taufe sterben und daher die Marter des Schadens erleiden: *andere martel habent si deheine: weder sie frieset noch sie hungert noch sie dürstet unde sie habent*

Vers

*deheine pîne weder ze kleine noch ze grôz, in ist weder ze heiz noch ze
kalt, unde swie kleine ir pîne und ir martel si, sie wolten doch gerne ir
ieglîches für den schaden, daz sie gotes antlütze niemer gesehent, mit
guotem willen an einer glüenden siule ûf unde nider varn, diu von dem
ertrîche unz an den himel gienge. ich spriche mêr: unde gienge halt diu
sûl von apgründe unz an den himel unde daz si alliu durchglüet wære
und alliu vol scharsahs unde mezzer stekte, daz wolten sie gerne unz an
den jungesten tac lîden, den worten, daz sie danne iemer mêr gotes ant-
lütze solten sehen.* Und fast mit denselben Worten kehrt der Passus
wieder 299, 23 ff. II. 86, 29 ff. 228 ff.

385 ff. Vgl. *dâr ûz werchi eini snûr, dû wirt scarf undi was, dû snîdet als
ein scarsahs* Salomo 5ᵇ 44 ff. *ir sult guotiu mezzer tragen, baidenthalp
sin diu wasse unde sniden alsô ain scharsahs* Kaiserchr. 152, 1. *mezzer,
diu wâren beidenthalben was, si sniten sam ain scharsahs* 167, 11. *sniu
ecke wâren wahs* Roland 117, 26. *diu zwiwähsen swert* vgl. Alexander
4436 f. 4589. 4653. Wien. Exod. 6932. Tundalus 1034. Kaiserchr. 334,
28. Himml. Jer. 365, 21. — *viuren* für *viurînen* Arnolt 337, 9 und
Diemers Anm.

389 *wie mahte in wirs sin?* Wien. Gen. 4106. *wie mühte in immer wirs ge-
schehen* Erinnerung 925 = Kaiserchr. 35, 4. Vgl. noch Priesterl. 645.
Anegenge 33, 47. — Der Reim *werden : sterben* ist häufig, z. B. Jüng.
Jud. 154, 2. 159, 16. Hartmann Gl. 2746. 2792. Alexander 4838. 4856.
Roland 67, 29. u. ö.

392 Ich habe hier geändert, weil mir der Reim doch bedenklich war und
ein selteneres Wort leicht von dem Schreiber durch ein bekannteres
ersetzt werden konnte. — Der Teufel mit seinen Gesellen findet sich
allerdings auch bei Frau Ava Jüngst. Ger. 289, 18: *dâ ist der tievel
von helle mit manegeme sînem gesellen.* — Sonst reimt *-ellen* auf *-illen*
häufig, z. B. Kaiserchr. 60, 2. 152, 30. 186, 3. 298, 31. 371, 10. 518, 15.
Alexander 4120. Roland 51, 9. 83, 1. u. ö.

394 *swer sin herce unte sînen muot unte alle sine liste ze gote chêret faste*
Himml. Jer. 365, 24 f., vgl. 371, 4. Vor. Gen. 38, 11. 59, 13. Kaiserchr.
171, 7. — Zu den nächsten Versen lautet die Quelle: et ubi invenimus
hominem prudentem et ad opus dei consistentem, facimus eum desi-
deria mala complecti, convertentes animum ejus ad ea que adponi-
mus ei et facientes errores inserendo cogitaciones inanes, et non per-
mittimus illum vel in oracionibus se adjuvare neque in quocunque
bono opere perseverare. iterum si viderimus aliquos concurrere ad
ecclesiam aut pro peccatis se affligere et scripturas sanctas volentes
custodire, ingredimur in domum ipsorum et non permittimus illos ali-
quid boni agere et multa accendimus in monte ipsorum. — si vero
viderimus aliquem volentem bonum tractare, amaras cogitaciones in-
ferimus illi, ut subvertatur.

396 *ir wille wart inkenzet mit ubelen gelusten* Vor. Gen. 8, 9. Vgl. Fried-
berger Christ und Antichr. Jᵃ 10.

Vers

397 ff. Die guten Werke bei Arnolt 349, 12 ff. — Kirchgang, Fasten, Almosen
Ava Jüngst. Ger. 288, 18 ff. Hartmann Gl. 2994. Priesterl. 220 ff. und
Roedigers Anm. z. Millst. Sündenkl. 360.

399   *beide berge unde bruoch macheten ime die weye lanc* Alexander 4893.

401   Vgl. Roedigers Anm. z. Millst. Sündenkl. 366.

403   *zwâ wîle oder drî* Arnolt 343, 27.

404   Arnolt 335, 24. 336, 28. Himml. Jer. 370, 28. Die Stellen, wo *aller
slahte* mit Gen. Plur. im 11. oder 12. Jahrh. vorkommt, habe ich ge-
sammelt; sie sind zahlreich und werden sich auf über 100 belaufen.

406 f. Der Reim Arnolt 339, 23. Hartmann Gl. 47. Summa Theol. 25, 9 f.

409   *alsô gevalte diu hôchvart den engel, daz er wære ein hellewarte* Frau
Ava Von den Gaben des h. Geistes 279, 23. Roediger Anm. z. Millst.
Sündenkl. 4. Entecr. 108, 24.

410 f. *wîlen : vertîligen* Arnolt 340, 14.

412   *daz der tubil nit ne mach uns sô vil gewerren* (Verbum) Hartmann Gl.
545. *daz tuon ich besunders vür einen der ist der tiefel genant, der macht
vil werrens in dem lant* Christophorus (Zs. f. d. A. 17, 85 ff.) 526 ff.
Das Substantivum *werre* ist in der Kaiserchr. besonders beliebt (in
der Regel mit *erheben* verbunden) 281, 26 und von 478—522 achtmal.

413   Die übliche Formel ist *mâge unde vriunde*, so ist vielleicht auch zu
schreiben. Vgl. z. B. Zukunft nach dem Tode Karaj. 112, 16. Pilatus
201. Kaiserchr. 146, 2. 214, 10. 223, 6. 238, 21. 403, 15. 469, 19.
528, 22. Alexander 4754.

418   Vgl. Vor. Gen. 81, 9. Anegenge 24, 63.

422   Der Teufel bei Margaretha 441: *ich trüebe die liute släfunde.* Vgl.
weder muoent uns troume oder suln wir die rede gelouben Kaiserchr.
90, 19.

423   Ich habe hier des Reimes wegen ändern müssen: *zouwen* steht auch
Himml. Jer. 361, 23.

425   Heinzel schlägt vor *ingemeiten* = incassum, das allerdings nur ahd.
(Graff 2, 701) belegt ist. Es würde vortrefflichen Sinn geben, wenn
man es zu den folgenden Versen zöge, nach 427 etwa Strichpunkt
setzte.

426   *engegen dem schulin wir ûf stân, ze gotes dienste gân* Hochz. Karaj.
28, 8. *wir schulen in daz gotes hûs gân und mit rehter riwe beten an*
Physiol. Karaj. 89, 7.

427   Vgl. Jüng. Jud. 137, 11. 138, 12. 143, 8. 146, 10.

428   *innerclîchez gebet* Hartman Gl. 1101. 1217. — Quelle: si autem aliquis
ipsorum poterit sapere et deserere et communicaverit divinum myste-
rium, ille fugat nos. quando autem christiani communicant divina my-
steria, recedimus nos in illa hora ab eis, nullam vero curam gerimus.

430   *er fluhet sam man in brunne* Himml. Jer. 364, 27.

436   = 453. 514. Quelle: sancta Juliana dixit: immunde spiritus, quomodo
presumis te christianis applicare?

439   Belege Roediger Anm. z. Millst. Sündenkl. 705. Erinnerung 889.

Vers

440   Vgl. 524. Formeln sammelt Roediger a. a. O. zu 681. Vgl. noch Hochz.
Karaj. 28, 20. 34, 17. Wien. Gen. 3856.

441   *verwâzen* = Teufel, Paternoster 16, 17. Christophorus 1513. Tundalus
524. 1137. Entecr. 126, 29. Vor. Sündenkl. 314, 2. 13. Hartmann Gl.
1815. Alexander 4265. Wien. Gen. 626. 690. 3589. 3769. 5814.

443   *des ime ein meister gebôt* Arnolt 337, 27.

445   *wie getorsten in die tievel geruoren?* Kaiserchr. 297, 11. — Quelle: res-
pondit demon: dic mihi quomodo ausa es tu me tenere, nisi quia con-
fidens es in Christo? sic et ego confido in patre meo, quia malarum
arcium est inventor et quod jubet facio.

450   *wil dû uns unrehte tuon, si zebrechent dich als ein huon* Kaiserchr. 408,
1. *swer ime iecht wolde dôn, wir zebrâchin in alse ein hôn* Rother 4913.
umbe die ander ist iz schiere irgangen, die zepriche ich sam daz hûn Ro-
land 135, 16. Vgl. Wackernagel, Altdeutsche Predigten, S. 371 Anm.

454 f. *lômen* und *dienen* sind natürlich häufig verbunden, z. B. Rother 4415. Quelle:
sancta Juliana dixit: confitere mihi, quam injuriam hominibus fecisti.

456 ff. Quelle: demon dixit: quorundam oculos extinxi, aliorum pedes con-
fregi, quemdam in ignem misi, alios adpendi, alium sanguinem vomere
feci, alium laqueo vitam finire feci, alios furore manibus suis perni-
ciem sibi inferre feci, et, ut breviter dicam, omnia mala que in mundo
contingebant cum sociis meis perpetravi. — In der deutschen Bearbei-
tung ist es also anders gewendet, indem diese Uebelthaten des Teufels
als dessen Lohn an die Seinen dargestellt werden.

456 f. *die chrumben unt die halzen, die machôt er ganze* Ezzo 12, 7. Vgl.
Heinzel zum Priesterleben 92. *niman inis halz noch krump, her ne
wurde sciere gesunt* Rother 3150 = 3201. *halze unt crumbe di werdent
dâ gesunde* Kaiserchr. 498, 11. *bist dû ganze an den vuozen und an den
handen* 50, 6.

459   Vgl. 189. *vuoze unde heule* Arnolt 338, 20. 356, 14. Vgl. Roediger a.
a. O. zu 336. 354.

460   *ûen dar gâhen* Arnolt 348, 20. Hochz. Karaj. 32, 24. Wahrheit 88, 3
(vgl. Scherer QF. 7, 53). Wien. Exod. 7150. Vor. Gen. 23, 18. 30, 16.
31, 3. 32, 20. 65, 2. Leben Jesu Diem. 234, 25. 238, 25. 240, 28.
258, 12. 25. 274, 1. Kaiserchr. 8, 22. 29, 8. 45, 14. 88, 31. 151, 15.
157, 10. 413, 3. 32. 426, 11.

462 f. Brennen der Seele Arnolt 337, 20. 348, 15. Roland 188, 16. Kaiserchr.
37, 31. Roediger a. a. O. zu 507.

464   *ich wêne dû tobist oder winnest* Roland 76, 6 und W. Grimms Anm. *si
mugen sprechen, bezzer sê toben denne winnen* Priesterl. 176 und Heinzels
Anm. *wan er mit tobesuhte winnet* Hochz. Karaj. 21, 20. *der tiuvalo
tobeheit, der ursinniglîche zorn* Bamberger Himmel und Hölle 180 f. *sam
der lewe der dâ winnet und rethe zornen beginnet* Roland 145, 15 =
280, 12. *ich was irtôret unde irtobet* Vor. Sündenkl. 340, 9. *er half
den tiufelwinnigen und den unsinnigen* Servatius 783.

467   Vgl. Himml. Jer. 372, 19 ff. — Wehklagen des Dämons sind in der
Quelle an verschiedenen Stellen zerstreut; bevor er gebunden wird,

7*

äussert er nur Folgendes: quomodo uon intellexi futura mihi esse?
quomodo non intellexit pater meus quid mihi in futurum esset? di-
mitte me, ut ad alterum locum sequar. nam accusabo te patri meo et
uon expedit tibi.

469 f. Heinzel schlägt vor: *dich fandôte nâch suegetânen nôten; fandôn* wäre
allerdings mhd. Dann könnte 468 *ê hiute* belassen werden.

471 ff. *trum* bei Arnolt im astronomischen Stück häufig. Vgl. auch Leben
Jesu Diem. 275, 16. Wernher 175, 8. — Quelle: sancta Juliana ligans
manus ejus post tergum posuit eum super terram et capiens unum
ligamentum ferreum de quibus ipsa fuerat ligata et cedebat ipsum de-
monem. — *viench* 473 passt darnach wohl nicht gut her; da ich sehe,
dass *walken* in der Bedeutung ‚durchbläuen‘ doch schon im 12. Jahrh.
vorkommt, so schlage ich vor *wielch* zu schreiben. — Heinzel denkt
an *ville.*

474 Vgl. *der tievel muoze danne varn, vil lûte screi er wol* Kaiserchr. 186, 10.

477 *dar nâch gienc si rasten* Wernher 155, 17. Wien. Gen. 1684.

478 Unter den Prädicaten, welche der Teufel in der Quelle seiner Feindin
gibt, ist keines, das hier entschieden helfen könnte: apostolorum
comes, martyrum concivis, particeps patriarcharum, socia angelorum,
consors sanctorum, amica archangelorum, per crucem patris tui formi-
dandam, per passionem domini tui Jhesu Christi, miserere mihi. —
Es wäre ein Zeichen von Geschmack, wenn im Gedichte dieser un-
passende Schwulst absichtlich weggelassen wäre.

478 f. *wîp, durch dîne guote relâ mich sô getâner nôte* Kaiserchr. 328, 6. *genôie
mîn vil guote, relâ mich dirre nôte* 356, 17. *hêrre, erlâ mich sô getâner
worte* 144, 22. *hêrro, nû virlâ mich* Salomo 5b27. — Das Folgende ist
insoferne in der Quelle besser berichtet, als zuerst der Präfect schickt
und dann der Teufel bittet, nicht dem Volke gezeigt zu werden: de-
mon autem rogans eam dicit: domina mea Juliana, noli me amplius
hominibus ridiculum facere, non enim jam possum postea venire ad
patrem meum. superasti me, quid aliud vis?

487 Vgl. Litanei 231, 29. Hochz. Karaj. 30, 9. Arnolt 350, 20.

490 ff. Quelle: misit prefectus qui Julianam de carcere ducerent, si forte illam
invenissent viventem, ante tribunal suum.

495 Ich habe *verteilen* des Verses halber weggelassen, obschon es an und
für sich gut wäre, vgl. Himml. Jer. 371, 15. Vor. Alexander 190, 13.

497 Vgl. Recht Karaj. 8, 16. Leben Jesu Diem. 260, 5.

498 ff. Quelle: et tum talia diceret demon, sancta Juliana trahens eum per
forum projecit demonem in locum stercoris.

501 *wie er ûf und nider spranc* Roland 291, 23. — *hei wie* Arnolt 353, 22.
Vor. Gen. 28, 26. 50, 8. Jüng. Jud. 134, 23. Leben Jesu Diem. 240, 18.
Millst. Exod. 160, 32. 163, 20. Kaiserchr. 88, 10. 91, 16. 220, 13. 227, 10.
422, 31. 446, 20. 476, 9. 483, 18. 486, 26. 495, 12. 499, 14. Alexander
4557. 5216. 6058. *hoy wie* Wien. Gen. 3366. Hochz. Karaj. 26, 3. 42, 13.
oia hoy wie Hochz. Karaj. 36, 12. *oy wi* Anno 447. 729. 746.

Vers

503   *daz volk allez vor im vlôch* Christophorus 1214.

505   *vreissam* in der Poesie der Zeit fast überall vertreten: *der ist also vreissam* Millst. Sündenkl. 200. Wien. Gen. 204. 428. 4099. Millst. Exod. 142, 28. 162, 28. Alexander 4069. 4971. 4989. 5025. 5587 u. ö., im Tundalus 5 Mal, in der Kaiserchr. natürlich sehr oft, z. B. 18, 2. 25. 22, 23. 51, 5. 135, 9. 181, 29. 225, 27. 239, 23. 344, 7. 451, 13. 472, 18. Im Rolaud habe ich es 19 Mal gefunden.

508   *pelach in dere lachen mit pluote betochen* Roland 160, 1. *in deme pluote lach er petochen* 163, 21. Vgl. Rother 382.

510   Die Lücke habe ich angenommen, weil mir das Folgende einen richtigen Dreireim, der überdies am Beginne eines Abschnittes wenig passt, nicht zu geben schien, dann weil die Quelle eine Angabe enthält, die der Bearbeiter wohl nicht wird haben fallen lassen: ipsa cum venisset in pretorium, facies ejus ut fulgor ignis fulgebat, et cum prefectus illam aspexisset, miratus est.

514 ff.   Quelle: et dixit ei: Juliana, dic mihi, quis te docuit talia venena facere? quomodo talia et tanta tormenta per venena superasti? — Vgl. *er zêch den heiligen man, er het iz mit zouber getân* Kaiserchr. 172, 11.

517   Anlautendes *h* fehlt auch Arnolt 342, 9. 343, 4 und Himml. Jer. mehrmals. Vgl. Roland 304, 9. — *von fuire und von lufte nam ich mir crefte* Kaiserchr. 77, 1.

518   Vgl. 223. 528. *er dolet daz man in rethôtit* Himml. Jer. 366, 4.

521 ff.   Die Quelle lautet anders und ausführlicher.

526   *daz ist der heilige Crist* Roland 207, 9.

530 ff.   Quelle: tunc prefectus iratus jussit afferri rotam ferream et in ea fieri verbera acuta et super ipsam rotam imponi sanctam Julianam, ut staret rota in medio duarum columpnarum et quatuor milites in una parte, quatuor in alia parte, qui trahebant rotam, ut Juliana superposita contereretur.

531   Ich habe doch vorgezogen, *gebat* nicht in *gebit* zu ändern, was das Gewöhnlichere wäre, z. B. Jüng. Jud. 129, 19.

533   *ietweder halben* Arnolt 341, 22. *ietweder halp sehse* Wien. Gen. 5139.

534   *alsam si die himele triben* Arnolt 342, 8.

537   = Kaiserchr. 442, 4. 444, 11. Wernher 161, 21. *ich enweiz waz er an im selben rach* Millst. Gen. 1, 21 und Diemers Anm. Vgl. Alexander 2729 und Heinzel zur Erinnerung 554.

538 f.   Der Reim Zukunft nach dem Tode Karaj. 112, 12. — Der Inhalt dieser und der nächstfolgenden Verse scheint durch ein Missverständniss bestimmt zu sein; die Quelle erzählt: trahentibus autem militibus machinas, nobile corpus omnibus membris findebatur et medulla de ossibus ejus exiebat. tunc sancta tali pona examinata perseverabat renuncians vite humane. angelus autem domini discendit et comminuit argumenta et vincula soluta sunt. — Die anderen Fassungen haben comminuit catastam, clm. 14418 comminuit vincula. argumenta in der Bedeutung Maschine, Geräth ist nicht blos hier belegt, auch in der

Vers

Passio sanctorum quatuor coronatorum kommt es vor, wahrscheinlich Werkzeuge bezeichnend, vgl. Petschenig, Zur Kritik und Würdigung der P. s. q. c. Sitzungsber. der Wiener Akad. 1881, XCVII. Band, S. 768. Ein paar Stellen aus Legenden bringt auch Du Cange unter dem Artikel Argumenta. Jedesfalls ist es aber eine seltene Bedeutung des Wortes, die leicht dem deutschen Bearbeiter unverständlich war; daher die Umdeutung auf etwas Bekanntes und aus dem ersten Satze zu Folgerndes.

540 f. *si nâmen ein gebeine, daz was heilig unde reine* Millst. Exod. 159, 5. *dô samente sich daz gebeine* Kaiserchr. 316, 13. *heiligez gebein* vgl. Anm. MSD.[2] S. 459 zu XLVI, 30.

544 *werchenâre* = carnifices, die in der Quelle ausführlicher sprechen.

546 Dass dieser Vers vom folgenden zu trennen ist, wird durch 562 bestätigt, durch die Entstehung des Dreireims nicht verhindert. — Quelle: et nos colimus deum, quem tu colis, sancta Juliana.

548 Vgl. Vor. Gen. 45, 19.

551 *ir wart getouft an der stunt mêr denne siben tûsunt âne wîp und âne kint* Kaiserchr. 251, 8. *fünf tûsent man geloubten an Christum zehant âne chint und âne wîp* Margaretha 537 ff.

553 Ueber die Zahlangaben vgl. Einleitung S. 46.

555 f. = Kaiserchr. 120, 29 f. Der Reim ist sehr beliebt z. B. Vor. Sündenkl. 297, 8. Paternoster 4, 7 f.

560 f. Die Stelle ist in der Hs. entschieden arg verderbt; vielleicht hat der Umstand, dass *got* als passender Reim auf *geheiligôt* angesehen wurde, zu dem Abfalle des Reimwortes in 561 geführt. — Hartmann, mit dessen Glauben unser Gedicht Manches gemein hat, sagt 2933 ff. ganz ähnlich: *vil manigen si bekêrten mit gûten gespensten zô der gotis ernsten* Ferner *durch di gotis enste* 17. *unde gab uns sîne hulde durch des sunis enste, di genâde was des gespenste* 680 ff. *gloublich unde getrûwe machet er (der heilige Geist) den menschen mit sînen gespensten* 1667 f.

564 Vgl. *ze der liute gesihte* Arnolt 333, 4 = Friedberger Christ und Antichr. J[b] 2. Margaretha 533. *ze des wibes gesihte* Leben Jesu Diem. 251, 17. *ze ir aller gesihte* Kaiserchr. 391, 26. Wernher 185, 31. Joseph in Aegypten 477.

565 Vgl. 593. = Kaiserchr. 130, 20. 131, 17. 183, 22. 190, 19. 201, 27. 205, 7. 338, 2. 21. 485, 23. Roland 40, 9. 55, 17. 74, 25. vgl. Entcr. 120, 13.

568 *unze in die oberisten chôre* Leben Jesu 272, 22. Vgl. Anegenge 12, 8. 13, 12. 63, 14. 19. Arnolt 357, 15.

570 ff. Quelle nur: prefectus autem sanctam Julianam cremari jussit.

576 *unte louchet sô daz fiwer tuot* Himml. Jer. 371, 10.

578 Quelle: et subito angelus domini venit et separavit ab ea ignem et flammam extinxit. sancta Juliana stans inlesa glorificabatur dominum.

579 f. *daz ist der zornige man* Vor. Gen. 61, 15. *stritec* Roland 238, 3. vom Pferd Vor. Alex. 189, 21. — Quelle für den folgenden Passus:

Vers

prefectus autem fremebat contra sicut fera maligna et cogitabat quali supplicio subiceret illam et jussit ollam afferri et plumbum mitti in eam et sanctam Julianam poni super ollam ferventem.

581 er hiez ole wellen einen botigen vil volle Kaiserchr. 171, 25.

582 Vgl. Diemers Anm. zur Millst. Gen. 8, 34.

584 Heinzel schlägt vor, uber der Hs. zu behalten; vielleicht sei ein Topf mit Deckel gemeint oder einer von bestimmter Form, die erlaubt, Kohlen obenauf zu legen.

585 ff. Quelle: sed dum imponeretur, facta est ipsa olla velud balneum temperatum, ex ipsa autem olla resiluit ignis, qui incendit de adsistentibus viris LXXV. — Zu der ganzen Stelle vgl. Drei Jüngl. 7, 1 ff.: der kunik hiz si zi samini dragin zů dem ovini. wi ubili sis ginuzzin di sin den ovin schuzzin! daz fuir slůg in ingegini, iz virbranti ir michil menigi. got mit sinir giwalt machit in den ovin kalt.

590 ff. Als Johannes Evangelista zu Rom war, lässt der König ihn in einen Bottich brennenden Oeles setzen, das aber dem Heiligen nichts schadet: dô saget er Româren allen, daz ime anderes niht newâre wan sam er ûf einem getonweten clê lâge Kaiserchr. 172, 5. Und 193, 32 f. sagt Laurentius auf dem Rost: disiu wize netuont mir niht wê, ich lige ûf einem tougem clê.

591 Vgl. alsô si daz gisâhin Drei Jüngl. 8, 1.

595 ff. Quelle: dum appropinquasset finis certaminis ejus et dum traheretur ad necandum, demon, qui cruciatus fuerat ab ea, subito venit clamans et dicens: nolite parcere ei, quia deos vituperavit et hominibus injuriam fecit. multa et mihi mala in una nocte egit. reddite ei quomodo digna est.

601 Heinzel: naht gare: ze wâre?

602 mit deme twigeme slage stehet si got ze tôde Arnolt 351, 1. ir iegweder slůch ime einen slach Alexander 3745. von den slehen die er slůch 1705.

603 Vgl. Wien. Gen. 3468.

604 Vgl. Himml. Jer. 368, 11 und Diemers Anm. daz si zerukke vielen Leben Jesu Diem. 256, 23. Andreas 8. Joseph in Aegypten 1134.

605 dannen gâhen: vâhen Himml. Jer. 369, 13. begunde gâhen Wien. Gen. 1510. Exod. 6535. Entccr. 113, 19. Roland 10, 34. began g. Leben Jesu Diem. 268, 6. Kaiserchr. 145, 16. Wernher 158, 9. 206, 24. Vgl. Roediger Anm. z. Millst. Sündenkl. 81. — daz dû in des tievels strich iht wellest gâhen, daz er dich iht gevâhe Physiol. Karaj. 86, 21. — Quelle: tunc sancta Juliana paululum aperuit oculos suos, ut videret quis esset qui hec diceret, sed timidus demon clamavit dicens: heu me miserum, forsitan vult me iterum tonere. et statim evanuit ab oculis eorum fugiens.

606 Die Beispiele, welche Zingerle, Germania 7, 261 und 264 von wartâ in mhd. Gedichten beibringt, stammen alle aus späterer Zeit. — Heinzel: wergot.

610 = Christophorus 1355.

Vers

611 = Kaiserchr. 39, 10. 41, 19. 127, 21. 166, 25. 167, 32. 209, 3. 223, 14.
235, 22. 393, 28. 405, 16. 487, 7. 529, 30. Leben Josu Diem. 237, 22.
275, 29. *daz stuont unlange* Wien. Gen. 4060. *nû stuont ez dar nâch
unlange vrist* Christophorus 1159. *dône stûnt iz borlange* Rother 1387.
5093. *porlang iz dô ne stuont* Wien. Gen. 3487. Servatius 2485.

612 Nämlich seinen Engel, wie Christophorus 1627 ff. Katharina 2580 ff.
Aehnlicher knapper Legendenschluss in der Kaiserchr.: Constantin
322, 8. Crescentia 392, 28. Theodosius 418, 12.

613 ff. Quelle: prefectus autem, cum navigasset in suburbanum, venit tem-
pestas valida et dimersit navem ipsius et mortui sunt numero XXX
et IV viri, et cum aqua eos ad locum desertum jactasset, ab avibus et
feris corpora ipsorum devorata sunt.

613 *arge* vgl. Recht Karaj. 10, 10. 16.

616 *vergen* ist mhd. unbelegt.

617 *dô wart ein michel windstôz* Kaiserchr. 375, 1. Tundalus 636.

619 *di unden sluogen si an ain stainwant* Kaiserchr. 44, 30.

620 *des mortes vroute sich dô der hunt* Kaiserchr. 378, 25. 384, 19. *hunt*
für Teufel Entecr. 108, 1. Anegenge 18, 6. Kaiserchr. 407, 29: *grunt*
Vor. Gen. 4, 26. Wien. Gen. 658. 719. 5604. Margaretha 243. 285.
Vgl. Kaiserchr. 501, 5. Wernher 189, 31.

622 *die unden wurfens an den sant* Kaiserchr. 49, 19. Vgl. 52, 32.

623 f. *gevilde : wilde* Millst. Exod. 139, 12. 148, 22. Entecr. 129, 19. Ava
Jüngst. Ger. 284, 9 ff. (+ *gevugele*) Roland 183, 17. Zeichen des jüng-
sten Tages Zs. f. d. A. 1, 117 ff. V. 82.

624 *wilde* nachgesetzt: *sperlinge wilde* Arnolt 338, 3. *lewo wilde* Himml.
Jer. 364, 21 f. *tier w.* Kaiserchr. 307, 21. 315, 32. *lewe w.* Kaiserchr.
167, 20. Wernher 175, 38. Hartmann Gl. 938. 2312. *beri w.* Anno 193.
eber w. Kaiserchr. 161, 26.

625 *die vogele unraine* Himml. Jer. 366, 17. Wien. Gen. 1435. *daz inz ge-
vugele êze* Vor. Alex. 223, 14. Alexander 5831. Entecr. 128, 3. *man sach
ie dannoch den potech ligen lôten, swie in zevuorten genôte die vogele joch
die hunde* Kaiserchr. 309, 23 ff. *ze âse den vogelen unde den hunden*
169, 28.

627 f. *min trehtîn die sêle zû sich genam* Kaiserchr. 529, 24. *die tubele dar zû
quâmen, sîne sêle si nâmen und vôrten si in die helle zô den ubilen gesellen*
Hartmann Gl. 2722. *die tievel nâmen ir sêle, si vuorten si dâ ze stunt in
der tiefen helle grunt* Kaiserchr. 63, 2 ff. *vuort er (der Teufel) dich zô
der helle, der untriuwen bistû geselle* Roland 306, 19. — Ganz ähnlich,
nur von den Engeln, welche die Seele ins Paradies führen, Margaretha
641 ff. Katharina 2586. 3128 ff. — Arnolts Siebenzahl und das Himml.
Jer. schliessen gleichfalls ohne âmen mit dem Reim.